WIZARD

バフェットからの手紙 第8版

EIGHTH EDITION
THE ESSAYS OF WARREN BUFFETT

世界一の投資家が見たこれから伸びる会社、滅びる会社

ローレンス・A・カニンガム
LAWRENCE A. CUNNINGHAM

長岡半太郎［監修］ 増沢浩一、藤原康史、井田京子［訳］

Pan Rolling

監修者まえがき

本書は、ジョージワシントン大学のローレンス・カニンガム教授の著した〝The Essays of Warren Buffett, 8th Edition〟の邦訳である。教授は、バークシャー・ハサウェイの年次報告書に記載された株主宛ての手紙から、重要と思われるものを抜粋・整理し、バフェットの理念や哲学を広く社会に伝える活動を続けてきた。本書は投資の教科書として捉えられることも多く、それはバークシャーがコングロマリットの投資会社だからである。だが、初期の副題である〝Lessons for Corporate America〟からも分かるように、本来、これは理想的な経営行動やコーポレートガバナンスの形態を解説した極めて真摯な啓蒙書なのである。

さて、おそらく日本の読者は、バークシャーの経営陣がこれほどまでに株主に対して忠実であろうとすることを不思議に思うことだろう。しかし、バフェットが示したように、利他的であることは時として自らの利得を最大化する。また、原書に〝trust〟という語が数え切れないほど出てくるように、「信託」の概念がある英米法体系の社会では、株式会社であるかパートナシップであるかを問わず、株主や投資家からの信任を得て事業や投資を行う者は、全力でもってその責務を果たすべきであることは自明である。一方で、明治の初めから大陸法体系を採るわが国ではその概念の理解は乏しく、かろうじて信託法第二十九条に「信託の本旨」という文言で表現することによって、狭義の受託者に義務を課すことを試みているにすぎない。

だから、日本の企業においては、バフェットが警告を与えてきたアメリカ企業と比較しても、株主の権利が軽んじられている。本書にあるように、バフェットはアメリカの企業社会全体の健全性や成長力に対して揺るぎない信頼を置いているが、日本の上場企業の場合は果たしてどうだろうか。もし彼我の差が大きく、その原因の一つが企業経営者の行動や組織のガバナンスの違いにあると認めるならば、日本の株主は単に株式の売買を行うだけではなく、株主総会における議決権行使を含むあらゆる機会を利用して、それらの改善を求めていくべきなのだろう。

本書の内容は、ＥＳＧといった言葉に代表されるような教条的で上滑りしたものではなく、バフェットが実際にやって見せた事例と教訓を基盤とした極めて普遍的・実践的なものである。私たちは経営者も株主もそれに学ぶことで、日本の企業社会がこれまで自律的には成し得なかった課題解決を行い、一般社会にとっても意味のある改革を成し遂げられる可能性がある。

翻訳にあたっては、井田京子氏はじめ歴代の本書の翻訳者の方々と編集者の阿部達郎氏に感謝の意を申し上げたい。また、本書が改定を重ねて和訳されてくることができたのは、パンローリング社の後藤康徳社長のおかげである。

長岡半太郎

二〇二三年四月

目次

デビッド・S(サンディー)・ゴッテスマン(一九二六～二〇二二年)に捧げる

「この第8版は、サンディー・ゴッテスマンに捧げるのが適当だと思う。ゴッテスマンとチャーリー・マンガーと私は、バフェット・パートナーシップ、ファースト・マンハッタン、ウィーラー・マンガーを通じて、一九六六年に金融パートナーになった。当時、ゴッテスマンとマンガーは面識がなかったが、二人とも私の親しい友人だった。それから五六年、私たちは今でも金融パートナーとしてさまざまなつながりを持っている。私たち三人は、これまでどのような形でも口論になったことがない。さらに驚くのは、ゴッテスマンが私にマンガーに関する否定的なことを言ってきたことが一度もないことで、逆も同じだ。このように言える関係は、結婚でもビジネスパートナーシップでもなかなかないと思う」――ウォーレン・バフェット

「『バフェットからの手紙』のプロジェクトにおいてバフェットと友人になるメリットは、彼の友人とも親しくなれることにある。サンディー・ゴッテスマンのケースは特にそうだった。ゴッテスマンは、会うと必ず温かい笑顔と固い握手で迎えてくれ、どのような場面でも私を安心させてくれた。それは、彼と初めて会った一九九六年のシンポジウムで正式な夕食会が開かれたとき、ゴッテスマン夫妻とバフェット夫妻のテーブルにぜひ一緒にと勧められてガールフレンドとともに座ったときから変わらない。それ以来、ゴッテスマンは私をファースト・マンハ

ッタンに誘ってくれ、『バークシャー・ビヨンド・バフェット（Berkshire Beyond Buffett）』の販売促進に協力してくれ、私の妻のステファニーをルース夫人に紹介して妻がアルベルト・アインシュタイン医学校アインシュタイン・モンテフィオーレセンター理事に就任するきっかけを与えてくれた。彼はいつも私のことをロバート・レッドフォードと呼び、あるときは「長年バフェットに付き合ってくれる良い人」とまで言ってくれた。しかし、ゴッテスマンこそがその良い人だ」――ローレンス・カニンガム

「私が好きなのは単純で自然な演説であり、書物についても同様である――興味がそそられるような、そして力強く、簡潔でまとまったものである。激しくぞんざいなものではないほうがよいが、上品であったり整えられている必要もない」――ミシェル・ド・モンテーニュ（『随想録』［一五八〇年］）

「人の誠実さや本性は言葉に現れる。簡潔に記述されているように見える書物もあるが、そこに書かれている言葉に切り込んでみれば、そこからは血がにじみ出てくる――言葉には血が通っており生きているのである」――ラルフ・ウォルド・エマーソン（『偉人論』［一八五〇年］。モンテーニュの『随想録』から引用）

「味わって読むべき本や貪り読む本はあるが、じっくり噛みしめてすべてを消化すべき本はほんのわずかしかない」――フランシスコ・ベーコン（『ベーコン随筆集』［一五九七年］）

「考えない人に思考を強いるためには、少し強い言葉が必要だ」――ジョン・メイナード・ケインズ（『ケインズ　説得論集』［一九三一年］）

第8版によせて

「バフェットからの手紙」は、もともとは私が一九九五年に開催したシンポジウムの目玉企画だった。二日間の集いには数百人が参加して本書の構成に関するアイデアを出し、そのすべての議論に、最前列に陣取ったウォーレン・バフェットも加わってくれた。

第1版から二〇年以上が経過し、本書は投資や経営に関する古典になった。今では世界中の大学や企業の役員室や研修プログラムやトレーダーのデスクで何百万人もの人たちが読んでくれている。そして読者からは、何年かに一度は本書を更新してバフェットの最新の知恵を追加してほしい、本書の明確な構成は変えないでほしいという要望が多く寄せられている。この第8版もそれに応えた構成になっている。

本書もこれまでの版と同様に、健全な企業と投資哲学に関するバフェットの完全かつ一貫した考えを、バフェットの株主への手紙から厳選した彼独自の言い回しでつづっている。

本文の見出しのあとには、抜粋した年次報告書の年を記載してある。ただ、本書では話の流れをさえぎらないように、抜粋部分から一部割愛しても記号などで示すことはしていない。また、巻末には各所の抜粋がどの年次報告書から引用されたものかを示す構成表を載せてある。

本書は第1版以来、多くの人たちの支援を受けながら制作してきた。なかでも、バフェットには株主への手紙の再構成と改訂版の出版を快く私に託してくれていることに深く感謝している。本書の出版は、私のキャリアにおいて大いに名誉なことだと思っている。

二〇二三年一月一日　ニューヨーク市

ローレンス・A・カニンガム

編集部より

二〇二二年一月に発売した本書の前著は「第5版」でしたが、著者のカニンガム博士から、「第1版の前に二つの版を刊行しており、今回のは実質、第8版である」との要請を受けたので、本書を「第8版」としました。

序文

ローレンス・A・カニンガム

「バフェットからの手紙」は、バフェットが何十年にもわたって毎年、年次報告書のなかで株主に向けて書いている手紙をテーマ別にまとめたもので、ここにはどの時代にも通用する並外れた経営哲学と投資哲学が彼の比類ない文章でつづられている。これらの原則は、ITから不動産までさまざまな金融バブルが膨らんではじけても、株主の構成がアービトラージャーからインデックスファンド志向の人たちに変わっても、社会や政治が掲げる課題がこれまでの企業の社会的責任（CSR）から最近の環境・社会・ガバナンス（ESG）に変わっても、耐久性がある。

バフェットの文章の中心的なテーマは、投資を実践するうえで指針となる事業のファンダメンタルズ分析の原則である。この原則は、彼の恩師であるベンジャミン・グレアムとデビッド・ドッドが構築したものだ。バフェットはこの中心テーマに関連して、投下資本の運用者たる被買収企業の経営者と、資本の供給者かつオーナーである株主の適切な役割を明確に示した経営原則について述べている。そして、これらの主要なテーマから買収、ガバナンス、企業評価といった重要な課題に関する広範囲で実践的かつ理にかなった教訓へと話題は広がっている。このなかには、社員や顧客や社会や環境をはじめとする企業のさまざまな構成要素に対する考え方も含まれている。

バフェットはバークシャー・ハサウェイ社（以下、バークシャー）のCEO（最高経営責任者）として、この伝統的な原則を用いてきた。バークシャーは、一八〇〇年代初めに創立された繊維工場に端を発した企業である。バフェットが同社の経営権を取得したのは一九六五年で、当時の簿価は一株当たり一九・四六ドルだったが、一株当たりの内在価値はそれをかなり下回っていた。今日、その簿価は一株当たり四〇万ドルを超えており、内在価値はそれをはるかに上回っている。一九六五年から今日までの一株当たりの簿価の成長率は、複利計算で年率二〇％を超えている。

バークシャーは現在、持ち株会社として八〇もの異なる事業にかかわっている。なかでも重要なのは保険事業で、その一〇〇％を所有するアメリカ最大の自動車保険会社のGEICOや、世界最大規模の再保険会社であるジェネラル・リーなどを傘下に擁している。また、北米最大の鉄道会社であるバーリントン・ノーザン・サンタフェ（BNSF）や大手エネルギー会社も長年にわたって保有し、経営している。

バークシャーの子会社には、巨大企業も含まれている。もし独立した企業ならば、フォーチュン五〇〇社に含まれるであろう企業も一〇社に上る。バークシャーのそのほかの持ち分も膨大で、バフェットは「バークシャーを見ればアメリカ企業の全体像が分かる」と書いている。

ただ、バークシャーはアメリカ企業のなかでもいくつかの点でほかとは異なっており、それによって独特かつモデル的な存在になっている。まず、バフェットはバークシャーという企業を、彼自身や副会長のチャールズ・マンガーやそれ以外のすべての株主で構成するパートナーシップのようなものだと考えており、自己資産のほとんどを実質的にバークシャーの株式で保有している。彼の経済的な目標は長期的にバークシャーの一株当たりの内在価値を最大にすることで、そのために現金と平均以上の収益を生み出すさまざまな企業の株式を一〇〇％すべて、もしくは部分的に保有している。彼はこの目標を達成するため、拡大のための拡大は行わない。また、一度手に入れた企業は、それがある程度の現金を生み、かつ優れた経営陣によって運営されているかぎり売却することはない。

バークシャーは、長期的に見て一株当たりの市場価値がそれに見合って増加すると考えれば、収益を留保して再投資に回す。負債を積極的に抱えることはしないし、保有株式を売るのはそれ相応のメリットが得られるときだけとしている。そのため、バフェットは慣習的な会計方法が真の経済的利益を不明瞭にしていることを問題視している。

バフェットが「株主に関する企業原則」と呼ぶこうした数々のルールが、この後に続く「会長からの手紙」を体系付けるテーマになっている。彼の基本原則は、ビジネスのさまざまな面における広範囲な基本的枠組みを示すもので、これは単なる抽象的で平凡な説をはるかに超えている。投資家が企業のファンダメンタルズに重点を置き、忍耐強さを持ち、常識に基づく判断をすべきだというのは間違いない。そして、バフェットからの手紙に書かれているさまざまな助言も、彼自身が実践して成功したこの原則にしっかりと根付いている。

コーポレートガバナンスと経営

バフェットが考える企業経営者とは、株主資本の管理者である。最良の経営者とは、ビジネス上の意思決定において株主の立場で考え、株主の利益を常に心がける経営者である。しかし一流と言われる経営者ですら、時としてそうできないこともある。こうした利害の対立を軽減し、経営者に株主資本の管理者として成長を促すことが、この「会長からの手紙」における主要なテーマでもある。このなかで彼は、いくつかの重要な企業統治の問題について書いている。

一つ目は、企業の目的に関する考え方である。多くの企業では、その目的に関して混乱や対立があるだけでなく、評論家やアクティビストによって問題はさらに悪化している。企業が株主やさまざまな「ステークホルダー」を含むすべての関係者の利益を同時に改善しようとすると、ガバナンスを実現する責任がおろそかになるリスクがある。しかし、バークシャーの企業目的は単純かつ明確だ。株主に対してパートナーシップのような姿勢で接し、社員や顧客や環境や社会全体を助け、保護をしながら株主のために価値を創造することである。

ただ、すべての株主が同じ状況にあるわけではない。バークシャーの昔からの株主は、早い時期にバークシャーについて調べ、蓄えの一部を投資することを選択した個人や家族である。その一方で、機関投資家の株主は、インデックスファンドを運営するなかで、バークシャーについて知っているかどうかに関係なく、また好むと好まざるとにかかわらず、義務として一定量のバークシャー株を売買している。

バークシャーを理解しようとする昔からの投資家に対して必要なのは、会社の実情を率直かつ誠実に伝えることである。バフェットはありのままを話す。少なくとも自分の見解について包み隠すことはしないが、そのような姿勢は少数派であることを悲しんでいる。バークシャーの年次報告書に華美な装飾はなく、一般的な知識があれば理解できる程度の用語と数字を使った平易な内容になっている。そして、すべての投資家に、同じ時期に同じ情報を提供している。また、バフェットとバークシャーは予想を書かない。予想は悪しき慣習であり、しばしばほかの企業経営者が年次報告書の内容を美化する原因にもなっている。

経営に関する次の教えは、経営構造の公式を捨てることだ。教科書に載っているような組織的行動や特殊な場合を想定した机上の指揮系統はほとんど意味がないとバフェットは言っている。重要なのは、能力が高く、誠実で勤勉な人を選ぶことなのである。

特に、CEOの選任には注意を払う必要がある。一般的には、経営陣と株主の利害を合致させ、取締役会のCEOに対するチェック機能を高めることが主な解決策とされている。例えば、経営陣にストックオプションを与えたり、取締役会の機能を高めたりすることなどが推奨されている。取締役会の会長とCEOを分けて機能を切り離すことや、常任で監査や任命権や報酬決定に関する委員会を設定することも有効だとされている。そして、最も浸透している対処法は独立した取締役を増やすことだろう。ただ、これらの改革案も企業統治の問題を解決するものではなく、なかには悪化させたものすらある。

バフェットは、構造的な制約がなくても能力を発揮できるCEOを探すよう提案している。傑出したCEOにオーナーがあれこれとアドバイスする必要はないが、同じくらい傑出した取締役会は助けになる。また、取締役会が定期的にCEOを外してその業績を検討することによって、コーポレートガバナンス（企業統治）の問題は大きく改善される可能性がある。

取締役は、ビジネスの知識や関心や株主を重視しているかどうかで選ぶ必要がある。バフェットによると、アメリカ企業が抱える最大の問題の一つは、取締役会の多様性や卓越性を高めたり、よく言われているように独立性を持たせたりするといった理由で選任していることだという。

バークシャー傘下のさまざまな会社のCEOは、アメリカ企業のなかで独特の立場にある。彼らには簡潔な指示が与えられている――会社経営において、①自分が唯一のオーナーだと考える、②その会社が自分の資産のすべてだとみなす、③一〇〇年間は会社を売ったり合併したりしない――というものだ。これによって、バークシャーのCEOは長期的な時間軸で経営にあたることができる。これは、短期的な業績ばかり注目する株主に、最新の四半期業績予想の達成を求められる上場企業の多くのCEOとはかなり状況が違っている。もちろん短期的な業績も重要だが、バークシャーがその達成のために長期的な競争力の強化を犠牲にすることはない。

もし短期の結果だけを評価すればよいのならば、経営判断は簡単に下せる。その企業の経済的特性に劣化が認められる場合はなおさらだ。例えば、バフェットがこれまでで最悪の投資だと考えているバークシャーの場合、伝統的な繊維ビジネスの経済的特性は一九七〇年代後半にはすでに色あせ始めていた。

しかし、バークシャーの繊維ビジネスがその従業員とニューイングランド地域社会にとって非常に重要であり、有能で理解がある経営陣と労働者が会社の困難に懸命に取り組んでいたことを知っていたバフェットは、この不幸な状況を打開することを望んでいた。そのため、彼は一九八五年まで経営難に陥っていた工場の操業を続けたが状況を好転させることはできず、最終的には繊維事業を閉鎖した。

短期的な収益と地域の信頼を基本に据えた長期的収益をバランスさせるのは容易ではないが、賢明なことである。同様の教訓は、バークシャーが投資を行っているほかの業種にも当てはまる。例えば、インターネット時代の新聞事業や規制が厳しいエネルギー事業や鉄道事業などにおいては、民間企業と監督当局との間に暗黙の社会契約が存在するとバフェットは考えている。

役員報酬については、個々の業績を基準に決定すべきだとバフェットは強調している。経営陣の業績は、関連する事業への投下資本や留保利益を差し引いたあとの収益性によって評価すべきである。もしストックオプションを報酬の一部として支給する場合は、企業全体ではなく個人の業績に応じて、企業価値に基づいた価格設定をすべきである。もちろん、バークシャーのように、ストックオプションを役員報酬に使わずにすめば、それが望ましい。結局、自らの業績に応じて現金で特別賞与を得ている例外的に優れた経営者は、単純に自社株を買えばよいだけで、そうすれば「本当に株主と同じ立場に立つことになる」からだ。役員報酬も、リスクマネジメント、コンプライアンスおよび会計報告といったバフェットが取り組むコーポレートガバナンスに関するその他の課題と同様に、株主の利益を最も重視して決めなければならない。

企業文化は、企業を評価するうえで最も重要な要素の一つではあるが、最も数値化が難しいことでもある。バークシャーには、深く根付いた文化がある。これは、オマハの本社で重視されている規範と価値観が基になっている。バークシャーの企業文化は、ここをついの住み家としている子会社や、この会社を構成するさまざまな部門の幹部たちにも浸透している。巨大かつ多岐にわたる複合企業としては驚くべきことだが、バークシャーの企業文化には統一感と永続性がある。バフェットは、自分がいなくなったあともこの文化がバークシャーの末永い繁栄の助けになると言っている。

投資

バフェットは一九五〇年代に、コロンビア大学ビジネススクール（大学院）とその後働いたグレアム・ニューマン社で、ベンジャミン・グレアムから投資を学んだ。グレアムは、**『賢明なる投資家』**（パンローリング）を含む多くの素晴らしい著作のなかで、歴史に残る投資上の深遠な知恵を紹介している。これは、企業の価値と株価は等しいという、当時は一般的だったが間違った固定観念を拒絶するものだった。グレアムは、株価は支払うもので、価値は得るものだと考えていた。この二つが一致することはめったにないが、みんながその相違に気づくこともめったにない。

グレアムの最も偉大な貢献の一つは、ウォール街に住む変わり者の「ミスターマーケット」を創造したことである。彼は架空のビジネスパートナーで、毎日あなたの持ち分を買うと言ったり、自分の持ち分を売ると言ったりしてくる。彼は気分屋で、喜びから絶望へと感情の起伏が激しい。彼が提示する価格は、実際の価値よりもはるかに高いときもあれば、はるかに低いときもある。

ミスターマーケットは躁鬱状態が一層ひどくなると、提示する価格と実際の価値の差がさらに広がり、素晴らしい投資チャンスを提供してくれる。現代ファイナンス理論の信奉者には理解されないかもしれないが、バフェットは市場全体を表すミスターマーケットの寓話を再び紹介し、このことが規律ある投資戦略においてどれほど貴重であるかを強調している。

もう一つのグレアムの偉大な遺産は「安全域」の原則である。彼は得られる価値と比較して支払う価格が十分安いと信じるに足る確かな理由がなければ証券に投資すべきではないとしている。また、賢明な投資の秘密を三語で表すとすれば「安全域（margin of safety）」だとも言っている。また、バフェットはこの教えを忠実に守り、この言葉を初めて聞いてから七〇年以上たった現在でも、これは正しいと考えている。現代ファイナンス理論の熱心な信者が、市場は効率的だから価格（支払うもの）と価値（手に入るもの）は同じだとしているのに対し、バフェットとグレアムは二つはまったく異なると考えている。

また、そうなれば「バリュー投資」という言葉も正確ではないことになる。真の投資とは価格と価値の関係を精査した結果に基づくべきもので、二つを比較しない戦略は投資とは呼ばない。投資とは、支払う価格が得られる価値よりも安いという確信に基づいて買うことであり、価格が上昇するという期待に基づいて買うのは投機にすぎない。さらにバフェットは、多くのプロが「成長株投資」と「バリュー投資」を区別するという間違いを犯しているとも言っている。成長と価値は別のものではない。成長は価値を構成する一部であり、両者は関連付けて考えるべきなのである。

用語の誤用は、投機と裁定取引の違いを曖昧にしていることにも見られる。裁定取引は健全な資金運用の方法で、多額の余剰資金を持つバークシャーのような会社にとっては非常に重要な手法になっている。投機と裁定取引は、どちらも余剰資金を現預金に近い性格を持つ資産（例えば、コマーシャルペーパー）以外で運用する方法である。投機とは、企業が公式に発表していない取引やイベントに、うわさに基づいて資金を賭けることである。一方、裁定取引は同じ投資対象の二つの異なる市場における価格差を利用して儲けることと従来理解されてきたが、バフェットは公になっている数少ないチャンスを利用して短期的なポジションをとる運用方法だと説明している。同一の対象に異なる時点で付いた価格差を利用して行うのだ。裁定取引をするときは、うわさではなく、四つの常識的な点を情報に基づいて評価する必要がある。①イベントが発生する確率、②資金が拘束される期間、③機会費用、④事象が起こらなかった場合のリスク――である。

ミスターマーケットや安全域とともにグレアムやバフェットの「賢明なる投資」を支える第三の原則が、「コアコンピタンス領域」である。これは、ある程度の努力で理解できる事業のみに投資するという常識的な規則である。バフェットは、自分が理解できる範囲に限定して投資するという規則を忠実に実行し続けたことで、ほかの投資家が繰り返している過ちを避けることができている。市場では、何世紀にもわたってテクノロジーブームや「新時代」のうたい文句に投機熱が高まり、一獲千金を夢見る投資家が繰り返し踊らされている。

最後に、バフェットは分散投資を行わず、むしろ集中投資を推奨している。彼はポートフォリオを集中させることについて、ケインズの考えを紹介している。ケインズは、優れた経済学者だっただけでなく、洞察力のある投資家でもあった。彼は、まとまった金額を二つか三つの自分が理解でき、信頼できる経営者がいる事業に投資すべきだと考えていた。

バフェットは、理想のリスクプロファイルを求めて頻繁に売買してポートフォリオを変更することは、長期投資の成功の妨げになるとも言っている。「花から花へと飛び回る」ことで、スプレッドや手数料など莫大な取引コストや税金がかかるからだ。バフェットは、市場で活発に売買する人たちを投資家と呼ぶのは「一夜の恋を繰り返す人をロマンチストと呼ぶようなもの」とジョークを言っている。彼は、「一つのバスケットにすべての卵を入れてはいけない」という格言よりも、マーク・トウェインの『二人の運命は二度変わる』から引用して「一つのバスケットにすべての卵を入れてそのバスケットをよく見張りなさい」と言っている。

普通株

バフェットの株主への手紙は一九七八年から始まっている。もちろん、それ以前も投資組合のパートナーへの手紙は書いていたが、のちに有名になった質の高い内容やスタイルになったのは一九八〇年代からだった。特に、一九七八年以降、バフェットはある目的を持って手紙を執筆するようになった。それが、多くの株を買って長期的に保有する質の高い株主、つまり、分散投資が目的のインデックスファンドや短期トレーダーではない株主を獲得することである。

そのために、彼は自分と同じ考えの人たちを引き付ける話題や行動を重視し、バークシャーの株価ではなく、長期的な展望と独自のファンダメンタルズを強調してきた。

自社株が市場で可能なかぎり高値で取引されることを切望する多くのCEOと異なり、バフェットはバークシャー株が内在価値の近辺で、高すぎもせず、安すぎもしない価格で取引されることを好む。このことは、ある期間の業績が、同じ期間に株を所有した人の利益になることを意味している。業績と株価の関連性を持続するためには、短期的で市場指向の戦略を持つ投資家よりも、長期的で事業重視の投資を行う株主が多くいる必要がある。

バフェットはフィリップ・フィッシャーの言葉を用いて、企業というのは特定の嗜好を持つ人たちを引き付けるメニューを提供するレストランのようなものだと言っている。バークシャーが定番メニューで強調しているのは、株式の売買コストが長期的な成果の妨げになるということである。バフェットは、株を積極的に売買した場合、スプレッドや手数料などの取引コストは収益の一〇％以上に上ると推定している。このようなコストを避けるか最低限に抑えることは長期投資で成功するために欠かせない。バークシャーがNYSE（ニューヨーク証券取引所）に上場していることも、そうしたコストを抑える助けになっている。

アメリカでは株式分割は珍しくないが、バフェットはこれも株主の利益を害していると指摘している。株式分割は、三つの悪影響を及ぼす――①株の売買が増えて取引コストが上がる、②短期的で市場価格を気にしすぎる市場志向の株主を引き付ける、③これらの影響で株価が会社の内在的価値からかけ離れてしまう。その一方でメリットはないため、バークシャーの株を分割することはバカげている。バフェットはさらに、バークシャーには五〇年かけて築いてきた熱心でかつ長期的な投資家で構成される株主グループがあり、それが株式分割によって崩れる恐れがあるとも言っている。

自社株買いは、割安になっているときであれば会社の価値を高める資本の配分方法になるが、そうならないケースもある。一九八〇年代から一九九〇年代の初めには自社株買いは一般的ではなかったが、一株当たりの価値が二ドルの会社を一ドルで買えるならば、それ以上に優れた資金の活用法はほとんどないということに気づいている経営者をバフェットは評価していた。ところが、よくあることだが、それをまねしようとして実際には一ドルの価値の会社を二ドルで買っていた会社が少なからずある。このように会社の価値を破壊する自社株買いは、下落している株価を下支えしたり、ストックオプションが非常に安く行使されたときに発行された株式を相殺したりする目的で行われることが多い。

バフェットは、バークシャーが時に自社株買いを行う理由と条件として、株価が内在的価値よりも大幅に下回っているときと明示している。これは投資としては簡単で、長期的な株主にとっては明らかに価値がある。ただ、バークシャー株を売った株主が実際の価値を下回る現金しか手にしないことに、バフェットは複雑な思いもある。そこで彼は、株主が株を売るときに正しい情報に基づいた判断を下すことができるよう、明確な情報開示を行うことにしている。

企業の配当政策も資本配分における主要な問題で、投資家にとって常に関心があることにもかかわらず、ほとんど説明されてこなかった。一九九八年以来、バークシャーの普通株は一株当たり五万ドル以上で推移しており、会社の簿価と収益と内在価値も平均的な利回りを超えて着実に増加している。しかし、これまで株式分割は行っておらず、現金配当も三〇年以上、一回も行っていない。

バークシャーの配当方針について、バフェットは留保することが株の価値を上げることにつながるならば留保し、そうでなければ配当に回すというただ一つの基準で判断している。収益の留保が正当化されるのは、「留保された収益が、投資家が通常得られる複利利益以上のものを生み出す場合」に限られる。しかし、実際には経営者が企業帝国を拡大するためとか、十分すぎる資金を持って運営したいなどといった株主の利益とは関係のない理由で収益が留保されることもよくある。

ウォール街では、金融エンジニアがバークシャーの業績に連動する証券を作り、それをバークシャーの事業や投資哲学を理解していない人たちに売ろうとしたことがあった。

これに対して、バークシャーは資本を再構成してクラスB株という新しいクラスの株式を発行し、それを一般に売り出した。クラスB株は、権利は既存のクラスA株の一五〇〇分の一で、議決権はA株の一万分の一になっている。そのため、クラスB株はクラスA株の市場価格の一五〇〇分の一近辺で取引されるはずで、実際にもそうなっている。

バークシャーはこの資本再編によって、バフェットの基本原則に矛盾するバークシャー株のクローンの販売を阻止した。このようなクローン（バークシャーの株を運用資金の増減に応じて組み入れる投資信託など）は、バークシャーの株主に余計なコストを課すことになる。バークシャーの事業や理念を理解しない株主が増えると株価が急変することになり、それが株価と価値の差を広げてしまうからだ。

買収

バークシャーの買収方針には、①優れた経済特性を備えている、②バフェットとマンガーが好ましいと思い、信頼し、尊敬できる経営者がいる――という二つの条件がある。ただ、一般的な慣習とは異なり、企業のすべてを買う場合でも、プレミアムを支払う理由はほとんどないとバフェットは言う。

買収においてバークシャーが株式で支払うのは、バークシャー株と同等の価値が得られる場合に限られる。通常、売り手は買収価格を買い手側の株式の内在価値ではなく、市場価格によって判断しているとバフェットは指摘している。例えば、買い手の株式がその内在価値の半分で取引されている場合、株式で支払うと買い手は本来の二倍の価値を差し出すことになる。それでも、シナジー効果や規模拡大などの理由で自分の行動を正当化する買い手側の経営者は、株主の利益を無視してスリルや極端な楽観主義をエスカレートさせていく。

さらに言えば、株式交換方式の買収では必ずと言ってよいほど「買い手が売り手を買った」「買い手が売り手を買収した」というような言い方がされている。しかし、バフェットは「売り手を買収するために買い手が自社の一部を売却した」などといった表現のほうがより明確だとしている。結局、それが現実に起こっていることであり、こうした表現を用いることで、買収するために買い手が何を手放したかを正しく評価することができるからだ。

ただ、平均コストを上げることなく企業価値を高める買収案件を見つけるのは至難の業である。実際、ほとんどの買収は企業価値を減少させているとバフェットは言う。企業価値を高める最善の取引を見つけるためには、機会費用（株式市場を通じて優れた企業の一部を買う場合）と比較する必要がある。こうしたことは、シナジー効果や規模拡大に取りつかれた経営者にとってはどうでもよいことだが、バークシャーの二つの買収方針においては重要な要素になっている。

企業の買い手としてのバークシャーの強みはほかにもある。支払いに用いることができる優良な株式を保有していることと、取引が成立したときは買収先の経営者にかなりの裁量を認めることである。どちらも企業の買い手としてはまれなことだとバフェットは言う。そして、彼はそのことを実際の行動で示してきた。バフェットは、有望な買収候補にバークシャーが家族経営の企業や非公開企業を多く買収してきたことを伝え、これらの企業に買収当初の約束が守られているかどうかを問い合わせてみるよう勧めている。要するに、バークシャーは魅力的な事業の売り手から選ばれる買い手であろうと努めている。これは、非常に重要な教訓であり、バフェットが魅力的な企業はたとえ逆風にさらされていても売却せずに保有し続ける理由でもある。

評価

バフェットの「会長からの手紙」は、財務情報を理解して活用するための愉快で有益な指南書である。彼は、一般会計原則（GAAP）の重要な項目を分析することで、あらゆる企業や投資を理解し、評価するうえでの一般会計原則の重要性と限界の両方を示している。彼は、会計上の利益と経済的利益、会計上ののれんと経済的のれん、会計上の簿価と内在価値の重要な違いを詳しく解説している。これらの違いは、すべての投資家や経営者が企業評価を行ううえで必要不可欠なツールである。

バフェットの特別な分析ツールの代表例が内在価値、つまり「企業が残存期間を通じて生み出す現金の割引現在価値」である。ただ、そうは言っても内在価値を正確に計算するのは簡単ではないし、客観的な値があるわけでもない。内在価値は、将来のキャッシュフローと金利動向の推定値に基づいて決まるからだ。とはいえ、これは企業に関して究極的に重要な数字である。一方、簿価は計算するのは容易でもあまり役に立たない。時価総額も、ほとんどの企業に関して同じことが言える。内在価値と簿価と時価総額の違いを明確にするのは難しいかもしれないが、違いが存在することは間違いない。

バフェットは、役に立つ財務諸表とはその企業に関する三つの基本的な質問に答えてくれるものだと強調している――①会社の価値がおおむねどの程度か、②将来の債務を履行できる可能性はどれくらいか、③経営者がどれくらい優れた事業運営をしているか。彼は、一般会計原則がこれらの評価をかえって難しくしていると嘆く一方で、投資家や経営者が財務情報をより有益に使うためのさまざまな概念を示している。

例えば、バフェットが「ルックスルー利益」と呼ぶ概念を考えてみよう。一般会計原則の投資に関する規則では、株式の過半数を所有する企業については連結決算を行わなければならない。これは、投資先企業の財務諸表にあるすべての開示科目を、親会社の財務諸表上ですべて報告することを意味している。また、持ち株比率が二〇~五〇%の株式投資については投資先企業の収益を持ち株比率に応じて計上し、二〇%以下の株式を保有する企業については投資先企業の持ち分に応じた収益ではなく、実際に受け取った配当金のみを計上することになっている。しかし、こうした会計原則はバークシャーの業績を大きく歪めている。投資先企業で配当金として分配されない利益がバークシャーにとって非常に大きな価値を占めているにもかかわらず、一般会計原則に基づく財務諸表には反映されないからだ。

バフェットは、投資の価値を決定するのは投資規模ではなく、投資先において配当金として分配されない利益がどのように使われているかだと認識しており、バークシャーの業績を評価する目安として「ルックスルー利益」という概念を用いている。ルックスルー利益とは、バークシャー本体の純利益に、投資先企業の利益のうち配当金として分配されない部分を加え、それに対応して増える税金の見込み額を差し引いたものである。多くの企業にとってルックスルー利益と一般会計原則の利益に大差はないが、バークシャーや恐らく多くの個人投資家にとってその差は大きい。そこで、個人投資家は自分のポートフォリオを分析するときに同様の手法を使えば、長期的に最大のルックスルー利益を生み出すようなポートフォリオを構築することができる。

会計上ののれんと経済的なのれんの違いについてはよく知られているが、バフェットの明解な説明によって、この問題を新鮮な目でとらえることができる。会計上ののれんは本質的に買収価格から負債控除後の妥当な評価額を差し引いた額である。この金額は買収企業の貸借対照表に資産として計上され、通常四〇年間にわたって毎年費用として償却されていく。つまり、会計上ののれんは時間とともに減少していく。

一方、経済的なのれんは広く認知されたブランドなどの無形固定資産で、それがあることによって有形固定資産（工場や設備など）が平均以上の利益を生み出すことが可能になる。経済的なのれんは、そうした超過利益を資本化したものと言える。これは時とともに増加する傾向があり、平凡な企業であっても通常少なくともインフレ率程度は増加し、経済基盤が強固だったり特権的特性を有したりする企業の場合はそれ以上の増え方をする。実際、有形固定資産に対して経済的のれんのほうが大きい企業は、そうでない企業と比較してインフレの影響がはるかに小さくて済む。

会計上ののれんと経済上ののれんの違いからは、次のような洞察を得ることができる。第一に、企業の経済的なのれんの価値を計る最良の目安となるのが、負債を持たないと仮定して有形固定資産が生み出す利益からのれんの償却額を引いた額である。ゆえに企業買収が行われ、のれんと呼ばれる資産科目が計上されている場合は、その企業を分析するときにのれんの償却費を無視すべきである。二つ目に、経済的なのれんはその経済費用の全額、つまり償却前の金額で評価すべきものなので、企業買収を検討する場合ものれん償却費を考慮すべきではない。

しかし、減価償却費はこれとは違い実体のある経済的費用であるため、無視すべきではないとバフェットは強調している。彼はこのことを指摘するために、バークシャーが買収した企業の業績を株主に説明するときは、必ず一般会計原則が求める取得価格調整を行う前の買収価格を示している。

通常、ウォール街では企業のキャッシュフローを計算するとき、「A（営業利益）＋B（減価償却費およびその他の非現金費用）」という式を用いている。しかし、バフェットはこの計算方法は不完全であると考えている。営業利益と非現金費用を足したあとに、C（企業が事業を継続するために必要な再投資額）を差し引くべきだと述べているのだ。彼は、Cを「ある企業が長期的な競争力と生産高を完全に維持するために必要な、工場や設備などに対する資本支出」と定義している。

この「A＋B－C」の値を、バフェットは「株主利益」と呼んでいる。もしBとCが異なると、キャッシュフロー分析と株主利益分析は違う結果になる。ほとんどの企業の場合、CはBよりも大きいため、キャッシュフロー分析は経済的実態を過大評価する結果となりやすい。いずれにしても、BとCが異なるすべてのケースにおいて、取得価格調整によって影響を受けるキャッシュフロー分析やGAAPの利益よりも、株主利益のほうが企業業績をより正確に評価できる。このような理由から、バークシャーは買収した企業に関して一般会計原則の利益やキャッシュフローと合わせて株主利益も株主に報告している。

展望

バフェットからの手紙には、アメリカの歴史、特に経済史における事例も散りばめられている。これは、投資家や経営者にとって過去を理解することが、現在や未来のかじ取りに非常に役立つという彼の考えが反映されている。二〇一六～二〇一八年にかけて執筆された手紙では、アメリカの経済史を掘り下げ、その包括的な価値は並外れていると評価している。彼はこのことについて、強い力が目的地の方向に作用することを意味する「追い風」のおかげだとしている。これは、約三世紀にわたってアメリカの政治経済がアメリカ企業とその経営者、投資家、市民などを含む受益者のために果たした役割を表している。

バークシャーがバフェットの下で五〇周年を祝った二〇一五年に、彼はこの会社の将来を歴史的文脈に沿って描いた回顧録を書き、マンガーもそれに倣った。二人の考えはほとんどの項目で一致しており、株主への手紙はバフェットが実質的に二人の見解として語っている（そのため、「マンガーと私は」という言葉が出てくるページは本書の三分の一に上っている）。しかし、本書の最後の部分に載せたバークシャーの歴史や展望に関する見方からも分かるとおり、二人のスタイルはかなり違っている。

バフェットの終結部は陽気な気質にあふれ、五〇年以上に及ぶバークシャーの成果をダイナミックに描いている。そのうえで、「バークシャーの文化」がこの会社の明るい未来を保障しており、バークシャーは将来も長期的に「理想的な状態にある」としている。一方、マンガーはバフェットと実質的に合意しているものの、彼らしい気難しい言い回しで、彼が言うところの「バークシャーシステム」の要素は早い時期に確立されており、それがバークシャーのこれまでの成功を助け、今後も「かなり長い期間、平均以上の会社であり続ける」ことは間違いないと強調している。

プロローグ——株主に関する企業原則（一九七九年、一九九六年株主マニュアル——初出は一九八三年、そして一九八八年から二〇一七年までは毎年、随時修正）

バークシャーの株主はかなり異質な集団であり、そのことがみなさんへの報告形式にも影響を及ぼします。例えば、毎年末、発行済み株式のおよそ九八％は年初と同じメンバーによって保有されています。そのため、年次報告書を作成するに当たってはすでに述べたことをくどくどと繰り返すことはせず、前年述べたことを基に組み立てていくことができます。こうしてみなさんはより有用な情報を得ることができますし、私たちが退屈することもありません。

さらに、バークシャー株の恐らく九〇％は、この株式を最大保有銘柄として保有する人たちによって所有されています。これらの株主の多くは、年次報告書を読むことに喜んで多くの時間を費やすような人たちであり、彼らに対して私たちは、株主として有用だと思える情報を提供しようと努力しています。

しかし、四半期報告書には談話を盛り込みません。バークシャーの株主と経営陣は、非常に長期にわたりともに歩んできており、長期的な重要性を持つ事柄について目新しいことや意義のあることを四半期ごとに述べるのは難しいからです。

私たちからみなさんへの報告は、みなさんがお金を支払って任せている経営に関することです。みなさんの会長は、この企業の現状やＣＥＯ（最高経営責任者）として見た自らの事業の評価を、現在や将来的な視点でCEOから直接聞く権利が株主にはあるという強い信念を持っています。未公開企業の株主ならばそうした権利を要求しますが、それは株式公開企業であっても同じことです。資産運用者としての役目を果たすための年に一回の報告書を、経営者が率直に語らずに、専門のスタッフや広報のコンサルタントに一任するべきではありません。

私たちがバークシャー傘下の個々の企業経営者から報告を得る権利を有していると考えるように、株主であるみなさんもバークシャーに対して同様の報告を得る権利があると思います。当然ながら、どこまで報告するかは立場によって異なります。その情報が競合他社などにとって有用なものと思われるときはなおさらです。しかし、報告がカバーする範囲や内容のバランスや率直さにおいては、ほぼ同様であるべきです。子会社の経営者たちから事業報告を受ける場合、私たちは広報コンサルタントが作成したような書類を求めていませんし、私たちもそのような報告をみなさんにするべきではないと思っています。

多くの場合、企業は互いに理想とするような株主を獲得します。短期的な収益や短期的な市場動向を重視して、そのような面ばかりを株主に報告する企業は、同様の要因を重視する株主を多く引き付けることになります。そして企業がもし株主を冷遇すれば、投資家からも同様のしっぺ返しを受ける可能性が高いでしょう。

尊敬すべき投資家で、**『株式投資で普通でない利益を得る』**（パンローリング）などの複数の著書もあるフィリップ・フィッシャーは、株主を引き付けるための企業の方針を、潜在顧客を引き付けようとしているレストランに例えました。レストランは、ファストフード、高級料理店、アジア料理店など、特定の顧客に合わせた料理を出していれば、やがてそれぞれの店に合う顧客を獲得できるでしょう。そして、その専門性を維持していけば、サービスやメニューや価格に満足した客が常連になるはずです。しかし、レストランがその売りとなるものをコロコロ変えれば、その店を好きでよく来る常連客はいなくなります。もしあるときはフランス料理を出し、またあるときはテイクアウトのチキンを出したりしていれば、客は戸惑いや不満を抱え、定着しないということです。

この話は、企業とその株主の関係にも当てはまります。高い直接利回りや長期的な資産の成長、果ては株式市場における「打ち上げ花火」など、投資の第一目的は人によって異なるため、すべての種類の投資家を引き付けることはできません。

自社株が激しく売買されることを望む経営者たちの主張には当惑します。実際こうした経営者たちは、非常に多くの株主たちが彼らを捨てて別の企業に絶え間なく乗り換えていくことを望むと述べているのに等しいのです。既存の株主を多く失わないことには、別の期待を抱いて投資する株主を数多く獲得することができないからです。

私たちにとっては、バークシャーのサービスやメニューを気に入っている、何年も変わらない「常連」株主が理想です。すでにバークシャーで株主としての「席」を得ている人たち以上に望ましい株主を得るのは困難でしょう。そのため、私たちは当社の経営を理解し、方針に賛同し、期待を共有してくれる株主たちが今後もほとんど入れ替わらないでほしいと思っていますし、そうなるよう努めていきます。

1．株式会社という形態をとっていても、バークシャーはパートナーシップであると私たちは考えています。チャーリー・マンガーと私は、株主をオーナーパートナー、私たち自身をマネジングパートナーとして位置づけています（保有株式数の多さから、私たちは好むと好まざるとにかかわらず、パートナーシップを管理しています）。私たちは、企業というのは資産の究極的な所有者ではなく、株主を資産と結びつけるパイプの役割を果たすものだと考えています。

マンガーも私も、みなさんが保有している株について、価格が日々小刻みに変動する紙きれで、経済的・政治的に不安をもたらすようなことが起こったときは売り払うものだとは考えてほしくありません。そうではなく、株を持つということは、農地や集合住宅を家族と共同で所有するのと同様に、永続的に付き合っていくつもりの企業を部分的に所有しているということです。私たちのほうは、バークシャーの株主を入れ替わりが激しい集団のなかの顔のない人たちとしてではなく、自分たちの資金を私たちに委ね、残りの人生を通じてその結果を見守ってくれている共同投資家であると思っています。

そして、実際にバークシャーの株主の大半が長期にわたり株式を保有してくれています。私の保有分を計算から除外したとしても、バークシャー株の年間出来高は、アメリカのほかの主要企業と比較して非常に少なくなっています。

私たちの株主は、バークシャーの株についてバークシャー自体がほかの企業に投資をする場合と同様の態度で臨んでいます。例えば、バークシャーはコカ・コーラやアメリカン・エキスプレスの株主ですが、私たちはこの卓越した両社を支配を伴わないパートナーとして認識しており、その投資に関する成功は、毎月の株価の変動ではなく、長期的な成長によって測っています。実際、もしこれらの企業の株が数年にわたり一切売買されなかったり、株価の値付けがなかったりしても、私たちはまったく気にかけないでしょう。好ましい長期的な展望があれば、私たちにとって短期的な株価変動は、それが魅力的な価格で保有高を増やせる機会であるということ以外に意味はありません。

2. バークシャーにおいては、ほとんどの役員がその財産の大部分をバークシャー株に投資しています。自分たちで作った料理を自分たちで食べているということです。

マンガーの家族は自己資産のほとんど、私自身は自己資産の九八％以上がバークシャー株です。加えて、私の親戚の多く（例えば、姉妹や従兄弟たち）も、資産のかなりの部分をバークシャーに投資しています。

マンガーも私も、全部の卵を一つのバスケットに入れるような、すなわちほとんどの資産を一事業にかけるようなこの状況に大変満足しています。なぜならバークシャー自体が、多業種にわたる真に卓抜した企業群を保有しているからです。経営権を握っているものもそうでないものもありますが、バークシャーはその保有する企業群の質と多様性において、ほとんど類いまれな存在であると私たちは自負しています。

マンガーも私も、結果を約束することはできません。でも、みなさんに保証できることがあります。それは、私たちをパートナーとして選び続けるかぎり、皆さんと私たちは財務上の運命共同体であるということです。私たち経営者は高額の報酬やストックオプションを得たいとか、それ以外の何らかの形で自分たちに優遇措置を設けたいとは思っていません。私たちは、パートナーであるみなさんが利益を得るときに、それと同じ割合で利益を得たいと考えています。さらに言えば、私が何かヘマをしたことによって私自身が被る損失も、みなさんと同様に保有株式数に応じた額であるという事実が、少しでもみなさんの慰めになれば幸いです。

3．私たちの長期的な財務上の目的（後述の条件が前提となりますが）は、バークシャー株一株当たりの内在価値の年間平均収益率を最大にすることにあります。私たちはバークシャーの経済的重要性やパフォーマンスを、企業規模ではなく一株当たりの成長率で測っています。純資産が非常に大きくなることによって、一株当たりの成長率は将来的には下がるでしょう。それでも、バークシャーの成長率がアメリカの主要企業の平均値を下回るようなことはしないつもりです。

4．私たちがこの目標を達成するにあたって好ましく思う状態は、多業種にわたる企業を直接所有し、それらが現金を生み出して安定的に平均以上の資本利益率をもたらすことです。それに次いで好ましいのは、私たちの保険会社が市場性のある普通株を購入して企業を部分的に所有することです。毎年の資産配分は、買収可能な企業の株価と保険事業で必要な資本によって決定しています。

　近年、私たちはいくつかの企業を買収しました。今後、収穫のない年もあるでしょうが、数十年のうちにはさらに多くの大企業を買収したいと思っています。将来買う企業の質が過去に買収してきた企業のそれに匹敵するものであれば、バークシャーは十分に報われるでしょう。

　私たちが抱えている問題は、現金を稼ぎ出すのと同じスピードでアイデアを生み出さなければならないことです。この点において、株式市場の下落は私たちに大きな利益を提供してくれる可能性が高くなります。まず、弱気相場では企業を買収できる価格が下がる傾向にあります。二つ目に、私たちの保険会社が優良企業の株を少量購入する場合やすでに保有している企業株を買い増す場合に、魅力的な価格で購入しやすくなります。そして三つ目に、コカ・コーラやウェルズ・ファーゴ銀行といった優良企業のなかには自社株買いを恒常的に行っている企業もあり、彼らが安い価格で自社株を購入できれば、彼らにとっても私たちにとっても利益になります。

全体としてバークシャーとその長期株主は、食料品の価格が下がれば消費者が得をするように、株式市場が低迷すれば利益を得ることになります。ですから、時として市場が急落しても、慌てたり嘆いたりすべきではありません。なぜならそれは、バークシャーにとって天からの贈り物だからです。

5．私たちが企業に投資する方法には二通りのパターンがあることと、従来の会計手法には限界があることによって、連結決算の収益には真の業績が相対的に反映されづらくなっています。大株主であり経営者としてのマンガーと私は、実際には連結決算の数字を気にしていません。しかし、私たちが支配株主になっている主要企業の収益は重大な意味を持ちますので、みなさんに報告しています。これらの数字や個々の企業に関する情報は、それらの企業をみなさんが評価されるうえで役立つことでしょう。

簡単に言えば、年次報告書には真に重要な数字や情報だけを記載するように心がけています。マンガーと私はバークシャーの企業群の経営状態に最新の注意を払い、各企業の経営環境の理解に努めています。例えば、ある子会社の業界が現在追い風に乗っているのか、それとも向かい風に直面しているのか、マンガーと私はその状況を正確に把握し、かつそれに応じて見込みの修正を行う必要があります。その結果はみなさんにも報告していきます。

私たちが投資してきた大多数の企業は、時とともに期待を上回る業績を上げてきました。とはいえ、期待が外れることもあります。そうしたときも、喜ばしい結果を伝えるときと同様に、誠実さをもってみなさんに報告するつもりです。一般になじみの薄い基準（例えば、保険会社の「フロート」）を用いてバークシャーの業績向上をみなさんに示そうとする場合は、その基準の概念と、なぜそれを重視しているのかを説明するように努めます。言い換えれば、みなさんに私たちの考えを理解してもらうことによって、バークシャーの企業群のみならず、企業経営や資本配分への取り組みについても、みなさん自身に評価してもらえると考えているからです。

6．私たちの経営方針や資本配分が会計基準に左右されることはありません。買収コストがほとんど同じならば、通常の会計基準の下で会計報告に記載できる一ドルの収益を上げる企業よりも、会計報告に記載できない二ドルの収益を上げる企業のほうにずっと魅力を感じます。私たちは、このような選択を迫られる場面にたびたび直面しています。というのも、企業を買収する場合（つまり、その全収益を会計報告に記載できる）には、同じ企業の株式を少量購入する場合（その収益の大部分は会計報告に記載できない）と比較して、株価がしばしば倍になるからです。私たちは、会計報告書に記載されない収益のすべてが、時間とともにキャピタルゲインを通してバークシャーの内在価値に反映されることを望んでいます。

投資先の留保利益は、実際にはバークシャーに分配されていないにもかかわらず、概して完全に分配されたかのような利益を私たちにもたらしているということが、時がたつにつれて明らかになってきました（だからこそルックスルー利益という形で報告しています）。こうした喜ばしい結果が得られるのは、私たちの投資先のほとんどが極めて傑出したビジネスを展開しているからであり、彼らは自分たちのビジネスに役立てたり、自社株買いを行ったりすることによって、増え続ける資本を有意義に使うことができています。確かに、投資先の経営者によって行われる資本にかかわる決断のすべてによって、株主の私たちが利益を得るというわけではありませんが、全体で見れば、留保利益一ドルに対して一ドルをはるかに上回る価値が蓄積されています。よって私たちは、ルックスルー利益こそがバークシャーの実質的な年間収益を表していると考えています。

7．私たちはあまり借り入れを行いません。興味ある投資対象があったとしても、バランスシートを上回るような借り入れを行ってまで投資することはしないからです。この保守的な考え方は、結果的には不利に働くかもしれませんが、個人資産の多くを託してくださっている保険契約者や貸し手や多くの株主のみなさんに対して私たちが負っている責任を考えると、それ以外に安心できるやり方はありません（インディ五〇〇マイルレースの優勝者が以前言っていました。「一着でゴールするためには、まずゴールしなければならない」）。

利益を二～三％増やすために安眠できないような取引をすることは、マンガーと私の金融計算式ではあり得ません。家族や友人たちが望まないもののために、彼らの資産や期待をリスクにさらそうなどと考えたことはこれまで一度もないからです。

さらに、バークシャーには繰延税と「フロート」（滞留資金）という低コスト・低リスクの借り入れが可能な資金源があり、それによってリスクを負わずに株主資本をはるかに上回る資産を所有することができています。フロートとは、バークシャーの保険会社が保険料を徴収してから、損害が発生して保険金の支払いが生じるまでの間に保険会社が預かっている被保険者の資金です。これら二つの資金源は急速な伸びを見せており、現在では総計約一七〇〇億ドルになっています。

しかも、この資金調達法は今日までのところコストがまったくかかっていないケースがほとんどです。繰延税には利子がかかりません。そして保険引き受けにおいて損益分岐点に達しているかぎりは、その事業から発生するフロートにかかるコストはゼロです。当然、これらは自己資本ではなく、まさに負債ですが、証文も返済期限もありません。つまり、これは実質的に運用資産を増加させるという借り入れのメリットを享受しながら、それによる不利益は被らない資金です。

もちろん、今後ともコストなしにフロートを得られるという保証はありません。ただ、その可能性は、少なくとも同業他社と同程度にはあると考えています。私たちは会長の犯した数々の重大なミスにもかかわらず、これまでも多額のフロートを得てきましたが、一九九六年にG

ＥＩＣＯを買収したことによって、将来もフロートを使うことができる可能性が飛躍的に高まりました。

二〇一一年以降、追加の借り入れはユーティリティー事業と鉄道に集中すると予想しています。これらはバークシャーに対する償還請求権のない融資です。これについて、私たちは長期の固定金利型融資を好みます。

８．バークシャーの経営陣は、株主を犠牲にしてまで「欲しいものリスト」をクリアしていこうとは思いません。株主への長期的な経済的影響を無視するような形で企業を買収して多角化を図ることはしないということです。私たちは、株主のみなさんが株式市場で直接投資をしてポートフォリオを分散した場合に得られるであろう価値を慎重に評価したうえで、自分のお金を投資する気持ちでみなさんのお金を運用していきます。

マンガーと私は、バークシャー株の一株当たりの内在価値を高めると思える買収にしか興味はありません。人件費や事務所の規模は、バークシャーのバランスシートとはまったく関係ありません。

９．他人と違う独特の考えに基づいて何かをする場合は、それが正しかったかどうかを定期的に結果と照らし合わせるべきだと考えています。留保利益に関しては、例えば、一ドルを長期

に留保し続けることによって一ドル以上の市場価値を株主に分配できるかどうかで賢明な選択かどうかを判断しています。今日までのところ「合格基準」に達していますが、今後も五年ローリング期間でこうした検証を続けていくつもりです。ただ、純資産の増加に伴い、留保利益の賢明な扱いには困難さが増しています。

なお、「五年ローリング期間」の部分は違う書き方をすべきでした。この問題について二〇〇九年の株主総会で質問を受けるまで誤りに気づきませんでした。

株式市場が五年連続で急落すると、簿価に対する市場価格のプレミアムが縮小することがあります。こうした事態が生じると、私が用いていた不適切な公式では基準を満たさなくなりました。実は、この基準を下回ったことは一九七一～一九七五年にもありました。この原則について一九八三年に執筆するはるか以前のことです。

五年ローリング期間の正しい基準は、①その期間において簿価の上昇がS&P五〇〇指数の実績を上回っているか、②株価は常に簿価を上回って取引されているか、つまり留保利益一ドルが常に一ドルを上回る価値を有しているか――です。これらの基準が達成されていれば、留保利益は理にかなっていることになります。

10. 私たちが普通株を発行するのは、企業価値で見たときに、それによって得られる価値が支払う価値と同程度である場合だけです。この原則は、合併や公募増資ばかりでなく、デットエ

クイティスワップやストックオプションや転換証券も含むすべての発行形態に適用しています。私たちはみなさんの企業たるバークシャーの一部を、全体の価値を損ねるような形で切り売りするようなこと（株を発行するというのはそういうことです）はしません。

一九九六年にクラスB株式を発行したとき、私たちはバークシャー株は過小評価されていないと書きました。それを読んでショックを受けた人もいましたが、そうした反応には明確な根拠がありません。本当にショックを受けるべきは、自社株が現実に過小評価されているときに、私たちが株式を発行した場合です。株を発行するときに自社株が過小評価されているなどと口にしたりそうほのめかしたりする経営者は、ほとんどの場合、事実を隠しているか、既存の株主のお金を大切に考えていないかのどちらかです。一ドルの価値を有する株を経営者が故意に八〇セントで売れば、不当な損害を被るのは株主です。クラスB株式を発行したとき、私たちはこの種の罪は犯していませんし、今後もそのつもりは一切ありません。ちなみに当時、私たちは株価が過大評価されているとも言ってはいませんが、多くのマスコミが私たちがそう述べたと書き立てました。

11．株主のみなさんには、マンガーと私の姿勢がバークシャーの業績に損害を与えていることを十分理解しておいてほしいと思っています。それは、バークシャーが所有している卓越した子会社について、どのような価格であろうと一切売るつもりがないということです。業績が芳

しくない子会社でも、多少の現金を生み出し、好ましい経営陣がいて、労使関係が良好だと感じられれば、それを積極的に売りたいとは思いません。ただ、芳しくない子会社を買ってしまうような資本配分の判断ミスは、繰り返さないようにするつもりです。また、「大きな資本支出を行えば、業績が低迷する会社も十分な収益率を回復できる」という誘いには慎重に対応します。誠実そうな人が目のくらむような計画を持ち掛けてきたとしても、低迷する業界に多額の資金を投入すれば、たいていは流砂の上でもがくようなことになります。いずれにしても、ジンラミーのように将来性のない会社から切り捨てていくような経営は、私たちのスタイルではありません。それをしないことで全体の業績が多少下がったとしても、そのほうがマシだと思っています。

　私たちはこれからもジンラミーのような経営手法はとりません。実に二〇年にわたる苦闘の末、一九八〇年代半ばに繊維事業から手を引きましたが、その唯一の理由というのは、今後も営業損失を垂れ流し続けるであろうと感じたからでした。しかし、私たちは、法外な価格で売れるかもしれない工場を売ろうと考えたことはありませんし、問題解決に向けて力は注いでも、なかなか成長しない企業を切り捨てたことはありません。ちなみに、このことについて二〇一六年に多少の誤解が生じたため、ここで書いていることは私たちが支配株主である会社に関するもので、通常の有価証券投資には該当しないということを強調しておきます。

12．みなさんに報告をするときには、企業価値を評価する上で重要となる良い点と悪い点を明確に示し、率直な態度で臨むよう心がけています。私たちが指針としていることは、もし私たちが逆の立場ならば、知りたいと思うであろう企業情報をみなさんにお伝えするということです。私たちにはその責任があります。さらに言えば、大規模なメディア通信企業を擁する企業として、私たち自身が報告を行うときに、正確さやバランスや厳格さにおいて手ぬるい基準を採用することは、私たちが保有している新聞社の記者たちがニュースを発信するときに手ぬるい基準で行うこと以上に許されないことです。また、経営者として率直な態度を取れば、それ以外でも得るものがあると考えています。というのも、他人を公然と欺くCEOは、結局は自分自身も欺くことになりかねないからです。

バークシャーでは、意図的に損失を計上する「ビッグバス」会計や経理操作は行っていません。私たちは、四半期ごとや毎年の業績を「調整」しません。本社に報告された数字がデコボコであっても、みなさんにそのままお伝えします。また、保険会社にとっては宿命的なことですが、報告された数字が非常におおまかな「予想値」であるようなときには、筋道の通った保守的な方法で対処しています。

私たちがみなさんとお互いの意思伝達を図るには、いくつか方法があります。年次報告書においては、報告書としての限られたスペースで私が伝えることのできる、価値評価に役立つ最大限の情報を株主に届けようと心がけています。インターネット上で公開している四半期の報告書でも――リサイタルは年に一回で十分なので別の者が書いていますが――重要かつ密度の濃い、豊富な情報をお伝えしたいと思っています。そして、さらに重要なコミュニケーションの機会がバークシャーの年次株主総会です。マンガーも私も、五時間かそれ以上に及ぶ時間をかけて多くの質問に答えることができるこうした機会があることを、うれしく思っています。しかし、実行できない意思疎通の方法も一つあります。それは一対一でのやりとりです。バークシャーの株主が何千人といることを考えれば、それを実行することは不可能です。

私たちはすべてのコミュニケーションにおいて、特定の株主をほかの株主よりも優遇することがないようにしています。多くの企業が行っているような、収益の「指針」やそれ以外の価値ある情報をアナリストや大株主だけに伝えるようなことはしません。私たちは、すべての株主が同時に同じ情報を得ることを目標としています。

13．率直であることが私たちの信条ですが、こと有価証券の売買に関しては、法に触れない程度までしかお話ししません。投資に関する良い案というのはそうそう出合えない価値のあるものなので、素晴らしい製品や企業買収案と同様、競合者に知られたくはありません。ですから通常、投資案件は口外しません。これはすでに売却した証券（また買い直す場合もあるため）や、根拠なく私たちが買うと噂されている株式についても同じことです。根拠ない噂に対して私たちがそれを否定して、別の機会に「ノーコメント」と言えば、前言を認めたことになるからです。

特定の株式銘柄に関する話はしませんが、私たちの企業哲学や投資哲学についてはは惜しみなく公開します。私自身、金融史上最も偉大な師であるベンジャミン・グレアムの知的寛大さによって、計り知れない利益を享受しました。彼自身がそうであったように、知識を伝えることでバークシャーにとって手ごわい投資上の競争相手を作り出すことになったとしても、グレアムの知恵は伝えていくべきだと考えています。

14．バークシャーの株主のみなさんには株式保有期間を通じて、市場における株価の変動と一株当たりの内在価値の変化が常に釣り合っているかどうかを、可能なかぎり記録してほしいと思っています。その二つが釣り合うためには、バークシャー株の内在価値と市場価格が一定の相関関係を保つ必要があり、私たちの望みはそれが一対一となることです。つまり、私たちはバークシャーの株価が「高い」よりは「適正」なレベルにあってほしいと考えています。当然ながら、マンガーも私も株価を自由に変動させることはできません。しかし、私たちの方針を正しく伝えることで、株主のみなさんに知的かつ合理的な行動を促し、株価を合理的な水準に保つことができます。なかには「過大評価されるのは過小評価されるのと同じくらい悪い」という私たちの考え方を好まない株主もいるかもしれません。しかし、こうした手法を取ることによって、パートナーの間違った投資によってではなく、企業の成長によって利益を得たいと考える長期株主を引き付けることができると、私たちは信じています。

15．私たちは、バークシャーの一株当たり簿価の増加率とS&P五〇〇のそれを定期的に比較しています。この基準を長期間にわたって凌駕したいと望んでいるからです。そうでなければ、なぜ投資家が私たちの株を必要とするのでしょうか。ただ、こうした評価方法には欠点があります。しかも、前年との比較は以前ほど意味を持たなくなりました。私たちが保有する株のなかで、その価値がS&P五〇〇と連動する傾向にあるものが純資産に占める割合は、以前よりもはるかに小さくなっているからです。さらに、S&P五〇〇の価格は構成銘柄の上昇分が完全に算入される一方で、バークシャーが保有する株式の上昇分は、連邦税の関係で七九%しか算入されていません。そのため、私たちは株式市場が低迷した年にはS&P五〇〇を上回り、市場が好調な年には下回ると予想しています。

第1章

ガバナンス（企業統治）

Governance

毎年開かれる年次総会の多くは、株主にとっても経営者にとっても時間の無駄になっています。原因の一つは、企業の本質にかかわるような事例を開示したくない経営者がいるからです。ただ、それ以上に生産性を損ねているのが、企業の問題よりも自分が壇上で話すことばかり考えているような出席株主にあります。ビジネスに関する討議をすべき場が、素人芝居、恨みのはけ口、議論を擁護するための場と化してしまうからです。一株の株価を支払えば、話を聞かざるを得ない参加者に世界がどうあるべきかについて得意げに語ることができる権利というのは抵抗し難いものです。こうした状況で、自分自身にしか関心を持たない株主の常軌を逸した言動によって企業に関心を持つ人たちの出席率は下がり、総会の質は年々低下の一途をたどっています。

しかし、バークシャーの株主総会は違います。出席者数は年々増加していますし、つまらない質問や自己中心的な批判などはいまだ経験したことがありません（続く本文中には、年次総会への出席株主数について言及している個所がいくつかある。出席者数は一九七五年の一二人から一九九七年には約七五〇〇人へと増加しており、二〇〇〇年代初めには一万五〇〇〇人を越え、二〇〇八年には三万五〇〇〇人、二〇一五年には四万人に達している。二〇一六年からは年次総会をインターネットでライブ配信しており、世界中でさらに多くの人たちの関心を集めている。二〇二〇年と二〇二一年は、新型コロナウイルス感染症拡大のため、株主総会はリモートのみの開催となった）。出される質問は、ビジネスに関する多岐にわたる思慮深いものばかりです。年次株主総会とはこのような人たちのための場ですから、マンガーも私もどれほどの時間がかかろうと、株主の質問に答えることをうれしく思っています。しかし、株主総会以外で手紙や電話で寄せられる質問にお答えすることはできません。もしすべての質問に個別回答をしていると、何十万人もの株主を抱える企業にとって、それは経営者の時間の有効活用とは言えないからです。事業に関する質問について年次株主総会で率直に答えることができないのは、それによって当社が大きな損失を被ることになる場合のみです。主な例は証券投資に関することです（一九八四年の手紙の導入部分）。

A．企業の目的――パートナーシップの価値を築く（二〇一〇年）

バークシャーは登記上はデラウェア州の会社で、取締役は同州の州法に従う必要があります。ここで定められていることの一つが、取締役は会社と株主のために最善を尽くさなければならないというもので、当社の取締役はみんなそれを実行しています。

そしてもちろんバークシャーの取締役は、①顧客を喜ばせる、②三六万人の従業員の才能を開花させてそれに報いる、③貸し手に対して公正に振る舞う、④事業を行っているたくさんの都市や州で良き市民としてみなされる――ことを望んでいます。私たちは、この四つを当社の重要な構成要素だと考えています。

ただ、この四つのグループの人たちは、配当、戦略的方向性、CEO（最高経営責任者）の選択、買収や事業の売却の決定において投票権を持っていません。これらを決定する責任は、会社とその株主の長期的な利益のために誠実に務める義務があるバークシャーの取締役のみが負っています。

マンガーと私は、バークシャーの数多くの個人株主に対して法的な責任以上の特別な義務を感じています。私自身の過去について少しお話しすれば、私たちの並外れた愛着とそれが私たちの行動をどのように形作っているのかを理解してもらう助けになると思います。

私はバークシャーの経営を始める前は、一九五六年に設立した三つを皮切りに、いくつかのパートナーシップでたくさんの個人の資金を運用していました。しかし、時がたつにつれて複数の組合の運営が手に負えなくなり、一九六二年に一二あったパートナーシップを統合してバフェット・パートナーシップ・リミテッド（BPL）を設立しました。

その年までに、私自身と妻のすべてのお金と多くのリミテッドパートナーの資金が、バフェット・パートナーシップ・リミテッドに投資されていました。私は給料や手数料は受け取らず、ゼネラルパートナーとして基準の年率六％を超えるリターンを確保した場合のみ、リミテッドパートナーから報酬を受け取っていました。もしリターンが基準に達しなかったときは、不足分を将来の利益で支払うことになっていました。幸いそのようなことは起こらず、パートナーシップのリターンは常に六％の「ボギー」を超えていました。それから何年かたち、そのころには両親、兄弟、叔父、叔母、従妹、義理の親戚などが資産の多くをパートナーシップに投資していました。

マンガーは一九六二年にパートナーシップを設立し、私と同じような運営をしていました。どちらも機関投資家の資金は入っておらず、金融に詳しいパートナーもほとんどいませんでした。私たちのパートナーシップに資金を託してくれた人たちは、単純に私たちが彼らのお金を自分のお金のように扱うことを信じて託してくれていたということです。彼らは、マンガーと私が永続的に資金を失うことを極度に避けることや、ある程度の利益が見込めなければ運用を引き受けないことを直感的、もしくは友人の助言を受けて正しく結論付けていました。

一九六五年にバフェット・パートナーシップ・リミテッドがバークシャーの支配株主になると、私は会社を経営することになりました。それから少したった一九六九年に、私たちはバフェット・パートナーシップ・リミテッドを解散することにしました。翌年、バフェット・パートナーシップ・リミテッドはすべての現金と株式を持ち分に応じて分配しました。株式は三銘柄あり、最大はバークシャーの七〇・五％の持ち分でした。

一方、マンガーは一九七七年に彼のパートナーシップを解散しました。彼がパートナーに分配した資産の中に、ブルーチップ・スタンプの過半数の株がありました。この会社はバフェット・パートナーシップ・リミテッドも保有していた株で、マンガーのパートナーシップとバークシャーと私が共同で支配株主として活動していました。

一九八三年、バークシャーとブルーチップは合併し、バークシャーの登録株主は一九〇〇人から二九〇〇人に増えました。マンガーと私は、新旧の株主も将来の株主も同じ認識を共有してほしいと考えていました。

そこで、一九八三年の年次報告書の最初に、バークシャーの「事業の主要原則」を書きました。第一の原則は、「バークシャーは会社の形をとっていますが、私たちはパートナーシップの姿勢で運営していきます」という文で始まっています。一九八三年に定義した株主との関係は、今日も変わっていません。マンガーと私、そして当社の取締役も含めて、この宣言はこれから何十年にもわたってバークシャーの助けになると考えています。

B. 質の高い株主──五つのバケツ（二〇二〇年、二〇二一年）

バークシャーの所有権は、主に五つの「バケツ」に入っています。一つ目が「創業者」の私の株です。私は持ち株を毎年さまざまな慈善団体に配分しているため、このバケツはいずれ必ず空になります。

残りの四つのうち二つは機関投資家の株が入っています。彼らはどちらも他人のお金を運用していますが、彼らの類似点はそこまでです。両者の投資方法はまったく違うからです。

機関投資家の一つはインデックスファンドで、これは投資の世界で急成長している大きな分野です。これらのファンドは、対象の指数を模倣しているだけです。なかでも人気があるのはS&P五〇〇で、バークシャーもその構成銘柄になっています。ここで強調したいのは、インデックスファンドがバークシャーを保有しているのは単純にそうしなければならないからです。彼らは、指数の「加重比率」に合わせてバークシャーの株を自動で売買しているにすぎません。

もう一つのバケツの機関投資家は、顧客の資金を運用しているプロのファンドで、顧客は裕福な個人、大学、年金受給者などといった人たちです。プロの資金マネジャーは、評価や見通しに基づいて資金をさまざまな投資先に動かしていく義務があります。これは尊敬に値すると同時にとても難しい仕事です。

私たちは、常に顧客のために良い投資先を探している「アクティブ」な人たちのためには喜んで働きます。ファンドマネジャーのなかには、長期的な視点であまり頻繁にトレードしない人もいれば、コンピューターのアルゴリズムを使って瞬時に売買している人たちや、マクロ経済に基づいて売買している人たちもいます。

四つ目のバケツには、個人投資家の株が入っています。彼らは、先のアクティブ投資の機関投資家と似たような投資をしています。個人の株主がより魅力的な投資先を見つけたときに、バークシャー株を原資とする場合があることは理解できます。その姿勢に異議を唱えるつもりはありませんし、私たちもバークシャーで保有する一部の株については似たような見方をしています。

そのうえで言えば、マンガーと私も人間なので、五つ目のバケツに特別な親近感を持っています。それが一〇〇万人を超える個人投資家の株で、彼らは将来どうなろうと、私たちをただ信じて資金を託してくれています。彼らはバークシャーの株を手放すつもりはなく、私の最初のパートナーたちと同じような考え方で株主になってくれています。実際、パートナーシップ時代からの投資家やその子供たちの多くは、今でもバークシャーの株を多く保有しています。

昔からの株主の典型とも言えるのが、明るくて寛大なオマハの眼科医で私の友人でもあるスタン・トゥルーセンです。彼は二〇二〇年一一月一三日に一〇〇歳を迎えました。一九五九年、トゥルーセンは私とオマハの若い医者一〇人とともにパートナーシップを設立し、エムディー・リミテッドと命名しました。彼らは毎年、わが家で私と妻とともに祝賀会を開いていました。

一九六九年に彼らにバークシャーの株を分配しましたが、パートナーの医師たちは全員がそれを保有し続けました。彼らは投資先や会計の詳細は知らなかったかもしれませんが、バークシャーになっても自分たちがパートナーとして扱われることは知っていました。

エムディーの仲間の二人は現在九〇歳代半ばになっていますが、今でもバークシャー株を保有しています。このバケツの株主たちには驚くべき永続力があり、マンガーと私がそれぞれ九七歳と九〇歳ということを考え合わせると、興味深い疑問がわいてきます。バークシャーの株を保有すると長生きできるのではないでしょうか。

バークシャー独自の価値ある個人株主の存在は、私たちがウォール街のアナリストや機関投資家の機嫌をとるつもりがないことを理解する助けになるかもしれません。私たちは当社が望む株主をすでに獲得しており、新たな人たちと入れ替わることで株主の質が向上するとは考えていません。

バークシャーの株主の席、つまり発行済み株数は限られており、私たちは今、そこに座っている人たちを大変気に入っています。

もちろん「パートナー」の入れ替えもある程度はあるでしょう。しかし、マンガーと私はそれが最小限であることを望んでいます。友人や隣人や結婚相手がどんどん変わっていくことを望む人などいるでしょうか。

一九五八年にフィリップ・フィッシャーが素晴らしい投資本を執筆しました。そのなかで、彼は上場会社の経営はレストランの経営と似ていると書いています。彼は、ハンバーガーとコカ・コーラを出す店でも、フランス料理と高級ワインを出す店でも客を引き付けて成功することはできるけれど、気まぐれにスタイルを変えてはならないと警告しています。将来の客に示すメッセージは、実際にその店を訪れたときに提供されるものと同じでなければならないということです。

バークシャーでは五六年間、ハンバーガーとコカ・コーラを提供しています。私たちは、このメニューを気に入ってくれた客たちを大切にしています。

アメリカやそれ以外の国の何千万人もの投資家や投機家が、好みに合わせてさまざまな証券を選択しています。魅力的なアイデアを持ったCEOやカリスマ経営者を好む人もいれば、目標価格や恣意的な調整利益や「ストーリー」を望む人もいます。「テクニカルアナリスト」はチャートの波線を予兆として自信満々に指示してくれます。行動を促す声がやむことはありません。

そして、彼らの多くがかなり良い結果を残すでしょう。結局、株式投資は間違いなく「プラスサム」ゲームです、「ゼロサム」ではなく。実際、忍耐強い冷静なサルがS&P五〇〇の表に五〇回ダーツの矢を投げて作ったポートフォリオは、最初の構成を変えさえしなければ、長期的には配当とキャピタルゲインでかなりのリターンを上げることができます。

農場や不動産や企業などの生産的な資産を所有すれば、それがたくさんの富を生み出します。つまり、所有者の多くは報われることになります。そのために必要なのは、時間の経過と冷静な心と十分な分散と取引数と手数料を最小限に抑えることです。投資家は、自分が支払ったコストはウォール街の収入になるということを忘れてはなりません。そして、先ほどのサルとは違い、ウォール街の人たちは高給取りばかりです。

バークシャーの株主の席が空いたとき（そういった機会が少ないことを望みます）、新たにそこに座るのは私たちが提供しているものを理解し、望んでいる人たちであることを願っています。マンガーと私は何十年もこの会社を経営してきましたが、今でも結果を約束することはできません。しかし、株主をパートナーとして扱うという約束はできますし、実際にそうします。

そして、それは私たちの後継者も同じです。

マンガーと私にとって、何十年もお金を預けてくれている長年の投資家が、お金の管理者として私たちを信頼してくれていること以上に報われることはありません。

当然ながら、パートナーシップの時代と違い、私たちが株主を選ぶことはできません。現状では、だれでも転売目的でバークシャーの株を買うことができますし、そのような株主も多少いることは間違いないでしょう。インデックスファンドが必要に迫られてバークシャー株を大量に保有しているのも同じことです。

しかし、バークシャーには「死が私たちを分かつまで」という気持ちで私たちの仲間になることを選択した個人や家族の株主の大集団がいて、驚くほど大きな割合を占めています。彼らの多くは、蓄えのかなりの部分を、時には大きすぎると言われるほど、私たちに託してくれています。

彼らのなかにも気づいている人がいるかもしれませんが、バークシャーは彼らにとっての最高の選択とはほど遠いのかもしれません。しかし、最も安心できる投資先ということならば、バークシャーは上位にランクされると思います。そして、安心できる投資先は、目まぐるしく変わる見出しやおしゃべりや約束に基づいて選んだ投資先よりも、平均的に良い結果をもたらします。

マンガーと私にとって、長年の個人株主は「パートナー」のような存在で、私たちは常に彼らのことを念頭に置いてバークシャーに関する判断を下しています。彼らにはこう言いたいです。「あなたたちのために『働く』のは気分が良いです。信頼してくれてありがとう」

C．完全で公正な開示（二〇〇〇年、二〇〇二年、二〇一八年）

バークシャーにおいて完全な開示というのは、もし私たちが逆の立場であれば教えてほしいと望む情報を提供することです。そのような状況では、マンガーも私も現在の事業に関するあらゆる重要な事実を示してもらうとともに、事業の長期的な経済特性について、ＣＥＯから率直な見解を聞きたいと願うでしょう。財務の詳細が十分に示されることや、解釈を必要とする重要な数値について話し合うことも期待するでしょう。

マンガーも私も報告書を読むときに、社員や工場や商品の写真に興味はありません。EBITDA（利払い前・税引き前・減価償却前利益）に関して述べた部分については嫌悪を感じて身震いします――この経営者は歯の妖精（抜けた子供の乳歯を枕の下に入れておくと夜のうちに妖精がやってきてコインに換えてくれるという言い伝え）が資本支出を支払ってくれるとでも思っているのでしょうか（第6章「E．株主利益とキャッシュフローの詭弁」を参照）。私たちは、会計手法が曖昧であったり、不確かであったりする場合には大いに疑ってかかります。経営者が何かを隠そうとしているため、そのような記述となっていることがあまりにも多いからです。そして、広報担当部門やコンサルタントによる説明も読みたくはありません。そうではなく、何が起きたのかを企業のCEOが自分の言葉で説明することを期待しています。

私たちにとって公正な報告とは、三〇万人の「パートナー」が同じ情報に同時に接するか、できるかぎりその水準に近い状況を指します。そのため、私たちの年次報告書や四半期報告書は、金曜日の市場が閉じてから翌朝までの間にインターネット上で公開されます。こうすることによって、株主や関心のある投資家は重要な発表をタイムリーに把握し、その情報の内容を月曜日に市場が開くまでにある程度の時間をかけて解釈することができます。

最近までSEC（証券取引委員会）の委員長を務めていたアーサー・レビット・ジュニアが、近年がんのように広まっている「選択的開示」という企業の慣行を厳しく取り締まったことに、私たちは心から拍手を送りました。実際、アナリストや大株主に対して企業が実際に予想する正確な値やそれを若干下回る値で収益予想を「案内」することは慣習的に行われています。企業が小出しにほのめかしたり、目くばせをしたりうなずいてみせたりすることで、利に聡い機関投資家やアドバイザーは投資に関心がある個人よりも多くの情報を得ているということです。これは誤った行いですが、残念なことにウォール街とアメリカ企業では受け入れられています。レビット委員長は、投資家のためにさまざまな努力をたゆみなく効果的に重ねてきました。そのおかげで、今や企業はすべての株主を同じように扱うことが求められています。この改革が企業の良心からではなく、外部からの強制によってもたらされたという事実はCEOとIR（インベスターリレーションズ）担当部門にとって恥ずべきことです。

この場を借りてもう一つ言わせてください。マンガーも私も、CEOが自らの会社の成長率を予想することはごまかしであり、危険なことだと考えています。もちろん、アナリストや会社のIR担当部門からは予想を発表するよう頻繁に求められます。しかし、彼らに煽り立てられても抵抗すべきです。こうした予想によって問題が生じることがあまりにも多いからです。

CEOが個人的な目標を持つのは構いません。また、CEOが将来の希望を公に示すことも、適切な警告を付け加えたうえであれば悪くはないでしょう。しかし、大企業が自社の株価について、例えばEPS（一株当たり利益）は長期的に年率一五％増加するなどと予想すれば問題を招きます。

これは本当のことです。これほどの成長率を維持できるのは、大企業のごく一部にすぎないからです。例えば、一九七〇～一九八〇年における利益上位二〇〇社のなかで、それ以降、EPSが年率一五％増加した会社がどれだけあるか調べれば、ほんの一握りしかないはずです。私は、二〇〇〇年の利益上位二〇〇社のなかで、その後の二〇年もEPSを年率一五％で増やすことができる会社は一〇社に満たないというほうに大金を賭けても構いません。

高い予想値を示すことによってもたらされる問題は根拠のない楽観論を広めることだけではありません。それ以上に問題となるのが、こうした予想によってCEOの行動が退廃的なものとなることです。発表した利益目標を達成するため、CEOが合理的でない経営操作に関与した多くの実例を、マンガーも私も長年にわたり目にしてきました。しかもなお悪いことに、あらゆる操作の手立てを尽くしたあとで、「数字を作る」ためにさまざまな会計上の策略に手を染めるケースもありました。こうした会計上のごまかしは雪だるま式に膨らんでいきます。企業が無理に利益を別の会計期間に移すと、その後に生じた営業利益の不足を埋めるためにはさらに会計操作を行う必要があります。その場合の操作は一層「大胆」なものとなってしまうはずです。これらはごまかしにとどまらず詐欺行為になりかねません（お気づきのとおり、銃口ではなくペン先を使って多くのお金を盗んできたわけです）。

マンガーも私も魅力的な予想を語り、投資家に言い寄るCEOについては疑ってかかる傾向があります。先見的な能力のある経営者も何人かはいます。しかし、そのほかの経営者は生まれつきの楽天家かペテン師かもしれません。残念ながら、投資家が自分がかかわっているのはどちらの種類の人間なのかを前もって知ることは容易ではありません。

投資家のみなさんに三つ提案があります。一つ目は、会計に疎く見える企業には用心してください。企業が依然ストックオプションの費用を計上していなかったり、年金コストの想定が現実的でなかったりする場合には注意が必要です。経営者が目に見える部分で恥ずべきことを行っているのなら、陰でも似たようなやり方をしている可能性は高いと考えられます。台所にゴキブリが一匹しかいないことなどありません。

ＥＢＩＴＤＡについて吹聴することは特に悪質な慣行です。これは、減価償却費が「非現金」費用だから真の費用ではないと言っているのと同じことで、まったくバカげています。実際には、減価償却費は特に魅力の低い費用です。そこに示される現金支出は、手に入れた資産が企業に利益をもたらす前に前払いで支払われています。今年初めに企業が全従業員の今後一〇年間の給与をすべて支払うことにしたというのを想像してみてください。この場合、企業は現金を耐用年数一〇年の固定資産として扱うことになります。それ以降の九年間、社員の給与は「非現金」の費用――つまり、今年前払いした給与という資産を償却していくことにすぎません。形式的な記帳にすぎない二年目から一〇年目までの費用の記録についてだれが論じたいと思うでしょうか。

二つ目に、年次報告書の難解な脚注は、その経営者が信頼できないことを示す場合が多くあります。脚注やそのほかの経営に関する説明事項が理解できないのは、たいていの場合、CEOが理解してほしくないと思っているからです。エンロンの一部の取引について年次報告書に書かれた部分は今でも首を傾げたくなります。

最後に、利益予想や成長予想を吹聴する企業は疑ってください。企業が平穏で予期しないことが何も起きない状況で経営されることはめったになく、利益が苦もなく予想できることなど断じてありません。もちろん、証券会社の作った資料のなかなら別です。

マンガーも私も、私たちの会社が来年どれだけの利益を上げるかは今のところ分かりません。それどころか、次の四半期についてさえ分かりません。私たちは、将来のことが分かると繰り返すCEOを疑います。そして、公に打ち出した目標を達成し続けているのであれば、もうまったく信用できません。約束した「数字を上げる」と常に豪語している経営者は、ある時点で「数字をでっち上げる」誘惑に駆られることになります。

私たちが、現四半期の業績を気にすることはありません。実際、バークシャーはフォーチュ

ン五〇〇社のなかで唯一、月次の収益報告書やバランスシートを作成していない会社かもしれません。もちろん、私はほとんどの子会社の月次財務報告書を定期的に見てはいますが、バークシャー全体の収益や財務状況は四半期ごとにしか分かりません。

さらに言えば、バークシャーには全社的な予算案（バジェット）もありません。予算案があれば、多くの子会社にとっては重宝するかもしれませんが、ないのは親会社として達成すべき四半期目標の「数字」を設定していないからです。私たちは、このような厄介事を避けることによって、子会社の経営者たちに私たちが尊重する文化を強化していくという大事なメッセージを伝えています。

バークシャーの観客は、アナリストでもコメンテーターでもありません。マンガーと私は当社の株主というパートナーのために働いており、私たちが把握している数字をみなさんにお伝えしています。

D．取締役会と経営者（一九八八年、一九九三年、二〇〇四年、一九八六年、一九九八年、二〇〇五年、二〇一九年）

近年、取締役会の構成や目的が話題になっています。かつては、取締役の責任について議論するのはほとんどが弁護士でしたが、今日では機関投資家や政治家も議論に加わっています。

過去六二年に上場会社二一社（バークシャー、ブルーチップ・スタンプ、キャピタル・シティーズ・ABC、コカ・コーラ、データ・ドキュメンツ、デンプスター、ゼネラル・グロース、ジレット、クラフト・ハインツ、マラカイボ・オイル、マンシングウェア、オマハ・ナショナル銀行、ピンカートンズ、ポートランド・ガス・ライト、ソロモン、サンボーン・マップ、トリビューン・オイル、USエアー、ボルネード、ワシントン・ポスト、ウエスコ・ファイナンシャル）の取締役を務めた私には、コーポレートガバナンスについて語る資格があります。このうちの二社以外で、私はかなりの株数を保有しており、いくつかのケースで私は重要な変更を導入しようとしました。

私が取締役になって最初の三〇年くらいは、支配一族の関係者以外で取締役会に女性が参加することはほとんどありませんでした。今年は女性が投票所で意思を示す権利が認められたアメリカ合衆国憲法修正第一九条の成立から一〇〇周年を迎えますが、取締役会室ではいまだに彼女たちが同じような立場を獲得するには至っていません。

長年の間に、取締役の構成や義務に関する新しい規則や指針が数多くできました。しかし、根本的な問題は解決していません。取締役がすべきことは、誠実で才能あるCEOを探し、引退するまでその会社に引き留めておくことです。これは非常に難しいことです。しかし、それが正しくできれば、それ以外に彼らがすべきことはあまりありません。しかし、それに失敗すると……。

監査委員会はかつてよりもずっと熱心に仕事をしており、多くが真剣に取り組んでいます。

それでも、経営陣の業績「予想」というムチと「数字を達成」したいCEOに促されて数字を操作する経営陣に監査委員が太刀打ちすることはできません。私が直接的に経験した数字を操作するCEOのケースから言えば（ありがたいことにそう多くはありませんが）、彼らは金銭的な利益を得るためよりもエゴに駆り立てられてこのような行動に出ることが多いようです。

報酬委員会は、かつてよりもかなり外部コンサルタントに依存しています。その結果、報酬の決め方はより複雑になり（毎年、単純な計画に高額の手数料を支払う説明をしたい委員などいません）、今では委任状を読むのが極めて退屈な作業になっています。

ただ、コーポレートガバナンスにおいて非常に重要な改善がありました。取締役が定期的にCEO抜きで「エグゼクティブセッション」（非公開の会議）を開くことが義務付けられたことです。それ以前は、CEOのスキルや買収の判断や報酬について率直に議論されることはほとんどありませんでした。

買収の提案は今でも取締役にとって厄介な問題です。取引を行うための法的な対策チームは洗練され、拡大されてきました（だからコストも増えました）。しかし、買収を切望するCEOが情報通で明確に批判できる人をチームに入れているのをまだ見たことがありません。そして、このことについては私も有罪です。

全体としては、CEOとその願いをかなえるスタッフが待ち望む取引をする方向で話が進んでいきます。ちなみに、会社が二人の「専門家」（買収に賛成派と反対派）を雇ってそれぞれの見解を取締役会に示し、勝者に敗者の一〇倍の報酬を与えることにすれば面白いと思います。ただ、この改革に期待しても無駄です。現在のシステムは、たとえ株主にとって欠陥があっても、CEOと顧問と取引が大好きなプロにとって都合良く機能しているからです。ウォール街の助言に関する尊い警告で永遠の真実は、床屋に散髪が必要かどうか聞いてはいけないということです。

近年、取締役の「独立性」が新たに重要視されています。この件でカギとなるのは、必然的に見過ごされていますが、取締役の報酬が富裕層ではないメンバーの行動に無意識に影響するほどの水準まで高騰していることです。もしある取締役が年に六回程度、二～三日の楽しい取締役会に出席して二五万～三〇万ドルの収入を得ているとしましょう。このような職が一つあれば、それだけでアメリカの平均的な家庭の年収の三～四倍の金額を受け取ることができるということです。残念ながら、私はこのあぶく銭の多くを逃してきました。一九六〇年代初期のポートランド・ガス・ライトの取締役の年収は一〇〇ドルでした。私はこの高貴な報酬を受けるために、年四回、メイン州に通っていました。

それでは雇用の安定性はどうでしょうか。素晴らしいです。取締役会のメンバーは礼儀正しく無視されることはあっても、解任されることはめったにありません。その代わりに、寛大な年齢制限（たいてい七〇歳以上です）が、標準的かつ上品な解任方法になっています。

こう考えると、富裕層でない取締役が二つ目の取締役に声がかかり、収益が五〇万～六〇万ドルに増えることを希望したり、切望したりしても不思議はありません。しかし、この目的を達成するためには助けが必要です。取締役を探しているCEOは、ほぼ間違いなくこの富裕層でない取締役が「良い」取締役かどうかをその会社のCEOに聞くでしょう。もちろんこの「良い」は暗号です。もし富裕層でない取締役がCEOの報酬や夢の買収に真剣に反対したことがあれば、他社からの取締役の打診は闇に葬られます。CEOが取締役を探すとき、求めているのは闘犬のピットブルではなく、すぐになつくコッカースパニエルなのです。

このようにすべてが非論理的ですが、手数料を重視（実際には切望）する取締役はほぼ必ず「独立性」があるとみなされる一方で、会社の繁栄に大きく依存する資産を持つ取締役は独立性がないとみなされます。少し前に、アメリカの大手企業の委任状を読んでいると、八人の取締役が自腹でこの会社の株を買ったことがないことに気づきました。もちろん寛大な現金報酬に加えて付与された株は受け取っていました。この会社は長いこと業績が低迷していましたが、取締役自身の収支は好調でした。

もちろん、自分のお金で所有権を買えば素晴らしい知恵が出たり、事業を賢く運営することができるようになったりするわけではありません。それでも私は、バークシャーで保有する会社の取締役が付与された株しか持っていないよりも、自分の蓄えから株を買っているほうが気分が良いです。

これくらいにしておきましょう。いろいろ書きましたが、私がこれまで出会ったほとんどの取締役はまっとうで、好ましい知性的な人たちでした。きちんとした身なりで、良き隣人や良き市民であり、私の良い仕事仲間でした。なかには、取締役にならなければ出会って親しい友人になることはなかった人たちもいます。

そうは言っても、善良な彼らの多くは、私がお金や事業を任せようと思う人たちではありません。理由は単純で、それは彼らの得意分野ではないからです。

その代わり、彼らのほうも私に抜歯方法や家の装飾やゴルフの上達法について聞いてくることはないでしょう。さらに言えば、もし私がダンシング・ウィズ・ザ・スターズ（ダンス系のリアリティー番組）に出演させられそうになったら、証人保護プログラムに保護を申請します。だれにでも苦手分野はあり、ほとんどの人はたくさんあります。重要なのは、もしあなたがボビー・フィッシャー（アメリカ史上初のチェスの公式世界チャンピオン）ならば、自分が稼げるのはチェスのみだということに気づくことです。

バークシャーでは、これからもビジネスに精通し、株主重視で、当社に強い関心を持っている取締役を探し続けます。このような人材は、ロボットのような「プロセス」を実行するのではなく、思考と原則に基づいて行動します。そしてもちろん彼らは株主の利益を実現するために、顧客を喜ばせ、社員を大事にし、自分の地域やこの国のために良き市民として行動する人たちです。

このような目標は新しいことではありません。能力のあるCEOは、六〇年前からずっとこのような目標を掲げてきました。ただ、そんなことを言うのは彼らだけです。

私たちが身近に見ているバークシャー傘下のCEOたちの能力は、幸いにも傍観者として眺めるその他大勢のCEOたちの能力とは際立った違いがあります。その他大勢のCEOのなかには、明らかにその職にふさわしくない人がいます。それにもかかわらず、彼らの地位は、そのほとんどが保証されています。企業経営における最大の皮肉とは、能力に欠けるCEOは、能力に欠ける部下よりも、その椅子を守るのがはるかに容易だということです。

毎分最低八〇の単語をタイプできることを条件に雇われた秘書が実際には毎分五〇語しかタイプできなければ、彼女は即刻解雇されるはずです。この職には論理的な基準が存在するため、能力を簡単に測ることができ、その基準に達していなければその人はアウトです。同様に、新たに雇われた販売員が早々にそのノルマを達成できなければ、彼も首になります。言い訳は通用しません。

しかし、何の成果も上げずにいつまでもその地位にとどまっているＣＥＯはたくさんいます。その理由の一つは、ＣＥＯという職に関する評価基準を設定している企業がほとんど存在しないからです。基準が存在したとしても、それは曖昧なものであることが多く、ＣＥＯの能力不足が重大かつ明白な場合ですら、基準が撤回されたり言い逃れをして済ませたりすることもあります。業績という矢を放ったあとで、矢が当たった場所に急いで標的の中心を動かすようなことをする企業のボスがあまりに多くいます。

あまり知られてはいませんが、司令官たるＣＥＯと歩兵たる部下たちにはもう一つの大きな違いがあります。それは、ＣＥＯにはその業績を評価すべき直属の上司が存在しないということです。使えない人間が多くいる営業部隊を統括する営業部長は、たちまち彼自身が窮地に陥ることになります。よって、人員採用上の失敗を取り除くことが彼の直接の関心事となります。そうしなければ、自分の地位を失うことになるからです。能力不足の秘書を採用した事務担当責任者も、同様の憂き目に遭います。

ＣＥＯにも取締役会という上司に当たるものがありますが、取締役たちが自らを評価することはほとんどなく、たまに集まって業績低迷の言い訳をしているにすぎません。取締役会が採用のミスを犯してそれを放置したからといって、それが何だというのでしょうか。たとえその失敗によってその企業が乗っ取りに遭ったとしても、取締役たちは恐らくかなりの恩恵を得て退任することになります。そして、その恩恵が大きいほど、彼らの判断は甘くなります。

最後になりますが、取締役会とＣＥＯは、意見を述べ合える関係にあることが理想です。ところが、実際には取締役会でＣＥＯの業績を批判することは、多くの場合、一般社会において人前でゲップをするようなことと同じとみなされています。事務責任者が能力不足のタイピストの評価を下すときに、このような制約はありません。

私は何も、ＣＥＯや取締役会すべてを非難しているわけではありません。ほとんどは有能かつ勤勉で、なかには本当に傑出した人たちもいます。しかし、これまで見てきた劣った経営者たちのことを考えると、マンガーと私が永久に保有するつもりでいる会社の経営者たちとかかわりを持てたことに大いに感謝したくなります。彼らは自らの会社を愛し、株主の立場で考え、誠実さと能力の高さがにじみ出ている人たちです。

年次株主総会では、「もしあなたがトラックにひかれるようなことがあれば、この会社はどうなってしまうのですか」という質問がよく出ます。株主のみなさんからいまだにこの種の質問が出ることを、私はうれしく思っています。しかし、そう遠くない将来、この問いかけはこのように変わるかもしれません。「もしあなたがトラックにひかれるようなことがなければ、この会社はどうなってしまうのですか」

総会に限らず、こういった質問を受けたときは、最近、話題となっているコーポレートガバナンス（企業統治）について話すことにしています。近年、経営者たちは以前よりも襟を正し、株主たちは以前よりも真の企業所有者として扱われることが増えてきました。しかし、コーポレートガバナンスについて語る評論家たちの多くは、上場企業の経営者と株主の関係における三つのケースを区別していません。取締役会の法的責任は変わっていませんが、実際に変化をもたらすことができるかどうかはケースによって異なります。注目を集めるのは、多くの会社で見られる第一のケースです。バークシャーは現在は第二のケースに当たり、将来的には第三のケースになると思いますので、三つすべてについて書いておこうと思います。

第一のケースは、ほとんどの企業がこれに該当しますが、取締役に支配株主が存在しない企業です。この場合、取締役たちは欠席している支配株主の長期利益をさらに高めることに最善を尽くすつもりで経営に当たるべきだと私は考えています。しかし、残念ながら「長期」ということが取締役たちに多くの逃げ道を与えています。もし彼らが誠実さを欠いていたり、自分で考えることができない人だったりすると、株主の長期利益のために努力していると口では言いながら、株主にひどい損害を与えることもできます。しかし、もし取締役会が正しく機能しており、月並みかそれ以下の経営者にきちんと対処すべきときは、賢明な大株主がきっとそうするように、取締役たちは経営者の首をすげ替える責任があります。また、能力はあっても図に乗って株主の財産をかすめ取ろうとするような強欲な経営者がいれば、取締役たちはその手をピシャリと叩くべきです。

このような明らかな状況ならば、それを察知した取締役はほかの取締役たちに自分の考えを述べるべきです。もし彼が説得に成功すれば、取締役会は適切にCEOを交代させることができます。しかし、もし不幸にも説得に失敗したら、そのときは遠慮なく自分の考えを株主たちに伝えるべきです。残念ながら、こうした批判的な行動に出る気質を持った取締役は現実には多くはありませんが、私は問題が深刻ならば、そうすべきだと思います。しかし、実際には不服を申し立てれば、彼に賛同しない取締役たちから強い反発を受けるかもしれないと思うと、ささいなことや不合理なことを追求するのを思いとどまってしまいます。

今述べたような取締役会では、例えば一〇人以下といった比較的少ない人数で構成し、かつそのメンバーのほとんどを社外取締役とするべきだと私は考えます。社外取締役というのは、CEOの業績に対する基準を制定すべき人たちであり、CEOのいない状況で定期的に集まって、彼の業績をそうした基準に照らして評価すべきです。

取締役会のメンバーとしての必須条件は、事業に精通し、自分の職務に関心を持ち、株主本位に行動することです。しかし、実際には多くの取締役が単に有名だからとか、毛色の違う人間をメンバーに加えるためといった理由で選任されています。この慣習は正すべきです。さらに言えば、取締役会の選任を誤るのは極めて深刻な問題です。なぜなら、ひとたび任命したものを取り消すことは非常に難しいからです。任命されてしまえば、愛想の良いだけの魂の抜けた取締役たちが職を失う心配はまったくありません。

二番目は、バークシャーのように経営権を握る株主がＣＥＯを兼ねているケースです。企業によっては、持ち分に対して不均等な議決権を付与する二種類の株式が存在することで、この第二のケースに該当することもあります。このような状況で明らかなことは、取締役会が株主と経営者の間に立つ代理人の役目を担うことはなく、また本人を説得する場合を除き、取締役たちには経営者を交代させる影響力がないということです。そのため、大株主たる経営者が月並み以下の能力しかないか、度を越した振る舞いをしても、取締役にできることは異議を唱えることくらいしかありません。大株主たる経営者と何ら利害関係を持たない取締役が団結して抗議すれば多少の影響力はあるかもしれませんが、その可能性はかなり低いでしょう。

もし状況に変化がなく、問題がいやというほど深刻である場合、社外取締役は辞職すべきです。彼らが辞職することで、経営者に対する疑念をほかに知らしめ、社外取締役ですら大株主たる経営者の能力欠如を正すことができないという事実を際立たせることができるからです。

三番目は、経営権を握る大株主が存在しても経営に参加しないケースです。ハーシー・フーズやダウ・ジョーンズなどがこれに該当しますが、このケースでは、社外取締役の立場は潜在的に有利になります。経営者の能力や誠実さに疑問を抱いた場合に、彼らは自分たちの不満をオーナー（取締役会の一員の場合もある）に直訴することができるからです。こうした立場こそが社外取締役としての理想です。なぜなら、彼はその問題を一人の、そして恐らく興味を持って話を聞くであろうオーナーに持っていけばよく、オーナーはその話に納得すれば、即座に状況を変革することができるからです。しかし、疑問を抱いた取締役が踏める手順はほかにありません。重要な問題に関して納得できない状況が続けば、辞職以外に道はないということです。

論理的に考えて、最高の経営環境が保証されるためには、第三のケースが最も効果的です。第二のケースでは、オーナーが自分自身の首を切ることはあり得ず、また、第一のケースでは、経営者が凡庸だったり、多少の度を越した行動をとっても取締役がそれに対処するのが非常に困難だったりする場合が多いからです。疑問を抱いた取締役が取締役会の過半数の賛成を得られないかぎり――特に、経営者の行動が不快ではあっても言語道断とまでは言えない程度である場合、社会的にも兵站的にも難しいタスクです――、彼らは事実上、手を組むことになります。実際、こうした状況に陥った取締役の多くは、自分が取締役にとどまることで少しは効果があるはずだと自分自身を納得させています。その一方で、経営者に足かせがはめられることはありません。

第三のケースでは、オーナーは自分自身を裁くこともなければ、過半数を得ようと努力する必要もありません。また社外取締役が取締役会にとって有益な存在であることを疑う必要もありません。それと引き換えにこれら社外取締役は、理にかなった忠告をすれば、強硬に抵抗する経営者によって息の根を止められることなく、その忠告をきちんと聞いてもらえると考えることができます。経営権を握るオーナーが賢明かつ自分に自信がある人物であれば、経営者について能力主義に基づいて株主に利益を与えるような決断を下すでしょう。さらに言えば、そしてこれは非常に重要なことですが、そうした人物ならば自分が犯した過ちを躊躇なく正すことができます。

現在バークシャーは第二の方式で運営され、その状況は私がその機能を果たせるかぎり続くでしょう。ついでに言えば、私の健康状態は良好です。好むと好まざるとにかかわらず、あとしばらくは私がオーナー兼経営者を続けることになりそうです。そういうわけで、「トラック」に対する備えはできています。

コカ・コーラ社の一部の法人株主やそのアドバイザーは、私がコカ・コーラの「独立した」取締役としての資質を欠いていると判断しました。あるグループは、私を取締役会から外そうとしましたし、ほかのグループは私が監査委員を辞めることを望んでいました。

私がまず衝撃を受けたのは、後者の意見を支持するグループに密かに資金が提供されていたことでした。取締役は、いずれかの委員を割り振らなくてはならず、私に報酬委員を務めてもらいたいと思うCEOなどだれもいないため、多くの場合、私には監査委員が割り当てられます（わざわざ監査委員になりたい人がいるとは思えません）。しかし、結局は私に反対したグループは失敗し、私は監査委員として再任されることになりました（私は票の数え直しを要求したい衝動を必死で抑えました）。

一部のグループが私の「独立性」に疑問を呈したのは、特に、バークシャー傘下のマックレーンとデイリークイーンがコカ・コーラの製品を大量に購入していたことが理由とされました（彼らはペプシを選んでほしいのでしょうか）。しかし、「独立した」という言葉はウェブスターの辞書では「他者による支配に従わないこと」と定義されています。バークシャーが保有する八〇億ドルのコカ・コーラ株が堅調に推移しているというのに、どう考えればコカ・コーラの製品を買ったからといって私の意思決定が「支配」されているという結論になるのか、私には訳が分かりません。少しばかりでも合理性があれば、私がコカ・コーラの経営者ではなく、オーナー（株主）に心を捧げていることは簡単な計算で分かるはずです。

「独立」の意味については、私に抗議する人たちよりもキリストのほうがはるかに分かりやすく伝えていると言わざるを得ません。キリストはマタイ伝第六章二一節で次のように述べています。「あなたの宝のあるところに、あなたの心もある」。機関投資家の場合であっても八〇億ドルは立派な「宝」で、それに比べればコカ・コーラとの日常の取引からバークシャーが獲得する収益はわずかなものです。

聖書の基準に照らせば、バークシャーの取締役会は模範的と言えます。①すべての取締役が少なくとも四〇〇万ドルの株式を保有する家族の一員である、②これらの株式はバークシャーからストックオプションによって受け取ったものでもなければ与えられたものでもない、③取締役は少額の年収のほかには委員会報酬、コンサルティング報酬、取締役会報酬などを受け取っていない、④標準的な企業補償制度を設けていますが、取締役の賠償責任保険は掛けていない――からです。バークシャーでは、取締役会のメンバーが株主と同じ道を歩いているということです。

マンガーも私も、聖書の「宝」の部分を確認する多くの振る舞いを目にしています。私たちがこれまでさまざまな取締役会で経験してきたことから考えると、最も独立していない取締役というのは取締役としての報酬が年収の大きな部分を占めている人で、ほかの会社の取締役として推薦を受け、収入をさらに高めたいと望んでいる人たちである場合が多いようです。しかし、取締役会のなかでまさにこうした人たちがしばしば「独立した」取締役として分類されています。

彼らの多くはまともな人たちで、最上級の仕事をします。しかし、生計を脅かす行為となれば、阻止したいとの誘惑に駆られることもあるでしょう。そのような誘惑に負けてしまうこともあるかもしれません。

そのような状況が起きてしまった例を考えてみましょう。私が直接経験したことですが、最近、X社がある会社（バークシャーではありません）から買収の提案を受けました。この提案にはX社の経営者が賛成しており、その会社の投資銀行も推奨し、この数年間取引されている、あるいは現在取引されている株価を上回る水準で実施される予定でした。さらに、何人かの取締役たちがこの取引に賛成し、株主に提案したいと望みました。

しかし、年間総額一〇万ドルを超える取締役報酬や委員会報酬を受け取っている一部の取締役がこの提案に反対しました。このため、この数十億ドル規模の提案について、株主が知ることはありませんでした。経営者ではない取締役たちは会社から受け取った株式以外はほとんど株を保有していませんでした。X社の株価はそれまでずっと買収提案を受けた価格よりもはるかに安かったにもかかわらず、この取締役たちが市場で購入したのはほんのわずかでした。言い換えれば、彼らは自分のお金でX社株を安く買う機会があっても一貫して断り続けてきたにもかかわらず、X社が高く売れる買収案件を株主に提案したくなかったということです。

株主に買収の申し出を知らせることに反対した取締役がだれなのか私は知りません。しかし、一〇万ドルが「独立した」とみなされている取締役の年収の大きな割合を占めていることは知っています。これはまさにマタイ伝第六章第二一節にある「宝」の定義に当てはまります。もし取引が成立していれば、その報酬の支給は終わることになったからです。

反対した取締役の動機が何だったのかは、株主にも私にも分かりません。そして、自己利益が必然的に内省を曖昧にすることを考えれば、おそらく彼ら自身にも分からないのでしょう。しかし、一つだけ分かっていることがあります。取引を却下したその取締役会で、取締役報酬の大幅な引き上げが承認されたのです。

バークシャーの副会長であるチャーリー・マンガーと私には、たった二つの仕事しかありません。一つは傑出した経営者を引き留めて、私たちの多岐にわたる事業を運営し続けてもらうことで、これはそう難しいことではありません（もう一つの資本配分については第2章と第6章で論じている）。経営者は通常、私たちが買った企業の経営者にそのまま続けてもらいます。彼らの手腕は、さまざまなビジネス上の状況を乗り切ってきた実績によって明らかだからです。彼らは私たちと知り合うずっと以前から優れた経営者であり、私たちにできる主なことは、彼らの邪魔をしないことです。これは簡単です。もし私がゴルフチームの監督で、ジャック・ニクラウスかアーノルド・パーマーが私のチームでプレーしてくれるならば、スイングについて私が彼らにアドバイスすべきことはないからです。

バークシャーの主たる取締役のなかには、バークシャーとは無関係に裕福な人たちもいます（みんながそうなると良いのですが）が、そのことで彼らの興味が失われる恐れはありません。彼らは自分の仕事を愛し、卓越した業績を上げるスリルを味わいたくて働いているからです。彼らは間違いなく株主の立場で考え（これは取締役に対する最高の賛辞です）、自分の仕事に魅力を感じています。

仕事に対する情熱において私たちの模範とも言える人の話を紹介します。カトリック信者の仕立屋が、何年もかけてコツコツと貯めたお金をはたいてバチカンへの巡礼の旅に出ました。彼が旅から戻ると、村の人たちは、彼が直接目にしたローマ法王の話を聞こうと集会を開きました。熱心な信者が「法王は一体、どんな人だったのかい」と尋ねました。われらが英雄は無駄なことは言いません。「四四のMだった」

マンガーも私も、選手が優秀ならばどんな監督でもたいていは優秀に見えることを知っています。オグルビー・アンド・メイザーの創始者の天才であるデビッド・オグルビーの言葉を私たちは信奉しています。「自分よりも器が小さい人を雇えば会社も小さくなる。自分よりも器が大きい人を雇えば会社も大きくなる」

現在のような経営スタイルをとることによる副産物として、バークシャーの活動範囲を容易に広げられるようになったことが挙げられます。一人の監督者の下で何人までの人が働けるかについて調べた経営学の論文を読んだことがありますが、私たちにとって何の参考にもなりませんでした。自らの職務に情熱を傾け、優れた人格を備えた経営者たちに事業経営をそれぞれ任せた場合、たとえ一二人以上から事業報告を受けても、まだ昼寝をする余裕があります。その逆に、報告してくる人間がたった一人だったとしても、それがウソつきで無能な人や職務に関心のない人ならば手に余るでしょう。現在の経営者たちと同じような資質を有した経営者ばかりであれば、マンガーと私は経営者の数が倍になってもやっていけます。

好ましく、かつ尊敬できる人物としか仕事をしないというやり方を、私たちは曲げるつもりはありません。このポリシーを守ることによって、高収益の可能性を最大限にできるばかりではなく、並外れて楽しい時間が保証されているからです。他方で、胃がむかむかするような人たちと仕事をするのは、まるで金目当てに結婚するようなものです。尊敬できない人と仕事をするのは恐らくどんな状況下でも良い考えとはいえないでしょうが、すでにあなたが財産を築いているのなら、あえてそんな仕事をするのはもう完全に血迷っているとしか言いようがありません。

バークシャーにおいて、例えばＧＥＩＣＯのＣＥＯであるナイスリーのような優れたＣＥＯに対して企業の経営方法を説くのは愚の骨頂だと思っています。余計な干渉をしてしまうと、バークシャーの大半の取締役は私たちのもとで働いてくれなくなるでしょう。だいたい、私たちの下で働く取締役は七五％程度がバークシャーとは無関係に裕福なので、他人のために働く必要はありません。それに加えて、彼らは実業界のマーク・マグワイアなので、どのようにバットを持っていつ振ればよいのかを私たちが教える必要はありません。

しかし、バークシャーが株式を保有することで、最高の経営者でもさらに効率を高めることができる可能性はあります。第一に、私たちは通常CEOの仕事とされているような儀礼的で非生産的な活動をすべてなくしています。バークシャーの取締役は全体として自らの仕事に専念しています。第二に、私たちが取締役に与える任務は単純です。会社を経営するときは、①自らがその会社を一〇〇％保有していると考える、②その会社があなたやあなたの家族が持つ資産のすべてであり、この先もそうであると考える、③少なくとも一世紀の間はその会社を売ったり、合併を行ったりすることはできないと考える――というものです。当然ながら、私たちは彼らに対して、たとえわずかであっても、会計の問題を考慮して決定を変えるべきではないと伝えています。子会社の経営者には会計上重要なことではなく、事業において重要なことを考えてほしいと思っています。

バークシャーと同じような使命に基づいて経営を行っている上場企業のCEOはごくわずかにすぎません。これは、ほとんどの企業のオーナーが短期的な見通しと報告利益にこだわっていることが主な理由です。しかし、バークシャーには素晴らしい株主の基盤があり（これは今後数十年間変わらないでしょう）、彼らは上場企業で考えうる最も長い投資期間で考えてくれています。実際、私たちの株式の大半は一生保有し続けるつもりで投資しています。そのため私たちは、次の四半期の利益ではなく、最大限長期にわたる価値を追求する経営を行うようCEOに求めることができます。もちろん、私たちは現在の事業の結果を無視してはいません（たいていは非常に重要です）が、より大きな競争上の強みを築き上げることを犠牲にしてまで、短期的な成果を達成してほしいとは思っていないということです。

ＧＥＩＣＯの事例はバークシャーのやり方が効果的であることを示すものだと考えています。マンガーも私も、ナイスリーには何も教えていませんし、これからもそうするつもりですが、重要なことに才能をすべて発揮できるような環境は作りました。ナイスリーは、取締役会や記者会見や投資銀行家への説明や金融アナリストとの面談に時間と労力を費やす必要はありません。また、資金調達や信用格付けやＥＰＳに関する「ウォール街の」予想についても一瞬たりとも考える必要はないということです。バークシャーの所有権の構造によって、こうした事業の枠組みが今後数十年間続いていくこともナイスリーには分かっています。この自由な環境のなかで、ナイスリーもＧＥＩＣＯもほとんど無限とも言える可能性をそれに見合う業績へと変えていくことができています。

私たちの事業の競争力は、日々さまざまな形で変化し、弱まることもあれば強まることもあります。私たちが顧客に喜びを与え、不必要なコストを削り、商品やサービスを充実させることで私たちの強みは増すでしょう。しかし、顧客に無関心であったり、慢心したりしていれば、

私たちの事業は衰えることになります。一日当たりで見れば、私たちの行動がもたらす影響はわずかです。しかしこれが積み重なれば、非常に大きなものとなります。

このようなほとんど目立たない行動の結果として長期的な競争力が高まる現象を、私たちは「(経済的な)堀の拡張」と呼んでいます。そして、堀の拡張は一〇〜二〇年後も私たちが望む会社を所有していくために不可欠なことです。もちろん、私たちは常に短期的により多くの利益を稼ぎ出したいと望んでいます。しかし、短期と長期がかち合う場合には、まず堀を広げるほうを取ります。

経営者が短期の利益目標を達成するために誤った決定を下し、それがコストの上昇や顧客満足度やブランド力の低下をもたらせば、その後いかにうまく運ぼうとも被った損失をあがなうことはできないでしょう。今日の自動車と航空産業の経営者が陥っているジレンマについて考えてみてください。彼らは前任者から引き継いだ大きな難問に苦闘しています。マンガーはベンジャミン・フランクリンの「一オンスの予防薬は一ポンドの治療薬の効果がある」という言葉を好んで使います。しかし、いかなる治療薬をもってしても過去の過ちを克服できないというケースも実際にはあります。

E. 社員と事業の変化(一九八五年、二〇〇六年)

私たちは繊維部門を閉鎖する決定を七月（一九八五年）に下し、この愉快とはいえない仕事は年末までにほぼ完了しました。この企業の歴史は教訓的なものです。

私がゼネラルパートナーを務める投資パートナーシップのバフェット・パートナーシップ・リミテッドがバークシャー・ハサウェイ社の経営権を一九六五年に取得したとき、同社の簿価は二二〇〇万ドルで、そのすべてが繊維業に使われていました。しかし、繊維事業では、資産の簿価に見合った収益を上げることができず、企業の内在価値は簿価よりもかなり低くなっていました。特に、バークシャー社とハサウェイ社が合併企業として運営されていたそれまでの過去九年間は、総売上高五億三〇〇〇万ドルに対し、実質収支は一〇〇〇万ドルの赤字という結果に終わっていました。収支がプラスとなることも時折ありましたが、結果は常に「一歩進んで二歩下がる」というような状況でした。

私たちが同社を購入した当時、競争力が高いのはアメリカ南部の繊維工場（そのほとんどは労働組合を持っていませんでした）だというのが定説でした。一方、アメリカ北部の繊維工場はすでにほとんどが閉鎖されており、私たちも繊維部門を閉鎖するだろうと思われていました。

しかし、私たちは古くからの従業員で真っ先にその名が挙がったケン・チェースに同社を任せれば、もっと良い業績を上げられるだろうと考えました。この点においては、百パーセント間違いはありませんでした。チェースとそのあと引き継いだギャリー・モリソンは、利益を上げているグループ企業の経営者に一歩も劣らない一流の経営者でした。

一九六七年初め、私たちは繊維部門から得られた現金を投じてナショナル・インデムニティ社を購入し、保険業への参入を果たしました。そのとき投じた資金には、収益のほかに売掛金や固定資産や在庫の減額分も含まれていました。この「計画的撤退」作戦は、あとから見れば賢明なものでした。なぜなら、チェースの経営手腕によって業績はかなり向上しましたが、周期的な好転はしても、繊維事業が儲かる事業に生まれ変わることはなかったからです。

バークシャーの事業の多角化が進み、次第に繊維事業の全体に占める割合が小さくなるにつれ、繊維事業の不振が全体の収益に及ぼす影響も小さくなっていきました。一九七八年の年次報告書のなかで述べたとおり（そして機会をとらえては述べてきたように）、私たちが繊維事業を続けてきた理由は、「①ニューイングランド地方における一大雇用主である、②経営陣は誠実で、問題点の報告を怠らずそれに精力的に対処してきた、③直面している問題に関して、労働者たちが協力的で話が分かる人たちである、④繊維事業は資金投入によって相応の現金収益を上げられるはずである」――でした。さらにこうも書きました。「これらの状況が続くかぎりは――私たちは続くと考えています――資本を振り向けるべきさらに魅力的な投資対象に巡り合おうが、繊維事業を続けていくつもりです」

しかし、④については大きな間違いであったことが判明しました。一九七九年はある程度の収益を上げましたが、それ以降は多額の現金を費やすことになりました。そして、一九八五年半ばになると、私でさえ状況が変わらないことは明らかだと思うようになりました。私は、運営を引き継いでくれる買い手を見つけることができれば、たとえそれによって正味手取額が多少減ることになろうとも、清算よりは売却の道を選びたいと思っていました。しかし、私が最終的に認識した「経済状況」はほかの人たちにとっても周知のことであり、だれ一人として興味を示す買い手はいませんでした。

私は、利益率をわずかに上げるためという理由だけで、収益が普通以下のビジネスを整理しようとは考えません。しかし、桁外れに業績を上げている企業でも、将来も損失が続くであろう事業に資金を投入し続けることは同様に適切でないと思います。アダム・スミスなら前者の考えに賛成しないでしょうし、カール・マルクスなら後者に反対でしょう。私にとって居心地が良いのは、その中間辺りです。

繰り返しになりますが、チェースもモリソンも機知と構想力に富んだ人物で、繊維事業経営を好転させるために精力的に取り組んでくれました。彼らは継続的に収益を上げようと生産ラインや機械配置や流通を見直しました。また、大きなシナジー効果（相乗効果のこと。これは無意味な買収を正当化するために広く用いられる経済用語）を期待して、ウォンベック・ミルズという大掛かりな買収も行いました。でも結局は、それらすべてが失敗に終わりました。もっと早くに手を引かなかったことで私が非難されても仕方ありません。最近のビジネス・ウィーク誌に、一九八〇年以降二五〇もの繊維工場が閉鎖されたという記事がありました。そのオーナーたちが、私の知らなかった業界の内情に通じていたというわけではありません。単に客観的視点からそうしただけです。しかし、私はフランスの哲学者であるコントの「知性ある人間は自分の心に従うべきだが、その奴隷となってはならない」という忠告に逆らって、自分の信じたいことを信じてしまいました。

コモディティビジネスと化したアメリカ国内の繊維産業は、生産能力が過剰状態にある「世界の市場」で闘っています。私たちが抱えていた問題の源は、直接的にも間接的にも、アメリカの最低賃金の数分の一で働く労働者を擁する外国企業との競争にありました。といって、私たちが企業を閉鎖したのは、労働者たちが悪いからだと言っているのではけっしてありません。実際にアメリカ企業全般と比較して、その他の繊維企業と同様、私たちの労働者は低賃金で働いていました。労使交渉の場でも、組合員たちはみな会社の不利なコスト状況に敏感に反応し、非現実的な賃上げや非生産的な労働条件を強く要求してくるようなことはありませんでした。その逆に、彼らはバークシャーの競争力を高めようと、私たちと同様に努力してくれました。その姿勢は事業の清算期間中でさえ変わりませんでした（皮肉なのは、組合側が数年前に非合理的な行動をとっていれば、財政的にはずっと楽だったろうということです。そうであれば、後に私たちが直面した抜き差しならない状況を事前に察知して、その時点で工場を即座に閉鎖し、重大な損害を免れていたはずだからです）。

これらの期間を通じて、繊維部門における資本支出を増加させ、それによってさまざまな経費を多少なりとも抑えるという選択肢がありました。そしてすべての計画案が、即座に効果を上げるように思われました。実際、標準的な投資収益分析によれば、これらの計画案のほとんどは、ほぼ同じ資本支出によって高収益を上げている私たちの製菓会社や新聞社よりも、はるかに大きな経済効果を確実なものにしていたからです。

しかし、繊維部門に投資することで利益を上げるという計画は非現実的なものでした。国内外を問わず、多くのライバル企業が同様の資本支出に踏み出しており、その数が一定数に達すれば、彼らの到達した低コストが基準線となり、業界全体の製品価格を押し下げたからです。各企業の資本投資決定は、企業ごとにみれば合理的かつ費用効率を高めるものでしたが、業界全体で見れば、お互いの首を絞める非合理的な決定だったのです（これは、パレードを少しでもよく見ようと、全員が背伸びをするようなものなのです）。一通りの企業が投資を完了すると、みんなが多少のお金を手にしましたが、収益が停滞していることに変わりはありませんでした。

こうして、私たちは不幸な結論に至りました。莫大な資本投資を行えば繊維部門を閉鎖せずに済んだかもしれませんが、そうすれば微々たる利益のために永久に資本を投じ続けることになったでしょう。さらに言えば、投資を行ったとしても、労働力が安いという外国企業の重大なる強みは変わることがなかったはずです。しかし投資を行わなければ、国内の同業他社と比較しても競争力は下がる一方でしょう。私は、自分は常に、ウディ・アレンがある映画で語った状況に置かれていると思っていました――「人類は歴史上、最大の岐路に直面している。一方は落胆とまったくの絶望へと続き、もう一方は完全なる死滅へと続く。正しい選択をするための知恵がわれわれに備わっていることを祈ろう」。

コモディティビジネスを行う企業にとっての「投資すべきか、投資せざるべきか」というジレンマがどのように展開していくのかを知るには、二一年前も現在も変わらず繊維メーカーのトップに君臨しているバーリントン・インダストリー社の例がとても参考になります。一九六四年、バークシャーの五〇〇〇万ドルに対して、バーリントン社は一二億ドルの売り上げを計上していました。同社は流通と生産の両面でバークシャーには足元にも及ばないような強みを有しており、もちろん収益面にもその差が表れていました。一九六四年当時の同社の株価は六〇ドル、対してバークシャーは一三ドルでした。

バーリントンは繊維事業を徹底して推し進めるという決定を下し、一九八五年には約二八億ドルの売り上げを記録しました。一九六四年から一九八五年までの期間に、同社は三〇億ドルという国内繊維企業としては異例の額の資本を投じ、それは一株六〇ドルに対して二〇〇ドル以上を割り当てた計算になります。その資本支出のかなりの部分は、コスト改善と事業拡大に費やされたはずです。繊維事業を貫くというバーリントン社の基本理念を考えれば、この資本決定は極めて合理的なものと言えると思います。

にもかかわらず、二〇年前と比較して、バーリントン社は売上高の多くを失ったうえに、売上利益率も資本利益率も激減しています。一九六五年に二対一の株式分割が行われた同社株の株価は現在三四ドルで、調整後の株価は一九六四年の六〇ドルからわずかに上昇したにすぎません。そしてその間に、消費者物価指数は三倍以上に上がっており、すなわち一九六四年末に同社株が有していた購買力は三分の一に下がっています。定期配当は支払われてきていますが、それとて購買力の低下とともに大幅に減額となっています。

株主にとって惨憺たるこの結果が示すものは、誤った前提に対して多くの知力とエネルギーを注げばどうなるかということです。この状況をうまく言い当てているのは、サミュエル・ジョンソンの馬の話です。「一〇まで数えられる馬は優秀な馬ですが、優秀な数学者にはなり得ません」。同様に、あざやかな資産配分を行う繊維企業は注目すべき素晴らしい繊維企業ですが、素晴らしいビジネスにはなり得ないのです。

私自身のこれまでの経験と、今までさまざまな企業を見てきたことから導き出した私の結論は、経営業績（経済的収益の観点から見て）で良い結果を出すためには、乗り込んだボート（ビジネス）をいかにうまく漕ぐかということよりも、どのボートに乗り込むかということのほうがはるかに重要だということです（とはいえもちろん、知性と努力がどんなビジネスにおいても大きな助けとなることに変わりはありませんが）。もしもあなたの乗っているボートがいつも水漏れを起こしているようならば、その修復に労力を費やすよりも、ボートを乗り換える努力をするほうが、よほど生産的でしょう。

私たちのすべての子会社が利益を増やし続けるとは限りません。業界の基本的な経済性が悪化しつつある場合でも、才能のある経営者であれば利益が減る割合を抑えることができるかもしれません。しかし、いずれはファンダメンタルズの悪化が経営者の才能を上回ることになります（ずっと以前に、賢明な友人が「優れたビジネスマンとしての名声を得たいのであれば、必ず優れた事業に取り組みなさい」と言っていました）。そして、新聞業界のファンダメンタルズは間違いなく悪化しており、私たちの保有するバッファロー・ニューズの利益は下がっています。破綻への道が続いていくことは間違いないでしょう。

マンガーと私が若かったころ、新聞事業はアメリカで莫大な利益を上げる最も簡単な方法の一つでした。「私の幸運はアメリカの二つの偉大なる仕組みによってもたらされたものです。その二つとは独占と縁故主義です」と、あまり聡明とはいえないある有名な新聞事業者は言っていました。どんなに商品が粗悪であろうとも、どんなにまずい経営を行っていたとしても、一つの都市に一つの新聞しかないのであれば、あふれんばかりの利益を得ることができたからです。

新聞業界の驚異的な利益については簡単に説明することができます。二〇世紀の大半の期間において新聞はアメリカ一般大衆の主な情報源でした。テーマがスポーツであろうと、金融や政治であろうと、新聞は一人勝ちになっていました。同様に重要だったのは、新聞広告が求人を見つけたり、町のスーパーマーケットの日用品価格を知ったりするための一番手っ取り早い方法だったということです。

そのため、ほとんどの家庭で新聞は毎日必要だと感じていましたが、当然ながら二紙を並行してまで読みたいとはみんな思っていませんでした。広告主は一番発行部数の多い新聞に広告を掲載したいと考え、読者は広告と記事が一番豊富な新聞を読みたいと思っていました。こうして、新聞業界というジャングルの法則――すなわち「最も太った奴が生き残る」――が生まれました。

したがって、大都市に二紙以上ある場合（一〇〇年前にはこれがほぼ普通でした）、抜きん出たところがたいてい一人勝ちとなりました。競争がなくなったあとは、その新聞が広告についても販売についても思うがままに料金を決めることができるため、年間広告料と購読料が引き上げられ、利益が増えることとなりました。オーナーにとっては経済的な天国とも呼べる状態です（興味深いことですが、新聞というのは定期的に――そしてしばしば批判的な論調で――例えば、自動車業界や鉄鋼業界が多くの収益を上げていることを取り上げていますが、触れるものすべてが金に変わったというミダス王のような自分たちの状況を読者にはけっして知らせません。何たることでしょう……）。

しかし私はかなり以前、一九九一年の株主宛の手紙で、こうした世間常識とかけ離れた状況は変わりつつあるとして次のように述べました。「このメディア事業は……私や業界の人々、あるいは債権者がわずか数年前に考えていたほど素晴らしいものではないことが分かるでしょう」。新聞業界の一部の人間は、この発言とそれに続く警告を不快に感じたようです。新聞社はまるで止まることないスロットマシンのように商売を続けました。実際のところ、知性ある多くの新聞社の重役は、世界中で起こっている重要な出来事を絶えず記録し分析する一方で、自分の鼻先で起きていることには目をつぶるか無関心を装っていました。

しかし、今やほとんどすべての新聞社のオーナーが、世間の注目を集めるための競争で徐々に足場を失いつつあることを理解しています。簡単に言えば、ケーブルテレビや衛星放送、さらにはインターネットが先に登場していれば、私たちの知っている新聞というものは恐らく存在しなかっただろう、ということです。バークシャーの世界では、スタン・リプシーはバッファロー・ニューズの経営について素晴らしい働きを見せましたし、編集者のマーガレット・サリバンについては大いに誇りに感じています。バッファロー・ニューズは、わが国の大新聞では最も深くその市場に浸透していました。また、バッファローの人口は少なく、景気は良くありませんでしたが、財務面でも私たちはどんな大都市の新聞よりもうまくやってきました。

それでも、この事業への圧力が弱まることはなく、利ザヤは減りました。確かに、私たちはバッファローでは中心的なオンラインニュース事業を営み、この先も多くの利用者を引き付け、広告も集まるでしょう。しかし、新聞社のウェブサイトは、経済的な可能性の面では――代わりとなる情報源や娯楽がたくさんあり、ワンクリックで手軽に無料で利用できることを考えると――過去の競争がない時代に印刷された新聞から得られた利益に比べれば良くてもごくわずかにすぎないでしょう。

地元の住民の観点からすれば、今でも地元の新聞社を持つことは、プロのスポーツのフランチャイズチームを持つことと同様に、手っ取り早く名声を得ることができ、たいていは権力と影響力を手にすることができます。これは多くのお金持ちにとって、魅力的なことです。公共心旺盛な資産家のなかには、新聞社を地元の人間が保有することは、地域社会に大いに貢献できると考える人もいます。ピーター・キューイットが四〇年も前にオマハの新聞社を買ったのはそのためです。

私たちは、有名なプロのスポーツチームの経営権を買っている人たちを見かけますが、こうした買い手のように経済性にこだわらない個人が現れて新聞社を買ってくれるのではないかと考えています。しかし、向上心のある新聞王は注意深くなくてはなりません――新聞社の収入が経費を下回ることがなく、損失が急拡大することがないという法則などありません。新聞社の事業の固定費は高いため、発行部数の減少は悪材料となります。また、プロのスポーツチームの所有権が持つ社会的な価値や威信はこれまでも将来も変わらないでしょうが、新聞の重要性が薄れるにつれ、新聞社を保有する「気分的な」価値は下がるでしょう。

取り返しのつかない資金の流出がなければ、以前述べたとおり新聞社を持ち続けると思います。マンガーも私も新聞は大好きです――それぞれ毎日五紙も読んでいます――し、自由で精力に満ちあふれた新聞社は偉大なる民主国家を維持するための重要な要素だと信じています。

私たちは印刷物とオンラインの組み合わせによって、新聞業界が置かれている経済的な破滅への道を避けたいと考えています。そして、バッファローで持続可能な事業モデルを発展させるよう鋭意取り組んでいきます。私たちはうまくいくと信じています。しかし、新聞社から莫大な利益が得られた日々は終わったのです。

F．社会と社会契約（二〇一〇年に翌年の変更を加味、二〇〇九年）

私たちが保有する二つのとても大きな事業であるBNSF（バーリントン・ノーザン・サンタフェ・レイルロード・コーポレーション）とミッドアメリカン・エナジー（後にバークシャー・ハサウェイ・エナジーに社名変更）は、ほかの多くの事業とは違った重要な共通の特性を有しています。両社の重要な特徴は、極めて息の長い規制された分野に巨額の投資を行っているものの、これらを賄う長期の債務についてバークシャーは保証を付していないということです。私たちは信用の供与を行う必要はありません――両社の事業は収益力があり、事業環境が非常に悪いなかでも必要な金利を十分に支払うことができます。

両社に対する規制は非常に多く、どちらも工場や設備への大規模な投資ニーズは尽きることがありません。また、いずれの会社も地域や当局の評価を得るため、効率的で顧客に満足を与えるサービスを提供する必要があります。その代わり、両社は将来も資本投資に対して合理的と考えられる利益を確実に得ることが保証されるべきです。

鉄道はわが国の将来にとって不可欠なものです。鉄道はアメリカの都市間貨物輸送の四二％（トンマイルで測定）を担っており、ＢＮＳＦはほかの鉄道会社よりも多くの量である業界全体のおよそ二八％を扱っています。ざっと計算すれば、アメリカ全体の都市間輸送の一一％以上をＢＮＳＦが担っているということです。人口が西部に移っていることを考えると、私たちが引き受けている割合は若干高まっているかもしれません。

こうしたことをすべて考え合わせると、私たちは大きな責任を担っていることになります。私たちはアメリカ経済の流通機構のなかで重要にして欠くことのできない部分となっており、二万三〇〇〇マイルに及ぶ線路と、それに付随する橋やトンネルやエンジンや車両をたえず維持し、改善していかなくてはなりません。この仕事をするにあたって、私たちは社会のニーズに対応するだけではなく、予想もしていかなくてはなりません。社会的な義務を果たすために、私たちは毎年減価償却費をはるかに上回る支出を行っています。賢明な規制と賢明な投資はコインの裏表と言えます。

私たちはミッドアメリカンでも同様の「社会契約」に加わっています。顧客の将来的なニーズに応えるために、さらに多くの金額を投資することが期待されています。その一方で信頼のおける効率的な営業を行えば、こうした投資から公平な見返りが得られることを私たちは理解しています。

ミッドアメリカンは二四〇万人のアメリカの顧客に電力を供給しています。アイオワ州、ワイオミング州、ユタ州では最大の事業者で、ほかの州でも重要な電力供給会社として営業しています。また、私たちのパイプラインでは、アメリカの天然ガスの八％を輸送しています。何百万人ものアメリカ国民が毎日私たちを頼りにしてくれているということです。

ミッドアメリカンは、オーナー（バークシャーの持ち分は八九・八％）に対しても、顧客に対しても素晴らしい成果を上げています。同社は、二〇〇二年にノーザン・ナチュラル・ガス・パイプラインを買収しました。買収当時、同社のパイプラインとしての業績は、この分野の第一人者の評価によると四三社中四三位と最下位でしたが、最近発表された報告書では第二位になっています。ちなみに、第一位はこれも私たちが保有するカーンリバーです。

ミッドアメリカンは電力事業も好調です。アイオワ州では、私たちが買収した一九九九年から電気料金を上げていません。この州のほかの主要な電力会社は、同じ期間に七〇％以上も料金を引き上げているため、今では私たちの料金を大きく上回っています。電力会社が二社営業しているほかのいくつかの都市でも、私たちの顧客が受け取る請求書の額は、周りの人たちと比べてかなり安くなっています。そのためこれらの都市では、私たちの営業地域の住宅価格がほかの地域よりも高いと聞いています。

ミッドアメリカンは二〇一一年末までに風力によって二九〇九メガワットの発電を行う予定です。これはわが国で規制を受けるほかの電力会社を上回ります。ミッドアメリカンが風力発電に投資または投資を予定している総額は五四億ドルにも達しています。私たちがこうした投資を行うことができるのは、ミッドアメリカンがすべての利益を留保しているためです。ほかの電力会社が一般的には稼いだ金額の大半を払い出さなくてはならないのとは異なります。

ミッドアメリカンは一貫して社会との契約当事者として責任を果たしており、社会からの信頼によって報われています――幾つかの例外を除いて、私たちが資本の投資額をたえず増やしていかなければならないなかで、公平な見返りを獲得することを規制当局も速やかに認めてきました。今後私たちは、地域の役に立つためにできることすべてを期待どおりの方法で行っていくでしょう。その一方で、私たちが投じた資金からはそれに釣り合う見返りが得られると信じています。

私たちは、電力会社の場合と同様に市民と鉄道事業の間にも「社会契約」が存在すると考えています。いずれかがその義務を怠れば、両者が苦しむことは避けられません。したがって、契約の両当事者は、相手に正しい振る舞いを促すような態度で臨むことが有益だと理解するべきであり、いずれ理解するようになると私たちは信じています。最高級の電力と鉄道網がなければ、わが国は経済的な潜在力を完全に近い形ですべて実現することはできません。それを実現させるために、私たちは自らの役割を果たしていきます。

G．株主主体で行う企業の慈善事業（一九八七年、一九八一年［一九八八年に再出］、一九八一年、一九九〇～一九九三年、一九九三年、二〇〇三年）

最近の調査によると、アメリカの主要企業の約五〇％が、その取締役の行う慈善行為に資金を（時にはその三倍を）援助しています。実際、株主の代表者たるこれら取締役たちは、株主にはなんら相談することなく、自分の気に入った慈善事業に資金を注いでいます（もし立場が逆で、株主が選んだ慈善事業に自分のポケットマネーが好き勝手に使われたとしたら、彼らはどう思うのでしょうか）。AがBからお金を受け取ってCに渡す場合、Aが立法者側の役人ならば、それは徴税と呼ばれます。ところが、Aが企業や団体の役員であると、それは慈善行為と呼ばれます。企業にとって明らかに直接的な利益をもたらす場合を除いて、慈善活動を行うときには、取締役たちではなく、株主たちの意向を反映させるべきだと私たちは常に考えています。

一九八一年九月三〇日、バークシャーは財務省から回答を受け取り、これでみなさんの選択

による慈善事業によって、ほぼ毎年相当額の利益を株主にもたらすことができるようになりました。

バークシャーの株主全員がその所有株数に応じて、バークシャーによる慈善寄付金の受取人を指定することができます。みなさんが慈善団体名を決定して、バークシャーがその小切手を切るということです。受け取った通達によれば、そのように団体名を指定することによって、株主のほうに個人的に税金が発生するようなことはありません。

こうしたことは非公開企業では恒常的に行われていますが、株式上場企業ではほとんど取締役たちが独占的に行使している特権を、今やバークシャー株主のみなさんも行使できるということです。

株式公開企業において、通常株主の意向確認を一切行わずに慈善行為を行う主なものは、次の二つに分類される場合です。

①寄付金費用にほぼ見合った形で、直接的に企業に利益をもたらすと考えられる寄付
②寄付による利益の程度が確定しにくく、長期間過ぎたあとにさまざまな形で間接的に企業に利益をもたらすと考えられる寄付

私以下バークシャーの経営陣は、これまで①に分類される慈善行為を行ってきており、今後

も続けるつもりです。しかし、こうした慈善活動に振り分ける資金合計は非常に低い水準にとどめてきており、それは恐らく将来的にも変わらないでしょう。なぜならば、概算で見積もっても、金額に見合った直接的な利益を生むようなパターンはそう多くないからです。

②に関しては、バークシャーは事実上一度も行っていません。というのは、私は一般的な企業慣習による寄付を好まず、そうかといってそれに代わる適当な寄付の方法もないからです。私の嫌いな一般的な企業慣習とは、慈善行為が行われるにあたり、慈善団体の活動の客観評価よりも、だれが言い出してそれにほかの経営者がどう反応するかということが基本になりがちだということです。こうした因習はほとんどの場合、合理性に勝ります。

結果は共通して、ある特定の強い社会的圧力にさらされている企業経営者たちが、自分の選んだ慈善事業に株主のお金を使うことになります。そして、往々にしてさらなる不条理が存在します。企業経営者の多くが納税者の納めた税金について政府による使い方を嘆いているにもかかわらず、彼ら自身は好き放題に株主のお金の配分を行っているということです。

バークシャーにはもっと違うやり方のほうがふさわしいように思います。みなさんが選んだ慈善事業に寄付するために、私の銀行口座の小切手を切ってほしくないと私が思うのと同じように、私の好きな慈善事業のためにみなさんの会社の「企業口座」で小切手を切るのも適当でないと私は考えます。慈善事業の選択において、みなさんの意見も私の意見と同様に尊重されるべきであり、そして税額控除がなされる慈善事業への寄付は、私たち全員にとって個人ではなく、むしろ企業レベルでとらえるべきものです。

こうした状況の下、バークシャーは大きな上場企業ではなく、非公開企業をもっと見習うべきだと私は思っています。もしあなたと私がある企業を五〇％ずつ所有していたとしたら、慈善事業を決めるのは簡単です。企業経営に直接的に影響を与えるような慈善事業が、まず第一に候補にあがるでしょう。そこに寄付をして残った資金のすべては、私たち二人の持ち分にほぼ比例した割合で、それぞれの好きな慈善事業に寄付することになります。もし経営者が助言をしてくれれば、注意深く耳を傾けるでしょうが、最終判断を下すのは私たち自身です。企業の形態にかかわらず、慈善事業に関しては、私たちは恐らくこうしたパートナーシップ的な手法を取ると思います。

バークシャーは大規模かつ株主数も多い上場企業ですが、可能なかぎり、こうしたパートナーシップのような精神を持ち続けるべきだと考えます。この問題に関しては、こうしたパートナーシップ的なやり方が通達上、認められています。

バークシャーの寄付金に関して、株主たちが決定できるようになるというのは喜ばしいことです。大企業の多くが従業員主導の慈善事業計画を採用しています（前述のとおり、取締役主導の慈善事業計画を採用している企業も多くあります）が、私の知るかぎり、株主が主体となって行うような企業の慈善事業計画は一つもありません。そして、これは皮肉ではありますが、その理由は理解できるものと言えます。私が「理解できる」と言ったのは、多くの大企業の株式は長期的に保有するという視野に欠けた短期的展望で意思決定する機関投資家によって「回転ドア」ベースで所有されているからです。

しかし、バークシャーの株主たちは違う種類の人々です。例年、年初から年末まで、九八％の株主に入れ替わりはありません。このように長期的に株を保有してくださるという株主のみなさんの姿勢に、経営者として可能なかぎりの謝意を表明したいと思います。先に示した寄付に関する方針も、そうした気持ちの表れです。

企業として寄付をする慈善事業団体名を、株主が指定できるということの新規プログラムは、驚くべき熱狂をもって歓迎されました。該当する九三万二二〇六株（実際の株主名が株主リストに記載されていた株式数）のうち、九五・六％分に相当する返答がありました。私自身が関係する株式を計算から除いても、九〇％以上からの反応があったのです。

さらに、三％以上の株主が自発的に手紙を送ってくださり、それらは一通を除いてすべてがこの計画に賛同する内容でした。プログラムへの参加者やそれに関する手紙の数において、私の知るかぎり、株主からこれほど凄まじい反響があったことはこれまでありません。企業スタッフや高額を支払って依頼するプロの委任状回収機関が熱心に返答を促した場合でも、このような反応は得られません。ところが、バークシャーの株主は返信用の封筒すら同封していないのに、驚くほどの反応を寄せてくれました。この自発的な行動が、プログラムの正しさを証明し、かつバークシャー株主の質の高さを証明しています。

私たちの企業の株主たちは明らかに寄付先を決める権利を有し、またそれを行使することを好む人たちです。コーポレートガバナンス（企業統治）に関する「パパは何でも知っている」学派は、バークシャーの株主から自分の持ち分株に関する寄付先の決断を役員に委ねる――もちろん、知恵が勝っているという理由で――という回答が一枚も送られてこなかったことを知ったら、驚くに違いありません。また、取締役たちが選んだ慈善団体に自分の額も寄付したいと言ってきた株主も皆無でした。取締役が慈善資金の寄付先を全額決定するというのは、多くの大企業でよく行われており、急速に広まっているものの、それは公表されていません。

株主が指定した約六七五の慈善団体には、総額で一七八万三六五五ドルが寄付されました。さらに、バークシャーとそのグループ企業はそれぞれの経営者の判断によって、何がしかの寄付を継続していきます。

バークシャーにとって慈善事業への寄付を行うことによる減税効果が低水準やまったくない年は、一〇年に付き二～三年程度あると思われます。そういう年には、「株主が選ぶ慈善事業」プログラムは実施いたしません。それ以外のすべての年には、一〇月一〇日前後に、慈善事業を指定できる一株当たりの金額をみなさんに通知できると思います。通知書には返信用紙を同封しますので、三週間以内にお返事をお願いします。

慈善団体を株主が指定するというプログラムは、その他多くの成功したプログラムと同様、バークシャーの副会長であるチャーリー・マンガーの発案によるものです。マンガーも私も肩書に関係なく経営権を握る企業すべてにおいて、共同経営者として経営に携わっており、二人ともほとんど罪深いといえるまでにこの仕事を楽しんでいます。そして、みなさんが私たちの財務上のパートナーであることをうれしく思っています。


バークシャーが実施している株主の指定による慈善行為以外にも、私たちが経営権を所有する企業の経営者たちは、その製品の寄付を含め、年平均一五〇万ドルから二五〇万ドルの寄付を行っています。これらはユナイテッド・ウエーなどの慈善団体の地元支部に寄付され、その貢献にほぼ見合った利益を得ています。

しかし、親会社たるバークシャーの経営陣は、彼らが一株主として行う寄付を除けば、バークシャーの資金を使って個人的に興味がある全国的な慈善団体や慈善活動へ寄付を行うことはしません。企業のCEOも含めた社員が、自分の母校など個人的に愛着を感じているような機関に寄付したいと思うのならば、株主のお金ではなく、自分のお金ですべきだと私たちは考えているからです。

もう一点、私たちのプログラムは、実行が容易であるということを付け加えておきます。昨年秋の二カ月間、ナショナル・インデムニティ社から一人派遣してもらい、七五〇〇人の登録株主から届いた指示文書を処理する手伝いをしてもらいました。一般に、従業員寄付を行う企業プログラムでは、管理コストが莫大にかかるものだと思います。ところが、私たちの場合、企業全体の総経費でさえ、慈善事業に寄付している金額の二分の一以下です（マンガーは、四九〇万ドルの諸経費のうち一四〇万ドルは、バークシャー社所有のジェット機「言語道断号」にかかる経費だとみなさんに報告すべきだと強く主張しています）。

〔原文抜粋〔一九八六年〕〕　昨年私たちはジェット機を購入しました。噂をお聞きの方もいると思いますが、本当のことです。辺境の地に出張することなどほとんどない私たちにとって、ジェット機は高価な贅沢品です。しかも運行させるのに多額の費用がかかるだけでなく、維持費だけでも莫大です。税金を別にしても、一五〇〇万ドルで買った新品の飛行機を維持するには、資本コストと減価償却として恐らく年間三〇〇万ドルほどかかる計算になります。八五万ドルで購入した私たちの中古ジェット機にかかるこれらのコストは、年間およそ二〇万ドルに上ります。

これらの数字を承知しているわれらが会長は過去、社有ジェット機に対して不運にも手厳しい批判を行ってきました。よって、購入に先立って私は「ガリレオ」式の姿勢を貫かざるを得ませんでした。私は即座に自分に必要な「神に反する啓示」を受け、その結果、現在では旅行はずいぶんと楽に――かつ相当に高くつくものと――なりました。バークシャーがジェット機に支払った金額にふさわしいものを得られているかは分かりませんが、ビジネス上の成功を収めてそれを正当化できるよう［信じてもらえないかもしれませんが］努力するつもりです。怖いのは、ベンジャミン・フランクリンが私の考えを見透かした言葉を残していることです――「道理をわきまえた人間になるのはとても簡単だ。なぜならすることすべてに理由を作り出せばよいだけだからだ」。

［原文抜粋〔一九八九年〕］　私たちは昨年の夏、三年前に八五万ドルで購入した社有ジェット機を売却し、六七〇〇万ドルを投じて中古ジェット機を一機購入しました。エピローグで取り上げた、バクテリアの指数関数的な増殖ペースを妨げる障害に関して述べたカール・セーガンの話が笑い話では済まなくなると、これを読んでいるみなさんのなかには気が動転した方もいるかもしれません。というのも、私たちの純資産が現在のペースで増加するとして、ジェット機を買い替えたことで確定的となった年間複利一〇〇％で増え続けるコストを負担すれば、バークシャーの資産がジェット機によって食い尽くされる日はそう遠くないからです。

マンガーは、私がジェット機とバクテリアを同一視するのを嫌います。バクテリアに対する冒涜だというのです。彼が考える贅沢な旅とは、空調付きのバスで旅すること――しかも、それは運賃割引が適用されるときだけ――です。社有ジェット機に対する私の姿勢とは、分かりやすく説明すればアウグスティヌスが俗世の楽しみを捨てて聖職者になろうと熟考したときの祈りのようなものです。厳しい葛藤のさなかで、彼は祈りました。「神よ、私を汚れのない人間へと導き給え。ただし、今はまだそのときではない」

ジェット機の命名は難航しました。私が最初に提案した「ザ・チャーリー・T・マンガー号」に、マンガーは「常軌逸脱号」で対抗してきました。最終的には「言語道断号」に落ち着きました［一九九八年の手紙では、バフェットがバークシャーの社有ジェット機を売却したことが示され、現在彼の移動はすべてバークシャーの航空サービス事業でまかなっている］。

バークシャーの株主による慈善事業への寄付のうち、数の多いものを以下にまとめました。

①三四七のキリスト教会およびユダヤ教会（五六九人）
②二三八のカレッジおよび総合大学（六七〇人）
③二四四の一二学年制学校（うち三分の一は普通校、三分の二は宗教関連。五二五人）
④二八八の美術、文化、人文科学系の機関（四四七人）

⑤一八〇の宗教関連社会奉仕団体（キリスト教とユダヤ教がほぼ半々。四一一人）
⑥四四五の非宗教関連社会奉仕団体（うち四〇％は青年に関するもの。七五九人）
⑦一五三の病院（二六一人）
⑧一八六の健康関連団体（アメリカ心臓協会、アメリカがん協会など。三二〇人）

この結果から、私にとって興味深かったことが三つありました。第一は、社会的圧力や慈善団体からの情に訴えるような懇願とは関係なく、自発的に寄付を行おうという人々は、どういう団体を選ぶのかということがある程度表れているという点です。第二は、上場企業の慈善プログラムでは、キリスト教やユダヤ教への寄付はまず行いませんが、これらの教会は、明らかに多くの株主が寄付したいと思っている団体であるということ。そして第三は、私たちの選んだ慈善団体に、相いれない考えを掲げる団体が含まれていた点です。具体的に言うと、一三〇人が女性の人工妊娠中絶を推進する団体を指定し、三〇人が中絶に反対か反感を持つ団体（教会を除く）を指定していました。

昨年、私はこのプログラムに関してバークシャーの株主が寄付できる金額を引き上げようかと考えており、みなさんの意見をいただきたいと言いました。それに応えて、私たちの仕事は、企業経営であって株主に慈善行為を強いることではないという理由から、理路整然とこの考えに全面的に反対する意見もいくつか見られました。しかし、いただいた手紙のほとんどは、このプログラムによる租税上の有効性に触れたうえで、寄付金額を引き上げるよう促す内容でした。自分の株式を子供や孫に譲ったという数人の株主からは、若者たちに早いうちから慈善行為について考えさせるのに、このプログラムは特に優れているという称賛の手紙をいただきました。つまり彼らは、このプログラムを慈善活動の手段としてだけでなく、教育のための手段であるともとらえていました。最終的に、私たちは一九九三年に寄付金の額を一株当たり八ドルから一〇ドルに引き上げました。

私たちは不本意ながら、株主の指定による慈善行為プログラムを二〇〇三年に終了しました。中絶問題についての論争のためです。ここ数年、私たちの株主の多くが、この問題に関する両極の組織を数多く寄付の受取先として指定してきました。その結果、妊娠中絶合法化推進事業を寄付の受取先として指定することについてしばしば反対を受けるようになりました。そうした反対意見を表明した人々や組織の一部は、私たちの子会社の商品について不買運動を始めました。

二〇〇三年には、パンパードシェフの提携先で私たちとは直接資本関係のない会社も不買運動の対象になり始めました。こうした動きは、私たちに信頼を寄せている――しかし私たちの保有する会社の従業員でもなければバークシャーの意思決定にあたって発言権も持たない――人々の収益に深刻な損失が生じることを意味しました。

私たちの株主にとって、税務上バークシャーを通じて寄付を行ったほうが直接行うよりも若干効率が良かったようです。また、このプログラムは私たちの「パートナーシップ」的な手法とも一貫性がありました。しかし、自ら事業を確立するために多大な努力を払ってきた忠実な取引先に損害が生じていることを踏まえると、こうした利点は薄れてしまったのです。実際、マンガーも私も、私やほかの株主がわずかばかりの税効果を得るためだけに慎み深く勤勉な人々を傷つけてしまうようなことは慈善ではないと考えています。

バークシャーは現在親会社として慈善活動は行っていません。さまざまな子会社では、バークシャーが買収する以前から実施している慈善活動方針に従っています。ただし、元のオーナーが会社の勘定から個人的な寄付を行っていた場合については自分の資金でやってもらうようにしています（二〇〇二年までの毎年の手紙のなかでは、株主の指定による慈善行為プログラムに参加した該当株式数のおおよその割合、寄付の金額や寄付先の数が述べられている。プログラムに参加した株式の割合は常に九五％を超えており、たいてい九七％を超えていた。年間の寄付金額は徐々に増加しており、一九八〇年代初期の一〇〇～二〇〇万ドルから二〇〇二年には約一七〇〇万ドルに増加した。この期間に、個別の寄付先の数は一〇〇〇弱から約三五〇〇に増加した。また、二〇〇二年にプログラムが終了するまでの寄付額の総計は一億九七〇〇万ドルに上った）。

H．経営者の報酬の正しい決め方（一九八五年、二〇〇五年、一九八五年、一九九四年、一九九一年、二〇〇三年、二〇〇二年）

企業のＲＯＣ（資本利益率）が平凡なものであるときには、「投入量の拡大による成果の拡大」方式で良い数字が得られようと、それは経営者の功績とはいえません。その方法なら自宅のソファーに居ながらにして、個人でも同様の結果を得ることができます。預金口座の元金を単に四倍にすれば、利子も四倍になるからです。そして、そのことであなたを熱狂的に称賛する人など恐らくいないでしょう。にもかかわらず、任期中に収益を四倍にしたＣＥＯは、その退任発表時にはほとんど褒めちぎられます。彼の業績が長年にわたる留保利益や複利の効果によるものなのかなど、だれ一人調査する人などいません。

もしもその企業が彼の任期を通じて一貫して高いＲＯＣを上げていれば、あるいは資本を二倍にしただけで四倍の収益を達成したのであれば、彼への称賛は的を射たものといえるでしょう。しかし、もしＲＯＣが大した数字ではなく、投下資本と収益の増加率が同程度でしかなければ、彼への称賛は取り下げなければなりません。収益を預金して金利を再投資していくだけでも、収益は毎年同じように増えていきます。利率がわずか八％でも、一八年後にはその額が四倍になるからです。

企業においては、こうした単純な計算が株主の犠牲の下にしばしば無視されます。経営者への報酬は収益増加のみによって、あるいは留保利益——すなわち、株主に配当として本来支払われるべき利益——によって大部分が決定され、手厚く支払われています。配当が収益に対してほんのわずかな割合でしかないような企業において、例えば、行使期限一〇年間・行使価格固定のストックオプションなどが、定期的に経営者に与えられているのです。

こうした状況の下、どのような不公正が行われるのかの例を示しましょう。年利八％の預金口座に一〇万ドルの預金がある人がその「管理」をある信託人に依頼して、毎年どれだけの利息を現金で引き出すかを彼が決定するとします。引き出さない利息は預金口座で複利運用される「留保利益」となります。そしてその「賢明な」信託会社が「現金引き出し率」を年間利息の四分の一に設定したとします。

こうした仮定の下では、一〇年後の預金残高は一七万九〇八四ドルになります。さらに、この素晴らしい口座管理によって年間収益も八〇〇〇ドルから一万三五一五ドルと、約七〇％増加します。また、配当に当たる「受取額」も同様に、一年目の二〇〇〇ドルから一〇年後には三三七八ドルに増加します。そして、その信託会社のPR会社がこの件に関して作成する年間報告書では、毎年すべてのグラフが順調な伸びを見せることになります。

ここで試しに話をもう一歩進めて、この「仕事」（すなわち預金口座管理）に関して信託管理者に、初年度の公正なる価値判断を基本に行使期間一〇年、行使価格固定のオプションを与えるとしましょう。こうしたオプションを与えられることでその管理者は、預金者の犠牲の下──収益のほとんどを取り上げることで──、かなりの利益を得ることができます。もしも彼がマキャベリ主義者で多少なりとも数学的素養のある人間ならば、ひとたび腰を据えたら現金引き出し率も切り下げるかもしれません。

この話は、みなさんが思うほど非現実的な話ではありません。多くの企業におけるストックオプションはまさにこうした形で行われてきました。経営陣は与えられた資本でどれだけの収益を上げたかではなく、単に利益を留保したという理由だけでストックオプションを得てきたのです。

経営者たちはオプションに対して、まさにダブルスタンダードを適用しています。発行企業が即座に実質的なメリットを得ることになるワラントは別にして、ビジネスの世界で事業全体、あるいはその一部に対して行使期間一〇年間・行使価格固定のストックオプションを第三者に与えることなどあり得ないと思います。実際、一〇カ月ですら考えられません。ですから、定期的に資本を追加してきた事業を運営する経営者が長期オプションで利益を得るなどということは、まったく問題外です。もし外部の人がそうしたオプションを確実に得たければ、オプションン期間中に追加した資本を自分で全額支払う必要があるからです。

しかし、経営者が第三者に対して積極的に行いたくないと思うことと、自分自身に対して行いたくないと思うこととは一致しません（自分自身と話し合っても、普通いざこざは起きません）。経営者たちは、留保利益が自動的に利益を生み出すという事実や、資本の持ち越しコストをまったく無視しつつ、自分やほかの役員たちに行使期限一〇年、行使価格固定のストックオプションを付与します。その結果、経営者たちは自動的に残高を増やし続ける預金口座に関してオプションを設定した場合のように、多くの利益を手中に収めることになります。

もちろんストックオプションは、企業価値を高めるような才能ある経営者に与えられることも多く、その貢献度にまさに見合っていることもあります（ひときわ優れた経営者たちは実際には、往々にして本来得るべきよりはるかに少ない報酬しか得ていません）。しかし、報酬が相応であることはまれです。オプションはひとたび付与されれば、その後の個人の業績はもう関係ありません。オプションは（それを持つ経営者が会社に席を置くかぎり）取り消し不可能かつ無条件のものなので、業績を上げなくとも、まるで優れた経営者であるかのようにオプションによって報酬を得ることになります。一〇年間も眠り続けるようなリップ・バン・ウィンクル的経営者に、優れた「インセンティブ」システムは無用の長物です。

（「第三者」に付与された長期オプションに関して、私には書かずにいられない事例がありま す。それは、クライスラーが会社再建のための融資に、アメリカ政府による保証を受けることへの見返りの一部として、クライスラー株のオプションを政府に付与したという事例のことです。オプションが政府に有利に働いているとき、当初考えられていたよりも政府の得る見返りが大変大きくなり、クライスラー再建への貢献度からみても大きすぎるということから、同社は政府に対するオプション契約に基づく支払いの減額を要求しました。政府保証のコストとその貢献の不均衡からくる同社の苦悩は全国的なニュースとなりました。この「苦悩」は恐らく特殊なものでしょう。なぜなら私の知るかぎり、経営者やその他の役員に付与されたオプションに関して生じた正当とは言い難い報酬に関して、同様の不平を訴えた経営者など一人もいないからです）。

皮肉なことに、ストックオプションについて語られるとき、経営者と株主が運命をともにすることになるので望ましいものであるという表現がたびたびなされます。しかし実際には、両者の運命は大きく異なります。ストックオプションの所有者は資本コストを負うことがないのに対して、株主が資本コストの重荷から逃れられることはありません。株主は、上昇余地を下方リスクに照らしてよく比較して考えるべきですが、一方、オプションの保有者には下方リスクはありません。実際、オプションの付与を事業計画に盛り込むことは、株主の権利の切り捨てにほかならないということです（宝くじを人からもらうのは歓迎です――でも自分ではけっして買いません）。

配当の方針においても、株主を不当に扱うことで、オプション所有者の利益は高まります。預金口座の例を思い出してください。オプションを得た信託管理者は、利子の引き出しを行わないことによって利益を得ます。逆にいえば、口座の所有者は、オプションを有する管理者が口座の留保利益の恩恵にあずかることを防ぐために、利子の全額を引き出すべきです。

こうした短所もありますが、オプションは状況によっては適切な働きをします。私が批判しているのはその無分別な利用法です。これに関して以下の三点を強調しておきたいと思います。

第一に、ストックオプションは必然的に、企業全体の業績にかかわるものだということです。つまり理論的に言えば、企業全体に対して責任を負う経営者のみに与えられるべきものです。限られた範囲のみに責任を負う経営者には、その範囲における業績に伴って報酬を与えるインセンティブ方式をとるべきです。打率三割五分のバッターならば、彼のチームがたとえ最下位だとしても、多額の年俸を期待できるでしょうし、その資格もあります。そして打率が一割五分のバッターは、たとえチームがペナントレースで優勝したとしても、それによって報酬を受けるべきではありません。チームの出した結果によって報酬を得る権利があるのは、チームに関して全面的に責任を負う者だけです。

第二に、オプションの仕組みには細心の注意が必要です。オプションには、留保利益や持ち越し費用といった要素を必ず組み込むべきです。そして、現実的な価格設定も同様に重要です。自社への買収話を持ちかけられた経営者は、企業の正当な価値を測るにあたって株価がどれほど非現実的なものとなり得るかを必ず指摘します。しかしそれではなぜ、彼らが自分自身に企業の一部を売ろうとするときに、彼らが算出した低い株価を評価基準額としなければならないのでしょうか（もっとひどい場合もあります。取締役たちは税法を精査したうえで、企業の一部を社内の関係者に実質的に「最低」の価格で売ることがあります。こうしたとき、彼らはたいてい、企業にとって「最悪」の課税結果をもたらすプランを選びます）。非常にまれなケースを除いて、企業の一部をバーゲン価格で売却することは――その売却先が第三者であろうと、社内の人間であろうと――、株主に好ましい結果をもたらしません。明らかな結論としては、オプションは正当な企業価値に基づいた価格設定がなされなければならないということです。

第三の点は、私が心から称賛し、私よりもはるかに良い業績を上げている経営者たちのなかには、固定価格のストックオプションに対する見解が私と異なる人もいるということです。彼らは独自の企業文化を作り出し、そのなかでストックオプションは彼らを助けるための道具として使われてきました。リーダーシップを発揮して手本となり、またインセンティブとしてストックオプションを有効活用することで、全社員に株主の立場になって考えるよう教えてきたのです。こうした例はたぐいまれなもので、そうした企業文化が存在するのなら――たとえそのオプションのシステムが非効率的で不公平なものであったとしても――、恐らく口をはさむべきではないでしょう。「どれほど高くついても清廉潔白」よりは「壊れていないものを直すな」式のほうがましだということです。

例えば、行使期間一〇年間・行使価格固定のストックオプションを考えてみましょう（だれ

がこんなうまい話を断るでしょうか)。スタグナント株式会社（**訳注**　架空の会社。スタグナントは「低迷」の意味）のCEOであるフレッド・フュートル氏は、例えば同社の価値の一％を獲得することになるような巨額のオプションを付与されています。こうした場合、フュートルが利己的になるのは明らかです。彼は配当をまったく実施せずに、会社の利益すべてを自社株買いに充てるはずです。

フュートルのリーダーシップによって、スタグナントはその名前のとおり業績が低迷してしまったとしましょう。オプションが付与されてから一〇年ごとに、純資産一〇〇億ドルに対して一〇億ドルの利益が生じます。この純資産は当初一株当たり一〇ドルで一億株が発行されていました。フュートルは配当を実施せずに、すべての利益を使って定期的に自社株買いを行います。株式が常にEPSの一〇倍で売却されたとすれば、オプション期間の終わりまでに株価は一五八％上昇することになるでしょう。そのため、自社株買いによってその時点までに株数は三八七〇万株まで減り、EPSは二五ドル八〇セントまで増えます。株主に配当を控えただけで、会社の業績がまったく上がっていないにもかかわらず、フュートルは一億五八〇〇万ドルを稼ぎだし、非常に裕福になることができるということです。驚くべきことに、スタグナントの利益が一〇年間で二〇％減少しても、フュートルは一億ドル以上を稼ぎ出します。

またフュートルは、配当を支払わず、株主に還元しなかった利益をさまざまなつまらないプロジェクトや買収に費やすことによって、自分自身のために素晴らしい成果を得ることができます。こうした戦略が五％程度のつまらないリターンしか生まなくても、フュートルは大金を手にすることになるということです。特に――スタグナントの株価収益率が一〇倍で変わらなかったとしても――、フュートルはストックオプションによって六三〇〇万ドルを獲得するでしょう。一方、株主のほうはフュートルにオプションが付与された際に想定されていた「利益の連動」は、一体どうなってしまったのかと不思議に感じるでしょう。

言うまでもなく、「正常な」配当政策――例えば利益の三分の一が支払われるというようなもの――であれば、先の例ほどではなくても何の成果も上げていない経営者にぜいたくな報酬を支払うことができます。

CEOはこの仕組みを理解しており、配当を支払うことですべての発行済みオプションの価値は下がるということを知っています。しかし、私はまだ一度も、こうした経営者とオーナーの利害の対立を明示したうえで、行使価格固定のストックオプション計画の承認を株主に求める委任状にはお目にかかったことがありません。CEOはいつも内部に向けて資本の獲得にはコストがかかるものだと訴えていますが、固定価格のストックオプションを使えばタダで資本を手にすることができると、株主に説明するのはどういうわけか忘れてしまうようです。

やり方はほかにもあります。利益を留保するたびに、自動的に価値が上がっていくストックオプションを考案するのは取締役会からすればいとも簡単なことです。しかし――大いに驚くべきことですが――、こうした種類のオプションが発行されることはほとんどありません。実際、内部留保のために行使価格が調節されたオプションの概念はコンペンセーション関連の「専門家」にとってあまり馴染みがないように見えます。専門家といっても、存在するありとあらゆる経営者に有利な報酬プランをすべて開示しているわけではありません（「私はパンをくれる人の歌を歌う」ということわざもあります）。

ＣＥＯにとって、首になる日は特にたくさんの支払いが受けられる日かもしれません。実際、彼はわずか一日、自分の机を整理している間に、アメリカの労働者が生涯かけてトイレを掃除して得られるよりもたくさん「稼ぐ」ことができます。経営者にとって「成功が成功を生む」という格言は忘れましょう。現代の重役室で広まっている法則は、むしろ「失敗が成功を生む」です。

しかしバークシャーでは、主要な経営者たちがそれぞれの領分で目標を達成したときにかぎり、インセンティブ報酬制度によって彼らに報いています。シーズ・キャンディーの業績が好調でも、バッファロー・ニューズにおけるインセンティブ報酬は発生しません。逆も、しかりです。また、特別賞与の小切手を切るときに、私たちはバークシャーの株価を見たりはしていません。株価が上がろうと下がろうと、あるいは変わらずとも、個々の業績に対して報いるべ

きだと考えているからです。同様の考え方から、もしもバークシャーの株価が急騰するようなことがあっても、月並みな業績しか上げていない経営者に対しては、特別な報酬を出すべきではないとも考えます。さらに言えば、「業績」という言葉は各ビジネスの根底をなす経済状況に応じて解釈がそれぞれ異なります。なぜなら、自身の努力とは無関係の追い風を受けて業績を伸ばす経営者もいれば、本人の力ではどうにもならない逆風のなかで奮闘している経営者もいるからです。

この制度によって生じる報酬は莫大なものとなります。さまざまな業種にわたるバークシャーの企業群においては、経営者たちの受けるインセンティブ賞与は基本給の五倍、あるいはそれ以上となることもあり、一九八六年は、ある経営者の賞与が二〇〇万ドルを超す可能性があります（私もそう祈っています）。私たちは賞与に上限を設けることはしませんし、序列的な考えで賞与を決めることもありません。業績に見合ったものならば、相対的に小規模の企業の経営者がそれより大きな企業の経営者よりもはるかに高い賞与を受けることもあります。また、勤続年数や年齢といった要因によって、インセンティブ報酬が影響を受けるべきではないとも考えます（基本給に加味することはありますが）。たとえ二〇歳であろうと、彼が三割バッターならば、私たちにとって良い業績を上げる四〇歳の経営者と同じだけの価値があります。

当然ながら、バークシャーの企業群の経営者たちは、手にした賞与（あるいは借入金などその他の資金）で市場からバークシャー株を購入することができます。多くの経営者たちが実際にそうしてきており、なかには多くの株式を保有している経営者もいます。自らバークシャー株を購入し、リスクと持ち越し費用の双方を負うことによって、彼らは真の意味で株主の立場になって考えることができるのです。

報酬に関してバークシャーは、資本配分と同様の論理的なアプローチを行います。例えばラルフ・シーへの報酬は、バークシャーの業績ではなくスコット・フェッツァー社の業績に基づいて決定します。彼がある一つの事業に対して責任を負っているかぎり、それ以上に合理的な方法は存在しません。もしバークシャーの業績に比例して現金報酬やストックオプションを得るとしたら、それはシーにとってまったく彼自身の業績を反映しないものとなってしまいます。例えば、彼がスコット・フェッツァー社でホームランを打っても、マンガーと私がバークシャーでヘマをやらかせば、そのたびに彼の業績が無効になるというようなことです。また逆に、スコット・フェッツァー社の業績が上がらないときに、バークシャー傘下のほかの企業が好調だからというだけで、シーに対してストックオプションや特別賞与を与える理由もありません。

報酬制度を設定するにあたり、私たちは喜んで大きな「褒美」を差し出すことを約束しますが、その実現にあたっては経営者それぞれの領分における業績に直接結びついた形で行います。

大きな増資が行われれば、その増加分を経営者の評価にあたってマイナスとして加味しますし、減資にあたっては、それを同様にプラスの要素として加味します。

こうした「資本はタダではない」という考えに基づく手法は、スコット・フェッツァー社においてはまさに厳格に実行されています。もしもシーが増資によって収益を上げれば、それは彼にとって実行する価値のあるものです。資本を増加させたことによって高くなった収益目標をクリアすれば、彼の賞与はそれだけ増額されるからです。しかし、賞与計算はシンメトリーです。もしも投資額を増やしたにもかかわらず低水準の収益しか上げられなければ、それはバークシャーと同じくシーにとっても手痛い失敗となります。この信賞必罰の制度があるため、シーにとって有効活用できない現金をオマハに送ることは十分なメリットがあります。

最近、上場企業の報酬制度について、経営者と株主の利益を連動させていると説明するのが流行しています。私たちは、利益の連動とは良いときだけでなく、悪いときも禍福をともにするものだと考えています。しかし、「連動」計画の多くは、この基準を満たしておらず、よく見ると「表ならば私の勝ち、裏ならばあなたの負け」になっています。

経営者と株主の利益の「非連動」は、典型的なストックオプション制度によく見られます。例えば、留保利益によって企業資産が増加しているだけなのに、定期的にオプション価格を引き上げていかなければ、経営者は何もしなくても一〇年間のオプションと低配当と複利を組み合わせて莫大な報酬を得ることになります。皮肉屋ならば、「株主への支払いを低く抑えれば、オプションを所有する経営者の利益は増える」とさえ言うかもしれません。私は、これまでこの点を明示したうえで、オプション制度の承認を株主に求める委任状にはまだお目にかかったことがありません。

ここでどうしても書いておきたいことがあります。ラルフ・シーへの報酬制度は、スコット・フェッツァー社買収直後に、法律家や報酬コンサルタントの「助け」を借りることなく、相談時間約五分で取り決めたものです。この制度のなかで具体化されているのはいくつかの単純明快な考えです。コンサルタントたちのように、顧客の抱えた大きな問題を確固たるものとしなければ（そして当然ながら、毎年の見直しを必要とするものでなければ）、多額の請求書を発行することができない人々が好むような契約条件ではありません。シーと交わした合意は、これまで一度も手直しを行っていません。一九八六年も現在も、両者にとって納得のいく内容だからです。バークシャー傘下のその他すべての企業経営者との報酬制度も、これと同様に明快です。ただし、各企業の経済的特性や、経営者がその企業を部分所有している場合はそれも加味しているため、各々の合意条件には多少の違いがあります。

すべての場合において、私たちが追及しているのは合理性です。経営者の個人的な業績にかかわらず、不規則な支払われ方をする報酬取り決めを歓迎する経営者もいるでしょう。結局のところ、タダの宝くじを断る人などいません。しかし、そうした制度は企業にとって非経済的で、経営者にとっては真に取り組むべきことを見失う原因となります。加えて言えば、親会社の非合理的な振る舞いは、その傘下企業での同様の振る舞いを助長することにもつながります。バークシャーにおいて全事業に経営的責任を負っているのはマンガーと私だけです。ですから、理論的にいえば、当社全体の業績を基に報酬を受けるべき人物は二人だけです。そうだとしても、それは私たちの望む報酬制度ではありません。私たちはバークシャーという企業と、そこでの私たちの仕事を慎重に設計してきており、その結果、好きな人たちと楽しく仕事をしています。同じく重要なことは、退屈で不愉快な仕事はほとんどしなくてよいということです。私たちは企業のトップとして、物質的かつ精神的にさまざまな役得も得ています。そうした素晴らしい状況の下では、株主に負担をかけて必要ともしない報酬を得ようなどとは考えていません。

実際、もしもまったくの無報酬だとしても、マンガーと私はこの楽しい仕事を喜んで引き受けることでしょう。私たちは心の中でロナルド・レーガンのモットーに共感を覚えています――「仕事がきつくても死にはしないだろうが、なぜわざわざ嫌いな仕事をする必要があるのか」。

一九九一年、私たちは大規模な買収を行いました。それは、北米における代表的な製靴企業

のH・H・ブラウンで、同社は対売り上げおよび対資産の収益が非常に素晴らしい企業でした。靴のビジネスは難しく、アメリカで年間一〇億足の売り上げがあるうち、約八五％は輸入品で、国内メーカーはみな苦戦しています。サイズや型が種類に富んでいるため在庫は多くなり、実質的な資本も売掛金の形になっています。

H・H・ブラウン製靴の特筆すべき点は、他社には見られない非常に風変わりな「心温まる」報酬システムを取っていることです。つまり、主な経営陣は年俸として七八〇〇ドルと、資本勘定への繰り入れ後の収益について一定率の配分を受け取るというものです。そのため、彼らはみんな株主と同じ立場に立っているといえます。それとは対照的に、ほとんどの経営者は口は達者でもやることが追いつかず、アメばかりでムチが少ない（その結果、ほとんど必然的に投下資本をまるでタダのように扱う）報酬システムを選んでいます。いずれにせよ、ブラウン社における報酬システムは、企業と幹部社員双方に対してひときわ素晴らしい働きをしていますが、それは当然のことです。なぜならば、自分の能力に比重が置かれる評価法を望む者の多くは、能力に自信があるからです。

CEOの報酬が、いかにして手に負えないものになったのかは理解できます。経営者が従業

員を雇うときや会社が納入業者と交渉するとき、両者の関心の強さは同じです。一方の当事者の利益が他方の損失になるため、そこに絡むお金は両者にとって実際の意味を持ちます。その結果、本気の交渉が行われます。

しかし、CEOやその代理人と報酬委員会の話し合いは、交渉で取り決めが行われる内容について、たいていは一方（つまり、CEO側）が他方よりもはるかに高い関心を持っています。例えば、CEOは、付与されるストックオプションが一〇万株か五〇万株かの違いを常に重要視しています。しかし報酬委員会にとって、その違いは重要ではありません。特に、ほとんどの会社の場合に当てはまるのですが、どちらの形でオプションを付与しても会社の収益に影響がない場合にはなおさらです。このような状況では、あたかも「ゲーム用のニセのお金」を巡る交渉のようなことがたびたび行われています。

一九九〇年代には、CEOの行きすぎた報酬が大幅に加速しました。これは、最も強欲なCEO（激しい競争を勝ち抜いた称号）が獲得した報酬パッケージをまねる人が続出したからです。この「強欲」という名の伝染病を媒介したのはほとんどがコンサルタントや人事関連部門で、こうした人たちにとってだれが巨額の報酬を手にしたのかを知ることは造作もないことでした。ある報酬コンサルタントがこんなことを言っていました。「その意向に逆らうべきではない顧客には二種類あります、実際の顧客と潜在的な顧客です」

最近、報酬委員会はまるで尻尾を振る子犬のようにコンサルタントの提案を追認するだけのことがあまりにも増えています。一方、コンサルタントは報酬を支払ってくれる顔の見えない株主に対して、さほど忠実ではない種類の動物として知られています。どちらの味方か分からない人はあなたの味方ではありません。ちなみに、SECは各社の報酬委員会に対して、その報酬を支払う理由を委任状に明示することを求めています。しかしその文言は、ほとんどが会社の弁護士か人事部の書いた決まり文句にすぎません。

こうした金のかかる言葉遊びはやめるべきです。株主のために自ら交渉することができないのであれば、取締役たちは報酬委員を引き受けてはなりません。報酬委員会は、報酬についてどのように考え、業績をどのように測定したのかを説明する義務があります。さらに、株主のお金を扱うときは、それが自分自身のお金だと考えて行動すべきです。

一八九〇年代に、サミュエル・ゴンパーズは労働組合の目標を「もっと多く!」と表現しました。一九九〇年代、アメリカのCEOも彼のスローガンを採用した結果、多くのCEOが富を築く一方で、株主は経済的困窮に見舞われるという事態が起きました。

取締役がこんな権利の侵害を行ってはなりません。本当に飛び抜けた成果を残しているのであれば、十分な報酬を支払っても構いません。しかし、それに満たないのであれば、取締役は

「もっと少なく！」と叫ぶべきです。最近見られるように、不当に高い報酬が将来にわたって基本となれば、それは茶番でしかありません。報酬委員会は最初からやり直すべきです。

I．リスク、風評、気候変動（二〇〇九年、二〇一〇年年次報告書補遺、二〇一五年）

マンガーと私は、CEOがリスク管理を他者に委託することがあってはならないと考えています。人任せにするには大事すぎるからです。例えばバークシャーにおいては、ミッドアメリカンなどの一部の子会社の営業に関する契約やジェネラル・リーの小口のランオフ契約を例外として、私があらゆる金融派生商品の取引を承認し、その監視を行っています。バークシャーが困難な状況に陥ったとしたら、それは私の失敗であり、リスク委員会や最高リスク責任者の判断が誤っていたからではありません。

リスク管理についてCEOが全面的に責任を負うことをはっきりと示さないならば、規模の大きな金融機関の取締役会は職務怠慢だと私は考えています。その仕事がCEOの手に負えないとしたら、彼はほかの勤め先を探すべきです。そして、CEOがその仕事で失敗すれば――政府がその後すぐさまファンドや保証人の介入を求めてくるため――、彼や取締役会に金銭的にもたらされる結果は厳しいものとなるでしょう。

わが国の一部の大手金融機関の経営を台無しにしてしまったのは株主ではありませんでした。

それなのに、株主は負担を押し付けられ、大部分の事例では資産価値の九〇％以上を失うこととなりました。全体で見ると、わずか四つの大手金融機関で過去二年間に株主が失ったのは五〇〇〇億ドルにも上ります。こうした株主に対して「救済された」と表現するのは彼らをバカにしています。

しかし破綻した会社のCEOや取締役はほとんど痛手を受けていませんでした。自らが見過ごした厄災のため彼らは財産を失ったかもしれませんが、それでもなお裕福に暮らせています。このようなCEOや取締役たちの振る舞いは変える必要があります。会社や国家が彼らの不注意で被害を被ったのであれば、重い代償を支払うべきです。それは自分たちが被害をもたらした会社や保険によって賠償することが可能な額ではありません。CEOと、そして多くの場合取締役も、長い間あまりにもたくさんのアメ（報酬）をもらってきました。彼らの働き方のなかに意味のあるムチ（処罰）を取り入れることも今や必要です。

（二〇一〇年の年次報告書にはバークシャー傘下の各経営者に対する二〇一〇年七月二六日付の以下の文章が掲載されている）。これは、バークシャーが最優先すべきこと、すなわち私たち全員が熱意をもってバークシャーの社会的評価を守り続けていかなくてはならないという

ことを、改めて強調するために二年に一度書いている手紙です。私たちは完全にはなり得ませんが、そうなろうと努めることはできます。私は二五年以上にわたって手紙のなかでこのように言ってきました——「お金を失っても——たとえたくさん失ったとしてもなんとかなります。しかし、信用を失ってしまえば——たとえほんのわずかであったとしても取り返しのつかないことになります」。私たちは一挙手一投足について慎重に運ばなくてはなりません。それは法的な問題に対してだけではなく、友好的ではなくても知性ある記者が書いた記事が、全国紙の一面に載ったとしても何の問題もない行動ということです。

「みんなそうしている」と、みなさんの同僚が言うこともあるかもしれません。この理屈は、事業に関する行動を正当化するための主な理由として使おうとするのであれば、まずほとんど良いことはありません。道徳的な決定を評価する場合にこんな理屈はまったく認められません。だれかが理由としてこの言葉を出してきた場合には、実際にはうまい理由が見つからなかったと言っているようなものです。だれかがこのように説明するのであれば、記者や判事にそのように説明したうえでそれがどれだけ理解されないか試してみるとよいでしょう。

みなさんが妥当性や適法性について迷うような事態に出くわしたなら、必ず私に電話してください。しかし、そうした迷いが与えられた行動計画についてのものであるなら、そうした計画はあまりにもラインぎりぎりなので、取りやめるべきこととなる可能性が高いでしょう。コートのなかで稼ぐことのできるお金はたくさんあります。ある行動がルール違反かどうか疑問に感じる場合は、それはもはや違反しているものだと考えて距離を置き、忘れてしまうことです。

当然のことですが、非常に悪い知らせがある場合には速やかに知らせてください。悪い知らせに対応することはできますが、さらに悪化したあとで対処することは好きではありません。悪い知らせをすぐに受け止めることを嫌がったために、ソロモンの問題は簡単に処理できたはずのものが従業員八〇〇〇人を抱える会社をほとんど潰してしまうような問題にまで悪化してしまいました。

バークシャーであっても、みなさんや私がそれについて知ってしまうと不機嫌になってしまうようなことをやっている人がいるでしょう。これは避けられないことです。今や私たちは二五万人を超える従業員を雇っており、これだけの人々が何もまずいことをやらずに一日が過ぎていく可能性は皆無です。しかし、わずかでも不適切な振る舞いの兆しが見られたときにはすぐさま対策を取ることで、被害を最小限に抑えるための大きな効果が期待できます。このような問題に対して、言葉や行動で示す姿勢は、企業の文化が発展するうえで最も重要な要素となります。文化はルールブックよりも組織の行動を決定づけます。

ほかの面に関して言えば、何が起こっているかについては話さなくても、たくさん話しても構いません。みなさんはそれぞれのやり方で一流の経営をしており、私の助けなど必要としていません。私の承認が必要なことは、退職給付の変更と普通以上に大きな資本支出や買収案件だけです。

今年の年次総会では、気候変動について議論してほしいという株主からの提案がありました。提案者は、気候変動が私たちの保険事業に与える危険性とその対策について説明を求めています。

気候変動は地球にとっては大問題である可能性が非常に高いように思えます。ただ、「確実に」ではなく「可能性が高い」としたのは、私には科学の才能がないし、Ｙ２Ｋ（二〇〇〇年問題）のときの「専門家」の予想のほとんどが悲惨なまでに外れたことをよく覚えているからです。私を含めてだれかに今後、世界で発生する莫大な損害額を正確に示せというのは、結果を予想するのがまったく不可能で、迅速に行動しても危険を阻止できる可能性が低ければ、バカげています。

この問題は、神の存在に関するパスカルの賭けに似ています。もし神が本当に存在する可能性がほんのわずかでもあるのならば、存在しているつもりで行動するほうが理にかなっています。勝てば無限の恩恵を得られますが、負ければ永遠の不幸に見舞われるからです。同様に、もし地球が本物の大惨事に見舞われる可能性が一％でもあり、対応が遅れたら後戻りできなくなるのであれば、今行動しないのはバカげています。これをノアの法則と呼ぶことにします。もし生き延びるために箱舟が必要ならば、空がどれほど晴れ渡っていても、今日からそれを作り始めるべきです。

バークシャーがさまざまなリスクを引き受けている巨大保険会社として、気候変動の脅威に特にさらされていると株主提案をされた方が考えたことは理解できます。気候変動によって損害額が跳ね上がると懸念したのでしょう。これは、固定価格で一〇年や二〇年の保険を受けていれば当然の懸念です。しかし、保険契約は通常、一年ごとにイクスポージャーの変化に合わせて価格の見直しが行われています。損害の可能性が高まれば、即座に保険料が上がるようになっているということです。

私がGEICOに魅了された一九五一年を振り返ってみましょう。この会社の一契約当たりの損失額は毎年、平均約三〇ドルでした。もしこの金額を当時私が二〇一五年には約一〇〇〇ドルになると予想したら、株主提案をした方はどのような反応を示したでしょうか。損失額がこれほど跳ね上がったら、破壊的だと思うかもしれませんが、それは違います。

長年のインフレによって、車や人がかかわる事故の修理代は大幅に上昇しました。しかし、この増加分はすぐに保険料に反映されています。そのため、逆説的ではありますが、損失額の増加は保険会社の価値をはるかに高めることになりました。もし損失額が変わらなければ、バークシャーが所有する自動車保険会社の売り上げは現在の二三〇億ドルではなく、六億ドルにすぎなかったということです。

　これまで、気候変動によって保険会社が保証している巨大ハリケーンやそれ以外の天災がより頻繁になったり、より損失額が大きくなったりするようなことは起こっていません。そのため、近年アメリカでは巨大災害の割合が安定的に下がっており、それがこの事業から撤退した理由です。もし巨大災害による損失額が増え、頻繁に起こるようになれば――可能性はかなり低いですが――バークシャーの保険事業は拡大し、利益も増えることになるでしょう。

　生活のうえでは、気候変動によって眠れない夜があるかもしれません。低地に住んでいれば、引っ越しを考えるかもしれません。しかし、主要な保険会社の株主としてだけ考えれば、気候変動は懸念リストには入っていないということです。

J．企業文化（二〇一〇年）

　バークシャーの今日の発展には、私たちが資本を柔軟に配分してきたことが大きく寄与しています。例えば、BNSFへの出資金には、シーズキャンディーズやビジネス・ワイヤー（経営は非常に良好でも再投資の機会が限られている子会社）の利益の一部も含まれています。そして、もう一つの強みは、他社にはまねのできない企業文化が浸透していることです。企業にとって文化は重要です。

まず、株主の代理人である取締役は、オーナーのように考え、行動します。このような考え方は、傘下企業の経営者にも行き渡っています。彼らの多くは、代々家族で所有してきた会社の買い手としてバークシャーを探し当てた人たちだからです。私たちがこれらの会社を買ったとき、彼らはすでにオーナーとしての考え方を持っていたため、私たちはそれを奨励する環境を提供したにすぎません。自分の仕事が大好きな経営者がいることの利点は小さくないのです。

文化は自己増殖します。官僚的な取り決めはさらなる官僚主義を呼び、華美な本社は専制的な行動を誘発します（ある人の言葉を借りれば、「後部座席に陣取ったままで、自分で車を動かさなくなれば、その人はもうCEOではない」ということです）。バークシャー全体を統括する「グローバル本社」の賃料は二七万〇二一二ドルです。さらに言えば、本社の家具、美術品、コカ・コーラの自動販売機、食堂、IT機器にかかった費用はすべてを含めて三〇万一三六三ドルでした。マンガーと私がみなさんのお金を自分のお金を使うような気持ちで使っていれば、バークシャーの経営者たちも同様に注意深く会社のお金を使ってくれると思います。

私たちは、報酬体系から年次総会、年次報告書に至るまで、すべてにバークシャーの企業文化を強く反映させ、それになじまない経営者は寄せ付けないし、追い払います。バークシャーの文化は、年を追うごとに強化されており、マンガーや私がいなくなっても、長く受け継がれることでしょう。

第2章

投資

Investing

私たちの保有するワシントン・ポスト社（WPC）の株は、当時の企業価値で見ると一株当たり四分の一以下の価格で一九七三年半ばに購入したものです。この件では価格と本質的価値の比率（PVA）に関して深く考えるまでもありませんでした。証券会社のアナリストやメディアブローカー、あるいはメディア企業経営者のほとんどが、私たちの計算と同様、ワシントン・ポスト社の内在価値を四～五億ドルと見積もっていたからです。そして、証券市場におけるワシントン・ポスト社の評価は一億ドルでした。私たちは、かつてベンジャミン・グレアムから学んでいた「投資を成功させるためには良い企業の株を、その企業の真の価値よりも大きく下回った市場価格で取引されているときに購入すること」だというアドバイスを実行しました。

他方では、一九七〇年代初め、ほとんどの機関投資家たちは株の売買価格を決定するにあたり、対象企業がどれほどの価値を持っているかということをあまり重要な要因とみなしてはいませんでした。これは今ではほとんど信じられないことです。しかし、当時の彼らを魅了していたものがあります。それは著名なビジネススクールで教えられていた最新の理論でした。その理論とは、マーケットは完全に効率的なもので、そのために企業価値の計算やそういったことを考えることすら、投資活動においては何の重要性も持たないという考えです（私たちは当時の学者たちに絶大なる感謝をしています。知的ゲームにおいては、それがブリッジやチェス、あるいは投資銘柄の選択であれ、「考えることは時間の無駄だ」と敵が教え込まれることほどありがたいことはないからです［一九八五年の手紙の導入部分］）。

A．農場と不動産と株（二〇一三年）

一九七三～一九八一年にかけて、歯止めのきかないインフレが起こるという考えが広まり、小規模の地方銀行の融資方針が変わったこともあって、中西部の農場価格が高騰しました。しかし、バブルが崩壊すると、価格は五〇％以上下落し、借金を抱えた農場経営者とその貸し手に大打撃を与えました。このとき、アイオワ州とネブラスカ州で破綻した銀行の数は、リーマンショック（二〇〇八～二〇〇九年）のときの五倍にも上りました。

一九八六年、私はオマハから北に五〇マイルほどのところにある四〇〇エーカー（約一六〇ヘクタール）の農場をＦＤＩＣ（連邦預金保険公社）から購入しました。価格は二八万ドルで、これは破綻した銀行がその二～三年前にこの農場に貸し付けた金額よりもかなり割安でした。私は農場経営についてまったく知りませんでした。しかし、農業が大好きな息子が、この農場のトウモロコシや大豆の収穫量と、その経費を教えてくれました。その予想に基づいて農場のリターンを算出すると、約一〇％でした。また、生産量と穀物価格は時とともに上昇するだろうと思いました。そして、どちらも実際にそうなりました。

この投資について、特別な知識や知能がなくても、デメリットはないのに大きな可能性があることは分かりました。もちろん、時には、凶作の年や作物が期待した価格で売れない年もあるでしょう。しかし、それが何だというのでしょうか。時には大豊作の年もあるでしょうし、将来、この農場を売らざるを得なくなる日が来るとも思えません。あれから三〇年、農場の収益は当時の三倍になり、価値は購入価格の五倍になっています。今でも私は農業については何の知識もありませんし、この農場を訪れたのは購入時と最近の二回だけです。

一九九三年、私は別の小さな投資をしました。私がソロモン・ブラザーズのCEO（最高経営責任者）を務めていたとき、本社ビルを所有していたラリー・シルバースタインが、ニューヨーク大学に隣接した商業不動産をRTC（整理信託公社）が売りに出していると教えてくれたからです。このときもバブル崩壊後で（商業不動産バブル）、RTCはバブルを加速させた楽観的な貸し付けが高じて破綻した貯蓄銀行の資産を処分していました。

このときの分析も、簡単でした。農場の場合と同じで、この資産の現行利回りは、レバレッジなしで約一〇％でした。またこの物件はRTCの管理下にあって空室を埋める努力がされていなかったため、数カ所あった空き店舗が埋まれば利益は増えるはずでした。そして何よりも、最大テナント（約二〇％を占有していた）の賃料が、一平方フィート（約三〇センチメートル四方）当たりわずか五ドルでした。ちなみに、ほかのテナントは同じ面積当たり約七〇ドルを支払っていました。この格安の賃貸契約（九年契約）が修了すれば、利益は大きく跳ね上がります。また、この物件は場所も素晴らしく、ニューヨーク大学が移転する心配もありませんでした。

私は、シルバースタインや私の友人であるフレッド・ローズを含めた何人かでこの不動産を買いました。ローズは高級不動産投資の経験が豊富で、彼と彼の家族がこの物件の管理をしてくれることになっていました。するとどうでしょう。それまでの賃貸契約が切れると、利益は三倍になりました。今では、年間配当が最初の投資額の三五％に上っています。そのうえ、当初のローンを一九九六年と一九九九年に借り換えたことで、数回の特別分配金が支払われ、その総額は初期投資額の一五〇％に上っています。ちなみに、私はまだこの物件を見ていません。

農場とニューヨークの不動産から上がる利益は、次の一〇年間も上昇を続けるでしょう。これは特大の利益ではありませんが、どちらの投資も、私と子供と孫の世代まで堅実かつ満足できる利益を提供してくれると思います。私は、このエピソードを投資のファンダメンタルズについて説明するなかで用いています。

●その分野の専門家でなくても、満足のいく投資リターンを上げることはできます。ただ、その場合は自分の限界を認識し、必ずある程度はうまくいく道を選びます。単純なことに徹し、ホームランは狙いません。そして、簡単な儲け話は、即座に却下します。

●投資を検討するときは、資産の将来の生産性に注目します。将来の概算利益の予想に自信が持てなければ、その件は忘れて別の案件に目を向けてください。すべての投資先を評価できる人はいません。ただ、すべてを知る必要はなく、自分がかかわることだけ理解しておけば十分です。

●買おうとしている資産の将来の利益ではなく、価格変動に注目しているのならば、それは投機です。それも間違いではありません。ただ、私は自分が投機で成功できないことは分かっていますし、投機で成功し続けることができると主張する人は信用できません。コイン投げでも、半分の人が一回目は当たります。しかし、そのなかに、その先も勝ち続けることが期待できる人は一人もいません。また、検討している資産が最近値上がりしたという事実は、買う理由にはなり得ません。

●例に挙げた二つの小さな投資について、私はそこからどれだけのインカムゲインが得られるかのみに注目し、日々の資産価格の変動については考えませんでした。試合で勝利するのは、プレーに集中した人であり、スコアボードばかり見ていた人ではありません。週末を株価を見ずに楽しめる人は、平日も試してみてください。

●マクロ的な見解をまとめたり、他人のマクロ経済やマーケットの予想に耳を傾けたりするのは時間の無駄です。実際、これは本当に重要な事実に対する見方を曇らせる可能性もある危険なことです（テレビでコメンテーターが今後のマーケットについて語っているのを見ると、ミッキー・マントルが言った「放送席に座るまで、野球がこれほど簡単だとは知らなかった」という痛烈なコメントを思い出します）。

●二つの投資を行ったのは、一九八六年と一九九三年です。この投資を行うとき、その翌年（一九八七年と一九九四年）に、経済や金利や株式市場がどうなろうと私にとってはどうでもよいことでした。当時、新聞が何を伝え、学者が何を言っていたのかは覚えていません。彼らが何と言おうと、ネブラスカ州ではトウモロコシが育ち、ニューヨーク大学には学生たちが集まっています。

ただ、この二つの小さな投資と株式投資には一つ大きな違いがあります。株の場合は、自分の資産の評価価格が分刻みで分かることです。ちなみに、私の農場やニューヨークの不動産の相場はまだ聞いたことがありません。

株の投資家にとって、大きく変動する保有資産の評価価格が分かるのは大きな利点のはずで、一部の投資家にとっては実際そうなのでしょう。もし私の土地の隣の地主が気分屋で、私の土地を買いたい価格や、私に土地を売りたい価格を毎日大声で叫んできたとしたらどうでしょうか。しかも、その価格が彼の気分によって短期間で大きく変わるとしたら、この異常な行動は私にとってはメリットしかありません。もし彼があきれるほど安い価格を叫び、私に多少の余裕資金があれば、私は隣の農場を買います。もし彼が非常識な高い価格を言ってくれれば、自分の農場を彼に売るか、それを無視して農業を続けるだけです。

しかし、株を保有している人は、別の所有者の気まぐれで、たいていは非合理的な行動につられて、非合理的な行動をとってしまいます。マーケットや経済、金利、株価動向などに関するくだらないおしゃべりが氾濫するなかで、投資家のなかには学者の言うことを聞くべきだと思ってしまう人もいれば、さらに悪いことに、彼らの言ったことに基づいて行動すべきだと思い込む人もいる始末です。

農場や集合住宅を買って数十年持ち続けることができる人でも、変動する株価情報を見せられ、「黙って見てないで、行動しなければダメだ」などというコメントを聞かされ続けたら、動転してしまうことはよくあります。このような投資家にとっては、本来、メリットでしかないはずの流動性が呪いに変わってしまいます。

「フラッシュクラッシュ」などのマーケットの極端な変動が投資家に与える影響は、せいぜい隣の農場のやかましい地主が私の投資に与える影響くらいのものです。実際、混乱するマーケットで価格が実際の価値から大きく外れたときに手持ちの資金があれば、本物の投資家にとっては大いに助かります。投資において、みんなが恐れている時期は友だちで、世界が楽観的な時期は敵だということです。

二〇〇八年末に起こった一〇〇年に一度の金融恐慌のとき、深刻な不況が迫っていることは明らかでしたが、農場やニューヨークの不動産を売ろうとはまったく考えませんでした。もし私が一〇〇％所有している堅実な会社が長期的にも有望ならば、それを投げ売りするなどバカげています。そう考えれば、素晴らしい会社の一部分である持ち株をなぜ売る必要があるのでしょうか。もちろん、いずれうまくいかなくなる銘柄もあるでしょうが、全体として見れば必ずうまくいきます。アメリカにある素晴らしく生産的な資産や人間の無限の創意工夫がすべて破壊されてしまうようなことが起こると、本気で思っている人などいるのでしょうか。

マンガーと私が株を買うときは、会社の一部分を所有するつもりで買い、会社ごと買う場合と同じような分析を行います。まず、その会社の五年後以降のおおよその利益を無理なく予想できるかどうかを考えます。もしそれができて、価格が予想利益の下限と比較して妥当ならば、その株（または会社）を買います。しかし、もし将来の予想ができなければ（その場合が多い）、次の候補に移ります。マンガーと働き始めて五四年がたちますが、魅力的な買い物をマクロ経済や政治状況や他人の見方に影響されて見送ったことは一回もありません。実際、判断を下すときにこのようなことが話題になったことすらありません。

B．ミスターマーケット（一九八七年、一九九七年）

マンガーと私がバークシャー傘下の保険会社のために普通株を購入するときは（裁定取引に関しては次の項参照）、いつでもまるで未公開企業を買い取るような取引手順を踏みます。その企業の財政面を見て、経営者たちを見て、最後に支払うべき価格を見ます。いついくらで買おうかなどということは、念頭に置きません。その企業が満足のいく成長率で内在価値を高め続けることを望めるかぎりは、喜んで無期限に株を保有し続けるつもりです。こと投資に関しては、私たちは自らを事業アナリストであると考えています――市場アナリストやマクロ経済アナリストでもなく、ましてや証券アナリストでもありません。

私たちのアプローチでは、売買市場は活況であることが望まれます。というのは、それによってよだれの出そうな好機が定期的に訪れるからです。しかし、必ずそうでなければならないというわけではありません。保持している株式の売買が停滞した状態も、ワールドブック株やフェッチハイマー株の日々の株価が分からないのと同じくらい気になりません。最終的に私たちの経済的運命は、その保有が一部であれ全体であれ、私たちが保有している企業の経済的運命によって決まるからです。

私の友であり、師でもあるベンジャミン・グレアムがかつて教えてくれた市場の変動に対する心構えは、投資で成功するために最も大切な要素だと思っています。グレアムは、「市場の値付けは、あなたの個人事業のパートナーであるミスターマーケットという名の非常に寛大な人物によってなされたものだと考えるとよい」と言っていました。ミスターマーケットは、毎日必ず現れては値付けをし、その価格で彼があなたの持ち株を買うか、あなたは彼の持ち株を買うかと聞いてきます。

ミスターマーケットの値付けは、たとえ二人が所有する企業が安定した財務状況にあっても、それをきちんと反映していません。悲しいかな、ミスターマーケットの情緒不安定はもう治療不可能です。彼は、上機嫌なときは企業にとって好い要素しか見えなくなり、非常に高い価格を付けます。あなたが彼の持ち株を買って、目先の含み益を奪い取るのではないかと恐れているからです。また、気分が落ち込んでいるときは企業と世界の先行きに悲観的になり、非常に安い価格を付けます。あなたが持ち株を大量に売りつけてくるのではないかとおびえているからです。

ミスターマーケットには、ほかにも愛すべき特徴があります。彼は、無視されてもまったく気にしません。もしあなたが今日の価格に関心がなくても、彼はまた明日もやってきて新しい値付けをします。売買しようがしまいがまったくあなたの自由です。こうした状況では、彼が躁うつ病のような態度を見せれば見せるほど、あなたにとっては好都合です。

しかし、舞踏会のシンデレラと同様に、忠告を守らなければすべてはカボチャとネズミに戻ってしまいます。ミスターマーケットは、あなたの助けにはなっても、指針にはなりません。あなたが利用できるのは、彼の知恵ではなく、資力です。もしある日、彼が特別バカげたことを言ってきたら、無視しても、利用しても構いませんが、影響されると悲惨な目に遭うことになります。もしミスターマーケットよりも自分の会社を正しく理解して評価する自信がなければ、この勝負に参加すべきではないということです。ポーカーでよく言うように、「プレーを始めて三〇分たってもだれがカモか分からないときは、自分がカモだ」ということです。

グレアムのミスターマーケットの寓話は、投資の世界においては時代遅れに見えるかもしれません。現代のプロの投資家や学者の関心は、効率的市場やダイナミックヘッジやベータ値にあり、そうなるのも理解できます。謎に包まれたテクニックは、投資顧問にとって明らかに価値があるからです。医者が「アスピリンを二錠飲んでおけば大丈夫」と言うだけでは、富と名声を手に入れられないのと同じことです。

一方、投資の助言を求める顧客にとって、秘密のテクニックに価値はありません。投資での成功は、株価やマーケットの動きに応じてコンピューターが瞬時に出す売買サインや不可解な公式などによって生み出されるものではないと、私は考えます。それよりも投資家として成功するためには、優れた企業判断と自分自身の考えや行動を市場に渦巻く強い感情から隔絶できる能力との両方を備えることが必要です。私が自分自身を市場の感情から隔絶しようとするとき、グレアムのミスターマーケットの話をしっかり心にとめておくことがとても役に立っています。

グレアムの教えに従いマンガーと私は、投資が成功しているかどうかは、毎日の価格でも、ましてや毎年の価格などでもなく、保有する会社の業績によって測っています。企業の成功が株価に反映されるのは一時的に遅れるかもしれませんが、必ずマーケットは追随するものです。「短期的にみるとマーケットは投票機にすぎないが、長期的に見れば計量器だ」というグレアムの言葉が示すとおりです。さらに言えば、事業の成功が人々に認知されるのに時間がかかろうと、その企業の内在価値が満足のいく成長率で高くなっているかぎりは、大した問題ではありません。実際、人々の認知が遅れたほうが都合のよいこともあります。よいものをたくさん、バーゲン価格で買えるチャンスがあるかもしれないからです。

もちろん時として、マーケットはある企業を実体以上に過大評価する場合もあります。そうした場合、私たちは持ち株を売ります。また時には、適正に評価された、あるいは過小評価された有価証券でさえ売ります。それ以上に過小評価された投資対象や、もっと価値が高いと私たちが判断したものを買うための資金が必要なときです。

しかし、ここではっきり言っておかねばならないことがあります。それは、私たちが持ち株を手放すのは単にその相場が上がったとか、長く持ちすぎたからという理由からではありません（ウォール街の格言のうち最もバカらしいものは、「利益を確定すれば破産はしない」でしょう）。どんな企業の有価証券でも、払込資本に対して将来的に受けられるであろう見返りが満足のいくものであり、経営者が有能かつ誠実で、さらにマーケットがその企業を過大評価しないかぎり、私たちは喜んで無期限に持ち続けます。

また、私たちの保険会社には、市場でどれほど高値を付けようが手放すつもりがない普通株銘柄がいくつかあります。実際に私たちは、これらの投資を、うまく管理された事業――ミスターマーケットが十分な高値を提示してきたからと簡単に売り払ってしまうような「商品」ではなく、永遠にバークシャーの一部であり続けるもの――だと考えています。しかし、これには一つ制約があります。これらの株式は私たちの保険会社の所有するものであり、もし保険会社に特別な損失が生じてそれを補塡するためにどうしても必要な場合には、部分的に保有株を手放すかもしれないからです。しかし、そういった必要が生じないように業務を推進していく所存です。

マンガーと私の有価証券の取得や保有についての考え方は、明らかに個人的な思考と金融上の思考が合わさったものです。突飛な考え方のように思う人もいるでしょう。マンガーと私は長いこと宣伝の天才であるデビッド・オグルビーの「若いうちに突飛なことをどんどんやれ。そうすれば年をとっても君がイカレタなどと人は思うまい」という忠告に従ってきました。取引を行うことがすべてに優先する最近のウォール街では、私たちの姿勢は奇妙に映るはずです。彼らは、会社も株も売買に必要な原材料くらいにしか思っていないからです。

しかし私たちの投資に対する態度は、お互いの個性や生き方と直結するものです。チャーチルは、「人が家を作り、家が人を作る」という言葉を残しました。私たちは、自分たちがどう「作られ」たいか、分かっています。だから、大好きで尊敬もする人々と交流しながらXの利益を上げるほうが、代わりに興味も好意も持てない人たちと付き合ってXの一一〇％の利益を得るよりもよいと思っています。

ここでちょっとしたクイズです。みなさんは生涯を通してハンバーガーを食べたいと考えましたが、ご自身では家畜を育てていません。さてこの場合、牛肉の価格は上がってほしいと思いますか、それとも下がってほしいと思いますか。同じように、車を買おうと思うことはあっても自分が自動車メーカーではないという場合、価格は上がってほしいと思いますか、それとも下がってほしいと思いますか。もちろん答えは自明です。

さて、最後の問題です。みなさんがこの先五年間にわたって蓄えを増やしていくとします。あなたはその間株式市場は値上がりしてほしいと思うでしょうか、それとも値下がりしてほしいと思うでしょうか。多くの投資家がこの答えを間違います。今後長い間株式を買い越すにもかかわらず、株価が上がれば喜び、株価が下がれば悲しむのはおかしなことです。つまり、これから買うことになる「ハンバーガー」の価格が上がったといって有頂天になっているわけです。こうした態度はバカげています。株価が上がるのを見て喜ぶのは目先に株を売る人だけです。これから株を買おうとしている人は、株価が下がるほうがずっとありがたいはずです。

株を売る気のないバークシャーの株主の場合、選ぶ答えはもっとはっきりしています。まずバークシャーの株主は、自分で稼いだお金はすべて使ってしまったとしても、自動的に蓄えが積み立てられる仕組みになっています。バークシャーは、配当を出す代わりにすべての利益を留保して企業や証券を買うというやり方で株主のために「貯蓄して」いるということです。企業や証券をより安く買うことができれば、株主向けの間接的な貯蓄プログラムの利益が一層高まることは明らかです。

さらに、みなさんはバークシャーを通じて、継続的な自社株買いを行っている会社の重要な部分を所有しています。自社株買いが私たちにもたらす利益は、株価が下がれば大きくなります。投資先の会社が自社株買いをしたとき、私たちの持ち分は高いときよりも低いときのほうが大幅に増えます。例えば、コカ・コーラやウェルズ・ファーゴは過去に非常に安い価格で自社株買いを行いましたが、それは今の高い株価で行うよりもバークシャーにとってはるかに大きな利益をもたらしました。

毎年年末、バークシャーのほとんどすべての株式は年初と同じ株主が保有していますので、バークシャーの株主は貯蓄者だということになります。そのため、市場が下落すれば、私たちもそして私たちが投資した会社も資金をより有利な形で配分できることを喜んでください。

「市場は下落し、投資家に損失発生」という見出しを目にすれば、笑みがこぼれることでしょう。みなさんは心の中でこのように言い直しているはずです。「市場は下落し、投資を引き揚げる人々には損失発生――しかし、これから投資する人々にとっては利益に」。記者はこの自明の理を忘れがちですが、すべての売り手には買い手がおり、一方が損失を被れば、もう一方には利益となります（ゴルフの試合でもこのような言葉があります。「すべてのパットはだれかを幸せにする」）。

私たちは、一九七〇年代と一九八〇年代に多くの株式や企業に安い値が付けられたことによって、大きな利益を手にしました。そのときの市場は、短期投資を繰り返す者にとっては冷たいものでしたが、終の住み家になろうという投資家は温かく迎え入れられました。近年、私たちが過去数十年にわたって取ってきた行動が正しかったことが証明されていますが、新しい投資機会はなかなか見つかりません。「貯蓄」企業としての役割において、バークシャーは資本を割り振る賢明な方法を絶えず探していますが、本当に興奮するような投資の機会を見つけるまではまだしばらく時間がかかるかもしれません。

C. 裁定取引（一九八八年、一九八九年）

子会社の保険会社では、短期の現金同等物を使って裁定取引（アービトラージ）をすることがあります。もちろん、投資は、本来は長期的なコミットメントの下で行うのが望ましいのですが、現金が余って投資し切れないことも多くあります。そういうときに裁定取引をすれば、米財務省証券よりもずっと大きな収入が見込めて、それと同じくらい重要なことに、長期投資の基準を緩めてしまいそうな誘惑に駆られる気持ちを落ち着かせることができます（裁定取引を行うことについて話し合ったあとで、マンガーが決まって口にする承認の言葉はこうです。「オーケー、少なくともそれでブタ箱に入れられることはないだろう」）。

一九八八年は金額と収益率の両面で、裁定取引によって非常に大きな利益を得ました。約一億四七〇〇万ドルの平均投資額に対して、税引き前で七八〇〇万ドルの利益が上がりました。

金額の大きさを考慮して、裁定取引と私たちの取り組み方について説明しておきます。裁定取引という言葉は、かつては有価証券や外国為替などの二つのマーケット間で、同時に売りと買いをすることについてのみ用いられていました。その目的は、マーケット間にあるかもしれない小さな差が収斂するときに益を得ることでした。例えば、アムステルダムではギルダーで取引され、ロンドンではポンド、ニューヨークではドルで取引されているロイヤル・ダッチ・シェル株の市場間裁定取引といったものです。このことを「スキャルピング」（素早い転売でわずかな利益を稼ぐこと）と呼ぶ人もいるかもしれません。現場の人間がこの取引について、フランス語である「アービトラージ」という言葉を選んだのは驚くに値しないはずです。

第一次大戦以降、裁定取引という言葉は――現在では「リスクアービトラージ」と呼ばれることもありますが――定義の範囲が広くなり、企業の身売りや合併、資本再構成、組織の再編成、清算、自社株の公開買い付けなどの企業発表に乗じて利益を得るという意味も含むようになりました。ほとんどの場合、裁定取引者は株式市場の動きにかかわらず、利益を得ようとします。このときの彼が背負う主たるリスクは、その発表されたイベントが現実に行われない可能性です。

裁定取引の世界では、予想だにしなかった機会がときどき訪れるものです。私がそれを経験したのは二四歳で、ニューヨークでグレアム・ニューマン社に勤めていたときでした。ブルックリンに本拠を置くチョコレート製品製造会社のロックウッド社は限定的な利益しか生んでいませんでしたが、ココアが一ポンド当たり五セントで取引されていた一九四一年に、棚卸資産評価に後入先出法を採用しました。一九五四年に一時的にココアの供給が不足したとき、ココア価格が一気に六〇セントまで急騰しました。そのためロックウッド社は、自らが保有する価値の上がった在庫品を、価格が下落する前に素早く売りたいと考えました。しかし単に売ってしまうと、その収益に対して五〇％近い税金を納めなければなりません。

そのとき助けとなったのは一九五四年税法でした。この税法には、企業がその事業を縮小する計画の一環として在庫品が株主に割り当てられれば、後入先出にかかわる利益に対しては課税されないという、難解な条項が含まれていました。ロックウッド社は事業の一つであったココアバターの販売を打ち切ることを決め、在庫中のカカオ豆のうち一三〇〇万ポンドはココアバター事業のためのものであると発表しました。それに応じて、同社は一株当たり不要となったカカオ豆八〇ポンド分で、自社株買いをする意向を示しました。

それから数週間の間、私はせっせと株を買って豆を売り、定期的にシュローダートラストに出かけて、株の預り証を倉荷証券と交換しました。得られたかなりの利益に対して、私が支払った代償はほんの電車賃程度でした。

ロックウッド社再構築の立役者は、シカゴ出身の無名でも際立った能力を持った当時三二歳のジェイ・プリツカーでした。プリツカーのその後の業績を知る人ならば、この再構築がロックウッド株の長期保有者にとって、むしろ良いほうに働いたと聞いても驚くことはないでしょう。株式買い取り前後にわたる短い間、大きな営業損失を出していたにもかかわらず、株価は一五ドルから一〇〇ドルに上昇しました。ＰＥＲ（株価収益率）を無視して株の評価が上がることも、時にはあるということです。

最近のほとんどの裁定取引では、それが友好的であれ敵対的であれ、企業買収が付き物となっています。買収熱が横行し、反トラスト運動がほとんどなくなり、またほとんどの場合、せり値が徐々に上がったことによって、裁定業者たちが大いに潤っています。うまくやるために特別な才能など必要ありません。秘訣は、ピーター・セラーズ風に言えば、単に「そこにいる」ことです。ウォール街の古いことわざに少し手を加えると、「男に魚を与えれば彼は一日分の食糧を得ることになる。裁定取引の手法を教えれば一生食うに困らない」（だが、もし彼がイバン・ボウスキーの裁定取引教室で学べば、彼に食事を供するのは国家機関［刑務所］かもしれません）。

裁定取引の状況を評価するためには、次の四つの点について考えなければなりません。①約束されたイベントが本当に実行される確率はどの程度か、②資金がどのくらい固定されるのか、③例えば、競合する公開買い付けが行われるなど、さらに好都合なことが起きる可能性はどれくらいあるのか、④独占禁止法や突然の資金調達上の問題から約束されたイベントが行われなくなった場合にはどうなるのか――などです。

私たちが経験した裁定取引で非常に運が良かったアルカタ社の例は、取引の紆余曲折を表すものでした。一九八一年九月二八日にアルカタ社の経営陣は、当時も、そして現在もＬＢＯ（レバレッジド・バイアウト。対象企業の資産を担保にした借入金による企業買収）業者の大手であるコールバーグ・クラビス・ロバーツ社（ＫＫＲ）に自社を売却することで合意しました。アルカタ社は印刷や林業に従事する企業ですが、それだけではありませんでした。一九七八年にアメリカ政府はレッドウッド国立公園を拡張するために、セコイアの原生林であるアルカタ社所有の森林地一万〇七〇〇エーカーを収用しました。この土地に対して政府は九七九〇万ドルを数回の分割で支払っていましたが、アルカタ社はその金額に対して不十分であると抗議し、さらには土地の譲渡から最終支払い完了までの利子を支払うべきだと訴えていました。授権法では六％の単利が明記されていましたが、アルカタ社側はもっと高い金利でかつ複利にすべきであると主張していたのです。

投機性が高く大規模な法的請求を行っている企業を買収するには、その請求が企業のためであれ、その意思に反したものであれ、交渉時には問題が発生します。その問題を解決するため、ＫＫＲはアルカタ株一株当たり三七ドルに加え、原生林に対し政府が追加で支払いを行う場合には、追加金総額の三分の二を支払うという条件を提示しました。

この裁定取引の一件に関し、私たちにはＫＫＲがこの買収を成功裏に終わらせられるかどうかじっくりと話し合う必要がありました。なぜなら、彼らの提示した条件は、彼らが「十分な資金繰り」をつけられるかという一点にかかっていたからです。この手の条件は売り手にとって常に危険をはらんでいます。プロポーズから結婚に至るまでの期間に情熱がさめてしまった求婚者にとっての安易な逃げ道となるからです。しかしKKRの過去の買収実績から、その恐れはあまりないと私たちは考えていました。

もう一つ私たちが話し合ったのは、もしKKRの買収が失敗した場合にどうなるかということでしたが、この点に関してはあまり心配はしませんでした。アルカタ社の経営陣は他社と比較検討してKKRへの売却を決めており、決意は明らかに固まっていました。仮にKKRが手を引いた場合でも、別の買い手を見つけることができる可能性は高いと思いました（価格は下がるかもしれませんが）。

そして最後に、原生林の補償請求がどれほどの価値を持つものなのかを話し合いました。楡と樫の区別すらつかないわれわれの会長は、迷うことなく決断しました。彼は冷静に補償請求の評価を行い、その価値が「ゼロ」から「大金」の間であるとの結論を出しました。

私たちは九月三〇日にアルカタ株を三三・五〇ドル前後で買い始め、八週間で四〇万株、つまり発行済株式数の五％を入手しました。最初の公開買付価格は、一九八二年一月に発表した三七ドルでした。そのため、「凍結」されることになったであろう原生林の補償請求を除いても、もしすべてがうまく運べば、年利回りにして約四〇％を達成できた計算になります。

しかし、すべてがうまく運んだわけではありませんでした。一二月になると合意が少し遅れると発表があったからです。結局、最終合意に達したのは一月四日でした。私たちは一株当たり三八ドル前後でさらに買い、発行済株式数の七％を超える六五万五〇〇〇株まで保有株を増やしました。合意が延期されてしまうという事態もありましたが、私たちは原生林の補償請求に対する評価が「ゼロ」よりも「大金」に近いと考えるようになり、前向きに買いを進めていきました。

その後、二月二五日に銀行団は「ひどい落ち込み状態にある住宅供給業界と、その状況がアルカタ社の前途に与える影響を考慮に入れ」、資金調達面に関して「再考」しているところだと言ってきました。株主総会は再度延期され、開催予定は四月になりました。それでもアルカタ社のスポークスマンは「買収自体が行われるかどうかの瀬戸際にあるとは考えていない」と表明しました。そんな安堵させてくれるような文句を裁定業者が聞けば、「彼はまるで平価切り下げ前夜の財務長官のごとくにウソをついた」という古い言葉を、瞬時に思い出すことでしょう。

三月一二日にKKRは当初の計画どおりにはいかなくなったことを発表し、まず提示額を三三・五〇ドルに切り下げ、二日後には三五・〇〇ドルに修正しました。しかし三月一五日にアルカタ社経営陣はこの提示価格を拒否して、原生林に対する政府補償額の半分を受け取るという条件付きで一株当たり三七・五〇ドルを提示した別のグループの申し入れを受諾しました。株主はこの取引に応じ、六月四日に支払いが行われました。

私たちは二二九〇万ドルの支払いコストに対して、平均保有期間六カ月で二四六〇万ドルを得ることになりました。この取引が大きな問題を含むものであったことを思えば、一五％の年利回り――原生林の補償請求による収益は除いて――は、非常に満足できるものでした。

しかしここから先がもっとオイシかったのです。判事が二つの委員会を任命して、一方には原生林の価値を調査するように命じ、またもう一方には利子の問題に取り組むよう命じました。一九八七年一月に、第一の委員会は原生林の価値は二億七五七〇万ドルであると決定し、第二の委員会は複利で約一四％と決定を下しました。

一九八七年八月に判事はこれらの勧告を承認しました。すなわちアルカタ社に総額約六億ドルを支払うよう、政府に対して判決が下されたのです。これに対し、政府は上訴しました。しかし一九八八年、上訴請求が受理される前に、五億一九〇〇万ドルで和解が成立しました。その結果、私たちは一株当たりさらに二九・四八ドル、すなわち一九三〇万ドルを得ることになりました。一九八九年にはさらに八〇万ドル前後を得ることになるでしょう。

バークシャーが行う裁定取引は、ほかの多くの裁定取引とは異なっています。まず、毎年非常に限られた数の、そして通常大規模な案件しか扱わないという点です。裁定取引を行う実務家のほとんどは、毎年とても多くの案件――恐らく五〇以上――を扱います。それほどの数を扱えば、取引の進行状況と関連株の市場動向をモニターするのに多大な時間をつぎ込む必要があります。しかし、マンガーと私はそのような生活を望んではいません。ティッカーテープを日がな一日凝視し続けてまで、金持ちになることに何の意味があるのでしょうか。

私たちは対象をあまり分散しないので、典型的な裁定取引者と比べて、ある一つの取引で利益を上げるか否かが年間収益に大きな差を生みます。これまでのところ、バークシャーは真に悲惨な経験はしたことがありません。でも、いずれはそういうこともあるでしょうし、そのときはみなさんに血なまぐさい経緯を報告するつもりです。

それ以外で私たちがほかと異なるのは、参加する取引が公に発表されたものだけだということです。風説に基づいて裁定取引を行うことはありませんし、公表されていない買収案件を物色することもありません。新聞を読み、いくつかの大型案件について検討し、自分たちの感覚で確率を見極めていきます。

年末時点における主たる裁定取引の持ち高は、市場価値三億〇四五〇万ドル分を二億八一八〇万ドルで取得したＲＪＲナビスコ株三三四万二〇〇〇株であり、一月にさらに買い増しておよそ四〇〇〇万株としました。二月にはＲＪＲナビスコ社を買収したＫＫＲに私たちの株を渡して三〇〇〇万株を受け取り、その受け取った株は即座に市場で売却しました。税引き前利益は期待以上の六四〇〇万ドルでした。

それより前に、ＲＪＲナビスコ社の説明会の会場で見慣れた顔に出会いました。ジェイ・プリツカーです。彼は税務対策のパッケージを売り込んでいたファースト・ボストン・グループの人間として来ていました。大リーガーのヨギ・ベラの言葉を借りれば「デジャブが再来した」

のです。

私たちはRJRナビスコ社の買い手となっていた時期のほとんどにおいて、買いを制限されていました。ソロモン・ブラザーズがTOB（株式公開買い付け）に参加していたからです。マンガーと私はソロモンの取締役ですが、慣例上、彼らのM&A事業に関する情報はもらいません。私たちがそう頼んだのです。そうした情報は私たちの利益にならないばかりか、バークシャーが裁定取引をできなくしてしまうことさえあります。

しかし、今回のRJRナビスコ社の一件に関しては、ソロモンが並外れて大掛かりに関与していたため、すべての取締役に細かい情報が伝えられ、その内容にもかかわらざるを得ませんでした。そのために、バークシャーがRJRナビスコ株を買ったのはたった二回だけでした。一回目は、ソロモンがRJRナビスコ社の裁定取引に乗り出すより前、経営陣による買い占め計画発表のほんの数日後に行われました。二回目はそのかなりあと、RJRナビスコ社の取締役会がKKRを売却先に選ぶ結論を出したよりもあとでした。それ以外でRJRナビスコ株を購入することができなかったため、マンガーと私がソロモンの取締役だったことでバークシャーに多大な機会損失を与える結果となりました。

一九八八年にバークシャーが裁定取引であれほどの成功をしたのだから、みなさんは一九八九年も果敢に攻めたと思うでしょう。しかし私たちは傍観者の道を選びました。

良い理由の一つは、現金の保有額が減ったからです。つまり、長期にわたって保有したい株のポジションが大きく増えました。この手紙をいつも読んでくださる方はご存じのとおり、私たちは株式市場の短期的な見通しではなく、個々の企業の長期的な展望に基づいて株を買っています。私たちの判断が、株式市場や金利や景気が一年後にどうなるかということに左右されることは、これまでもありませんし、これからもありません。

一九八九年には、たとえ大量の流動資金があったとしても、私たちはほとんど裁定取引をしなかったでしょう。企業買収の世界で常軌を逸した過熱ぶりが見られたからです。『オズの魔法使い』のドロシーの言葉を借りれば、「トト、ここはもうカンザスじゃないみたいよ」。

いつまでそんな状態が続くのか、どうすれば政府の、そして加熱ぶりをあおっている売り手と買い手の態度が変わるのか、私たちにはまったく予想もできません。しかし、他人が事の慎重さを欠いているときほど一層慎重にならなければならないということは分かっています。買い手と売り手の、たがが外れてしまったような――また私たちからみれば往々にして正当とはいえないような――楽観主義に支えられた世界で裁定取引をしたくはありません。「持続不可能なものは持続しない」というハーブ・スタインの名言を、私たちは常に胸にとどめています。

昨年、一九八九年にはほとんど裁定取引をしないつもりだとみなさんにお伝えし、実際その

とおりになりました。私たちにとって、裁定取引のポジションは短期の現金同等物の代わりと言えます。今年は現金の持ち高が低い時期もありましたが、それ以外の時期には十分な現金があったにもかかわらず、裁定取引をしない選択をしました。主な理由は、それが私たちにとって経済的道理にかなわないものだったからです。このような取引は「よりバカを探す」ゲームになってしまっています（ウォール街の主レイ・デボーも「君子危うきに近寄らず」と言っています）。今後も裁定取引を――時には大金を投じて――行うことはありますが、それは勝率が十分高いと判断したときだけです。

D．定説の間違いを暴く（一九八八年、一九九三年、一九九一年、一九八七年）

これまで述べてきた裁定取引に関連して、「効率的市場理論」についても少し書いておきます。この教義はかつて大流行し、一九七〇年代の学界ではほとんど「聖典」と言ってもよいほどの扱いでした。この理論は本質的に、個々の銘柄に関する情報はすべて株価に適切に反映されており、株の分析は無意味だとしています。言い換えれば、マーケットは常にすべてを知っているということです。そのため、効率的市場理論の講義では、「だれでも株式銘柄表にダーツの矢を投げれば、最も賢くて努力家の証券アナリストが選んだのと同じ効果が見込めるポートフォリオを構築できる」と教えていました。驚くべきことに、効率的市場理論は学者のみならず、多くの投資のプロや企業経営者たちにも支持されました。彼らは、マーケットが「たびたび」効率的であるという正しい観察結果から、マーケットは「常に」効率的であるという誤った結論を導き出したのです。しかし、これは昼と夜ほど違います。

効率的市場理論がどれほどバカげた理論であるかは、グレアム・ニューマン社やバフェット・パートナーシップ、バークシャーでの六三年にわたる裁定取引実績が物語っています（それ以外の例も枚挙にいとまがありません）。グレアム・ニューマン社では一九二六年から一九五六年までの企業存続期間中の裁定取引による収益を分析しました。レバレッジ効果の修正後のリターンで平均で年率二〇％の収益でした。一九五六年からはベンジャミン・グレアムの裁定取引原理を、まずはバフェット・パートナーシップで、続いてバークシャーでも採用しました。正確な計算はしたことがありませんが、一九五六年から一九八八年までの平均年間収益率は優に二〇％を超えていたことは分かっています（もちろんグレアムの、特に一九二九年から一九三二年にかけての厳しい状況と比べると、私は彼よりはるかに恵まれた環境で取引をしていたといえます）。

ここでのポートフォリオ・パフォーマンスの公正なる分析に求められる条件は以下のとおりです。①この六三年間の記録が築かれるまでに、三つの企業は何百という銘柄の有価証券を売買した、②この結果は、幸運によって大きな利益を上げたサンプル数の少ない取引結果によってもたらされた結果ではない、③あやふやな情報を得ようとしたり、対象企業の製品や経営陣を厳しく洞察するような必要はなかった――単にだれでも知っているような企業情報にしたがって行動しただけ、④これらの裁定取引のポジションのユニバースは明確に定義されており、後付けで選んだわけではない。

この六三年間のマーケットの収益率は、配当金を含めても年間一〇%以下にすぎませんでした。つまり全収益を再投資したとして、一〇〇〇ドルが六三年間で四〇万五〇〇〇ドルとなる計算です。かたや年間二〇%で計算すると、九七〇〇〇万ドルにもなります。これは統計学上非常に大きな違いであり、きっと人々の好奇心を刺激することでしょう。

それでもなお、かの理論の支持者たちは、自分たちの教義と相いれないこうした「証拠」にはまったく関心を示さないように見えました。彼らが昔ほど効率的市場理論を話題に取り上げなくなったのは事実です。しかし私の知るかぎり、何千人もの学生に間違った事実を教え続けていた人でさえ、自分が間違っていたと認めた人はだれ一人いません。効率的市場理論は、現在でも主要なビジネススクールで、投資に関するカリキュラムの重要な地位を占めています。前言を撤回し、その結果として聖職者の神秘性が失われるのを嫌がるのは、神学者に限った話ではないようです。

学生たちや効率的市場理論を鵜呑みにしたプロの投資家たちが被った損害のおかげで、私たちをはじめグレアムの教えに従った人たちは、自然と大きな恩恵を得る結果となりました。競争の世界では、それが金融上のものであれ、精神や肉体にかかわるものであれ、試すことすら無駄だと教え込まれた敵と戦うことほど有利なことはありません。自己本位な言い方をしますと、グレアム信奉者たちは効率的市場理論の講義が永遠に続くよう、これらの講座に寄付し続けるべきでしょう。

ここで一つ警告をしておきます。最近では、裁定取引は簡単なもののように思われています。しかし裁定取引は、年間二〇％の利益、あるいはどんな種類の利益をも保証する投資形態ではありません。すでに述べたように、マーケットは多くの場合において「ほどほどに」効率的です。過去六三年間で、私たちがとらえた裁定取引の機会のうち、株価が適正に思えるという理由から投資を見合わせた例は、実行した以上の数に上ります。

ある特定の投資の分野やスタイルをただ実行するだけでは、投資家は人より素晴らしい利益を株式市場から上げることはできません。多くの利益を手中に収めるには、慎重な事実の分析と規律の行使が必要です。なんとなく裁定取引を行うだけでは、ダーツを投げてポートフォリオを選ぶのと大差ありません。

優秀な経営陣を有する優れた企業の株は、願わくは永遠に保有し続けたいと私たちは考えます。つまり、投資先の企業が芳しい業績を上げると急いで売って利益を確定し、業績が失望させられるようなものだと塩漬けにして保有し続ける人々とは対極にあります。ピーター・リンチは彼らのような行為を「花をつみ取って雑草に水をやるようなこと」とうまく例えています。

長期的に見れば素晴らしく、かつ理解のできる企業の株式を売り払ってしまうのは、ほとんどの場合、愚かなことであるという私たちの考えは変わりません。こういった企業の株式というものは、そう簡単にほかのものと置き換えられるものではないからです。

面白いことに、企業経営者たちは、自分たちの事業に関してこの点を見誤ることはありません。卓越した経済状態を長期に誇る子会社を有する親会社は、株価がどれほど上がろうとその子会社を手放すことはないでしょう。親会社のCEOはこう言うでしょう。「なぜ、わざわざ金の卵を生むニワトリを手放さなくちゃならないんだ」。しかし、その同じCEOが、こと個人の投資ポートフォリオのことになると、株の乗り換えを勧めるブローカーのいいかげんな話に乗って、迷いもせず即座に乗り換えてしまいます。この行動パターンにおける最悪な点は「実現益が出るなら文句はないだろう」という考え方です。こんな理由で、ほかの重役たちに花形の子会社を売却するようせき立てるようなCEOなど存在するでしょうか。私たちは、通常のビジネスの世界で通用する常識は株式市場でも通用すると考えています。そういう意味で、卓抜した業績を上げる企業の株を保有する投資家は、その保有数が少量であれ、通常はその企業の親会社と同じくらい粘り強く保有し続けるべきです。

一九一九年にコカ・コーラに四〇ドル投資していれば得られたであろう投資結果については、

触れたことがあります（「この文章と同じ一九九三年の手紙からの抜粋」過去から学べることを付け加えて述べたいと思います。コカ・コーラが上場した一九一九年、その株価は一株当たり四〇ドルでした。しかし一九二〇年の終わりには、コカ・コーラの将来性への根拠ない再評価によって株価は五〇％以上も下落し、一九・五〇ドルを付けました。一九九三年の年末時点では、配当の再投資分も含めると同じ一株が二一〇万ドルになっています）。コカ・コーラの製造が開始されて五〇年以上が過ぎ、すでにアメリカの象徴としての地位を確立していた一九三八年に、同社についての素晴らしい記事がフォーチュン誌に掲載されました。記事の第二段落にはこうありました。「毎年数回、多くの真剣な投資家たちがコカ・コーラの過去の目覚ましい業績を敬意を持って見つめるが、残念ながら、自分は遅きに失したと結論づける。彼らの前には、飽和状態の市場と多くのライバルたちが立ちはだかっているからだ」

確かに一九三八年時点も、そしてこの一九九三年にも、ライバルはごまんといます。でも注目すべきことがあります。それは、コカ・コーラのソフトドリンク出荷量が当時の計量単位である「ガロン」を現在の「一九二オンス」に換算すると、一九三八年には二億〇七〇〇万ケースであったのに対して、一九九三年は一〇七億ケースである点です。一九三八年に業界での首位の座をすでに獲得していた企業が、この五〇年余りで実に五〇倍の伸びを見せたということです。そして、投資家にとっての宴も一九三八年に終わったわけではありませんでした。一九一九年に四〇ドルで一株買って配当金を再投資に回したとしても、一九三八年末までに三二七七ドルにしかなりませんが、一九三八年に新たに四〇ドルをコカ・コーラ株に投資すれば、一九九三年末には二万五〇〇〇ドルになった計算になります。

先ほどのフォーチュン誌の記事には、ほかにも見逃せない表現がありました。「これほどの規模で、コカ・コーラのような変わらない製品の売り上げを一〇年間更新し続けるような企業をほかに見つけるのは難しい」という部分です。記事が出てから五五年がたちますが、その製品ラインは多少広がったものの、この表現が今なおお当てはまるというのは驚くべきことです。

マンガーと私は、ずっと昔に投資で一生のうちに何百回も賢い決断をするのは無理だと悟りました。この考えは、バークシャーの資本が膨らみ、収支を大きく改善するような投資先が劇的に減ったことで、ますます強まっています。そこで、私たちはほんの何回か賢い（しかし、賢すぎない）決断をするという戦略を選びました。実際、私たちは今では一年に一回良い考えが浮かべばよしとしています（マンガーによれば、次は私の番だそうです）。

私たちの戦略は、分散投資という定説を排除しています。学者の多くが、私たちの戦略を、普通の投資戦略よりもリスクが高いと考えるかもしれません。しかし、私たちは特定の会社に関心を強く集中させ、その経済性が十分安心できる水準にあると感じられるときのみ買うようにすれば、ポートフォリオのリスクを十分下げることができると思っています。ちなみに、ここで言うリスクとは、辞書にあるとおり「損失または損害の可能性」です。

しかし、学者たちは投資における「リスク」を、株式市場全体と比較した株や株式ポートフォリオのボラティリティだと定義しています。そして、データベースや統計学の知識を駆使して、過去の相対的なボラティリティを示す「ベータ」を細かくはじき出し、その結果を基に難解な投資理論や資本配分理論を打ち立てました。しかし、彼らはリスク算定のために単一の統計にこだわるあまり、基本原則を忘れています。それは、「細かくて間違っているよりも、おおよそでも正しいほうがよい」ということです。

企業の所有者、すなわち株主たちにとって、学者たちのリスクのとらえ方はまったくもって的外れで、バカバカしいほどです。例えば、一九七三年に私たちが買ったワシントン・ポスト株のように、データベースを基に計算すると市場に比較して非常に鋭く下げた銘柄は、過去高値圏にあったときよりも「ハイリスク」であることになります。驚くべき安値で企業を買収できるのに、学者のこうした考え方のほうをもっともだと考える人などいるでしょうか。

実際は、真の投資家ならばボラティリティをむしろ歓迎します。ベンジャミン・グレアムがその理由を『**賢明なる投資家**』（パンローリング）の第8章で述べています。そのなかで彼は、毎日現れる世話好きな「ミスターマーケット」――あなたの意図とは関係なく、あなたの持ち株を買おうとするか、あなたに自分の持ち株を売ろうとする男――の話を取り上げました。この男の躁うつ状態が激しければ激しいほど、投資家にとってはより大きなチャンスなのです。その証拠に、大きな変動を見せる相場では、堅実な企業に対して考えられないような安値が付けられることがあります。マーケットを無視しようが常識外れの安値を利用しようが、百パーセントその裁量権を握る投資家が、どういう根拠でそうした絶好のチャンスを「リスクを高めるもの」と考えるに至るのかは理解に苦しむところです。

純粋なるベータ値の信奉者はリスクの計算に当たり、企業が何を製造し、そのライバル企業が何をし、またどれくらいの借入金があるのかなどを調査することなどには意味を見いださないでしょう。企業名さえも知ろうとしないかもしれません。彼らにとって大切なのは、その株式の過去データなのです。彼らとは対照的に、私たちは過去データなどを気にかけません。その代わり、企業の事業内容をより一層理解するために役立つすべての情報を集めたいと考えます。そして株を買ったあとは、たとえ一年や二年、マーケットが閉鎖されようと焦りはしません。私たちは、一〇〇%子会社のシーズ社やH・H・ブラウン社の値動きを毎日チェックして、自分たちの投資がうまくいっていることを確認することはありません。これは七%保有するコカ・コーラの株式に関しても、同じことです。

私たちが考える投資家が見積もるべきリスクというのは、投資によって得られる税引き後の合計受取額（売却時に受け取る金額も含めて）によって、保有期間終了後に最低でも今まで以上の購買力が得られ、かつ当初の投資金額に対する相応の利息を得られるかどうか、ということです。このリスクをコンピューターで正確に数値化するのは不可能ですが、実際役立てられる程度の精度で算出できる場合もあります。この計算に当たっての主な要素は以下のとおりです。

①企業の長期的な経済的特性を評価できるという確信
②企業の持つ潜在力を生かしきる能力とキャッシュフローをうまく利用する能力の両面で、経営者を評価できるという確信
③事業で得た利益を自分たちより優先して株主に還元する経営者であるという確信
④企業の買い付け価格
⑤投資家の購買力である収益が総収益から目減りする度合いを決める税率とインフレ率の予想水準

これらの要素は、どんなデータベースを用いようが数値化するのは不可能なので、多くのアナリストにとって恐らく耐えがたいほどあいまいな要素に思えるでしょう。でも正確に数値化できないという理由から、これらが重要ではないとは言えず、また絶対計算できないというわけでもありません。これは、スチュワート最高裁判所判事の「ポルノの定義は難しいが、見れば分かる」という主張とも共通します。判事と同様に投資家たちも、複雑な方程式や過去データに頼ることなく、正確ではなくとも役立てられるレベルで投資対象が個々に抱えるリスクを「見る」ことができるということです。

ベータ値を信奉する理論家は、例えば、バービー人形やモノポリーを独占的に販売できるおもちゃ企業の抱えるリスクと、ペットロック（**訳注**　一九七〇年代にアメリカで流行したペッ

トのように持ち歩く石ころ）やフラフープのみを扱うおもちゃ企業のリスクを見分けるための方法を知りません。しかし、ごく普通の投資家でも、消費者の動向や企業の長期的な競争力を左右する要因をある程度理解していれば、これらのリスクを識別するのはけっして難しいことではありません。どんな投資家であっても判断を誤ることはあります。しかし、相対的に数少ないが容易に理解できる事例に限定すれば、それなりに知的で努力家であり、情報を得ることさえできれば、ある程度の正確さで投資リスクを判断することが可能です。

もちろんマンガーも私も、そのときかかわっているのがその業界における「ペットロック」なのか「バービー人形」なのかを、判断しかねる場合も少なくありません。そのようなときは、何年もかけてその業界について研究し続けても答えを出すことはできません。私たちの知力が足りない場合もあれば、本質的に理解しにくい業界もあるでしょう。例えば、目まぐるしい技術革新を追いかけざるを得ない企業では、長期的な経済状態について、安定した評価を得るのは困難です。今から三〇年前にテレビ製造業やコンピューター業界の現在の状況を予想した人などいたでしょうか。もちろんいません（これらの業界に意気込んで参入した多くの投資家や企業経営者たちだって同じでした）。それなのに、マンガーと私がそのほかの変化を続ける企業の将来を予測できるわけがありません。そこで、私たちは簡単なケースだけに取り組むことにしています。目の前に針が見えているときに、干し草のなかに埋もれている針をわざわざ探す必要はないからです。

もちろん、私たちが長年行ってきた裁定取引などのように、投資戦略によってはポートフォリオを十分に分散させなければならないこともあります。大きなリスクがある取引を行うときに、相互に独立した多くの取引を行うことで全体的なリスクを下げることができる場合です。つまり、損失を出す以上に利益を得る確率のほうがかなり高いと信じられるのであれば、相互関係のない同種の取引を行うことで、大きな損失が出る可能性が高いハイリスクの投資にも意識的に手を出すことができるということです。これは、ほとんどのベンチャービジネス投資家のやり方です。もしあなたがこの方法を選ぶのならば、カジノを参考にすべきです。ルーレットは確率的にカジノ側が有利なようにできているため、彼らは客がたくさん賭けてくれることは歓迎する一方で、一カ所に大金を賭けるのを拒否します。

それ以外にポートフォリオを分散させる必要があるのは、個別企業の経済性は理解していなくても、アメリカの産業を長期的に所有していきたいと思っている場合です。その場合は、たくさんの銘柄を間隔を開けて買っていくべきです。例えば、インデックスファンドに定期的に投資すれば、「何も分かっていない」投資家でもプロの投資家を上回る利益を上げることが可能です。逆説的ではありますが、「ダムマネー」が自分の限界を認識すれば、もはやダムではなくなるということです。

他方で、もしあなたが企業の経済状態を理解し、相応の値付けがされている重要な長期的競争力を有する企業を五社から一〇社ほど見つけられる「物の分かった」投資家なら、ありきたりの分散は勧められません。単にリターンを減らし、リスクを増やすことになりかねないからです。私が信じられないのは、この手の投資家が最高の潜在的収益力を持ち、自分が最もその事業内容を理解しリスクも最小であることが分かっている銘柄に資金を追加するよりむしろ、二〇番目にいいと思う企業に投資しようとすることです。預言者とも言えるメイ・ウエストがこんなことを言っていました。「良いことをどんどん推し進めてこそ、素晴らしいことになる」

私たちが常に求め続けているのは、有能で株主を大切にする経営者によって運営され、その経済状態は永続的に良好で、私たちが理解可能な大きな企業です。一方で、そういう企業を見つけられたからといって、結果が保証されるわけではありません。妥当な価格で購入しなければならないし、また、その企業の業績は、私たちの投資が正しかったことを証明できるようなものでなければなりません。しかし、スーパースター企業を探すというこうした投資のアプローチは、真の成功を手に入れる唯一のチャンスです。単純に言えば、私たちの運用額を考えると、大したことのない企業の一部を機転よく売買して大金を儲けられるほどマンガーと私は賢くないということです。花から花へと舞っていては、投資における長期的成功を収めることはできないと私たちは考えます。派手に取引する「機関」を「投資家」と呼ぶのは、一夜の恋を

繰り返す者をロマンチストと呼ぶようなものです。

もし投資のユニバースが、例えばネブラスカ州オマハの未公開企業に限られていたら、私はまず全企業の長期的な経済的特色を調べ、次にその企業の経営者たちの資質を評価し、第三に最高と思える企業のいくつかを妥当な価格で買収しようと試みるでしょう。しかし、オハマの企業すべてを等しい比率で買おうなどとはけっして考えません。これは、ユニバースがオマハの企業ではなく、全上場企業の場合でも同じです。素晴らしい企業や傑出した経営者を探し出すのは非常に難しいことなのに、なぜすでに実績があるものを捨てなければならないのでしょうか。私たちのモットーは「もし初めに成功したら、ほかを試す必要はない」ということです。

ジョン・メイナード・ケインズは、実践的な投資家としてのすぐれた才能と素晴らしい思考力を合わせ持った人物でした。彼が一九三四年八月一五日に仕事仲間のＦ・Ｃ・スコットに送った手紙の内容がそのすべてを語っています。「私は時がたつにつれて、正しい投資法とは、かなりまとまった金額を投資家自身が理解していると信じ、かつその経営陣が完全に信頼できる企業に投資することだと確信するようになった。とりたてて自信を持つべき根拠がないにもかかわらず、自分がほとんど理解していない多くの企業に投資を分散することでリスクを限定できるなどという考えは間違っている。人間の知識や経験が限定されたものであるのは疑うべくもなく、私自身が完全に自信を持てる投資対象が同時に二～三社以上存在することなどめったにない」

一九八七年の株式市場は人々を大いに沸かせましたが、最終的には年次では株価はほとんど動いていませんでした（ダウのその年の上げは二・三％でした）。みなさんもご承知のとおり、この変化が小幅にとどまったといえ、ジェットコースターのような激しい動きが伴いました。ミスターマーケットの躁うつ病が爆発して一〇月まで大暴れを演じた後、突如、大きな発作を起こしたのです。

何十億ドルという資金を運用し、この大騒動を歓迎する「プロの」投資家が世の中には存在します。多くの高名な資金運用家たちのそのときの関心は、企業がこれから数年後にどうなっていくのかということよりも、ほかの資金運用家たちがここ数日どういう行動に出るかということに集中しています。彼らにとって株はモノポリーの駒として使われている指ぬきやコテにすぎません。

そんな彼らが行き着いた極端な例が「ポートフォリオインシュアランス」で、一九八六～一九八七年にかけて有力な投資顧問の多くがこの戦略を採用していました。これは、小口の投機家が使う逆指値注文をもっともらしい名前に変えただけで、要するに株価が下がるとポートフォリオの一部や同種の先物指数を売るという手法です。これによって、あらかじめ定めた値幅以上に下げると、自動的に膨大な売り注文が出されるようになりました。ブレーディーリポートは、こうして出された六〇〇〇〜九〇〇〇億ドルの売り注文が一九八七年一〇月半ばの株価暴落（ブラックマンデー）のきっかけになったとしています。

もしあなたが投資顧問というのは投資を行うために雇われていると考えているとすれば、この行動に困惑するかもしれません。道理をわきまえた人物が、農地購入後にその近隣の農地が安値で売りに出されるたびに、不動産仲介者に自分の土地を切り売りするように指示したりするでしょうか。また、似たような家が前日に付けた以下の安値で九時三〇分に売れたというだけの理由で、あなたは自分の家をだれでもいいからそのときにいる入札者に朝の九時三一分に売ろうなどと考えるでしょうか。

しかし、年金基金や大学がフォードやGE株などを保有しているとき、ポートフォリオインシュアランスに従えば、要するにそういうことになります。株価が下がれば下がるほど、その企業株はより積極的に売りに出せということです。「論理的に」類推すれば――別に私が勝手にデッチ上げているわけではありません――、この手法に従うかぎり、投資家はこれらの手放した株式がひとたび大きく値上がりすれば、買い戻さなければならないということになります。こんな『不思議の国のアリス』のようなやり方をしているファンドマネジャーたちが巨額のカネを動かしているとすれば、マーケットが時に常軌を逸しているとしても何ら不思議ではないでしょう。

しかし、多くの評論家たちは、最近の出来事に関して誤った結論を導き出しています。彼らが好んで口にするのは、大口投資家の軌道の定まらない行為によって揺さぶられるマーケットにおいては、小規模の投資家には勝ち目がないという考えです。このような考えは断じて誤りです。こうしたマーケットは、投資家がその職分に専念するかぎりにおいては、資金量にかかわらず全投資家にとっての理想です。不合理な思惑売買で巨額な資金を動かすファンドマネジャーによってボラティリティが生じれば、真の投資家にとって賢い投資行動を取るための機会を増やすことになります。そうしたボラティリティによって投資家が損失を出すことがあれば、それは彼が金銭的・心理的なプレッシャーによって不適当なタイミングで売ったときだけです。

E．バリュー投資——重言（一九八七年、一九九二年、一九八五年）

企業の全支配権を買うのも株式の一部を買うのも本質的に大差はないと私たちは考えています……どちらの場合でも、長期的に好ましい経済状態が見込める企業を買収しようという点は同じだからです。私たちの目標は素晴らしい企業を見つけて、それを相応の価格で買うことであり、月並みな企業をバーゲン価格で買おうなどとは思いません。マンガーも私も、絹の財布は絹で作るのが一番だと、これまでの経験から学んできました。安物を使えば必ず失敗します。

（飲み込みが速いわれらが会長は、優れた企業を買うことの重要性を認識するのにたった二〇年しかかかりませんでした。その間、私は「バーゲン品」を物色し、不運にも何社かが私の眼鏡にかなってしまいました。それによって、商品数が少ない農具メーカーや三番手のデパート、ニューイングランドの繊維メーカーなどを買って痛手を被ることになりました）。

もちろん、マンガーと私が企業のファンダメンタルズを見誤ることもあるでしょう。その場合、完全子会社でも株式のみの保有でも問題に直面することにはなりますが、後者のほうが手を引くのは簡単です（実際、事業を見誤ることは珍しくありません。ヨーロッパからアンドリュー・カーネギーを取材するためにアメリカを訪れた記者が、カーネギーが国中に図書館を建造するために莫大な寄付を行っていたことを誤解して、「図書館の運営には信じられないほど莫大な資金が使われている」と報告した例もあります）。

支配権を買う場合も株式の一部を買う場合も、私たちはそれが良い企業であるかということばかりでなく、優秀で才能があり、かつ好ましい人間性を持った経営者によって運営される企業であるかということにも目を向けます。経営者に関しての判断を誤っても、経営者を代える力を私たちが持っていれば、被支配企業に一定のメリットはあるでしょう。しかし実際問題として、このメリットというのは幻想に近いものにすぎません。経営陣の入れ替えは、結婚におけるゴタゴタと同様に、痛みを伴い、時間もかかり、また予測のつかないものなのです。

それでも、支配権を買う場合には、主に二つの長所があります。第一に、企業の実権を握れば私たちが資本を配分することになりますが、株式の一部を取得する場合には、その過程で現実的に私たちはほとんど口をはさむことができません。このことがなぜ重要かといえば、企業トップの多くが資本配分に長けているわけではないからです。これは別に驚くべきことではありません。トップに君臨する人間は、マーケティングや製造、技術開発、経営管理、また人によっては社内政治などの分野にたけているという理由で出世していった者がほとんどです。

そんな彼らがひとたびCEOとなれば、新たな責任に直面することとなります。かつて経験したことのない、容易に習熟できないような重大な任務である資本配分の決定も、突如彼らの肩にかかってきます。その状況を例えれば、優れた才能を誇る音楽家がその地位を決定づける最後のステップとしてカーネギー・ホールで演奏する代わりに、FRB（連邦準備制度理事会）の議長に任命されるようなものです。

多くのCEOが抱える「資本配分能力の欠如」という問題は、けっして看過することができないものです。年に純資産の一〇％相当の利益を留保している企業のCEOが一〇年間その任務を遂行すれば、彼はその企業の全稼動資本の六〇％以上の配分を担うことになります。

自分に資本配分能力が欠如しているという認識を持つCEOは、（そのすべてがそうだというわけではありませんが）しばしば部下や経営コンサルタント、投資銀行家などに頼ることで、その能力を埋め合わせようとします。マンガーと私はこれまでに何回もそうした「手助け」の結末を見てきましたが、結局のところ資本配分の問題は、その助けによって解決を見るというよりも、むしろ悪化しているようです。

結局は、アメリカ企業の多くが愚かな資本配分を行っています（その結果がよく耳にする「リストラ」です)。その点、バークシャーは幸運です。私たちが株の一部を保有している主な企業では、資本配分はおおむね順調に行われており、目を見張るべきケースさえあります。

企業の支配権を買うことの第二の強みは税金に関することです。バークシャーは一部の株式を保有することで、かなりの税金コストを負担しています。それは株式保有割合が八〇％以上のときにはかからないものです。私たちは長期にわたってそうした税制上のデメリットを受けてきていますが、税法改正により一九八六年はかなりの増税を余儀なくされました。これによって、ある企業の株式を八〇％以上保有する場合に得られる利益は、保有率がそれ以下の場合と比較して五〇％も高くなりました。

一部の株式のみを保有することで生じるデメリットは、大きな利益をもって相殺されることもあります。時として、素晴らしい企業の株式を、信じられないほどの安値で市場から調達できる場合があるからです。それは支配権の譲渡を前提とした交渉で、相手側から提示される価格とは比較できないほどの安値です。例えば、ワシントン・ポスト株は一九七三年に一株当たり五・六三ドルで購入したものですが、一九八七年の税引き後のＥＰＳ(一株当たり利益)は一〇・三〇ドルでした。同様に、ＧＥＩＣＯ株は一九七六年、一九七九年、一九八〇年に一株当たり平均六・六七ドルで購入し、昨年の税引き後のＥＰＳは九・〇一ドルでした。こうしたケースでは、ミスターマーケットは心強い親友になります。

私たちの株式投資戦略は以前からほとんど変わっていません。一九七七年の年次報告書からここに一部を抜粋します。「私たちは市場性のある株を買うときも、企業全体を買収するときと同様の評価基準を用いています。私たちが選ぶ企業の条件は、①その内容を私たちが理解し、②将来にわたり長期的に好ましい業績が見込め、③経営幹部は誠実で有能な人々であり、④魅力的な価格で購入できることとです」。このときに挙げた条件のうち、市場の形勢や私たちの企業規模が変化したことによって一点だけ修正を加えました。それは、「魅力的な価格」を「非常に魅力的な価格」に変えたという点です。

だがここでみなさんは、何をもって「魅力的」な価格であると判断するのかと疑問に思われるでしょう。アナリストたちがこの質問を受ければ、一般的に対立関係にあると思われている二つの要素──「価値」と「成長性」──のどちらかに視点を合わせるべきだと感じるはずです。実際に、プロの投資家の多くは、この二つの要素の混同を、滑稽ですらあると考えています。

私たちから見れば、こうした考え方は適当ではありません（正直に告白しますが、実は私も数年前まではそういう考えでした）。二つの要素は切っても切れない関係にあると、私たちは考えています。「成長」は、「価値」の計算に必要な変数だからです。そしてその変数の重要性は、無視してよいレベルから重大レベルまでの範囲にわたり、その影響はプラスにもマイナスにも作用します。

ついでに述べますが、「バリュー投資」という言葉は重言になっています。「投資」が、少なくとも支払った金額に見合った価値を求めた結果の行為でないとすれば、一体何なのでしょうか。それと気づきながら、ある株式に価値以上の金額を支払うこと――すぐにさらなる高値で売れるであろうという見込みで――は、投機と呼ぶべきです（それは非合法でも非道徳的な行為でもありませんが、私たちの考えではお金が増えることでもありません）。

言葉の意味が適当かどうかは別にして、「バリュー投資」という言葉は広く使われています。ＰＢＲ（株価純資産倍率）が低い株、ＰＥＲ（株価収益率）の低い株、配当利回りの高い株を購入するというのが、その典型的な用いられ方です。しかし残念ながら、ある株式がこれらの条件をすべてクリアしていたとしても、それが支払い額に見合った買い物かどうかとは別問題であり、本当の価値を得るという原則に基づいた投資活動とは言えません。その一方で、ＰＢＲやＰＥＲが高く、配当が低い株であっても、「価値」を買うことができないわけでもありません。

同様に、企業の成長自体がその株の価値を示しているというわけでもありません。企業の価値がその成長によって大きくプラスの影響を受けるということは確かに多いでしょう。しかしそれは、「確実」とは言えないものです。例えば、これまで投資家たちは利益が上がらなかったり、赤字のアメリカの航空会社の成長に途切れることなくお金をつぎ込んできました。そうした投資家にとっては、ライト兄弟のオービルがキティホークで史上初の飛行に失敗したほうがはるかに良かったでしょう。産業が巨大化するほど、株主にとっての不幸はより深刻なものになっていきます。

成長によって投資家が利益を享受できるのは、投資対象がしかるべき企業であり、魅力ある利益増加率が望める場合です。つまり、成長を支えるために投じた資金が、それ以上の長期的な市場価値を生み出さなければなりません。利益率が低いにもかかわらず、必要資金ばかり増えていくのならば、成長は投資家に害を及ぼすことになります。

今から五〇年以上前に書かれた**『投資価値理論――株式と債券を正しく評価する方法』**（パンローリング）のなかで、著者のジョン・バー・ウィリアムズが価値の方程式を示しました。要約すると、「今日では、株式や債券や企業などの価値は、すべてその資産の残存期間に期待できる現金の流入量と流出量を適当な利率で割り引いた金額で決定される」ということです。ただ、ここでは株式にも債券にも同じ公式が使われていますが、これらの資産には重要かつ扱いが難しい違いがあります。債券にはクーポンと満期があり、それによって将来のキャッシュフローが決まっています。一方、株式の場合は、アナリストが自分で将来の「クーポン」を見積もらなければなりません。しかも、債券の場合は経営者の資質によってクーポンが影響を受けることはほとんどなく、あるとすれば主に経営者が無能か不誠実で金利の支払いが滞るような場合です。ところが、株の場合は経営者の能力が「クーポン」に与える影響は絶大です。

投資家は、将来のキャッシュフローを割り引いた現在価値が最も割安なものに投資すべきです。その企業が成長していてもしていなくても、収益が変動していても安定していても、直近の利益や簿価と比較して株価が高くても安くても関係ありません。さらに言えば、価値の方程式を使うと、債券よりも株のほうがたいていは割安だということになりますが、必ずそうなるとはかぎりません。債券のほうが魅力的な投資先であるときは、そちらを買うべきです。

価格の問題は別にして、所有すべき最も良い企業というのは、長期間にわたり大量の資本を利用し、非常に高い利益率で増やしていくことのできる企業です。最も所有してはならない企業というのは、その逆のことをしなければならない、あるいはすることになる企業です。すなわち、大量の資本を使い続けながら、一貫して非常に低い利益率しか上げられない企業です。残念なことに、最初のタイプの企業は見つけることが非常に難しいものです。利益率の高い企業のほとんどはそれほど多くの資本は必要としません。こうした企業の株主は通常、大半の利益が配当として支払われるか、大規模な自社株買いによって利益を得るということになるでしょう。

株式の評価計算は難しいものではありませんが、経験豊かで聡明なアナリストでさえ将来の「クーポン」の試算ではしばしば間違います。バークシャーでは二つの方法を用いて、この問題に対応しています。第一に、私たちは自分たちが理解していると思える企業にしか投資しません。つまり、投資対象は、企業としての特徴が比較的明快かつ安定していなければならないということです。複雑であったり常に変化するような企業の将来のキャッシュフローは、私たちの能力では予測できません。ちなみに、この能力の欠如は、私たちにとって何ら問題ではありません。ほとんどの人にとって投資において最も重要なことは、自分がどれだけ知っているかではなく、むしろ、自分が知らないということを正しく知ることにあります。つまり、大きな間違いを起こさないかぎり、投資家が正しく行わなければならないことはかなり限られています。

第二に、これも同様に重要なことですが、私たちは「安全域」がある価格でしか購入しません。もしある普通株の価値が私たちの計算よりほんの少しでも高ければ、購入を考えることはありません。ベンジャミン・グレアムが力説していたこの「安全域」の原則こそ、投資で成功するための要石であると信じています。

賢明な投資家が普通株を買うときは、ＩＰＯ（新規株式公開）よりも既発銘柄を市場で買うほうがうまくいくでしょう。理由は、値決めの仕組みにあります。周期的に群衆の愚行に支配される株式市場では、定期的に「清算」価格が付きます。これは、どれほどバカげた価格であっても、保有する株式や債券を売りたがっている少数の人たちにとっては重要な価格です。Ｘの価値がある企業の株式が、市場ではその価値の半分以下で売られていることがよくあるということです。

他方、ＩＰＯ市場は、支配株主と企業によって統制されています。企業は通常、ＩＰＯの時期を決めたり、もし市場の状況が良くないと判断すれば上場そのものを取り止めたりもできます。当然ながら売り手は、市場で売る場合も交渉による場合も、安い価格を提示することはありません。ここではXがXの半値で取引されることはまれです。実際、普通株を公開するきっかけとなるのは、市場が高値を付ける傾向にあると彼らが判断したときだけです（売り手たちはもちろん、これに関して幾分異なる言い分を述べるでしょう。自分たちの持つ銘柄に対して、マーケットの評価が安すぎるときには売らないだけだと）。

年が明けてすぐ、バークシャーはキャピタル・シティーズ・ABC（キャピタル・シティーズ）株三〇〇万株を、一九八五年三月に合意した一株当たり一七二・五〇ドルで購入しました。私は何年間にもわたりキャピタル・シティーズの経営陣を観察してきましたが、彼らはアメリカの上場企業のなかで群を抜いていると思っています。トム・マーフィーとダン・バークは経営者として優れた手腕の持ち主であるばかりか、娘がいる人ならぜひとも結婚させたいと思わせるようなタイプの男たちです。彼らを知る人なら分かるでしょうが、彼らと一緒に仕事をすることはとても誇らしく、また最上の楽しみでもあります。

私たちが株式を購入したことによって、キャピタル・シティーズは三五億ドルでＡＢＣを買収するための資金を得ました。キャピタル・シティーズにとってＡＢＣは大きな買収ですが、数年先までの経済的見通しは楽観的とは言えません。だが、そんなことは微塵も気になりません。私たちはじっと辛抱することができます（どれほどの才能や努力をもってしても、時間をかけなければできないこともあります。一カ月に九人の女性を妊娠させても、一カ月で赤ん坊は生まれません）。

彼らへの信頼を示す例として、キャピタル・シティーズと交わした型破りな合意があります。それは、ＣＥＯのマーフィーが——あるいは、バークがＣＥＯならバークが——長期間にわたりバークシャーが保有するキャピタル・シティーズ株の議決権を持つという合意です。この取り決めの発案者はマーフィーではなく、マンガーと私です。私たちはこれ以外にも、私たちの保有する株式の売却に関して、さまざまな制限を設けてきました。その目的は、経営陣の合意なしに、保有株がまとめてほかの大株主（あるいはそうなろうとしている人）に売られることがないようにするためです。ＧＥＩＣＯやワシントン・ポストとも、数年前にこれに類した合意を交わしています

大量の株の売買ではしばしばプレミアムが上乗せされることから、こうした制限を設けることによってバークシャーが金銭的な損失を被ると考える人もいるでしょうが、私たちの見方はむしろその逆です。所有者である私たちの将来の利益にもつながるこれら企業の長期的な将来

性は、今回の取り決めによってさらに向上すると考えているからです。一流の経営者が企業の運営に専念できるようにすれば、所有者である私たちは、長期的な価値を最大限にまで増加させることができます。彼らを手玉に取ろうと入れ代わり立ち代わりやってくる資本家に翻弄されるよりも、私たちのようなやり方が経営者たちにとってはるかに好ましいことは、自明の理です（もちろん、なかには会社や株主よりも自分の利益を優先するような、してやられて当然の企業経営者もいるでしょう。しかし、私たちはそういうたぐいの人たちには近づきません）。

議決権株式を多くの人が少しずつ保有していることで引き起こされる企業の不安定さは、今日では避けられないものです。人を安心させるような美辞麗句を口にしながら、傍若無人な要求を突き付けてくる大株主が突如として現れる可能性はいつでもあります。私たちが、所有する株をまとめて長期保有することの意図は、そうしなければ、安定性が保てない恐れがあるからです。こうした対策と良い経営者、良い企業がそろうことで、利益という名の収穫を豊作にするための土壌作りができます。経済的な取り決めの意図はそこにあります。

これに劣らず重要なのが、人的な面です。私たちは、好きで尊敬もしている、そして財務面における私たちの大きなかかわりを歓迎してくれている経営者たちが、大株主である私たちが何をするか心配で眠れないなどということがないようにしたいと思っています。私は彼らに驚くようなことは何も起こらないと伝えており、これはバークシャーとしての約束です。経営者たちは企業を委任されており、もし私が早期（三桁未満のすべての年齢のという意味です）に職を辞することがあっても、心配には及びません。

キャピタル・シティーズは、適正価格で購入しました。ここ数年で、メディア株やメディア企業に対する熱が異常に高まっているためです（いくつかのメディア企業買収劇は、バブルに近いレベルになりました）。バーゲン価格はない分野です。それでも、キャピタル・シティーズへの投資は、資産と人が素晴らしく組み合わさった企業と提携するチャンスであり、私たちはそこに大きくかかわりたいと思いました。

みなさんのなかには、知性あふれるわれらが会長が一九七八～一九八〇年にかけて一株当たり四三ドルで売却したキャピタル・シティーズを、なぜ今、一株当たり一七二・五〇ドルで買っているのか不思議に思っている人も当然いるでしょう。みなさんの質問を見越して、私は一九五七年から多くの時間を費やして、この行動を説明する気の利いた答えを探しています。すみませんが、もう少し時間をください。

F．賢明な投資（一九九六年、一九九九年、一九九七年）

私たちにとっての賢明な振る舞いとは、「積極的には動かない」ことです。ＦＲＢによる公定歩合変更がささやかれたり、ウォール街の見識者が市場認識を翻したりといった理由で、好業績な子会社の株が活発に取引されることを望まないのは、私たちだけでなくほとんどの企業経営者とて同じでしょう。それではなぜ、保有株数が少ない銘柄に対して、異なったアプローチをとる必要があるのでしょうか。上場企業に投資する場合も企業買収の場合も、成功するための方法はほとんど変わりません。どちらの場合にも投資家が望むのは、有能で誠実な経営者が素晴らしい財務状態で運営する企業の株式を、それに見合った価格で買うことです。買ってしまえば、あとはその企業が良い状態を保っていることを監視してさえいればよいからです。

こうした投資手法をきちんと実行できれば、初めは少量の株式が、ほとんどの場合いずれはその投資家のポートフォリオの非常に大きな部分を占める銘柄に成長するものです。もしもこれと同様の手法に基づいて、大学バスケットボールのスーパースター選手何人かに、将来の稼ぎ高の、例えば二〇％で投資すれば、投資家はやはりこれと似た結果を得られるはずです。彼らのうちほんの一握りでも一躍ＮＢＡ（全米バスケットボール協会）の花形選手に成長すれば、彼らからの取り分はすぐに投資家のロイヤリティ収入の大きな柱となります。ある銘柄がポートフォリオ中で大部分を占めるまでに成長したので、その最も成功した投資銘柄をこの「投資家」が売却するとすれば、それはまるでチームにとって重要な存在になったマイケル・ジョーダンをシカゴ・ブルズがトレードに出すようなものです。

企業買収でも普通株を購入する場合でも、あまり大きな変化が起きそうにない企業や業界を、その対象として私たちが好んで投資していることをみなさんはお気づきでしょう。その理由は明快です。どちらの投資形態の場合も私たちが探し求めているのは、今から一〇年、二〇年後に、確実に傑出した競争力を持つであろうと私たちが信じる事業です。変化の速い業界に投資すれば莫大な利益を得られるかもしれませんが、そこに私たちが求める確実性は存在しません。誤解のないように言っておきますが、アメリカ国民としてマンガーも私も「変化」には賛成です。斬新なアイデアや新製品や技術革新などは、この国の生活水準を向上させる素晴らしいことです。しかし、投資家として見た場合、刺激的な業界は宇宙探検と同じで、その挑戦に拍手は送っても、参加はしないということです。

もちろん、どんな企業でもある程度の変化は必要です。シーズ社は現在いろいろな面で、私たちが買収した一九七二年とは変わってきています。さまざまなキャンディーの詰め合わせを発売したり、製菓機械も替わっているし、販路も変化しています。しかし、一九二〇年代にシー一家がこの仕事を始めて以来、人々が箱詰めのチョコレートを買う理由も、シーズ社が現在も変わらずに人気製菓メーカーであり続けている理由も、実質的に変わっていません。さらに言えば、これらの点は今後二〇年、あるいは五〇年後にも変化しないでしょう。

株式の一部を買う場合でも、私たちは同様に将来を見通せることを条件としています。例えば、コカ・コーラが持つ強いブランドイメージは、ロベルト・ゴイズエタが作り出したものです。彼は株主にとっての株の価値を高めるために、信じられないような偉業を成し遂げた人物です。ドン・キーオとダグ・アイベスターの協力の下、彼はコカ・コーラ社を全面的に見直し、あらゆる面でその価値を高めました。しかしこの企業のファンダメンタルズ――コークが強い競争力によって成し得た高いシェアと素晴らしい財務状態の基礎を形作った資質――は、その間もまったく変わっていません。

最近、私はコークの一八九六年の事業報告書を詳細に読みました（みなさんも読みたいと思われるでしょう！）。当時はまだコカ・コーラがソフトドリンクのトップメーカーとなって一〇年ほどでしたが、すでに一〇〇年先までの青写真が出来上がっていたことがうかがえます。一四万八〇〇〇ドルの年間売上高を報告したその報告書のなかで、社長のエイサ・キャンドラーがこんなことを述べています。「コカ・コーラが健康に良く、また飲んだ人に爽快感を与える素晴らしい商品であるという事実は、世界中の人々に着実に浸透しつつあります」。「健康に良い」という表現には少々疑問がありますが、私はコークが一世紀を経た現在もなお、キャンドラーの抱いていた基本テーマを変えていないという事実にとても魅力を感じます。キャンドラーはさらにこうも述べています。「類似した商品で、これほど強く人々の支持を得たものはほかにありません」。そして、今はゴイズエタが同じことを言っています。ご参考までにシロップ（コークの凝縮液）の販売量は、一八九六年は一一万六四九二ガロンでしたが、一九九六年には三二億ガロンになりました。

もう一つだけキャンドラーの言葉を引用させてください。「今年の三月一日に……一〇人の巡回セールスマンを採用しました。系統立てた指示をオフィスから彼らに送ることで、国内のほぼ全エリアを網羅しました」。これは私好みのやり方です。

コカ・コーラのような企業は「インエビタブルズ（必要不可欠な企業）」と言ってよいかもしれません。もちろん、一〇年後、二〇年後の業績予想は、人によって多少違うでしょう。また、コカ・コーラといえども、製造、流通、梱包、商品開発の面で今後もたゆまざる努力を続けていかなければならないでしょう。とはいえ、分析能力にたけた最強のライバル会社でなくても、率直に評価すれば、投資家が生涯この銘柄を持ち続けても、コカ・コーラがこの業界で世界的なリーダーであり続けることに疑問をいだくことはないはずです。むしろ、コカ・コーラの優位性は、今後も高まると思います。

ハイテク産業を始めとする新しい業界では、多くの企業が数字で見れば間違いなく「インエビタブルズ」な企業よりも数段早い成長を見せるはずです。でも私は急成長を期待するよりむしろ、確実な成果を安心して見守りたいと思っています。

むろんマンガーと私が一生かけてもほんの一握りしか「インエビタブルズ」な企業を探し当てることはできないでしょう。業界のリーダーであるだけでは確実とは言えません。長期にわたり最強を誇っていたゼネラル・モーターズ（GM）やIBMやシアーズで起こった数年前の衝撃的な出来事を思い起こせば、お分かりのはずです。業界や部門によってはリーダーが圧倒的な優位を得て、自然の法則に近い「肥える者が生き延びる（肥満者生存）」という特徴を持つものもありますが、それはごく一部です。「インエビタブルズ」のように見える企業のなかには、現在は波に乗っていても競合他社との競争に弱い多くの「偽者」が紛れています。「インエビタブルズ」な企業の条件を考えてみましたが、マンガーも私も「ニフティ・フィフティ（突出した内容を持つ企業群）」や、ましてや「トゥインクリング・トゥエンティー（きらめく二〇社）」を探し当てることなどできないことは分かっています。そのため、私たちはポートフォリオに「インエビタブルズ」企業だけでなく、「かなり有望」な企業もいくつか加えることにしています。

最高の企業を買ったとしても、高すぎることはあり得ます。高値をつかんでしまうリスクは時折表面化しますが、「インエビタブルズ」な企業を含め、事実上すべての株式に投資する人々にとって、このリスクは極めて高いものであると私たちは考えています。過熱したマーケットに投資する人は、たとえ傑出した企業の株式を購入する場合でも、その株が株価に見合った価値に追いつくまでにはかなりの時間がかかるかもしれないことを肝に銘じておくべきです。

さらに問題が深刻になるのは、卓越した企業の経営陣が脇道にそれて、素晴らしい本業の事業をおろそかにし、大したことのない企業を買収しているようなときです。こうした場合、投資家の受難は長引くことになります。残念なことに、コカ・コーラでも、以前現実にそういうことがありました（今から数十年前にコカ・コーラがエビの養殖を行っていたなどと信じられますか）。全体的に見て優れていると思える企業への投資をマンガーと私が考える場合に最も恐れるのが、こうした「焦点がずれること」です。企業を思い上がりや倦怠感が取り巻くことで、経営者たちの関心が横道にそれてしまった例は枚挙にいとまがありません。コカ・コーラではこうしたことは二度と起こらないでしょうが、それも現在、そして将来の経営陣次第です。

＊　＊　＊　＊　＊　＊　＊　＊　＊

投資全般に関する考えをさらにいくつか述べます。機関投資家であれ個人投資家であれ、普通株を保有する場合、手数料が最も安いインデックスファンドを通じた投資が最良であるとほとんどの人が考えるでしょう。この方法ならば、正味の売買結果（手数料や経費差し引き後）は、ほとんどのプロの投資家よりも良いはずです。

しかし、投資家自身がポートフォリオを組み立てる場合、覚えておいて損はないことがいくつかあります。賢明な投資というのはけっして簡単にできるものではありませんが、複雑なものでもありません。投資家に求められるのは、選択した企業を正しく評価する能力です。重要なのは「選択」です。すべての企業に関する知識を有する必要はありませんし、数多くの企業について知る必要すらありません。自分のコアコンピタンス領域にある企業の価値を見極められれば、それで十分です。その範囲が広いか狭いかは問題ではありません。ただ、不可欠なのはその境界を自らが認識することです。

投資で成功するのに、ベータ値や効率的市場理論、現代ポートフォリオ理論、オプション価格、新興市場などを理解する必要はありません。実際、このすべてを知らないほうがうまくいくでしょう。これらの科目が金融論の課程のほとんどを占めるようなビジネススクールでは、もちろん私のこうした考え方は主流ではありません。でも、私たちの考えでは、投資を学ぶ学生に必要なことは二つの科目を徹底的に学習することだけです。それは「企業価値の評価法」と「市場価格のとらえ方」です。

投資家の目的は、十分に理解ができ、かつ五年、一〇年、二〇年後に実質上確実に高い収益を上げるであろう企業の一部を、合理的な価格で購入することに尽きるはずです。これらの条件を満たした銘柄には、時間をかけてもほんの一握りしか出合えないでしょう。だからもし見つけられたら、その銘柄はある程度の量を買うべきです。また、自分の信条を破らせるような誘惑に打ち勝つ努力も必要です。つまり、喜んで一〇年間株を持ち続ける気持ちがないのなら、たった一〇分でも持とうなどと考えるべきではありません。何年にもわたり利益が上昇する企業群をポートフォリオにまとめれば、そのポートフォリオの市場価値もまた上昇しています。

あまり知られてはいませんが、これこそがバークシャーの株主に利益をもたらした手法です。私たちのルックスルー利益はこれまで順調に伸び、それに呼応して株価も上がりました。もしこうした利益が実現していなければ、バークシャーの価値もほとんど上がることはなかったでしょう。

昨年、私たちが多額の投資を行っている幾つかの会社の業績は期待外れに終わりました。それでも私たちは、これらの会社が長い間、持続する重要な競争上の強みを持っていると信じています。マンガーと私は、このように長期的には優れた投資の成果をもたらす特徴を持った企業をときどき見つけることができると思っています。ただ、実際に購入を検討してみると、そう感じられない、少なくとも強い確信を持つことができないことのほうが多くあります。そして、これは私たちがハイテク企業の株を保有していないことの理由でもあります。とは言っても、私たちの社会がハイテク企業の商品やサービスによって変わってきたという一般的な見方については私たちも賛成です。私たちにとっての問題、つまり丹念に調査しても解決できないことは、ハイテク分野で本当に「長続きする」競争力を持っているのがどの企業なのかを見極める洞察力がないことです。

ちなみに、私たちがハイテク業界について洞察を欠いていることで困っているわけではありません。結局のところ、資本の配分にあたってマンガーと私が特に詳しくない事業分野はたくさんあります。例えば、特許や製造工程や地質学的な見通しに関する評価については、議論したことがありません。私たちは単純に、こういった分野には立ち入らないようにしています。

私たちが強みを持ち合わせているとすれば、それは自分たちがいつコアコンピタンス領域のなかでうまくやっていて、いつ境界線に近づいているかを認識していることです。急速に変化する業界の会社について長期的な経済性を予言することは、私たちの能力の及ぶ範囲をはるかに超えています。ほかのだれかがこのような予想をする能力を持っていたとしても――そして、株式市場の動きからその主張が正当であるように見えたとしても――それをうらやむことも、まねすることもありません。私たちは、自分が理解している分野で投資を続けるだけです。もし私たちが脱線するようなことがあれば、それは不注意によるもので、落ち着きを失い合理性よりも希望を優先したからではありません。幸い、バークシャーにとって、私たちの能力が及ぶ範囲でうまくやる機会が随時あることはほぼ間違いなさそうです。

目下のところ、私たちがすでに所有している優良企業の株価は私たちにとってそれほど魅力的ではありません。言い換えれば、私たちは株価よりもその事業について満足しているということです。そのため、私たちは今持っている株を買い増してはいません。とはいえ、ポートフォリオを大幅に縮小してもいません。株価は満足できても事業の見通しに疑問がある企業と、事業内容に満足できても株価に疑問がある企業のいずれかを選ぶ場合は、断然後者です。しかし、私たちが実際に注目するのは満足できる事業内容で株価も満足できる企業です。

保有する証券の価格に対する懸念は、一般的な株価の水準についても当てはまります。私たちは、株式市場が来月、あるいは来年どのような動きを見せるかを予測しようとしたことは一度たりともありませんし、今もそのようなことをする気はありません。しかし、一九九九年も終わりにさしかかる今、株式の投資家は将来の利益予想について極めて楽観的であるように見えます。

私たちは、企業利益の伸びは国内の事業、すなわちＧＤＰ（国内総生産）の動向と強く結びついていると考えています。そして実質ＧＤＰ成長率は約三％です。さらに、インフレ率は二％を想定しています。マンガーも私も、二％の正確性について特に確信があるわけでもありませんが、市場はそのように見ています――ＴＩＰＳ（インフレ連動国債）の利回りは一般の国債利回りを約二％下回っていますし、もしインフレ率がこれよりさらに上昇すると考えるのなら、ＴＩＰＳを買って国債を売れば利益が得られることになります。

実際に利益がＧＤＰと歩調を合わせて五％の伸び率で増加するのであれば、アメリカ企業の評価額は恐らくこれを大きく上回ることはないでしょう。配当を含めても、みなさんに提示される利益は大部分の投資家がこれまでに受け取った、あるいは将来受け取ると予想される配当を大きく下回るものとなってしまいます。投資家の期待がより現実的なものとなる場合――そしてほぼ間違いなくそのようになるはずです――、市場の調整は深刻なものとなるでしょう。特に投機が集中してきた分野については著しいものとなります。

バークシャーはいつの日か多額の現金を株式市場に投ずる機会があるでしょう。私たちはそのように確信しています。けれども、歌詞にもあるとおり、「いつかどこかで」ということです。もし、この「魅惑の」市場で熱狂的な何かが起きているとだれかが語り始めたときには、別の部分の歌詞を思い出してください。「愚か者は多くの理由を並べるが、賢者はそんなことはしない」

企業と株式の価格が両方とも高い時期には、テッド・ウィリアムズの規律を当てはめてみるようにしています。ウィリアムズは自身の著作『テッド・ウィリアムズのバッティングの科学』（ベースボール・マガジン社）のなかで、ストライクゾーンを野球ボールの大きさで七七個の升目に区切っていると説明しています。「最良」の升目に来たボールだけを振れば、四割の確率で打てることが彼は分かっています。そして「最悪」の升目である外角低めのコーナーに手を出せば、打率は二割三分まで落ちてしまうでしょう。言い換えれば、打ちやすい球を待つことで野球殿堂への道が開けます。むやみにバットを振っていてはマイナー落ちは避けられません。

今、企業が投げてくる球は、ストライクゾーンに入っていると言っても、ほとんど外角低めです。このコースに手を出しても、私たちの見返りは少ないでしょう。しかし、今のボールをすべて見逃しても、次にもっと得意なコースにボールが来るという保証はどこにもありません。恐らく、現在の価格から考えると、過去に見られた魅力的な価格は異常だったのです。ただし、私たちはウィリアムズとは違い、ストライクゾーンのギリギリに入ってくる三球を見逃し続けてもアウトと言われることはありません。とはいえ、来る日も来る日もバットを構えたまま打席に立ち続けるだけというのも、私にとって楽しいことではありません。

G.「しけモク」と「組織由来の旧習」（一九八九年）

ユーモア作家のロバート・ベンチリーは、「犬を飼うことによって少年は忠誠心、自制心、そして横になる前に三回振り返ることを学ぶ」と言っています。これは経験の限界も示していますが、新しい過ちを犯す前に、過去の過ちを振り返ってみるのは良いことです。ということで、過去二五年を簡単に振り返ってみます。

●もちろん私が犯した最初の過ちは、バークシャーの経営権を取得したことです。この企業――繊維製造業――が有望ではないということは分かっていましたが、価格が安いように思えたので、買いたい誘惑に負けてしまいました。それ以前にこうした形で行った株式投資では、そこそこの成功を収めていました。ただ、バークシャーの経営権を取得した一九六五年には、この手法が最適なものではないことに気づきつつありました。

もし十分に安い価格で株を買えば、たとえその企業の長期的な収益力が悲惨なものであるとしても、まずまずの利益を出して持ち株を利食う機会がたいていはあるものです。私はこのやり方を「しけモク」手法と呼んでいます。道端に落ちているような、あとひと吸い分だけ残ったしけモクでは満足な一服はできませんが、タダ同然であれば、その残ったひと吸いをすべて利益にすることができるということです。

しかし、清算人でないかぎり、これは企業を買うための手法としてはバカげたものです。第一に、そもそも「タダ同然」で買っても、通常それが掘り出し物となることはありません。困難なビジネスにおいては、一つの問題の片が付く前に、次の問題が起きるものです。台所に一匹ゴキブリがいれば、それはほかにもたくさんいる証拠です。第二に、当初の条件が確実に有利なものであったとしても、その企業が生み出す収益が低ければ、それは即座に意味を失います。例えば、八〇〇万ドルで購入した企業が一〇〇〇万ドルで売れるか清算できるとして、即座にそのどちらかを行えば高い利益を得ることができるでしょう。でも、もしその企業が一〇年後に一〇〇〇万ドルで売れたとして、その間の年間収益や配当が購入コストに照らしてほんの数％でしかなければ、その投資は目算が外れたものになります。時間というのは、素晴らしい企業には友だちであっても、月並みな企業にとっては敵になります。

そんなことは当然であるとみなさんは思われるかもしれませんが、私は非常に苦労してこのことを学びました。実際、何度か過ちを犯しています。バークシャーを買収して間もないころ、メリーランド州ボルチモアの百貨店であるホーチスチャイルド・コーンを、後にバークシャーに併合されることになるダイバーシファイド・リテーリングという企業を通じて取得しました。購入価格は帳簿価格をかなり下回るものでしたし、経営陣は第一級の人で、かつさらなる付加要素までありました。帳簿上には記されていない不動産の含み益と、後入先出法による在庫予備費です。これが買わずにいられましょうか。ですから、支払った代価とほぼ同額で三年後にこれを売却できたのは、まだ幸いでした。

●この教訓は、もう一つ別の教訓につながります。つまり、優れた競馬騎手が優れた馬に乗れば良い結果を出すことができますが、ガタガタの老いぼれ馬ではダメだということです。繊維業のバークシャーも百貨店のホーチスチャイルドも、ともに経営陣は有能で誠実な人たちでした。彼らがもし経営状態の良い別の企業の経営者であれば、優れた業績を上げたかもしれません。しかし、「流砂」の上を走っても一歩も前へは進めないということです（第1章「E.社員と事業の変化」参照）。

有能と評判の高い経営者が経営状態の悪さで評判の企業の運営に取り組んだとしても、その企業の評判は変わらない、というのは、私が繰り返し言ってきたことです。今後、私にこのような例をまた作ってしまうほどの気力がないことを、望むのみです。私の行ったことにはメイ・ウエストの言葉がしっくりきます。「かつては白雪姫だったけれど、今は流されるまま」

●関連したさらなる教訓があります。それは、簡単なことをやれ、ということです。業種が多岐にわたる企業の買収や管理を二五年間行ってきましたが、マンガーも私も、難しい状態にあるビジネスを立て直す方法を学ぶことはできませんでした。代わりに、そういう企業は避けるべきであるということを学びました。私たちがある程度の成功を収めることができたのは、飛び越えられるであろう三〇センチのハードルを探すことに精を傾けたからであり、二メートルのハードルをクリアできる能力があったからではないということです。

三〇センチのハードルを探すのはフェアではないと思われるかもしれません。しかしビジネスでも投資でも、普通は問題解決に取り組むよりも、初めから対象を単純明快なものに絞ったほうがはるかに高い利益を上げられるものです。もちろん、時には難題と格闘しなければならないこともあります。それ以外の場合では、かつてのアメリカン・エキスプレスやGEICOのように、最高のビジネスが一度きりの、非常に大きいけれど解決することができる問題に直面したときが、素晴らしい投資の機会になります。しかし結局、私たちは竜を避けたことによって、竜を殺すよりも良い結果を得ることができました。

●私が最も驚いたことは「組織由来の旧習」と私たちが呼ぶ目に見えない力が企業に与える影響の大きさです。ビジネススクールではその存在をまったく教わりませんでしたから、ビジネスの世界に入っても直観的にそれを理解することはできませんでした。当時の私は、どの組織でも優秀で知性と経験の豊かな経営者が合理的なビジネス上の判断を下しているに違いないと思っていました。しかしその後、そうではないと気がつきました。現実には、組織由来の旧習が動き始めると、おおむね合理性の出番はなくなります。

その例は以下のようなものです。①ニュートンの運動の第一法則に支配されているかのように、企業は現状の方向をかたくなに守ろうとする、②暇な時間をつぶすために仕事を増やすかのように、企業は事業計画や買収計画を実行して手持ちの余裕資金を使い尽くす、③トップが入れこんでいる事業は、それがどれほどバカげたものでも、部下たちによる収益上、あるいは戦略上の詳細な分析によって迅速に支持される、④事業拡張、買収、役員報酬の設定など何であれ、同業他社が行えば、企業は無意識に追随する。

企業の力学（企業の無節操や愚行ではなく）によって、ビジネスはこういう道をたどりますが、ほとんどの場合その方向は誤っています。私自身、組織由来の旧習を無視したために、金銭上手痛い失敗をいくつか犯しましたが、その後はその影響を最小限に抑えるべく、バークシャーの事業計画や運営にあたるよう努力しています。さらにマンガーと私は投資対象を、この問題に気づいて注意を怠らない企業に絞ろうと試みています。

●その後もいくつかの失敗を犯したことで、自分が好ましく思い、信頼かつ尊敬のできる人たち以外とは一緒にビジネスをすべきではないことを学びました。すでに述べましたが、このことはビジネスで成功するための要素の一部にすぎません。二流の繊維メーカーや百貨店は、自分の娘を結婚させたいような人たちが経営しているというだけでは、成功しないということです。しかし、オーナーが（あるいは投資家は）、そうした人たちと一定水準以上の経済状態にある企業にかかわることができれば、驚くべき結果を上げることができます。逆に言えば、どれほど魅力的な企業であっても、称賛に値するような資質を持ち合わせない経営者とかかわりたいとは思いません。邪悪な人間と組んでうまくいった試しはないからです。

●私の犯した失敗には、みなさんの目に触れないものもあります。それは、優れたものであると分かっていた株式や企業を購入しなかった、という失敗です。大きな投資機会を逃したとしても、投資対象がその人の能力外にあったのならば、それは過失になりません。しかし私は、自分のためにわざわざ用意されたような、その内容を十分に理解することのできる大きな買い物のいくつかを、みすみす逃してきました。私を含めたバークシャーの株主にとって、この無能さがもたらしたコストは莫大です。

●私たちがこれまで取ってきた一貫して保守的な財務方針が誤りだったと思う人もいるかもしれませんが、私たちはそうは考えていません。振り返ってみて、もしバークシャーのレバレッジが高ければ（といっても標準的な水準ですが）、ROE（自己資本利益率）は現状の平均二三・八％をかなり上回っていたであろうことは明らかです。一九六五年でさえ、レバレッジを高めれば、九九％の確率で良い結果を得られたであろうチャンスがありました。つまり、それをしても内外のショック要因によって、標準的な負債比率の取引が一時的な苦悩からデフォルトの間にある何らかの結果を招く確率はわずか一％だったということです。

このような、九九対一の確率といった考え方は好きではありませんし、それは今後も変わらないでしょう。ひどいことになる可能性は、たとえ低くても、利益を増やす大きな可能性によって相殺することはできないと私たちは考えています。思慮ある行動を取っていれば、きっと結果は付いてきます。レバレッジは、ほとんどの場合、そのスピードを少し速めるだけです。マンガーと私は、先を急ぐつもりはありませんし、結果よりも過程を大いに楽しんでいます――これも私たちが学んできたことです。

H．人生と借金と安眠（二〇〇五年、二〇一〇年、二〇一七年）

わずかな額を別にして、私たちは債務にあまり頼らないようにしています。借り入れを行う目的は、①特定の投資戦略の一環として、レポ取引で米公債や政府機関債を保有する場合（このような取引はタイミングが重要で、流動性の高い証券のみを対象としている）、②私たちがリスク特性について理解している利付債券のポートフォリオを担保にした借り入れ、③バークシャー・ハサウェイ・エナジーなどの子会社が借り入れを行い、それがバークシャーの連結財務諸表に計上されている場合（ただし、バークシャーはそれを保証していない）――の三つです。

リスクの観点からすると、さまざまな相関性のない一〇社のユーティリティー事業による利益によって、例えば二対一の金利負担をするほうが、一社のユーティリティー事業ではるかに大きい割合を負担するよりもずっと安全です。大惨事が発生すると、一社のユーティリティー事業会社では支払い不能になってしまうことがあります。ニューオーリンズの電力会社が、ハリケーン・カトリーナによって受けた損害はその一例です。これは、債務に関してどれほど保守的な方針をとっていたとしても関係ありません。しかし、地理的災害、例えば西部の州での地震などがミッドアメリカンに同じ影響を及ぼすことはありません。マンガーのような心配性の人間でも、私たちのユーティリティー事業の利益が全体として大きく減少するような事態は考えつきません。保護された利益の多様化が進むミッドアメリカンでは、常に多額の債務を利用することになるでしょう。

これですべてです。私たちは、バークシャーで多額の借り入れを行って買収や事業を行うつもりはありません。もちろん、事業運営の常識からすれば私たちはあまりにも保守的で、バランスシートにほどほどの借り入れを加えれば、恐らく利益を安全に増やすことができるでしょう。しかし、バークシャーの何十万という株主の多く（そのなかにはバークシャーの取締役や重要な子会社の経営者が多く含まれていることを強調しておきます）が、純資産のかなりの部分を私たちの株式に投資しており、会社の大惨事は彼らの大惨事でもあります。

さらに、私たちの保険会社が五〇年以上にわたって保険金支払いの債務を負っている、一生治らない傷を負った人たちもいます。このような顧客に対して、私たちは何が起きても安全であると約束してきました。金融パニック、証券取引所の閉鎖（大規模な閉鎖は一九一四年に起きました）、あるいは国内で核兵器、化学兵器または生物兵器によるテロ攻撃が起きた場合でも、です。私たちは大きなリスクを引き受けることにやぶさかではありません。実際、私たちの引き受けている保険は、一つの災害についてほかの保険業者よりも保険限度額が高くなっています。

さらに、私たちが保有している巨大な投資ポートフォリオの市場価額は、ある条件の下で大幅に、そして急速に下落する場合があります（例えば、一九八七年一〇月一九日です）。しかし、たとえ何が起きても、バークシャーはその問題を緩和できるだけの純資産、利益および流動性を確保しています。これ以外の方法は危険です。何人もの極めて聡明な人々が、素晴らしい業績をいくら積み重ねてきても、ゼロを掛けると答えはゼロになることを、長い時間をかけて苦労して学んできました。このような方程式の答えを身をもって体験したいとは思いません。また、その苦労をほかの人たちに負わせるようなこともしたくはありません。

一部の人たちが借入金を使って投資を行い、大変豊かになったということは間違いありませ

ん。しかしそれは、大変貧しくなる道でもありました。借り入れをうまく使うことができれば利益は倍増します。そうなればあなたの奥さんは旦那が賢いと思うでしょうし、近所の人たちはあなたをうらやむことでしょう。ですが、借り入れは習慣性を持ちます。借り入れの驚くべき効果でひとたび利益を上げてしまえば、保守的なやり方に後戻りしようと考える人はほとんどいません。前述のとおり、だれもが三年生で学ぶことですが――そして、一部の人たちは二〇〇八年に再び学ぶこととなりましたが――、正の数字が並んでいてそれがどんなに大きなものであっても、それにゼロを一つ掛けただけで消えてしまいます。私たちは歴史から、借り入れがゼロを生み出すことが大変多いことを学びました。どんなに賢い人が借り入れを使ってもそれは変わりません。

もちろん、借り入れによって事業が壊滅的な打撃を受けることもあります。多くの債務を抱える会社は、満期が来れば借り換えられるものと考えがちです。通常、そのように考えても誤りではありません。しかし会社固有の問題、あるいは世界的な信用収縮のために、期日に返済を迫られることも実際にあります。そのとき役立つのは現金だけです。

債務者は、そうなって初めて与信が酸素のようなものであることを学びます。どちらも豊富にあるときはその存在に気づきませんが、なくなったときにはそのことしか考えられなくなるからです。会社は、ごく短期間でも与信が受けられなくなれば立ち行かなくなることがあります。実際、二〇〇八年九月に多くのセクターで信用が一夜にして失われたときは、国家全体が立ち行かなくなる状況に危険なまで近づきました。

バークシャーでは、少なくとも一〇〇億ドルの現金を保持していますが、当局の規制下にあるユーティリティー事業や鉄道事業で保有する現金はここには含まれていません。これらの事業の使命を考慮して、私たちは手元に少なくとも二〇〇億ドルを保持しておくようにしています。このような備えがあれば、先例のない保険損失（これまでで最大の保険損失は、業界最大の支払いとなったハリケーン・カトリーナによる約三〇億ドルでした）に耐えることができますし、金融危機のさなかでも買収や投資の機会を素早くつかむことができます。

私たちは、現金の多くを短期の米国債で保有しており、ほかの短期証券は数％利回りが高くても避けています。これは、二〇〇八年九月にコマーシャルペーパーやマネーマーケットファンドの弱点が明らかになる前からの方針です。投資記者のレイ・デボーが言うように、「より高い利回りに手を出したら、銃口を突き付けられた場合よりも多くのお金を失うことになる」からです。バークシャーでは、銀行の与信枠には頼りません。また、担保を求められるような契約は、当社の流動資産と比べてごく少額のものを除いて、結びません。

借り入れに慎重であったために、私たちは若干の潜在利益を失うことになりました。しかし、流動性をたっぷりと確保したことで、ぐっすり眠ることができています。そしてさらに、私たちの経済でときどき発生する金融危機のさなかにあって、ほかの人々が生存をかけて争うなかで、私たちは財務面でも気持ちの面でも攻めに出る用意もできています。

期間	高値	安値	下落率
1973年３月～1975年１月	93ドル	38ドル	59.1%
1987年10月２日～1987年10月27日	4250ドル	2675ドル	37.1%
1998年６月19日～2000年３月10日	80900ドル	41300ドル	48.9%
2008年９月19日～2009年３月５日	147000ドル	72400ドル	50.7%

このため、私たちは二〇〇八年にリーマンブラザーズの破綻が起きてから二五日間の混乱のなかで一五六億ドルを投資することができました。

バークシャーには、短期的な価格のランダム性が、価値の長期的な成長を歪めることを示す鮮明な例がいくつかあります。私たちはこれまでの五三年間、収益を再投資して複利の魔法をかけることで価値を築いてきました。しかし、価値は毎年増えていきましたが、バークシャーの株価は過去に四回、大きく下落しました。悲惨な時期の詳細は上のとおりです。

上の**表**は、借金をして資本を増やすことに反対する私たちの強い思いを後押ししてくれています。株価が短期間でどれほど下げるかを示すのに、これ以上効果的なものはないからです。たとえ借り入れが少額で、市場が下げても手持ちのポジションが即座に脅かされないとしても、恐ろしい見出しや苦しいコメントに動揺することになるでしょう。そして、気持ちが不安定なときに良い判断を下すことはできません。

バークシャーや他社の株価は、次の五三年にも表に示したような下落に見舞われることがあるでしょう。それがいつになるかはだれにも分かりません。信号は、時に青から赤に（黄色を飛ばして）変わってしまうことがあるということです。

しかし、市場が大幅に下落すれば、借金に動きが制限されない人にとっては素晴らしいチャンスが訪れます。そのときは、キプリングの「もし」という詩の一説を思い出してください。

「もし、みんなが冷静さを失ってあなたを責めても冷静でいられるならば……
もし、待ち続けることに耐えることができるならば……
もし、考えることができ、その考えを目的にしないのならば……
もし、すべての人から疑われても、自分を信じることができるならば……
この世界は君のものであり、すべてがそこにある」

第3章

普通株

Common Stock

ちょくちょく流行する強力な伝染病である「恐怖」と「強欲」は、投資の世界においては永遠に収まることがありません。いつ大流行するかはだれにも予測できませんし、伝染病によってもたらされるマーケットの変調も、その期間や程度は予測不能です。だから私たちは、これらの伝染病がいつ流行していつ収まるかを予想しようなどと、大それたことは考えていません。それよりも私たちの目標はもっと控えめです。それは単に、みんなが強欲に取りつかれているときには慎重に、みんなが恐怖に取りつかれているときには積極的に出るようにしているだけです。

この原稿執筆時点で、ウォール街にこうした恐怖はほとんど見当たりません。それに引き換え、目立つのは陶酔した人々です。それに、何の不思議があるでしょうか。強気市場に参加していると、人は大変陽気になりますが、それは、強気市場の下では投資先がぱっとしない業績であっても、投資家たちは利益を享受することができるためです。しかし残念なことに、株価がいつまでも企業の実態よりも過大評価され続けることはありません。

実際、株主は相当額のトレードコストと管理コストを負担しているため、長期のパフォーマンスは所有する会社のそれを確実に下回ることになります。もしアメリカ株が全体で一二%の利益を上げているとしても、投資家が手にする利益はそれをかなり下回るはずです。強気市場が数学の法則を歪めることはあっても、それが無効になることはないということです（一九八六年の手紙の導入部分）。

A．質の高い株主を引き付ける（一九八八年八月五日付のバークシャーの株主への手紙、一九八八年に再出、一九八八年）

数カ月中にバークシャー株がＮＹＳＥ（ニューヨーク証券取引所）で売買できるようになるでしょう。ＮＹＳＥへの上場は新規上場基準によって、取引所の理事会の議決と、ＳＥＣ（証券取引委員会）の承認が得られて初めて可能になります。もしその認可が間もなく下りるなら（認可されると信じているのですが）、上場申請をすることになります。

取引所によれば、新たに上場する会社は一〇〇株以上の株式を保有する株主が最低二〇〇〇人以上存在することが必要であるとしています。この基準は、ＮＹＳＥに上場された会社が公正な市場を提供して、幅広い投資家を集めることができるようにするために設けられています。一〇〇株という基準は、現在ＮＹＳＥに上場するすべての普通株の取引単位と一致しています。

バークシャーは（一九八八年には）あまり多くの株式を発行していませんでした（一一四万六六四二株）ので、一〇〇株以上所有の株主数が同取引所の規定に達しませんでした。しかし、バークシャー株を一〇株保有するということは、かなり大きな投資をしていることになります。実際、バークシャー株一〇株の価値は、ＮＹＳＥに上場されたどの企業の株式一〇〇株の価値よりも大きくなっています。その結果、取引所は、バークシャー株の「取引単位」を一〇株とすることを認めるようになりました。

取引所は、一〇〇株以上を所有している株主を最低二〇〇〇人必要とする現行のルールを「取引単位」数以上を所有する株主が二〇〇〇人以上存在することに変更しました。これならバークシャーは容易に条件を満たすことができます。

チャーリー・マンガーと私は、NYSEへの上場が私たちの株主に利益をもたらすと信じていましたので、上場の見込みが生まれたことに肩をたたいて喜び合いました。私たちは二つの判断基準によって、どのような市場がバークシャー株式に利益をもたらすかを決定します。私たちが最も望んでいることは、株価が常にその内在価値に沿った形で推移することです。もしそうであれば、株主が保有期間中に得る利益は、同期間のバークシャーの事業実績とほぼ同じになるからです。

このような結果は自動的に起こるものではありません。多くの株が過小評価され、または過大評価されすぎて、激しい値動きを見せます。このような状況では、株主たちは実際の業績とかけ離れたところで損したり得したりしています。そんな気まぐれな状況は避けなければなりません。私たちが目標とするのは、一部の株主のバカげた振る舞いによってではなく、企業業績によってパートナーである株主が利益を得ることです。

適正な株価は、現在も未来も理性ある株主によって作られます。だから私たちは、市場原理だけで動く株の短期保有者を排除して、企業に投資する考えで株を長期保有する人たちに株主になってもらうためのやり方や広報を行っています。今日まで私たちのこの試みは成功を収めてきました。そしてバークシャー株は、一貫して内在的な企業価値に近い非常に狭い値幅で売買されてきました。NYSEに上場することは、バークシャー株がいつも適正な価格で取引されるべきであるとする考えに、何の影響も与えないだろうと思っています。どの市場であれ、株主のみなさんの賢明さが良い結果をもたらします。

上場によってバークシャーの株主が負担する取引コストが減少すると信じていますし、それは重要なことです。長期間保有してくれる人に株主になってもらいたいのですが、同時に彼らが株を売買するコストも最少であってほしいと思っています。長期的には、株主の税引き前利益の総計は、企業収益から取引コスト――ブローカーへの手数料と値付け業者（マーケットメーカー）による正味の差額（売値と買値の差）を足したもの――を差し引いた額と等しくなるはずです。全体的に見て、これらの取引コストがNYSE上場で大いに引き下げられると考えています。

取引コストは、値動きの激しい株を売買するときには大きな負担になります。それは、たいてい企業収益の一〇％かそれ以上になります。実際問題として、こうしたコストは、国家にというよりも個人の意思に基づく「椅子取りゲーム」のため金融業界に支払われるものであるにもかかわらず、現実には株主に重税としてのしかかっています。私たちの取り組みとみなさんの投資態度によって、バークシャー株主の「税金」は、株式公開している大企業のなかでは最低と思われるレベルまで下がりました。NYSEに上場すれば、値付け業者による売値と買値の差額を狭めることで、このコストをさらに下げることができます。
最後に一言――**私たちはバークシャー株の評価を高めようとして、ＮＹＳＥへの上場を試みているわけではないということを理解してほしいと思います。バークシャー株は、同様の経済状況下ならＮＹＳＥでも店頭売買でも同じ額で売られるべきですし、そうなると期待しています。ＮＹＳＥ上場を理由に売買してほしくはありません。上場は売買するに当たって、幾分コスト負担を少なくする手段にすぎません。**

バークシャーの株式は一九八八年一一月二九日にＮＹＳＥに上場されました……。以前の報告書で扱わなかった事柄の一つをここで明確にしましょう。それは、当社株の取引単位は一〇株ですが、一株以上であれば、売買が可能であるということです。

すでに説明したように、上場に対する主な目的は取引コストを減らすことで、その目的は達成されつつあります。ＮＹＳＥの売値と買値の差額は店頭市場と比較すると全体的にかなり小さくなっています。

当社株のスペシャリストであるヘンダーソン・ブラザーズ社（ＨＢＩ）は、ＮＹＳＥのスペシャリストのなかでも最古参です。その創始者のウィリアム・トーマス・ヘンダーソンは一八六一年九月八日に五〇〇ドルで会員権を手に入れました（最近は、ＮＹＳＥの会員権は約六二万五〇〇〇ドルの値が付いています）。ＨＢＩは八三銘柄を取り扱い、五四社あるスペシャリストのなかでは第二位です。バークシャーがＨＢＩに割り当てられたときはとてもうれしかったし、その後の彼らの仕事ぶりにも非常に満足しています。ＨＢＩの会長であるジム・マグワイヤーが自らバークシャー株の取引を管理してくれているのですが、彼より適任な人はいなかったでしょう。

私たちの目的は、ほかの上場企業とは二つの点で少し異なっています。第一は、バークシャー株の株価が実態以上につり上がることを望んでいない点です。企業の内在価値（妥当な、いや本当はそう言えないほどの速さで増加してほしいのですが）を軸とした狭い値幅で株価が推移してほしいと願っています。

第二に、私たちは株の売買が激しくならないでほしいと思っています。仮に数人のパートナーとともに個人企業を経営していたとして、もし彼らが頻繁に入れ替わったら、やる気を失ってしまうでしょう。上場企業であっても、その思いは同じです。

私たちの目的は、株式の購入時点で、いつ、いくらで売ろうなどとは考えずに、永続的に保有するつもりの人に株主になってもらうことです。自社の株が激しく売買されることを望むＣＥＯ（最高経営責任者）の気持ちは理解できません。なぜなら、それは絶えず多くの株主が去っていくことを意味するからです。学校やクラブや教会など、どのような組織であってもメンバーが去っていくのを喜んで見送る責任者などいるでしょうか（ただ、教会に信者を入れ替える手数料で生計を立てているブローカーがいるとしたら、「最近、キリスト教には目立った動きがありません。来週にでも仏教に乗り換えたほうがいいと思いますよ」などと勧誘するかもしれません）。

もちろん、バークシャーの株主が株式を売る必要が生じたり、売りたくなったりする場合もあるでしょう。そうしたときは、その株が妥当な価格で別の賢明な株主にわたることを望んでいます。そのため、私たちは自分たちの方針や業績や広報を通じてバークシャーの経営理念を理解し、時間軸を共有し、私たちが自らを評価するのと同じように私たちを評価してくれる人が新しい株主になってくれるように努力しています。もし私たちがこのような株主を常に引き付けることができれば――そして同じくらい重要なことですが、短期的な株主や非現実的な期待をする人にとっては興味がない存在であれば――、バークシャー株は一貫して企業価値に連動する価格で売買されていくはずです（［ここからは一九八九年の報告書より抜粋］ＮＹＳＥに上場してから一年がたちますが、バークシャーのスペシャリストであるＨＢＩのジム・マグワイヤーは驚異的な仕事を続けてくれています。上場前の売値と買値の差はたいてい三％以上でしたが、マグワイヤーはそれを五〇ポイント以下に抑えています。これは、現行価格の一％以下ということです。取引コストが下がったことは、売買したい株主にとって明らかな利点です。私たちにとって、マグワイヤーやＨＢＩとの出会いやＮＹＳＥとの出合いは素晴らしい経験だったため、私はNYSEの一連の広告で多くを語りました。私は通常、あまり推薦はしませんが、このときは喜んでこの取引所を公然と称賛しました）。

B．株式分割と見えざる足（一九八三年、一九九二年）

なぜバークシャーが株式分割をしないのかと尋ねられることがしばしばあります。こうした質問の背景には、株式分割は株主のための行動であるという前提があるように思われます。しかし、私たちはそうは思いません。その理由を説明しましょう。

もし株主や将来の買い手が非合理的で、一時の感情に基づいた行動をする傾向があれば、その会社の株価は周期的にかなりバカげた価格になるでしょう。躁鬱病的な性格の人は、躁鬱病的な評価をします。このような軌道を逸した行動は、私たちがほかの企業の株式を売買するときには役に立つかもしれません。しかし、バークシャー株に対してはこのようなことを最小限に抑えることが、みなさんと私たち双方の利益となると考えています。

質の高い株主だけを集めるのは楽な仕事ではありません。アスター夫人は自分のパーティーの招待客四〇〇人を選ぶことができましたが、株はだれでも好きな銘柄を買うことができます。株主「クラブ」に加入するメンバーを、知的能力、情緒安定性、道義的感性、ドレスコードなどで選別することはできません。そうなると、株主優生学は希望のない試みに見えるかもしれません。

しかし、もし企業とその所有に関する私たちの考えを矛盾することなく伝え続け、あとは自主的選択に任せれば、多くの質の高い株主を引き付け、維持することはできると思っています。例えば、オペラの広告とロックコンサートの広告を出せば、だれでも自由にチケットを買えるにもかかわらず、それぞれの聴衆はかなり違った人たちになります。

私たちは、方針と広報活動（この手紙が私たちにとっての「広告」です）を通して、私たちの経営や姿勢や展望を理解してくれる投資家を引き付けようとしています（そして、それと同じくらい重要なことは、そうでない人たちを思いとどまらせることです）。私たちは、自分を企業のオーナーであるとみなし、長期にわたり所有する意思を持って会社に投資する株主を望んでいます。また、市場価格ではなく、業績に注目する人たちを望んでいます。

このような考えを持つ投資家は少数派です。しかしバークシャーには、そうした方々がたくさん集まっています。九〇％を優に超す（恐らく九五％以上の）株式が、五年前もバークシャーの株主であった投資家によって保有されています。そして、私たちの株主の九五％以上の人にとっては、バークシャー株がポートフォリオ内の最大銘柄で、二位の銘柄の倍以上の額を投資していると思われます。少なくとも数千人の一般株主を有する市場価格一〇億ドル以上の会社のなかで、株主がオーナーのように考えて行動することにおいては、バークシャーは業界のリーダーと言えるでしょう。こうした特徴を持つ株主グループの質をさらに向上させていくことは容易なことではありません。

もし私たちが株式を分割したり、企業価値よりも株価に焦点を合わせるならば、売り手となる既存の株主よりも、もっと質の劣った新規の株主を引き付けることになってしまいます。一株を一〇〇株に分割して、潜在的な一株の買い手が一〇〇株を買うことができるようにすれば、より好都合なのでしょうか。そのように考え、分割されたから、あるいは分割を期待して株を買う人々は、現在の私たちの株主グループの質を確実に下げるでしょう（現在の明晰な思考を持ったメンバーを、新しいメンバー、すなわち価値よりも紙切れを好み、一枚の一〇〇ドル紙幣よりも九枚の一〇ドル紙幣を持つほうが裕福であると感じる人々と入れ換えることによって、私たちは株主グループの質を本当に向上させることができるのでしょうか）。価値以外の理由で買う人たちは価値以外の理由で売る可能性が高いと思います。こうした投資家の参加によって、事業の展開とは無関係に、株価の不安定な価格変動が起こることになるでしょう。

私たちは株価の短期的な動きばかりにとらわれた買い手を引き付けるような方針を避け、企業価値に注目した思慮深い長期志向の投資家を引き付ける戦略を進めようと思っています。現実にみなさんが、合理的で思慮深い投資家だけが参加しているマーケットでバークシャー株を購入したように、万が一、売ろうと考えたときにも同様のマーケットで売る権利があります。私たちはそのような環境を維持するために努力するつもりです。

株式市場における皮肉の一つは、売買にばかり重きが置かれていることです。証券会社は「市場性」や「流動性」のような用語を使って、売買の回転率が高い銘柄を称賛します（あなたの懐を満たすことのできない人間に限って、確信を持ってあなたに何か吹き込もうとします）。しかし、胴元にとって良いことは、顧客にとっては良いことでないことを投資家は理解すべきです。異常に活況な株式市場は、企業によるスリ行為が公然と行われているような場所でもあります。

例えば、資本に対して一二％の収益を上げている一般的な会社を想定してください。そして、その株の回転率が年に一〇〇％という高率であった場合、もし株式が簿価で取引されるなら、その企業の株主は、所有権が入れ替わることで間接的に、毎年、企業の純資産の二％を総額で支払うことになるでしょう。これは企業の収益に対して何の貢献もせず、そして収益の六分の一が移転の際の「摩擦」コストとして株主から失われていることを意味します（そしてこの計算ではオプション取引を勘定に入れていませんから、それによってさらに摩擦コストは増えるでしょう）。

すべては高くつく椅子取りゲームのようなものです。もし、政府が企業や投資家に新しく「一六と三分の二」％の所得税を課したなら、どんな苦悶の叫びが起こるか想像することができるでしょうか。売買によって、投資家は自分自身にこのような税金と同じ負担を課すことになります。

（こうした活動が資本配分プロセスの合理性を改善する、つまりパイを大きくすると主張する人がいます。しかし、これは見かけ倒しであり、結局のところ、異常に活況な株式市場は合理的な資本配分をダメにして、パイを小さくすることになると思っています。アダム・スミスは自由なマーケットでのすべての自発的行為は、経済を最大限に発展させることになる神の見えざる手によって導かれていると考えていました。これに対して私たちは、カジノのようなマーケットと危うい資産運用は、経済の前進を妨げ、鈍化させる「見えざる足」になっていると思っています）。

売買が非常に活発な株とバークシャー株を比べてみましょう。バークシャーの売買スプレッドは、現在約三〇ポイント、つまり二％強になっています。売り手が受け取る金額と買い手が支払うコストの差は、四％（二～三株程度の売買）から一・五％（大口トレードで、マーケットメーカーのスプレッドとブローカーの手数料の値下げ交渉が可能なとき）程度です。バークシャー株は比較的売買代金が高いことが多いため、スプレッドの平均は恐らく二％を超えないでしょう。

ちなみに、バークシャー株の本当の回転率（ディーラー間のトレードや贈与や遺贈を除く）は、恐らく毎年三％程度です。そのため、バークシャーのオーナーたちが支払っているのは、全体として恐らくバークシャーの市場価値の〇・〇六％程度だと思います。これは金額にすると約九〇万ドルで、小さくないコストではありますが、平均よりはかなり安くなっています。しかし、株式分割を行うと、コストが上昇し、株主の質は下がり、株価と内在価値との連動性が低くなっていきます。しかも、それを埋め合わせる利点は見つかりません。

昨年暮れに、バークシャーの株価は一万ドルを超えました。すると、数人の株主から高い株価は困るという声が挙がりました。彼らは毎年、株を贈与したいけれども、一個人に対する贈与額が年間一万ドルを超えると税率が変わるという問題に直面していました。具体的に言えば、一万ドル以下の贈与は完全に無税ですが、一万ドルを超えると相続税の生涯控除額の一部を使うか、その枠を使い切っていれば贈与税を支払わなければなりません。

この問題には、三つの解決策を提案しています。一つ目は、配偶者のいる株主にお勧めの方法です。贈与するときに、配偶者の同意を示す贈与税申告書を提出すれば、一人の受取人に対して年間二万ドルまで贈与することができます。

二つ目は、既婚や未婚にかかわらず、贈与相手に廉価で売却する方法です。例えば、バークシャーの株価が一万二〇〇〇ドルのときに一万ドルの贈与をしたければ、相手に二〇〇〇ドルで株式を売るということです（注意　もし売却価格があなたの課税標準を超える場合は課税されます）。

三つ目は、贈与したい人と一緒に組合を設立してバークシャー株をその組合に現物出資し、毎年、組合の所有権を譲渡していく方法です。組合の所有権の価値はあなたが任意に設定することができます。贈与する価値が一万ドル以下ならば、贈与に税金はかかりません。

ここで、いつものように警告をしておきます。贈与に関する難解な方法については、実行する前に税理士に相談してください。

株式分割については、以前の年次報告書に書いた見解に今も変わりはありません。このことを含めて、私たちの株主に関する方針は、全体としてバークシャーがほかの株主数が多いアメリカ企業よりも株主のつながりが強い会社となる助けになっていると考えています。バークシャーの株主は、合理的な長期株主のように考え、行動し、マンガーや私と同じように会社を見ています。そのおかげで、バークシャー株は一貫して内在価値に近い価格帯で取引されています。

さらに、株主の多いほかのどんな企業と比べても、バークシャーの株主の回転率ははるかに低いと確信しています。多くの会社において、株主に対する主要な「税金」の役を果たす売買の摩擦コストは、バークシャーでは事実上存在していません（ＮＹＳＥにおけるバークシャー株の専門業者ジム・マグワイヤーのマーケットメークの技術は、これらのコストを安く保つのに確実に役立っています）。当然、株式分割がこの状況を劇的に変えることはないでしょう。分割によって新しく株主になった方によって、バークシャーの株主グループの質が上がることもあり得ません。それどころか、少しずつ質が低下していくと考えています。

C．バークシャー株の二つのクラス――クローンを阻む（一九九五年、一九九六年、BNSF買収に伴って分割されたクラスB株は、経済的権利がクラスA株の一五〇〇分の一、議決権が一万分の一に設定されている）

年次総会では、資本構成を改変してバークシャーの株式を二種類に分けることについて、みなさんに承認を求めることになるでしょう。その計画が採択されると、既存の普通株はクラスA普通株となり、新たにクラスB普通株が設けられることになります。

「B」株は次の例外を除き、「A」株の三〇分の一の権利を持つことになります。第一に、B株の投票権は、A株の二〇〇分の一になります（三〇分の一ではなく）。第二に、B株はバークシャーの株主が寄付先を指定できる慈善活動プログラムに参加する資格がありません。

私たちはNYSEにB株を上場するつもりでいます。これでA株と並んでB株も取引することができることになります。上場に必要な株主基盤を作り、マーケットでのB株の流動性を確保するために、バークシャーは新しいB株について少なくとも一億ドルの公募増資を予定しています。公募は目論見書のみを用いて行われます。

最終的にB株の価格を決定するのはマーケットですが、その価格は、A株の価格の三〇分の一ほどになるでしょう。

A株の株主で、株の贈与を望んでいる場合は、一株か二株をB株に転換するという方法もあります。さらに、もしB株に対する需要が強くて、その価格がA株の三〇分の一を少し上回れば、裁定取引に関連したB株への転換が起こるでしょう。

しかし、A株は議決権とバークシャーの慈善プログラムへの参加権を完全に有することでB株よりも優れており、贈与を容易にするために少数の株式を転換する場合を除き、A株のほとんどの株主は転換しないと考えています。これは、まさにバフェットとマンガーの一族が意図していることです。ほとんどの株主がA株にとどまるだろうと見込まれるので、A株の流動性はB株よりも幾分大きいと思われます。

この資本構成の改変によって、バークシャーにとってトレードオフが発生します。しかし、それは公募増資によってもたらされるのではなく、またどんな価格でB株を売り出すかにも依存していません。資金は有効な使い道を考えます。私がこの文を書いている時点でのバークシャー株の株価は三万六〇〇〇ドルですが、マンガーと私はそれが過小評価されているとは思っていません。したがって、私たちが企てている公募増資は、既存の株の一株当たりの内在価値を減少させることにはならないと思います。でも、株の評価額に関してもっと率直な考えを述べるとすると、マンガーと私は、現在のバークシャーの株価水準なら買いたいとは思いません。

B株発行にあたって、バークシャーにはある程度追加のコストがかかります。より多数の株主に対処するためにはお金がかかるからです。一方、贈与を望む人々にとって、B株は便利なものです。また、株式分割を望んできた人たちにとっては、希望者自身の手で分割を行う方法ができたことになります。

しかし、私たちがこの手だてを講じようとするには別の理由があります。バークシャー株の低価格の「クローン」だと称する手数料の高いユニット投信が出現して、積極的に販売されることが確かになったからです。これらの投資信託の背景にあるアイデアはけっして新しくはありません。というのも、数年前から、小口の「バークシャー株一〇〇%組み込み」の投資ファンドを作りたいと、多くの人が私に話を持ってきていたからです。しかし最近までは、私がそれに反対しているということを知って、計画は立ち消えになっていました。

私は小口投資家よりも大口投資家の方を好むからという理由で、小口投資家をがっかりさせたくはありません。もしそれが可能であるなら、マンガーと私も一〇〇〇ドルを三〇〇〇ドルに増やして、資金問題に直面している多くの人々を喜んで救いたいと思います。

しかし、小さな賭け金を素早く三倍にするためには、現在の時価総額四三〇億ドルを、それと同じぐらい素早く、一二九〇億ドルにしなければなりません。これはアメリカで時価総額が最大の企業であるゼネラル・エレクトリックにおおむね相当します。しかし、そんなことはとてもできません。望むことができる最良のことは、平均して、五年ごとにバークシャーの一株当たりの内在価値を二倍にすることですが、私たちはその目標にも遥かに及ばないでしょう。結局のところ、マンガーと私は、バークシャーの株主が大口であるか小口であるかは気にしません。私たちが望むのは、私たちの経営を理解し、私たちの目標と長期の展望を共有し、何よりも資本が大きいために私たちに課せられた限界に気づいている株主です。

最近表面化したユニット型投資信託は、こうした理想とは相反するものです。それは高額な手数料を要求する証券会社によって販売され、株主にとって別の厄介なコストを課すことにもなるでしょう。そしてそれは、バークシャーの過去の業績や、最近バークシャーと私が受けた評判に影響された素人投資家を対象に売りに出されるでしょう。その結果は明らかで、多くの投資家が失望することになります。

バークシャー株のみの投資信託よりもはるかに優れた小口の金融商品であるB株式を新たに作ることによって、私たちはクローン（バークシャーの投資信託）の商品化を阻むことをもくろんでいます。

しかし現在の、そして将来のバークシャーの株主は次の点に特別な注意を払う必要があります。私たちの株式の一株当たりの内在価値は過去の五年の間に卓越した率で成長してきましたが、市場価格はそれよりも速く高騰してしまいました。言い換えると、株価が企業の実態をしのいだということです。

マーケットにおけるその種の過大評価が、いつまでも持続されることはありません。バークシャー株であれ、ほかのいかなる株であれ、それは同じです。同様に、過小評価される期間も避けることはできません。価格のボラティリティは、公開市場特有の現象ではありますが、私たちの好むものではありません。私たちが好ましいと考えるのは、バークシャーの市場価格がその内在価値を正確に反映し続けることです。もしそうできれば、すべての株主がバークシャーの発展に釣り合いが取れた利益をその保有期間中に手にすることができることになります。

明らかに、バークシャー株の値動きはこの理想どおりにはならないでしょう。しかし、現在、そして将来の株主が投資判断を行うときに、正しい知識があり、事業内容を重視し、そして高い手数料を負担しなくてもよいなら、私たちはこの目標にさらに近づくことができるでしょう。最後に、もし私たちがユニット型投資信託の販売促進の試みを鈍らせることができるなら、それはより好都合です。それがB株を作り出そうとしている理由です。

私たちは、一九九六年にソロモンを通じて二つの興味深い特徴を持ったかなり大きな公募増資を行いました。その第一は、五月に五一万七五〇〇株のクラスB普通株を公募増資したことです。五億六五〇〇万ドルの払い込みがありました。以前にお話ししたように、私たちはバークシャーそっくりのユニット型投資信託が販売されようとしているのに対抗して、この公募増

資を行いました。もしこのような投信が設定されていたら、販売会社は私たちの過去の、そして明らかに繰り返すことのできない記録を用いてだまされやすい小口投資家を勧誘し、高い手数料をとって販売していたでしょう。

このような投資信託を、数十億ドル程度売りさばくのは非常に容易でしょうし、その初期の成功によって次々と同様の投資信託が作られていくことでしょう（証券業界では、売れるものは何でも売ります）。そして、投資信託は集めた資金を、供給が固定され限定されているバークシャー株に見境なくつぎ込むでしょう。そうなれば、バークシャー株に投機バブルが起こります。株価の高騰は、少なくとも一時的に信託の妥当性を証明することになり、それが新たな無知で影響を受けやすい投資家を投資信託に呼び込み、バークシャー株はさらに買われることになります。

これは、バークシャー株を売ることにした人にとっては、理想的な結果かもしれません。なぜなら、誤った希望を抱いて買いに入った投資家のおかげで、利益を得ることができるからです。しかし、株を持ち続けることにした人は、バブルがはじけると被害を受けることになります。その時点で、バークシャーは何十万人という不幸な間接的株主（投資信託の買い手）と、傷ついた評価という二つの重荷を負っているはずだからです。

B株の発行は、投信の販売を抑制しただけでなく、私たちの警告を聞いたあとでもバークシャーに投資したいと望む人たちに、低コストでの購入手段を提供することになりました。証券会社が、手数料の大きい新株の売り込みにかける熱意を抑えるため、今回の公募の手数料はわずか一・五％に設定しました。これは、普通株の引き受けで私の知る限り最も低い数字です。それに加えて、調達金額にも制限を設けませんでした。こうすれば、誇大宣伝と希少性を組み合わせて短期的な価格の上昇を狙う典型的なＩＰＯ（新規株式公開）の買い手を追い払うことができるからです。

全体的に見て、私たちはＢ株が長期的な観点で投資する人によってだけ購入されやすいようにしました。そうした努力はおおむね成功しました。Ｂ株の発行直後の出来高は（これは転売に関するおおざっぱな目安になるのですが）、一般的なＩＰＯ株の出来高よりもかなり少なかったからです。結局、私たちは、四万人の株主を追加することができました。そのほとんどは、自分が何を保有しているのか理解し、長期的な目標を共有していると私たちは確信しています。

ソロモンはこの通常とは違う取引において最高の仕事をしてくれました。この投資銀行は私たちが何をしようとしていたか、完全に理解していました。そしてＢ株の発行のすべての面をこうした目標に適合するように対応したのです。もし私たちの公募増資が標準的なものであったなら、ソロモンははるかに多くの利益（多分、一〇倍ぐらい）を上げることができたはずです。けれどもソロモンはそのような小細工をしませんでした。それどころか、彼らは自身の経済的な利益に反するようなアイデアを出してバークシャーの目標がより確実に達成できるようにしてくれました。テリー・フィッツジェラルドが、この取り組みの指揮を執りました。私たちは彼が行った仕事に対して感謝しています。

そのような背景があったので、その年の後半になって、私たちが所有しているソロモン株の一部に転換することができるバークシャーの債券を起債することに決めたとき、再びフィッツジェラルドのところに行ったということをみなさんが知っても、驚かないでしょう。ソロモンは、額面五億ドルの五年の債券を四億四七一〇万ドルで売って、再度完璧に一流の仕事をしました。額面一〇〇〇ドルの債券がソロモンの一七・六五株に転換可能であり、そして三年たつと暫増する価格で期限前償還が可能なものです。発行時割引と一％の利子を考慮すると、この債券は株式に転換しない保有者には満期までに三％の利回りがあります。しかし、この債券は満期前に転換される可能性が高く、もし転換されれば、私たちの金利負担は転換までの期間で約一・一％になるでしょう。

近年、マンガーと私はあらゆる投資銀行業務の手数料に不満を持っていると書かれています。しかし、それはまったく間違っています。私たちは、一九六七年にナショナル・インデムニティ保険会社の買収でチャーリー・ヘイダーに切った小切手から始まって、これまでの三〇年間に非常に多くの手数料を支払ってきました。しかし、仕事に見合った手数料ならば喜んで支払っています。ソロモン・ブラザーズで行った一九九六年のケースでは、支払った金額以上の価値がありました。

D．自社株買いと合理性（一九八四年、一九九九年、二〇一一年、二〇一六年、二〇二一年）

私たちが大きな投資をしている会社は、株価と価値が大きく乖離したときに、大掛かりな自社株買いをときどき行ってきました。二つの重要な理由によって、私たちは株主としてこれが有望で価値があることだと認識しています。一つの理由は明白ですが、もう一つは微妙で、常に理解されているわけではありません。明白な理由に関しては、簡単な計算で分かります。企業の内在価値以下の株価で大掛かりな自社株買いをすれば、極めて有意義な形で一株当たりの企業価値は即座に増加するからです。自社株買いは一ドルの現在価値で簡単に二ドルを得ることができるケースがよくあります。しかし、企業の買収計画のほとんどはこれほどうまくはいきません。一ドルを使って一ドルをかなり下回るものしか得ていないケースががっかりするほど多くあるからです。

自社株買いのもう一つの利点は、正確に測ることはできませんが、長期的に見ると非常に重要なことです。株価がその企業の価値よりも大きく下回っているときの自社株買いは、経営者が株主の資産価値を増やす人物で、自らの権限を拡大し、株主のために尽くさない（それどころか損害を与えることもある）人物ではないということを明確に示しています。これを見たら、株主も将来の株主もその企業から将来得られるであろう収益見通しを上げるでしょう。この上方修正によって、株価は内在価値により近い理にかなった価格になります。そして、投資家は、利己的な経営者がいる企業よりも、株主思いの経営者がいる企業により多く投資したいと思うはずです（極端なことを言えば、逃亡した金融業者のロバート・ベスコが経営する会社に投資したいと思うのか、ということです）。

キーワードは「実証する」ということです。自社株買いが明らかに株主の利益になるときに、それを一切しない経営者の動機は、彼自身が思っている以上に明らかです。広報に促されて「株主の資産を最大にする」（昨今、流行のフレーズ）とどれだけ雄弁に繰り返しても、市場はこのような経営者に委ねられた資産の評価を正しく下げることになります。彼は自分の言葉など聞いていませんし、しばらくすると市場も彼の言葉に耳を傾けなくなるでしょう。

企業の自社株買いが当を得たものとなる事実の組み合わせはたった一つしかありません。第一に、企業が事業で短期的に必要な額を上回る利用可能な資金――つまり、現金と妥当な借り入れ能力――を持っていることです。第二に、市場においてその企業の株式が、保守的に算出された内在価値を下回る価格で売られていることです。これには一つただし書きが加わります。株主はその内在価値を推定するために必要なすべての情報の提供を受けることができる、というものです。そうでなければ、内部者が情報を与えられていないパートナーよりも有利になり、

真の価値の何分の一かの価格で持ち分を買うことができるからです。このようなことはごくまれに目にします。もちろん、通常ごまかしが使われるのは株価を引き上げるためであり、引き下げるためではありません。

企業の株式が内在価値を大きく下回って取引されている場合、自社株買いはたいてい理にかなっています。一九七〇年代半ばには、実質的にこうした自社株買いを求める声が経営者に投げかけられていましたが、実際に対応した例はほとんど見られませんでした。しかし、ほとんどの場合、自社株買いを行ったほうがそれ以外の行動をとった場合よりも株主は豊かになりました。事実、私たちが一九七〇年代、そしてその後数年間単発的に大規模な自社株買いを行った会社を探してみると、株主志向の経営者がいて、過小評価されている企業を見つけるヒントになりました。

しかし、これは過去のことです。今や自社株買いは大流行していますが、公表されていないことも非常に多いうえに、株価を押し上げたり下支えしたりするといった極めてバカげた理由で行われていることが多いようです。もちろん、今日、自社株買いに応じて株式を売ることを決める株主は、その買い手がどのような素性でどのような動機を持っていたとしても利益を得ることになります。しかし、これからも保有し続ける株主は、内在価値を上回る自社株買いによって損害を被ります。一ドル紙幣を保有している人にとって、新たに一・一〇ドルで買い増すというのは良い取引とは言えないからです。

マンガーと私は、確信を持って内在価値を推定できるのは、取引されているうちのほんの一部であり、それも一見、正確な数字ではなく、ある程度の範囲でしか示すことはできないと思っています。とはいえ、今や自社株買いを行っている多くの企業は、株式を持ち続けている株主を犠牲にして、株を売って離れていく株主に対価を過剰に支払っているように私たちには見えます。もちろん、CEO（最高経営責任者）が自らの会社について楽観的になるのは自然なことですし、彼らは私よりも自分の会社についてはるかによく知っています。しかし今日の自社株買いは、一株当たりの価格を高めたいという希望よりも、「自信を示したい」という経営者の欲望や流行だからという理由で決定されていることがあまりにも多いと感じずにはいられません。

また、企業が自社株買いを行うのは、非常に安い行使価格のストックオプションが執行されたときに発行済みの株式を相殺するためだと言うこともあります。残念ながら、この「高く買って安く売る」という戦略は多くの不幸な投資家が行っています（意図的ではありませんが）。けれども、経営者は喜々としてこの理に反する行動をとっているように見えます。

言うまでもないことですが、オプションの付与と自社株買いはどちらも意味のあることです――しかし、それは二つの行動が論理的に関連しているからではありません。合理的に考えれば、企業は自社株買いや株の発行について、別々に決定するべきです。オプションを相殺するために株を発行したとしても（あるいはほかの理由でも）、内在価値以上の価格で自社株買いをする理由にはなりません。同様に、内在価値を大きく下回って売られている株式は、株やオプションを発行したかどうかにかかわらず、自社株買いを行うべきです。

自社株買いについてのこのような議論を踏まえ、多くの投資家が株価の変動に対して示す非合理的な反応についてお話ししようと思います（株価の変動に関しては、第2章「B．ミスターマーケット」参照）。バークシャーが株式の自社株買いを行っている会社の株式を買う場合、私たちは二つのことを望んでいます。第一に期待しているのは、企業の利益が今後長い期間にわたり快調に増えていってほしいというごく普通のことです。第二に、株価が市場で長い間にわたり精彩を欠くことも望んでいます。つまり、保有株について議論することは、かつては有効な手段でしたが、バークシャーにとってはむしろ有害で、評論家が惰性で言っているような効用はありません。

ＩＢＭを例に考えてみましょう。今日、ＩＢＭの発行済み株式数は一一億六〇〇〇万株で、そのうち私たちは五・五％に相当する六三九〇万株を保有しています。当然ながら、今後五年間における同社の利益の動向は私たちにとって非常に重要なものです。まして、同社はこの時期に自社株買いのため五〇〇億ドルを費やす見込みです。さて、ここでクイズです。バークシャーのような長期保有者はその期間、何を期待すべきでしょうか。

私はみなさんの気をもませたいなどとは思っていません。その五年間を通じてＩＢＭの株価が低迷するよう願うべきです。

ちょっとした計算をしてみましょう。ＩＢＭの株価がこの期間、例えば平均二〇〇ドルだったとすると、同社は用意した五〇〇億ドルで二億五〇〇〇万株を購入することになります。その結果、発行済み株式数は九億一〇〇〇万株となり、私たちは同社を約七％保有していることになります。逆に、株式がこの期間に平均三〇〇ドルで売られているとすると、ＩＢＭはわずか一億六七〇〇万株しか買うことができません。これによって、五年後には発行済み株式が約九億九〇〇〇万株残されることになり、そのうち六・五％を私たちが保有することになります。

ＩＢＭが五年目に例えば二〇〇億ドルを稼いだとすると、この利益のうち私たちへの分け前は、株価が低迷するという「失望的な」シナリオのほうが、株価が上昇した場合と比較して優に一億ドルも上回ることになるでしょう。また、それ以降のどこかの時点で、私たちの保有する株式の価値は、「高値」による自社株買いのシナリオが実現した場合を五五億ドル上回ることとなるでしょう。

理屈は簡単です。将来的に株式を買い越すつもりであれば、それが直接的に自分の金を使うのであろうと、自社株買いを行う会社の保有を通じた間接的なものであろうと、株価が上昇すれば損をします。株価が下落する場合に利益がもたらされるということです。しかし、感情によって問題が複雑になることがあまりにも多くあります。大半の人は、将来的に買い越しとなる人を含めて株価が上昇するのを目にすれば安心します。こうした株主はすでに自分の車が満タンだからという理由で、ガソリン価格の上昇を喜ぶ車通勤者のようなものです。

マンガーも私も、みなさんの多くを説得して私たちの考え方に従わせようなどとは思っていません。私たちはそれが無益であることを理解できる程度には人間の行動について観察してきました。しかし、私たちがこのような計算をしていることは知っておいてください。そしてここで告白したいことがあります。昔は私も市場の上昇に喜んでおりました。その後、ベンジャミン・グレアムの**『賢明なる投資家』**（パンローリング）の第8章を読みました。この章は、投資家が株価の変動をどのようにとらえるべきかについて書かれています。私の目からは即座にウロコが落ち、安い株を好むようになりました。この本を手に取ったことは私の人生で最も幸運な瞬間の一つでした。

結局、私たちのＩＢＭへの投資の成功は、主に同社の将来の利益によって決まります。しかし、重要な二次的要因としては、この会社が自社株買いに充てると見られる多額の資金によって、どれだけの株が買えるかという点が挙げられます。もし自社株買いによってＩＢＭの発行済み株式が六三九〇万株に減ることがあれば、私はこれまでのような倹約をやめて、バークシャーの従業員に有給休暇を与えることにします。

投資の世界で、自社株買いの話が過熱することはよくあります。しかし、落ち着いて考えれば、自社株買いが望ましいかどうかは、さほど複雑な判断ではありません。

自社株買いは、既存の株主にとって常に良いことですが、それによる日々の影響は普通はごくわずかです。それよりも、買い手が増えるという意味で売り手のほうが大きな恩恵を受けます。

しかし、今後も株を持ち続ける人にとって、自社株買いが利益になるのは内在的価値よりも安く買った場合だけです。それができれば、残りの株は一株当たりの内在的価値が即座に上がるからです。簡単な例を挙げておきます。三〇〇〇ドルの価値がある会社を三人のパートナーが所有しているとします。もし一人の持ち分を残りの二人が九〇〇ドルで買えば、各自が即座に五〇ドルの利益を得ます。

しかし、もしこのときの買値が一一〇〇ドルならば、既存のパートナーは五〇ドルの損失を被ります。同じことは、企業とその株主にも言えます。つまり、自社株買いが、株を保有し続ける人の価値を高めるのか破壊するのかは、買値によって決まるということです。

そのため、自社株買いの発表で、自社株買いを行う上限の金額に言及することがほぼないことは不可解です。これは、経営陣が外部の会社を買うときには、あり得ないことです。この価格が買うか見送るかの判断基準になるからです。

ＣＥＯや取締役会が自社の株を少しだけ買うときは、株価に無関心であることが多いように見えます。しかし、もし彼らが株主が少ない非公開会社を経営しているとして、彼らから買うかどうかを検討する場合も同じでしょうか。もちろん違います。

ただ、株価が過小評価されていても、自社株買いを行うべきではないときが二つあることをぜひ覚えておいてください。一つは、会社を守ったり事業を拡大したりするために使える資金すべてを使う必要があるときや、これ以上負債を増やしたくないときです。内部的に資金が必要なときは、そちらを優先すべきです。もちろん、この例外は、その支出を行うと妥当な収益が見込める場合ということです。

二つ目の例外は、頻繁にあることではありませんが、過小評価された自社株を買うよりも価値が高い買収やそのほかの投資チャンスがある場合です。かつては、バークシャーもこのような選択を迫られることがよくありました。しかし、現在の規模では、そのような案件はほとんどありません。

私は、自社株買いを検討する前にＣＥＯと取締役会が手を取り合い、一体となって「ある価格ならば賢いことが、別の価格ならばバカげている」と宣言することを勧めます。

株主の投資の価値を増やす方法は三つあります。一つ目は、私たちが常に第一に考えていることで、バークシャー傘下の事業の長期的な収益力を、内部成長や買収によって上げていくことです。今日では、バークシャー内部の機会のほうが買収よりもはるかに高いリターンを上げています。ただ、これらの機会もバークシャーの資源と比べれば十分とは言えません。

二つ目の選択肢は、上昇している良い会社や素晴らしい会社の非支配株主になることです。このことについては、間違いなく魅力的な機会がたくさんあるときもあります。しかし今日、私たちが興奮するような会社はあまりありません。

その理由は明らかです。低い長期金利が、株からアパートや農場や油田まですべての生産的投資の価格を上昇させたからです。ほかにも評価に影響を及ぼしている要素はありますが、金利は常に重要です。

価値を生み出す最後の方法は自社株買いです。この簡単な方法で、株主はバークシャーが支配株主の会社や非支配株主の会社の持ち分を増やすことができます。価格と価値の計算を正しく行えば、この方法が最も簡単かつ確実に富を増やすことができます。継続的な株主やそれ以外のいくつかの当事者の利益が増加するだけでなく、株の売り手や社会にとってもある程度のメリットがあります。

ただ、バークシャーの自社株買いの機会は限られています。当社には質が高い人たちが投資しているからです。もし株主の多くが短期の投機家ならば、ボラティリティが上がり、出来高も増えます。そして、株主が頻繁に入れ替われば、自社株買いによって価値を生み出す機会も増えます。ただ、買って保有し続けるというバークシャーの株主の尊敬すべき姿勢が自社株買いによって長年の株主にもたらされる利益を抑えているとしても、マンガーと私は今の株主のままでいてもらうほうがずっと良いと思っています。

バークシャーの自社株買いの方針をまとめておくと、私は簿価の一二〇％以下ならば、大量のバークシャー株を買い戻す権限を与えられています。この価格ならば、長期的な株主に即座にかなりの恩恵をもたらすことができるからです。内在的価値を正確に算出することはできませんが、私たちの推定では、簿価の一二〇％ならばバークシャーの内在的価値よりも十分割安な価格だと言えます。

この権限は、私たちが株価を一二〇％のところで「下支え」するという意味ではありません。もしその水準に達したら、価値を創造できる価格で意味のある買い戻しをしたいという希望と、市場にあまり大きな影響を与えないようにするという目的の妥協点を探っていくということです。

これまでのところ、バークシャーの自社株買いはかなり難しいことが分かっています。もしかしたら、私たちが自社株買いの方針を明確に示しているため、バークシャーの内在的価値が簿価の一二〇%よりもはるかに高いという私たちの見解が周知されてしまっているからかもしれません。ただ、それならば問題はありません。私たちは、バークシャーの株価が内在的価値前後の比較的狭い範囲で推移することを望んでいるからです。不当な高値（オーナーが自分が買った株に失望するのを見たくはありません）になることも、安すぎることも望んではいません。さらに言えば、「パートナー」から割安で買って利益を上げても、あまりうれしくはありません。それでも、市場環境によっては、自社株買いが株を持ち続ける人にとっても売却する人にとっても利益になる状況もあり得ます。そのときは、私たちはすぐに行動に出ます。

最後にあと一つ、私たちの見解を述べておきます。自社株買いに関する議論が盛り上がると、自らを非アメリカ的、つまり生産に必要な資金を流用する悪業のような言い方をする人が出てきます。しかし、それは間違っています。アメリカの企業も個人投資家も適切に使われることを願う資金をたくさん持っています。近年、資本がないために魅力的なプロジェクトが頓挫したケースは私が知るかぎりありません（そのような話があれば連絡してください）。

E. 配当政策と資本配分（一九八四年、二〇一二年、二〇一四年）

配当政策が株主に報告されることはよくありますが、それについて説明されることはまれです。企業はたいてい「目標は収益の四〇％～五〇％を支払うこと、そして配当を少なくともCPI（消費者物価指数）程度には上昇させること」などと言うだけで、なぜその方針が企業の株主にとって最適なのかという分析が示されることはありません。しかし、資本配分は企業と資産運用にとって極めて重大です。そこで、経営者と株主は、どのような環境ならば収益を留保し、またどのような環境ならば配当すべきなのかをよく考える必要があります。

最初に理解しておくべきことは、すべての利益が同じように形成されるわけではないということです。多くの企業（特に総資産利益率が高い企業）では、インフレが報告利益の一部か、すべてを水増ししてしまいます。この水増し部分を仮に「制限された」利益と呼ぶことにしましょう。もし企業が今の経営状態を維持しようとするならば、これを配当金に回すことはできません。これを支払ってしまうと、販売量の維持、長期的な競争力、財務的な強さなどを失うことになりかねないからです。配当性向をどれほど保守的にしても、限定された利益を毎回払い出していれば、同じだけの自己資本が注入されないかぎり、その会社は消えていく運命にあります。

制限された利益が株主にとってまったく価値がないというわけではありませんが、たいていは大きく割り引いて考えるべきです。実際、この利益は企業内での再投資の潜在的な経済性がどれほど低くても、株主に還元されずに、会社が使うことになるからです（この「いかに企業内での再投資の利回りが芳しくなくても留保する」状況は、一〇年前にコンソリデーティッド・

エジソンによって人知れず素晴らしく皮肉な方法で広められました。当時、この会社の株価は過酷な規制によって簿価の四分の一で売買されていました。つまり、一ドルの収益が留保されて企業内で再投資されても、市場ではその価格はわずか二五セントとみなされていました。それでも、この会社は「金を鉛に変える」ような状況のなかで、ほとんどの収益を株主に支払わずに企業内で再投資していきました。当時、ニューヨークの至るところにあったコンソリデーテッド・エジソンの建設現場や保守管理の現場では、同社のスローガンである「掘り続けなければならない」という看板が誇らしげに掲げられていました）。

配当に関する制限された収益についてはこれくらいにして、それよりもはるかに重要な制限されていない収益に話を変えましょう。この収益は、留保と配当の可能性が同等にあるものです。経営陣は株主のために、より利益をもたらす方法を選択するべきだと私たちは考えています。

しかし、この原則が常に受け入れられているわけではありません。多くの経営者は、自分が支配する企業帝国を拡大したい、資金的に十分すぎる余裕を持って経営したいなどの理由で、分配可能な収益を株主に配当しないで、留保することを望みます。しかし、私は留保する正当な理由は一つだけだと信じています。それは、**企業の留保利益一ドル当たり、少なくとも一ドル以上の市場価値が株主のために創造される**合理的で、できれば歴史的に証明されている理由があるか、それが思慮深い将来的な分析によって見込める場合です。留保は、投資家が一般的に得ることのできる利回りよりも高い収益率を達成できる場合にのみ許されるということです。

これを説明するために、リスクなしで一〇％の利回りが得られるという非常に特徴のある永久債券を投資家が所有している場合を考えてみましょう。この債券は毎年、現金で一〇％の利子を受け取るか、あるいは利回り一〇％の債券に同条件でその利子を再投資するか選択することができるとします。すなわち、永久に利子を同じ価値の現金に換えるか、再投資する選択肢を持っていることになります。もしある年に、リスクなしの長期債券の現行利子率が五％であるなら、投資家が利子を現金で受け取ることは愚かなことです。なぜならば、その代わりに選択することができる一〇％の債券は一ドルごとに一〇〇セントよりかなり大きな価値を持つからです。このような状況下においては、現金を手に入れることを望む投資家は、まず再投資してから即座にそれらを売るべきです。そうすることによって、彼は現金で直接利子を受け取るよりも多くの現金を得ることができるからです。すべての債券が合理的な投資家に所有されていると想定すると、金利が五％の時代にあっては、生活のために現金を必要としている債券投資家でさえ、だれも現金で受け取ることを選ばないでしょう。

しかし、現行利子率が一五％であったなら、理性的な投資家は自分の資金が一〇％で投資されるのを望まないでしょう。その代わりに、たとえ個人的に現金の必要性がなかったとしても、投資家は現金で利子を受け取ることを選択するはずです。利子を再投資しても、投資家が得られたはずの現金よりも随分低い評価額の債券を受け取ることになるからです。もし投資家が一

○％の債券に投資したいと思ったら、利子を現金で受け取って、市場でそれを買えばよいのです。この場合には、債券は大きく額面割れした価格で買えるでしょう。

この債券所有者の例に関する分析は、企業が制限されない収益を留保すべきか配当すべきかについて株主が考えるときに応用できます。もちろん、実際の分析はより困難で、間違いやすいものになります。なぜなら、利益を再投資した場合の収益率は先の債券の例のように確定した数字ではなく、状況によって変動するからです。そのため、株主は将来の平均収益率を推測する必要があります。ただ、情報に基づいて収益を推定できれば、あとの分析は容易です。もし高収益が期待できるならば利益が再投資されることを望むはずだし、再投資の結果が低そうならば現金で支払われるのを望むはずだからです。

多くの経営者は、子会社が親会社に収益を配当すべきかどうかの判断をこうした考えに基づいて下しています。このとき、彼らは聡明な株主のように考えることができます。しかし、親会社が配当するかどうかを判断するときはまったく違います。株主の立場に立って考えることができない経営者がたくさんいるからです。

この統合失調症的アプローチにおいて、多くの部門を抱える企業のＣＥＯは、資本増加率が五％と見込まれる子会社Ａには可能なかぎりの収益を親会社に配当するよう指示し、資本増加率が一五％と見込まれる子会社Ｂに投資するでしょう。ビジネススクールの講義ならば、ＣＥＯはこれ以外の行動は許されないと思います。しかし、もし親会社の長期的な資本増加率が五

%で市場金利が一〇%ならば、単に歴史的な配当政策か、業界の慣習的な配当政策を株主に押しつけてしまっている可能性が高いでしょう。しかも、CEOは子会社の経営者には、親会社の株主に配当するよりも子会社に留保したほうが有益な理由をきちんと説明するよう求めるのに、会社全体に関する同様の分析が株主に示されることはめったにありません。

収益が留保されるべきであるかどうかを判断する場合に、株主は最近の全体の増加収益と全体の増加資本とを単純に比較すべきではありません。なぜなら、その関係は中核事業の状況によってゆがめられているかもしれないからです。インフレの時期には、並外れて優れた経済的特性を持つ中核事業を持っている会社は、少額の増加資本を非常に高い利益率で使うことができます（「のれん」については昨年の報告書でも論じました。［第6章「D．経済的なのれんと会計上ののれん」を参照］）。しかし、企業全体が途方もないような大成長を遂げているのでないかぎり、経済性が優れた中核事業は大きな余剰資金を生み出すことになります。そして、もしその余剰資金の大部分を収益率の低い事業につぎ込んだとしても、全社的なROC（資本収益率）は素晴らしいものに見えるでしょう。なぜなら、中核事業が並外れた収益を上げているからです。この状況はプロアマ合同のゴルフイベントに似ています。たとえアマチュアの全員がひどく下手でも、チームのベストスコアはプロの優れた技術のおかげで立派なものとなるからです。

ROE（自己資本利益率）や全体的な増加資本に対する利益率が安定的に高い企業でも、その多くが実際には留保利益の大部分を経済的に魅力のない事業や、時には悲惨な事業に投じています。それでも、収益が毎年増加し続ける素晴らしい中核部門が、毎年繰り返される資本配分の失敗（たいていは平凡な会社を高値で買収すること）をカモフラージュしてきました。このような企業の経営者たちは、周期的に最近の失敗から学んだ教訓について報告しますが、そのあとまた将来の教訓となる事業を探し始めます（失敗が彼らを酔わせているように見えます）。

このような場合、高収益の事業を拡大するためだけに収益が留保され、差額は配当で支払われるか、あるいは自社株式を買うために使われるとしたら、株主にとってははるかに良いでしょう（それは、平均以下の事業に関与することなく、卓抜した事業に関する株主の利益を増大させる行動です）。低収益の事業部門に資金を一貫してつぎ込む経営者は、その企業がいかに高収益を上げていたとしても、その配分を決定した責任を負うべきです。

ここでは四半期ごとに揺れ動く収益や投資機会によって左右される配当の側面について議論するつもりはありません。当然のことながら、上場企業の株主は配当が安定していて、予測可能であることを望んでいます。そのため、収益と増加資本の収益率の両面についての長期的な予想を考慮した配当がなされるべきでしょう。企業の長期的展望が変化することはまれですから、配当性向を変えることはさらに少ないでしょう。しかし、経営者によって長期間にわたり留保された分配可能な収益は、彼らに生活の糧をもたらしてきました。もし収益が無分別に留保されているとしたら、その経営者も無分別にその地位を留保されていると言っていいでしょう。

バークシャーの株主のなかには――私の親しい友人も含まれています――、配当金を希望する人もいます。彼らは、私たちが所有する企業の大部分から配当を受け取りながら、一方でバークシャー自体は配当を行っていないことに疑問を感じています。そこで、配当が株主にとって理にかなっているケースとそうでないケースを検証してみましょう。

黒字の会社は、その利益をさまざまなこと（重複する場合もある）に配分することができます。このとき、経営者はまず、現在の事業に再投資する可能性を検討します。さらなる効率化を図ったり、地域的に拡大したり、製品ラインを増やしたり、経済的な堀を広げて競合他社との差別化を図ったりする、といったことです。

私は、バークシャーの子会社の経営者には（経済的な）堀を広げることをトコトン追求するよう要請し、彼らは経済的に理にかなった方法を数多く見つけています。もちろん、なかにはうまくいかないものもあります。失敗するときというのは、たいてい先に自分たちに都合の良い答えを持っていて、それをあとから正当化するための理由を考えた場合です。もちろん、これは無意識に行っていることですが、だからこそ危険なのです。

あなたが所有する会社の会長、つまり私もこの罪から逃れることはできません。一九八六年の年次報告書に、私はかつて本業だった繊維事業について、二〇年間の経営努力と資本の改善は無駄だったと書きました。私はこの事業を成功させたかったし、それまでの誤った判断を私のやり方で正したいと思いました（ニューイングランド地方の別の繊維会社まで買ってしまいました）。残念ながら、願えば夢がかなうのはディズニー映画のなかだけで、ビジネスにおいては毒になります。

このような間違いもありましたが、私たちは常に手持ちの資金を傘下の事業に賢く使うことを最優先に検討してきました。二〇一二年に行った一二一億ドルという記録的な固定資産投資とボルトオン買収（既存の事業を強化するための買収）は、これがバークシャーにとって資本を配分すべき肥沃な分野だということを示しています。私たちの強みは、さまざまな経済分野で事業を展開しているため、ほとんどの会社よりも幅広い選択肢があることです。投資先を選ぶときに、草むしりの段階を飛ばしていきなり花に水をやることができるということです。

バークシャーでは、資本から大金を既存の事業に投入したあとも、定期的に追加的な利益が生まれています。そのため、次のステップとして既存の事業とは関連のない分野での買収を検討します。この判断は簡単で、マンガーと私がその買収によってバークシャーのＥＰＳ（一株当たり利益）が増えると思うかどうかで決めています。

買収に関して、私はこれまでたくさんの間違いを犯しましたし、これからも犯すでしょう。

しかし、全体として見れば満足のいく結果が残せています。つまり、バークシャーの株主の資産は、買収資金を自社株買いや配当に使った場合よりもはるかに増えているということです。

ただ、よくある言い訳をすれば、過去のパフォーマンスは将来の結果を保証するものではありません。バークシャーについては特にそうです。バークシャーの現在の規模で、有意義かつ理にかなった買収をしようとするのは、これまでのほとんどの時期よりも難しくなっているからです。

とはいえ、大型案件は、一株当たりの本質的価値を大きく上げる可能性があります。BNSF鉄道はその好例で、現在の価値は簿価よりもはるかに高くなっています。もしこの会社を買うために必要だった資金を配当を払うためや自社株買いに使っていたら、あなたや私の資産は今よりも減っていたでしょう。BNSFのような価値ある大型案件はまれにしかありませんが、大海にはまだ鯨がいます。

資金の三番目の使い方である自社株買いは、株価が控えめに算出した本質的価値よりも十分安ければ、理にかなっています。実際、これは規律を持って行うならば、賢く資金を使う確実な方法です。一ドル札を八〇セント以下で買えば、失敗しようがありません。私たちの自社株買いの条件は前述のとおり［第3章「D．自社株買いと合理性」を参照］で、好機があれば、大量に買うつもりです。最初は、簿価の一一〇％以上は支払わないと言っていましたが、それは非現実的だということが分かりました。そのため、一二月に簿価の一一六％で大量の株が売りに出たときに、上限を一二〇％に引き上げました。

ただ、忘れてはならないのは、自社株買いにおいて価格は極めて重要だということです。本質的価値以上の価格で買ってしまえば、価値が破壊されるからです。今のところ、取締役たちも私も、上限の一二〇％以下で買えば、長期的な株主は十分な恩恵を受けることができると考えています。

それでは配当はどうでしょうか。いくつかの仮定の下で計算してみましょう。これらの数字は、配当の賛否を理解するうえで重要なので、我慢して注意深く見てください。

まず、あなたと私は、自己資本が二〇〇万ドルの会社を五〇％ずつ所有しているとします。この会社は一二％の利益（二四万ドル）を上げており、その利益を再投資すればやはり一二％の利益が期待できるものとします。また、外部にはこの会社を自己資本の一二五％（二五〇万ドル）で買いたい人が常にいるものとします。つまり、私たちが保有している株には、それぞれ一二五万ドルの価値があるということです。

あなたは、この会社の年間利益の三分の一を株主二人で分け合い、残りの三分の二を再投資したいと希望します。そうすれば、必要な収入を得ながら会社の自己資本増加も図れると思うからです。そこで、あなたは経常利益から八万ドルを配当に回し、残りの一六万ドルを将来への投資として留保することを提案します。一年目、あなたは配当として四万ドルを受け取ります。今後、会社の利益が増えて、配当性向が変わらなければ、配当金も増えていくはずです。

この会社の価値は、配当と株の価値を合わせると、毎年八％上昇していきます（自己資本に対して一二％の利益を上げ、四％を配当として出している）。

一〇年後、この会社の価値は四三一万七八五〇ドルになっており（最初の二〇〇万ドルが八％の複利で成長）、来年の配当金は八万六三五七ドルになる予定です。私たちが保有する株の価値は、それぞれ二六九万八六五六ドル（自己資本の一二五％の半分）です。配当と株価は毎年八％ずつ増え、私たちはずっと幸せに暮らしていけるでしょう。

ところが、これよりもさらに良い方法があります。同じシナリオで、すべての利益を留保し、毎年持ち株の三・二％を売るのです。株は簿価の一二五％で売却できるため、この方法でも一年目の収入は四万ドルになり、その額は毎年増えていきます。これを「売却方式」と呼ぶことにします。

「売却方式」にすれば、会社の一〇年後の自己資本は六二一万一六九六ドルになります（最初の二〇〇万ドルが一二％で複利成長）。その一方で、私たちは毎年株を売っているため、一〇年後の持ち株比率は三六・一二％に下がります。しかし、それでも持ち分の自己資本は二二四万三五四〇ドルになります。そして、この株は一ドル当たり一・二五ドルで売れるため、持ち株の価値は二八〇万四四二五ドルとなり、配当方式よりも約四％高くなります。

そのうえ、売却方式では、年間収入も配当金よりも四％高くなります。つまり、売却方式のほうが、年間収入も自己資本の価値も大きくなるということです。

もちろん、この資産はこの架空の会社が毎年一二％の利益を上げることができ、株主は簿価に対して平均一二五％で株を売却できるという前提で行っています。ちなみに、現時点でS&P五〇〇企業の利益は自己資本に対して一二％を大きく超えていますし、株価も自己資本の一二五％をはるかに超えています。これらの想定は、バークシャーについても、妥当な数字と言ってよいと思いますが、もちろんそれを保証するわけではありません。

その一方で、この想定を超える可能性もあります。もしそうなれば、売却方式はさらに強力と言えます。これまでのバークシャーについて言えば――今後も同じになるとはいかないでしょうが――、株主にとって売却方式のほうが配当方式よりも劇的に上回っていました。

売却方式については、計算上有利なだけでなく、あと二つ書いておくべき重要なことがあります。まず、配当は株主に特定の方針を強要することになります。もし配当性向が四〇％になれば、三〇％や五〇％を望む株主にとっては不本意です。私たちの株主は、配当金についても十分議論しています。ただ、彼らの多く――ほとんどと言ってもよいかもしれません――は資金的に余裕があるため、理論的には無配を選ぶはずです。

しかし、売却方式ならば、株主は現金収入と資本構築の割合をそれぞれで決めることができます。株主ごとに、現金化の割合を六〇％、二〇％、〇％などと決めることができるということです。もちろん、配当金で株を買い増すこともできますが、それをすれば損失を被ることになります。配当金で課税されるうえに、二五％のプレミアムがかかるからです（マーケットで買えば簿価の一二五％だということを忘れないでください）。

配当方式が不利な二つ目の理由も同じくらい重要です。納税義務があるすべての株主にとって、配当方式は売却方式に比べると税効果が劣っている――ほとんどの場合、はるかに劣っている――からです。配当方式では、株主が毎年受け取る配当金に全額課税されますが、売却方式では売却利益の分しか課税されません。

計算問題はそろそろ終わりにしますが（私が歯科ドリルを置いた途端、みなさんの歓声が聞こえました）、株主が定期的に持ち株を売っても、保有する会社への投資額を増やすことができるという説明の最後に、私自身の話をしましょう。過去七年間に、私はバークシャーの持ち分の約四・五％を売却してきました。それによって、最初に所有していた七億一二四九万七〇〇〇株（B株で換算した場合、分割調整済）は、五億二八五二万五六二三株に減りました。当然ながら、私の所有率は大幅に下がっています。

しかし、私のバークシャーへの投資額は実際には増えています。私の持ち分の簿価は、七年前の持ち分の簿価をはるかに上回っているからです（具体的には二〇〇五年が二八二億ドルで、二〇一二年が四〇二億ドル）。言い換えれば、所有率が大きく下がったにもかかわらず、私は七年前よりもはるかに大きな額をバークシャーに投資しています。

バークシャーの株主は、ほかの巨大企業とは違って本物のオーナーです。この事実は、昨年の年次総会で次のような動議が提案されたときにも明確に示されました。「議案　会社には必要以上の資金があり、バフェットのように超大金持ちでないオーナーもいるため、取締役会は毎年、ある程度の配当金の支払いを検討すべきではないか」

この動議を提出した株主は、総会を欠席したため、この件が正式に議論されることはありませんでした。しかし、代理投票の集計結果は啓示的でした。予想どおり、A株（保有しているのは比較的少数の経済的余裕がある人たち）の株主の配当に関する答えは、八九対一で「ノー」でした。注目に値するのは、B株の株主の答えでした。B株の株主数は何十万人（もしかしたら一〇〇万人に達するかもしれません）に上りますが、「ノー」が六億六〇七五万九八五五票、「イエス」が一三九二万七〇二六票と、四七対一の割合で否決されたのです。

この件について、取締役たちは「ノー」を提案しましたが、会社として株主に強制しようとしたことはけっしてありません。いずれにしても、回答のあった九八％が実質的に「配当金を支払う代わりに、すべての利益を再投資せよ」という意志を示したのです。大口、小口を問わず、バークシャーの株主の多くが私たちの経営理念に同調してくれるということは、素晴らしいことであるとともに、ありがたいことです。

F. 留保利益（二〇一九年）

一九二四年に、無名のエコノミストで金融アドバイザーのエドガー・ローレンス・スミスが執筆した『コモン・ストックス・アズ・ロング・ターム・インベストメンツ（Common Stocks as Long Term Investments）』という薄い本が、投資の世界に大きな変化をもたらしました。実は、この本はスミス自身も変えました。投資に関する考えを変えざるを得なくなったからです。

彼はこのなかで、インフレのときは株が債券よりも高いパフォーマンスを上げ、デフレのときはその逆になると書くつもりでした。十分理にかなった主張だと思っていたからです。ところが、彼はショックを受けることになりました。

そのため、この本は告白から始まっています。「この研究は失敗の記録である。最初に考えていた説を維持する事実が見つからなかったからだ」。投資家にとって幸いだったのは、この失敗によってスミスは株の評価方法をより深く考えるようになったことです。

スミスの洞察の重要な点として、この本を初期に評論したほかでもないジョン・メイナード・ケインズの言葉を引用します。「最後に、おそらくスミス氏の最も重要で、間違いなく最も新しい点について述べる。良い経営がなされている会社は通常、株主に稼いだ利益をすべて分配するわけではない。これらの会社は毎年、もしくは業績が良い年に利益の一部を事業に再投資しており、それによって健全な産業投資には『複利の要素』が働いている。安定した事業の資産の実質的価値は、株主に支払われた配当とは別に、年月をかけて複利的に増加していく」。こうして聖水を振りかけられたスミス氏は、もう無名ではありません。

スミス氏の本が出るまで留保利益が投資家に評価されなかったことは理解に苦しみます。かつて、カーネギーやロックフェラーやフォードなどの大富豪が、事業利益のかなりの部分を留保して成長と生産に再投資してさらに大きな利益を上げ、信じられないほどの富を蓄えたことは周知の事実です。同様に、少額の元手で同じ方法を用いて金持ちになった資本家は昔からアメリカ中にいます。

とはいえ、会社の所有権が細かく分割されると（それが「株」です）、スミス氏の本以前の買い手の多くは株を市場で行う短期のギャンブルか、せいぜい投機くらいに思っていました。紳士が好むのは債券だったのです。

投資家はなかなかこの真実に気づきませんでしたが、今では利益を留保して再投資することの効果はよく理解されています。今日では、小学生がケインズが言う「新しい」ことを学んでいます。貯蓄と複利を組み合わせるとものすごい効果が生まれるということです。

バークシャーでは長年、マンガーと私が留保利益を有利に使うよう注力してきました。支配株主になっている会社でも、株式市場を通じて大株主になっている会社でも、バークシャーの業績は、買収した会社の将来の事業収益に大きく左右されます。とはいえ、二つの投資方法には会計上、とてつもなく重要な違いがあり、それは理解しておく必要があります。

バークシャーが支配している会社（五〇％超の株を保有している会社）の収益は、バークシャーが報告している営業利益に直接加算されます。つまり、報告した数字が実際の利益です。一方、株を保有していても支配株主ではない会社の場合、配当のみがバークシャーの営業利益に加算されます。それでは留保した利益はどうなるのでしょうか。このお金は付加価値を生み出すために大いに働いていても、それがバークシャーの報告利益に反映されることはありません。

バークシャー以外のほぼすべての大企業の投資家は、私たちが言うところの「収益の不認識」を重視していません。しかし、私たちにとってこれは特筆すべき欠落です。

スミス氏が言ったとおりです。

G．インデックスファンドでコストを削減する（二〇〇五年、二〇一六年、二〇一七年、）

バークシャーやほかのアメリカ企業を保有する人たちにとって、利益を得るのは長い間たやすいことでした。実際に長期の例を示すと、一八九九年一二月三一日から一九九九年一二月三一日までの間にダウ平均株価は六六ドルから一万一四九七ドルまで上昇しました（こうした結果をもたらすにはどれだけの年間成長率が必要か考えてみてください。驚くべき答えはこの手紙の最後に書いておきます）。ここまで大きく上昇した理由は単純なことです。この一世紀の間、アメリカ企業は極めて好調であり、投資家はその成功の波に乗ったのです。企業は依然として好調ですが、しかし今や株主は、自ら負った数々の痛手によって、将来投資から得られる利益を大きく減らしています。

このようなことが起こる理由は、基本的な事実から説明を始めなければなりません。破産のように企業の損失の一部を債権者が負担するようなケースは別として、株主が今から最後の審判の日までに手にすることができる利益の大部分は、企業が生み出す累計利益です。もちろん、投資家Ａが賢明だったのか、運が良かったのかは分かりませんが、売買によって投資家Ｂの取り分だった利益を得ることはあり得ます。また、株価が上がれば、すべての投資家がお金持ちになったように感じるでしょう。しかし、株主が退場できるのは、だれかが株主の地位を引き継いでくれた場合だけです。もしだれかが高く売りたければ、別の人が高く買ってくれる必要があるということです。株主を全体として見れば、すべての企業が生み出す価値以上の富がもたらされるという魔法のようなことは起こらないし、宇宙からお金が降ってくるようなこともありません。

実は、株主が得られる利益は、企業が稼ぐ利益を必ず下回ります。「摩擦」コストが存在するからです。そして、これがまさに私が言いたいことです。こうした「摩擦」コストは、今や株主の利益を過去に例を見ないほど減らすまでの水準に達しています。

このコストがどのようにしてふくらんでいったのかを理解するために、アメリカのすべての企業をある一族が保有しており、それが将来もずっと続くと想像してみてください。この一族をゴットロック（お金持ち）家と呼ぶことにします。この一族は、代々配当を受け取って税金を支払ってきましたが、保有するすべての企業が稼いだ利益によって、ますます豊かになっていき、今や、一族の収入は七〇〇〇億ドルに達しています。もちろん、彼らはこのうちのいくらかは使いますが、手元に残った分は複利で安定的に増えていきます。ゴットロック一族は、みんな同じペースで豊かになり、すべてがうまくいっています。

ところが、あるとき弁舌巧みな助っ人たちが一族に忍び寄ってきました。この助っ人たちは、ゴットロック家の面々に言い寄り、一族のなかのだれかから特定の銘柄を買って、別の銘柄を売れば、親戚を出し抜くことができるとそそのかします。助っ人たちは――もちろん手数料を取って――喜んでこの取引の処理を請け負います。一族は依然、すべてのアメリカ企業を保有しているため、このような売買は一族のなかの持ち分の入れ替えにすぎません。しかし、一族が一年間に手にする利益は、すべての企業が稼いだ利益から助っ人に支払う手数料の分、減ることになります。つまり、このような取引が行われれば行われるほど、一族の取り分は減り、助っ人たちの取り分が増えていきます。ブローカーである助っ人たちはこのことをよく理解していています。彼らにとっては取引を行うことが重要なのであり、さまざまな方法でそれを促そうとしてきます。

しばらくすると、一族のみんなはこの「骨肉の争い」ゲームがさほどうまくいっていないことに気づきます。そこに、また新たな助っ人が名乗りを上げます。新しい助っ人は、一族を一人一人訪ね、自力で親戚を出し抜くのは無理だと説明し、解決策を提案します。「資産運用者（つまり私たち）を雇って、プロに任せることです」。この運用の助っ人は一層活発に取引を行い、取引の執行には先のブローカーを使うため、ブローカーはさらに潤うかもしれません。全体として見ると、今やこの二社の助っ人たちがさらに大きな取り分を手にすることになります。

ゴットロック一族は、さらに失望することになります。彼らは今では、それぞれがプロを雇っています。しかし、一族全体として見ると、財務状況は悪化に向かっています。さて、これを解決するにはどうすればよいのでしょうか。もちろん、さらなる助っ人が必要になります。

こうして行きついたのが、ファイナンシャルプランナーと法人コンサルタントという人たちです。彼らはゴットロック一族に対して、資産運用の助っ人を選ぶための助言を行うと言い、混乱している一族は、この申し出を喜んで受け入れます。一族の面々は、もはや適切な株を選ぶことも、それをしてくれる運用者を選ぶこともできないことが分かっています。それならば、なぜ彼らは適切なコンサルタントを選ぶことができると思ったのか疑問に感じるかもしれません。しかし、ゴットロック家の人たちはそんなことは思いもしませんし、コンサルタントの助っ人もわざわざそんなことを持ち出すわけがありません。

ゴットロック一族は、三社の助っ人に高いお金を払っているのに結果はさらに悪化し、大いに失望しています。しかし、希望が失われたように見えたそのとき、第四の助っ人――ハイパー助っ人と呼ぶことにします――が現れます。この親しげな助っ人は、満足できない結果しか得られていない理由は、これまでの助っ人（ブローカー、資産運用者、コンサルタント）の動機が不十分で、形式的に仕事をしているにすぎないからだと説明します。「ゾンビのような人たちに何が期待できるというのですか」

新しい助っ人は、驚くほど単純な解決策を示します。もっと金を出せ、ということです。ハイパー助っ人は、親戚たちを本当に出し抜くためには、法外な報酬に加えて、巨額のボーナスを支払うことこそ必要なのだ、と自信満々に言い切りました。

一族のなかの慎重な人たちは、ハイパー助っ人のなかに新しい制服を着て、ヘッジファンドやプライベートエクィティといった魅力的な名前を名乗る資産運用者たちが混じっていることに気づきます。しかし、ハイパー助っ人たちは、この衣装替えが極めて重要だと言います。それによって、穏やかなクラーク・ケントがスーパーマンの衣装を身に着けたときのように、魔法の力を授かるというのが彼らの言い分です。この説明に安心した一族は、大金を支払うことにします。

実は、これこそまさに今日の私たちの姿です。揺り椅子にただ座ってさえいれば、株主が手にすることができたはずの利益は、今は膨れ上がった助っ人の一団が手にしています。特に高くつくのは、最近大流行している利益に関する取り決めです。これは、助っ人が賢いか幸運であれば利益の大部分が助っ人のものになり、愚かか運が悪ければ（あるいは詐欺に引っかかれば）、一族が損失を被り、助っ人は決まった報酬を受け取るというものです。

このような契約――うまくいけば助っ人が利益のほとんどをせしめ、失敗すればゴットロック家は損失を被るのに助っ人には巨額の手数料を支払うことになる――が相当数になると、一族はもはやハドロック（元お金持ち）家と呼ぶべきでしょう。今日では、一族が支払っているさまざまな摩擦コストはアメリカ企業の利益の実に約二〇％にも達しています。言い換えれば、助っ人への支払いを負担しているアメリカの株式投資家は、だれの助言にも耳を貸さず、揺り椅子に座っているだけで手にすることができたはずの利益のわずか八〇％程度しか手にしていないということです。

はるか昔、ニュートンは三つの運動法則を発見しました。これは天才による偉大な業績ですが、その才能も投資の世界には及びませんでした。彼は南海泡沫事件で大損をして、「天体の動きは計算できるが、人々の狂気は計算できない」と語っています。もしこの損失がトラウマになっていなければ、第四の運動法則「投資家全体としてみれば、運動量が増えると利益は減少する」を発見していたかもしれません。

さて、この手紙の最初に出した質問にお答えしましょう。具体的に言うと、二〇世紀にダウ平均は六五・七三ドルから一万一四九七・一二ドルに上昇しました。これは、複利で年率五・三％上昇した計算になります（もちろん投資家はこれに加えて配当も受け取っています）。ちなみに、二一世紀もダウ平均が同じ上昇率を達成すれば、二〇九九年一二月三一日には――驚かないでくださいよ――二〇一万一〇一一・二三ドルになっています。私ならば、二〇〇万ドルで喜んで手を打ちます。ただ、二一世紀に入って六年たっても、ダウ平均は今のところまったく上昇していません。

ここまで書いたあと、私はS&P五〇〇（銘柄選択をしないためわずかな手数料しかかからない）のパフォーマンスを長期間にわたって上回る五つ以上のヘッジファンド（大人気の手数料が高い投資会社）を選ぶことは投資のプロでもできないことに五〇万ドルを賭けると公表しました。期間は一〇年間とし、私のほうは手数料の安いバンガードS&P五〇〇でチャレンジすることにしました。

賭けの最終結果を発表します。二〇〇八～二〇一七年のS&P五〇〇インデックスファンドは一二五・八％上昇し、平均年率は八・五％でした。ちなみに、五つのヘッジファンドのほうは、それぞれ二一・七％と二・〇％、四二・三％と三・六％、八七・七％と六・五％、二・八％と〇・三％、二七・〇％と二・四％でした。

私がこの賭けを行った理由は、①私の想定どおりになれば、二〇一八年にオマハのガールズ・

インク（慈善団体）に寄付する額が大幅に増える、②手数料がほとんどかからないS&P五〇〇のインデックスファンドのほうが長期的にはプロ（評価が高く、十分な動機もある「助っ人」であっても）が運用するファンドよりも高いリターンを上げるという私の信念を広める――の二つです。

この問題を提起するのは非常に重要なことです。アメリカの投資家の多くは、毎年、驚くほどの金額を助っ人たちに支払っています。しかも、たいていは何層ものコストを課されています。しかし、彼らは結果的にその支払いに見合うものを手に入れているのでしょうか。

賭けの相手のプロテジェ・パートナースは、S&P五〇〇を上回ることが期待できる五つの「ファンド・オブ・ファンズ」を選びました。これは小さなサンプルではありません。五つのファンド・オブ・ファンズには二〇〇以上のヘッジファンドが含まれているからです。

ウォール街に精通した投資顧問会社のプロテジェは五つの投資専門会社を選び、それぞれに連なるヘッジファンドでは数百人の投資の専門家が働いています。彼らはみんなエリートで、能力とアドレナリンと自信にあふれています。

五つのファンド・オブ・ファンズには、さらなる利点がありました。彼らは一〇年の間にヘッジファンドのポートフォリオを入れ替えることができ、新しい「スター」マネジャーを加えたり、腕が落ちてきたマネジャーを外したりできるからです（実際にそうしていました）。

プロテジェ側は動機も十分でした。ファンド・オブ・ファンズのマネジャーも彼らが選んだヘッジファンドのマネジャーも大きな利益を共有しており、なかには市場が全般的に上昇していただけでパフォーマンスを達成していた人たちもいました（私たちがバークシャーの経営権を握って以来、四三の十年紀において、S&P五〇〇が上昇した年が下落した年を一〇〇％上回っています）。

パフォーマンスに連動したインセンティブは、特大のおいしいケーキのデコレーションだということを強調しておかなければなりません。もしファンドが一〇年の間に投資家に損失を負わせても、マネジャーはお金持ちになることができるからです。これは、ファンド・オブ・ファンズの投資家が毎年支払う固定の手数料は、資産の平均約二・五％に上るからです。この手数料は、一部がファンド・オブ・ファンズのマネジャーに渡り、残りはそれに連なる二〇〇以上のヘッジファンドのマネジャーに渡ります。

ここで強調しておきたいのは、この一〇年間、株式市場で異常な動きはなかったということです。もし二〇〇七年末に投資の「専門家」にアンケートをとって普通株の長期予想をしてもらったら、結果は恐らく八・五％程度になったはずです。そして、実際のS&P五〇〇もそうなりました。この環境で利益を上げるのは簡単だったはずです。事実、ウォール街の「助っ人」たちは素晴らしいリターンを上げました。ただ、彼らが繁栄する一方で、投資家の多くは損失の一〇年間を経験することになりました。

パフォーマンスは上がるときもあれば、下がるときもありますが、手数料が下がることはありません。

また、この賭けは投資の大事な教訓を明らかにしました。市場はたいていは合理的ですが、ときどきとんでもない動きをします。そのようなときにチャンスをつかむのに、偉大な知性や経済学の学位やウォール街の専門用語（アルファやベータなど）は必要ありません。それよりも大事なのは、群衆の恐怖や熱意を無視して、いくつかの単純なファンダメンタルズを注視することです。ある程度の期間、凡庸（場合によっては愚か）に見えても気にしないことも、重要です。

私は、どのケースのどのレベルのマネジャーも、正直で知性もある人たちだとほぼ確信しています。しかし、彼らの顧客である投資家は悲惨な目に遭っています。マネジャーたちは、ファンドやファンド・オブ・ファンズに支払う高額な固定手数料――パフォーマンスとはまったく関係のない手数料――によって九年間、多額の報酬を受け取ってきました。ゴードン・ゲッコーならば、「手数料は眠らない」とでも言ったかもしれません。

私たちの賭けにかかわっていたヘッジファンドマネジャーは、彼らのリミテッドパートナーから手数料を受け取っていたはずで、その額は平均すると標準的な「二と二〇」、つまり巨額の損失を出してももらえる年間手数料の二％と、利益の二〇％（好調の年のあとに悪い年があってもクローバックなし）よりも少し低めだと思います。この偏った取り決めによって、ヘッジファンドの多くは、単純に運用資産を増やしていく能力さえあれば、投資のパフォーマンスは劣っていても大金持ちになることができます。

手数料についてはまだあります。ファンド・オブ・ファンズのマネジャーへの支払いが別にあるからです。彼らは通常、資産の一％程度の追加的な固定手数料を受け取っています。そして、五つのファンド・オブ・ファンズの総合的な結果がひどくても、数少ない良い年には「パフォーマンス」に対する手数料も徴収しています。結局、私の推定では、五つのファンド・オブ・ファンズが九年間で上げた利益の何と約六〇％が、二つのレベルのマネジャーたちに流れていたことになります。しかし、これは何百人ものリミテッドパートナーたちが何もしないで（しかも手数料もなく）達成できたはずのリターンよりもはるかに低い結果を上げたことに対する誤った報酬と言わざるを得ません。

もちろん、なかには長期的にS＆P五〇〇を上回る実力がある人もいます。しかし、私がこれまでの人生で、それができると早い時点で思えたプロは一〇人程度しかいません。

私が出会ったことがない人たちのなかにも、彼らと同じような能力を持った人たちが何百人（もしかしたら何千人）もいるに違いありません。つまり、高いパフォーマンスを上げることは不可能ではありません。ただ、問題はほとんどのマネジャーが、S＆P五〇〇を大幅に上回ろうとしても失敗することです。そしてあなたが資金を託した人が、後者である可能性は非常に高いと言わざるを得ません。このことについては、人としても素晴らしく、六〇年前に私が間違いなく長期的に優れた投資リターンを上げることができると確信したビル・ルアンがうまく言い表しています。「資産運用の世界では、革新者から模倣者、無能な集団へと進化していく」

高い手数料に見合う数少ないマネジャー探しがさらに複雑なのは、プロでも素人でも短期間ならば幸運に恵まれることがあるからです。もし一〇〇〇人の素人が年初めに市場の動きを予想すれば、九年間連続で当てる人が確率的には少なくとも一人はいるでしょう。もちろん、これはサル一〇〇〇匹でも同じことで、一見賢い予言ができるサルが同じ数だけいます。人とサルの違いは、幸運なサルのところには投資家の列ができないということです。

最後に、投資の成功を失敗に変えてしまう三つの現実があります――①成績が良いと急速に資金が流れ込む、②資金が巨額になると、パフォーマンスが悪化する、つまり数百万ドルならば簡単なことが数十億ドルになると非常に難しくなる（泣）、③ほとんどのマネジャーは個人的理由（つまり、運用資金が増えれば手数料も増える）から新規資金を増やそうとする。

結局、ウォール街では高い手数料をとって何兆ドルもの資金が運用されていますが、莫大な利益を得ているのはたいていは顧客ではなく運用マネジャーです。つまり、大口投資家も小口投資家も、手数料の安いインデックスファンドで運用すべきだということです。

第4章

選択肢

Alternatives

私たちは長期的に保有する普通株のほかに、傘下の保険会社で大量の有価証券を保有しています。それらについては、主に次の五つの分野から選んでいます。①長期普通株投資、②中期固定利付債、③長期利付債、④短期現金等価物、⑤短期裁定取引（第2章「C．裁定取引」を参照）。

ここから選ぶ分には特に優先する分野はありません。単純に、税引き後利益の「期待値」が最も高くなるものを探すことで、常に自分が理解できると考えられる選択肢に限定しています。私たちの基準は会計上の利益を直ちに最大化するものではなく、どちらかといえば最終的な純資産の最大化を図るものです（手紙の導入部分、一九八七年、一九八八年および一九八九年は最初の文を除き再掲）。

A．投資分野の調査（二〇一一年）

投資には数多くさまざまな選択肢が考えられますが、大きく三つの分野に分けられます。そしてそれぞれの特徴を理解しておくことは重要です。実際に考えてみましょう。

まず、特定の通貨建てのマネーマーケットファンド、債券、モーゲージ、銀行預金、その他のインカム性の投資です。こうした投資対象の大部分は「安全」であるとみなされています。しかし、こうした商品は実際には最も危うい資産です。これらのベータはゼロかもしれませんが、リスクは極めて大きなものです。

こうした商品が期日どおりに利払いや元本の償還を続けていたとしても、多くの国で投資家は過去一〇〇年の間にこれらの商品に投資していたことで購買力を失ってきました。さらに、こうした悲惨な結果は絶えず繰り返されていくでしょう。お金の最終的な価値は政府が決定します。金融システム上の力学から、政府は場合によってはインフレを生み出すような政策に向かうことがあります。しかし、このような政策は時として制御が利かなくなることがあります。

通貨の安定を強く願っているアメリカですら、私がバークシャーの経営を引き継いだ一九六五年以降、ドルは八六％という驚くほどの下落を示しています。当時私たちが一ドルで買えていたものは、今や少なくとも七ドルはかかります。このため、非課税企業であってもその購買力を維持するだけのために、この間、債券投資から年間四・三％の利回りを確保する必要がありました。それよりも低い金利を「収入」だと考えていたとすれば、その経営者は自分をごまかしてきたのでしょう。

納税者の場合、状況はさらに悪いものでした。この同じ四七年間、継続的に発行されてきた米財務省証券の利回りは年率五・七％でした。これは十分だと感じられるかもしれません。しかし、個人投資家が平均二五％の所得税を納めているとすれば、この五・七％のリターンは実質所得としては何も生み出していないことになります。投資家はこの利回りから所得税として一・四％をはぎ取られ、さらに表面的には分からないインフレという税金によって残りの四・

三％も失うからです。潜在的なインフレ「税」が明確な所得税の三倍を超えるものであることは注目すべきです。恐らく投資家は所得税のほうを主な負担だと感じているでしょう。紙幣には「われらは神を信ずる」と印刷されていますが、政府の印刷機を動かすその手は常にあまりにも人間的なものです。

確かに、消費者が直面する特定の通貨建てのインカム性の投資のインフレリスクは高い金利によって埋め合わせられていますし、事実、一九八〇年代初めはそうなっていました。しかし現在の金利は投資家が想定する購買力低下のリスクを埋め合わせるには程遠い水準にあります。今や債券には警戒を呼びかける表示が必要でしょう。

ですから、私は今日の環境で特定の通貨建てのインカム性の投資を行うことは好みません。一方で実際には、バークシャーは特定の通貨建てのインカム性の投資を大量に行っています。これは主に短期の投資です。バークシャーでは大量の流動性の確保は最優先事項であり、金利がどれほど低くてもこの部分が軽視されることはないでしょう。流動性を確保するため、私たちは主に米財務省証券を保有しています。これは経済環境が混乱を極めるなかで唯一流動性としてあてにできる投資です。私たちにとって十分な流動資産の額は二〇〇億ドルです。最低でも一〇〇億ドルは絶対に必要です。

必要な流動性の確保と規制当局からの要請を除けば、私たちがインカム性の証券を購入するのは通常よりも高い利益が獲得できると見込まれる場合だけです。こうした状況が生じるのは、特に信用力の値付けがうまくいっていないためか（これはジャンクボンドが周期的に値崩れを起こした際に生じる可能性があります）、あるいは良質の債券でも金利が低下した際には莫大なキャピタルゲインが実現する可能性がある水準まで金利が上昇していることによります。私たちはこれまでこのような二つの機会を探してきました――そして再びそうすることがあるかもしれません――が、今はそうした見込みとは一八〇度対極の状態にあります。現在の状況は、ウォール街の情報筋であるシェルビー・カロム・デービスが遠い昔に語った皮肉な言葉がよく当てはまります。「債券は無リスクのリターンを売り物としてきたが、今では無リターンのリスクをもたらすものとして値が付けられている」

投資の二つ目の分野は、けっして何も生み出すことがないものの、将来だれかが――やはりこの先何も生み出すことはないと知りつつ――もっと高い価格で買ってくれることを期待して買われている資産です。一七世紀のある時期はチューリップがその対象でした。

こうした種類の投資では買い手が増えていく必要があります。さらに買い手が増えると信じて買い手が群がってくるからです。オーナーはその資産自体が生み出す――本当は永遠に何も生み出すことはないままなのですが――ものに関心を持っているわけではなく、将来ほかの人がその資産を強く欲しがるに違いないと見られることに突き動かされています。

こうした投資で代表的なのは金（ゴールド）です。現在、金はほかのすべての資産、特に通貨について不安を抱く投資家によって強く選好されています（これまで述べてきたように通貨の価値に不安を抱くのは当然ですが）。しかし、金には二つの大きな欠点があります。用途が限られることと、何も生み出さないものであることです。確かに、金には工業的な用途や装飾的な用途がいくつかありますが、こうした用途での需要は限られており、新たに生産される量を吸収できるほどでもありません。また、一オンスの金を永久に持ち続けたとしても、それは一オンスのままです。

金を購入する人のほとんどは、今後もほかの資産への不安が強まると考えて金を買っています。そして、この一〇年でその考えは正しかったことが明らかとなりました。さらに、価格の上昇によってさらなる買い意欲がかき立てられ、価格の上昇は金への投資が正しいことを示すものだと考えた買い手を引き付けてきました。「便乗タイプの投資家」が参入すると、しばらくの間はそれらしくなるものです。

過去一五年間、インターネット株と住宅株では著しい行きすぎが見られました。これは、当初は投資テーマとして妥当だったものが、価格の上昇があまりにも広く伝えられたために生じたものでしょう。このバブルにおいて、もともとは懐疑的だった投資家も市場によって示された「証拠」に屈してしまい、市場は買い手がいる間は拡大を続け、便乗者も増えていきました。しかし、大きく膨らんだバブルは必ず弾けます。

現在、世界の金の保有高は約一七万トンに上ります。この金をすべて合わせると、一辺の長さが約六八フィートの立方体になります（野球場の内野にぴったり収まる程度です）。これを

――執筆時点の価格である――一オンス当たり一七五〇ドルで計算すれば価格は九兆六〇〇〇億ドルになります。この立方体をパイルAと呼びましょう。

さて、これに匹敵する価値のパイルBを作ってみましょう。そのためにはまずアメリカ中の農地（四億エーカーで年間の生産高は二〇〇〇億ドル）を買い占めることになります。さらに、エクソンモービル（世界で最も収益性の高い会社で、一社で年間四〇〇億ドル以上を稼ぎ出します）が一六個買えます。これだけ買っても手元に一兆ドルが残ります（これだけ買いまくったのですからカツカツとは感じないでしょう）。九兆六〇〇〇億ドル持っている投資家がパイルBよりもパイルAを選ぶなど考えられるでしょうか。

現在、金には驚くべき価格が付いており、こうした価格につられて今日では毎年一六〇〇億ドルの金が産出されています。買い手は――宝飾や工業の用途で利用する人であっても、ほかの資産に不安を感じる個人や投機筋であっても――、現在の価格での平衡を維持するためだけに追加の産出量を継続的に吸収しなくてはならなくなっています。

これから先の一世紀、四億エーカーの農地からは大量のとうもろこし、小麦、綿などの作物が生産されるでしょう。通貨がどうなろうとも、この価値ある賜物の生産は続きます。また、エクソンモービルは恐らくオーナーに何兆ドルもの配当を支払い続け、資産価値も数兆ドルを超える規模を維持するでしょう（そしてあなたはエクソンを一六個も保有しているのをお忘れなく）。一方、一七万トンの金はそれより多くなることも何かを生み出すこともなく、やさしくなでたところで何も答えてはくれません。

これから一世紀たっても、ほかの資産に不安を感じたら金に群がる人はたくさんいるでしょう。しかし、九兆六〇〇〇億ドルというパイルAの現在の価値は、一世紀先のパイルBをはるかに下回る複利効果しか生まないと私は確信しています。

これまで述べてきた二つの投資分野は、人々の不安が絶頂に達した時期に最大限の人気を博するものです。経済崩壊への恐怖から個人はインカム性の資産（特にアメリカ政府が発行する証券）への投資に駆り立てられ、通貨崩壊への恐怖から金などの何も価値を生まない資産への動きが高まっていきます。二〇〇八年の終わりには「現金は王様」と言われましたが、このときこそ現金は持っておくよりも投資すべき時期でした。同様に、一九八〇年代の初めには「現金はゴミ」と言われましたが、この時期は固定利付けの投資が記憶しているかぎりで最も魅力的な水準にありました。このようなとき、群衆の支持を利用したい投資家は、安心を得るために喜んで大金をつぎ込みました。

私自身が好んでいるものは、もうお分かりだと思いますが、第三の分野、つまり企業や農場や不動産などといった生産性がある資産です。これらの資産は、インフレの時期に購買力が維持できるだけの生産力がありながら、新たな資本投資は最低限しか必要としないことが理想的です。農場や不動産やコカ・コーラやＩＢＭ、そして私たちの保有しているシーズキャンディーズのような多くの企業はこれら二つの基準にかなったものです。ほかの特定の会社、例えば、規制がかかるユーティリティー事業などは、基準にかなっていません。こうした会社はインフレによって多額の資本が必要となるからです。言い換えれば、オーナーは利益を増やすために投資も増やさなくてはならないということです。それでも、こうした投資は何も生み出すことのない資産やインカム性の投資よりも優れています。

これから一世紀後の通貨が金を裏付けとするものなのか、それとも貝殻、サメの歯、今日のような一枚の紙切れなのかにかかわらず、人々は毎日喜んで数分間の労働をコカ・コーラやシーズのピーナッツブリトーと交換するでしょう。そして将来も、アメリカ国民は今以上に多くの商品を動かし、多くの食料を消費し、多くの居住空間を必要とするでしょう。人々は永遠に、自らが生産したものをほかの人たちが生産したものと交換し続けます。

わが国の企業は、これからも国民が望む商品やサービスを効率的に提供していきます。例えて言うならば、こうした商用の「牝牛」は何世紀にもわたって生き続け、さらに大量の「ミルク」を産み出し、利益をもたらすでしょう。そうなると、この牝牛の価値は交換手段による対価で決定されるのではなく、ミルクを生み出す能力によって決まります。ミルクを販売して得られる売り上げは、牝牛のオーナーに複利効果をもたらします。それはあたかもダウ平均が六六ドルから一万一四九七ドルまで上昇した（そして多額の配当が支払われた）ことによって二〇世紀のオーナーが手にした効果と同じものです。バークシャーの目標は最上級の企業の保有を増やすことです。私たちがまず考えることは、こうした会社を完全に保有することです。しかし、市場で流通している有価証券の相当額を保有するという方法をとることもあります。どれほど長期で見ても、ここまで検討してきた三種類の投資のうち、第三の分野が圧倒的に優位だということは明らかだと私は信じています。そしてさらに重要なことは、これが断然安全な投資だということです。

B. ジャンクボンドと短剣の命題 （二〇〇二年、一九九〇年、チャーリー・マンガーによる一九九〇年のウェスコ・フィナンシャル・コーポレーションの株主への手紙を許可を得て掲載）

ジャンクボンドへの投資と株式への投資は、似ているところがあります。どちらの投資も、価格と価値を計算することや何百もの銘柄を吟味して、数少ない魅力的なリスク・リターン比率を有する銘柄を見つける必要があります。しかし、この二つの分野には重要な違いもあります。株式の場合は、その企業がすべての義務と責任を十分履行することを期待して投資するからです。私たちの投資は、保守的な資金調達を行い、競争上の強みを持ち、能力のある誠実な人々が経営している企業に集中しています。こうした会社を妥当な価格で買っていれば、損失が生じることはまれです。事実、この三八年間で、バークシャーが経営に携わった会社（つまり、ゼネラル・リインシュアランス・カンパニーとＧＥＩＣＯが経営する会社は除きます）からの利益は損失の約一〇〇倍に上っています。

一方、ジャンクボンドを購入する場合、私たちはその企業から利益はほとんど期待できないものとして扱います。こうした企業は通常、過剰に債務を抱えており、特性として資本利益率の低い業界に属していることも時折見られます。さらに、経営者の質に疑問符が付くこともあります。経営者は債務者と直接相反する利益を有していることすらあるかもしれません。したがって、私たちはジャンクボンドで大きな損失を抱えることになる場合もあると覚悟しておかなくてはなりません。しかし、私たちは今のところはうまくやっています。

無気力ともいえるような怠惰さが、常に私たちの投資スタイルの基本です。六つの主要銘柄のうち五つについて、今年私たちは株式の売買を一切行いませんでした。例外はウェルズ・ファーゴで、私たちはこの行き届いた経営がなされ、高収益な銀行業務を行っている銀行を、FRB（連邦準備制度理事会）の承認を得ずに取得することができる限度の一〇％近くまで持株比率を増やしました。私たちが保有する持ち株の六分の一は一九八九年に、残りは一九九〇年に取得したものです（二〇一五年の時点で、バークシャーはウェルズ・ファーゴ銀行の発行済株式の約二五％を取得している）。

銀行業は私たちの好きな投資分野ではありません。総資産が自己資本の二〇倍であるとすると――それが銀行業界の通例ですが――、資産のほんの一部にかかわる失策によって、自己資本の大部分を失う可能性があるからです。さらに、多くの大銀行において、失策は例外というよりむしろ習慣というべきものです。そのほとんどは、私たちが「組織由来の旧習」と呼んでいる弊害――同業他社が行ったことは、それがバカげていても無意識に追随するという経営者の傾向（第2章「G.『しけモク』と『組織由来の旧習』」を参照）――によるものです。融資においては、多くの銀行が集団自殺に突き進むレミング（タビネズミ）の群れのごとく、「トップ銀行に追従」してきました。そして彼らは今、集団自殺に突き進んだレミングの運命をたどっています。

二〇対一というレバレッジは経営的な強みも弱みも大きくするものなので、私たちは経営がずさんな銀行には、たとえそれが「安値」であったとしても、買いたいという興味を抱きません。私たちの興味は、きちんとした経営がなされている銀行を、それ相応の価格で買うことに尽きます。

ウェルズ・ファーゴ銀行のカール・ライチャードとポール・ヘーゼンは、業界で最高の経営陣だと思っています。多くの点でライチャードとヘーゼンは、キャピタル・シティーズ・ABCのトム・マーフィーとダン・バークの二人を思わせるところがあります。第一に、それぞれがお互いのパートナーを理解し、信頼し、尊敬しているので、二人になると一層の強さを発揮します。第二に、彼らは有能な人物には金銭的報酬で報いますが、必要以上の人間はけっして雇いません。第三に、彼らは記録的な利益率を上げているときでも、苦しいときと同様に経費の節減に努めます。最後に、彼らは自らが理解できる範囲を守り続け、エゴではなく能力によって自分たちが何をするか決めています（IBMのトーマス・J・ワトソン・シニアも、同じ考えの持ち主です。彼は「私は天才ではないが、得意分野があり、そこに集中している」と言っています）。

私たちが一九九〇年にウェルズ・ファーゴ株を買ったときは、銀行株の市場が混迷していたことに助けられました。その混乱は当然のものでした。かつては評判の良かった銀行によるバカげた融資内容が毎月のように公表されたからです。次から次へと莫大な損失が明らかになるにつれ、そしていつもその後すぐに銀行経営陣による「すべてが順調です」という自信に満ちたコメントが出されるのを聞いて、投資家たちは銀行が発表する数値など信頼できないとはっきり悟りました。彼らが銀行株から手を引いたあと、私たちはウェルズ・ファーゴ株の一〇％を、税引き後収益の五倍以下、税引き前収益の三倍以下である二億九〇〇〇万ドルで購入しました。

ウェルズ・ファーゴは巨大銀行です。五六〇億ドルの総資産を持ち、株主資本に対して二〇％以上、総資産に対して一・二五％以上の収益を上げています。私たちがこの銀行の一〇分の一を買ったことは、ほとんど同様の財務内容を持った五〇億ドルの銀行を一行まるごと購入するのとほぼ同じことであると思われるかもしれません。でも、もしそういう買収をしようとしたら、ウェルズ・ファーゴで支払った二億九〇〇〇万ドルの約二倍が必要となります。さらに、その五〇億ドルの投資を行っても、新たな問題が生じることになります。それは、経営を託すべきカール・ライチャードのような経営者がいないという問題です。最近、ウェルズ・ファーゴは、ほかのどんな銀行よりも目立って役員たちが引き抜かれていますが、いまだにライチャードを引き抜くことができた銀行はありません。

もちろん銀行を所有するということは――銀行にかぎりませんが――、極めて大きなリスクを抱えることになります。カリフォルニアの銀行には、大きな地震という特有のリスクがあります。地震によって融資先がひどい損害を受けることがあれば、次には貸し手である銀行がその影響をもろに受けることがあります。第二のリスクは構造的なものです。事業の縮小や財政的なパニック状態が深刻になると、どんなに聡明な経営が行われていたとしても、レバレッジの高いほとんどの企業では、存亡の危機にさらされる可能性が高くなります。最後に、現時点で市場が最も懸念しているのは、建設ラッシュによって西海岸の不動産価格が値崩れし、その結果、それらのビル建設に資金を提供してきた銀行が莫大な損失を受けるのではないか、ということです。ウェルズ・ファーゴは不動産業界への主たる融資元であり、特にリスクが高いと考えられています。

これらの可能性をすべて否定することはできません。しかし、初めの二つが起こる可能性は低いし、もし不動産価格が大幅に下落したとしても、きちんとした経営がなされている企業ならば、大きな問題にはならないと思います。少し計算してみましょう。ウェルズ・ファーゴの前年の税引き前利益は、三億ドル以上の貸し倒れ損失を差し引いても一〇億ドルを超えています。もしこの銀行の総融資額である四八〇億ドル（不動産融資以外も含めて）の一〇％が一九九一年に問題に直面し、元本に対して平均三〇％の損害（金利を含めて）を被ったとしても、そこがだいたい損益分岐点です。

こうした年があったとしても——その可能性は低いと考えていますが——、私たちは気にしません。実際バークシャーでは、企業の買収や主要な事業への投資に対して一年間は利益がなくても、その後、増加し続ける株主資本に対して二〇％の利益が期待できるのなら、ぜひとも投資をしたいと考えています。ところが、ニューイングランドのようにカリフォルニアでも不動産が下落するのではないかという人々の不安によって、ウェルズ・ファーゴの株価は一九九〇年のほんの数カ月間に約五〇％下げました。私たちは株価下落以前にも、当時の平均的な価格で少し買ってはいましたが、下落は歓迎できました。より多くの株を、新たなパニック価格で買うことができたからです。

私が生きているかぎり（あるいはバークシャーの経営陣が降霊術で私と交信できるのなら私が死んだあとも）、バークシャーは毎年、企業を——あるいは「株式」と呼ばれる企業の一部分を——買い続けることでしょう。このような背景から、企業の株価が下がることは私たちに利益をもたらし、上がることは不利益をもたらします。

株価が下がる最も一般的な要因は悲観論で、これは時にはマーケット全体に広がり、時には特定の企業や業界を包み込みます。私たちはそういう状況下でビジネスをしたいと切に思っています。悲観論を好むからではなく、それによってもたらされる価格が魅力的だからです。合理的な投資家にとって、楽観主義者たちは敵なのです。

これは、人気がないという理由だけで企業や株を買うのが知的な投資法だということではありません。そのような逆張りは、ただみんなに従うのと同じくらい愚かなことです。すべきことは投票ではなく考えることです。残念なことに、バートランド・ラッセルの人生に関する言葉は、金融界にも恐ろしいほど当てはまります。「考えるくらいなら死んだほうがマシだと思っている人が実に多い」

＊　＊　＊　＊　＊　＊　＊　＊　＊

昨年、ポートフォリオのなかでほかに大きな変化があったのは、一九八九年の終わりに初めて買ったＲＪＲナビスコの債券と株式の保有が大幅に増えたことです。それらは一九九〇年の年末に、そのときの市場価格に近い四億四〇〇〇万ドルを投じて手に入れたものです（これを書いている今、その市場価値は一億五〇〇〇万ドル以上も上昇しています）。

銀行業への投資と同様、投資不適格債を買うというのは、私たちにとって例外的行為です。しかし私たちが興味を抱き、かつバークシャーの収益結果に大きな影響をもたらすに十分な規模を持つ投資機会は、そうめったに訪れるものではありません。ですから、買おうと考えるビジネスが理解できるものであり、かつ価格と価値が大きく乖離しているように見えれば、投資の分野にはこだわりません（文脈は違いますが、ウディ・アレンは偏見がないことの強みをこう表現しています。「両性愛者がどうしてこんなに少ないのか僕には分からない。なぜって、土曜の夜にデートできるチャンスが二倍に増えるじゃないか」）。

かつて私たちは投資不適格債を買って成功したことがあります。といってもその債券は、元は投資適格債であったものが発行企業の業績悪化などによって格付けを落とされた、昔ながらの「堕ちた天使」でした。

一九八〇年代には、質の悪い「堕ちた天使」が投資の表舞台に踊り出ました。発行時点ですでに投資不適格債である「ジャンクボンド」です。あれから一〇年が過ぎ、次々と発行されたジャンクはさらにそのジャンク性を増し、ついには予想されていたことが起きました。つまり、ジャンクボンドがそのジャンク（がらくた）という名にふさわしい状態となったのです。一九九〇年には――景気後退による一撃を待つまでもなく――、金融界の空に数多くの破産会社が浮かび、暗澹たる灰色模様になっていました。

債券教の信徒たちは、このような崩壊が起こらないと保証していました。つまり、莫大な負債を抱えた経営者は、ハンドルに短剣が取りつけられた車を運転するドライバーが、全神経を集中させて運転するのと同じように、かつてないほど粉骨砕身して経営にあたるものだという理屈です。それほどの状況であれば、きっとその人は非常に注意深いドライバーになるでしょう。しかし、路面に小さな陥没があったり、氷の破片に当たったりすることがあれば、命取りの、あらずもがなの事故につながるかもしれません。ビジネスという道路は穴ぼこだらけです。そのため、それらをすべてかわそうなどという計画には、悲惨な前途しかありません。

ベンジャミン・グレアムは『**賢明なる投資家**』（パンローリング）の最終章で、短剣の命題を強く否定しています。「堅実な投資というものを、三語に集約しなくてはならないとしたら、それは『安全域（Margin of Safety）』であると思い切って言おう」。これは四二年前に読んだ本ですが、私は今もってこれらの三語（安全域）は正しいと思っています。この簡潔な言葉を胸にとめなかった投資家たちは、一九九〇年代に入るや膨大な損失を出すことになりました。

債券熱が異常な高まりをみせると、明らかにうまくいくはずのないキャピタルストラクチャーが珍しいものではなくなりました。そのため、収益が非常に高いにもかかわらず、債務が多すぎるためにその利息をまかなえないというケースも出るようになりました。特に、数年前に起きたフロリダ州タンパにある老舗テレビ局の買収の件では、買収による債務が莫大で、その利子がテレビ局の総収入を超えていたという最初から破綻している例もありました。たとえすべての労働力や番組、サービスなどが、買ったのではなく寄付されたものだと考えても、このキャピタルストラクチャーでは爆発的な増収がなければ、このテレビ局は破産する運命にありました（買収資金のためになされた債務の多くは、今や破綻した貯蓄貸付組合が買い取ることになります。そしてこの愚行のツケを払わされているのは、納税者たるみなさんです）。

こんなことはあり得ないと思うかもしれません。しかし、これらの悪行が行われていた当時、「短剣を売る」投資銀行家は、投資不適格債はデフォルト率が高くとも、年月がたてば高利によって最終的には十分にプラスとなるという「学術的な」研究結果を宣伝に使っていました。愛想の良いセールスマンが、「いろんな種類のジャンクボンドによるポートフォリオならば、投資適格債のポートフォリオよりも大きな利益が見込めますよ」などと勧めていたのです（金融の世界では、過去のパフォーマンスによる「検証」には用心が必要です。歴史書が成功へのカギだというのなら、フォーブス四〇〇社はすべて図書館司書が買い占めているはずです）。

しかしこのセールスマンの話は、統計学を専攻する学生ならばすぐ分かる論理的欠陥がありました。それは、新たに発行されるジャンクボンドと堕ちた天使タイプのユニバースを比較するときに、新規発行のジャンクボンドの債務不履行率を後者の債務履行率をそのまま使って推定できると仮定していた点です（この誤りは、即席清涼飲料粉末のクールエイドによる過去の死亡率を調べるときに、ジョーンズタウンで起きた毒入りクールエイドによるカルト教団の集団自殺のデータを含めるようなことです）。

ジャンクボンドと堕ちた天使には、当然ながらいくつかの重大な相違点がありました。第一に、堕ちた天使の経営者のほとんどは再び投資適格の格付けを得たいと切望し、その目標に向かって努力していました。しかし、ジャンクボンドを発行する経営者の多くは、まったく異なる考えを持っていました。彼らの行動はある意味、ヘロイン常習者のそれに似て、負債まみれの状況を打破するためではなく、次に注射する薬物を探すためにエネルギーを注いでいました。さらに言えば、典型的な堕ちた天使の経営陣の多くは（全員とは言いませんが）、ジャンクボンドを発行する経営者よりも受託者としての責務を全うしようとしていました。

しかし、ウォール街はそうした違いをほとんど気にかけていませんでした。いつものことですが、ウォール街の熱意は投資対象の価値ではなく、それが生み出すであろう手数料に比例していました。山のようなジャンクボンドが無責任な人から何も考えない人へと売られていき、売り手も買い手も不足することはありませんでした。

ジャンクボンドは、今日では発行価格のほんの数分の一で取引されていますが、今でも地雷原であることは変わりません。昨年書いたとおり、私たちはいまだかつて新規発行のジャンクボンドを購入したことはありませんし、これからもけっして購入することはありません。私たちは、今や混乱状態にある地雷原を面白がって眺めているだけです。

ＲＪＲナビスコについては、信用度が一般に認識されていたよりも実際はかなり高いと感じています。そして潜在的キャピタルゲインや利回りは、リスクを補って余りあると考えています（リスクがゼロというつもりはまったくありません）。ＲＪＲは資産を良い価格で売却して自己資本を大幅に増やしており、経営もおおむね順調です。

しかし、ジャンクボンド市場を調査すると、投資不適格債のほとんどはやはり魅力のない債券です。一九八〇年代のウォール街がこの市場に与えた影響は思いのほか深刻で、多くの価値ある会社が致命的な傷を負っています。それでも私たちは、ジャンクボンド市場が崩壊していくなかで、投資機会を探し続けていきます。

ウェスコの手法（取引をより巧みに行うための意図的な非分散投資）と、マイケル・ミルケンが何年にもわたり進めてきたジャンクボンドを売りさばくための手法を比較すると、面白いことが分かります。多くのファイナンス学の理論に裏付けられたミルケンの主張は、以下のようなものです。①市場は効率的なので、投資家がボラティリティを受容することの見返りとして追加的な利益を得ることができる（ただし、結果には幅がある）、②ゆえに、新規に発行されるジャンクボンドの価格は、適正である確率が高く（つまり、高い利回りが統計上予想される損失を補っている）、ボラティリティリスクを補填するに足る高いリターンが見込める、③ゆえに、貯蓄貸付組合（あるいはほかの機関）が例えば分散目的でミルケンが新規で発行したジャンクボンドを十分な下調べをせずに大量に買ったとしても、ハウスの「エッジ」によって確実に「平均以上の結果を得られる」カジノ経営者と同じ立場になることができる。この手の理論を熱狂的に信じてミルケンの「債券」を買った機関投資家は、大損害を被りました。ミル

ケンの理論とは裏腹に、このような「債券」で広く分散投資を行った場合、往々にしてその結果は惨憺たるものでした。ただ、ミルケンが自己演出のためにあのような言動をし、またあのようなことを信じ込んだのは理解できますが、ミルケンに五％の手数料を支払って「債券」を買えば、ラスベガスのハウス側になれるなどということを信じた人がいたことは、理解に苦しみます。もしかしたら、ファイナンス学の教授たちによって効率的市場仮説や現代ポートフォリオ理論を教え込まれすぎた多くの愚かな買い手やその助言者たちは、それ以外の、危険を警告するような説にまったく目を向けなくなってしまったのかもしれません。これは、「専門家」が犯す典型的なミスと言えます。

C．ゼロクーポン債券と目出し帽（一九八九年）

バークシャーは額面九億〇二六〇万ドルのゼロクーポン転換劣後社債を発行し、現在、それはＮＹＳＥ（ニューヨーク証券取引所）に上場しています。ソロモン・ブラザーズがこの案件の引き受けを担当しましたが、有益なアドバイスと完璧な執行によって素晴らしい処理がなされました。

当然ながら債券のほとんどは、通常年に二回の利払いを伴います。これとは異なり、ゼロクーポン債では利子を支払う必要がありません。その代わりに投資家は、満期日における価額と比較して大幅に割り引いた価格で債券を購入することによって、利益を得ます。実効利回りを決定する要素は、発行時の価格、満期日における価格、発行日から満期日までの時間です。

バークシャーの債券は、満期価額の四四・三一四％、期間は一五年で発行されました。この債券の実効利回りは、半年複利で五・五％に相当します。額面一ドルに対してお預かりしたのは四四・三一セントですので、この社債発行で私たちが得たのは四億ドルです（一方、募集費用として九五〇万ドルがかかりました）。

債券は額面一万ドルで発行され、債券一単位でバークシャー・ハサウェイ社の株式〇・四五一五株に転換することができます。一万ドルの債券の購入価格が四四三一ドルですので、転換価格はバークシャー株一株当たり九八一五ドルとなり、当時の市場価格よりも一五％割高となります。バークシャーは一九九二年九月二八日以降ならばいつでも、アクレテッド・バリュー（発行時価に五・五％の半年複利を加えた額）で期限前償還することができ、また債券保有者は一九九四年と一九九九年の九月二八日という特定の二日間にかぎり、バークシャーに対してその保有債券をアクレテッド・バリューで買い取るよう求めることができます。

税金面では、たとえ債券保有者への利払いがなくとも会計上毎年五・五％の利子を計上することが、バークシャーには認められています。税金が軽減されることによる最大の効果は、正のキャッシュフローです。これはとても意義のある恩恵です。未確定の変数が介在するので、この債券にかかる正確な実効利率は割り出せませんが、いずれにせよ優に五・五％を下回るはずです。一方で、話は少しそれますが、税法はシンメトリーになっています。つまり、課税義務を負うすべての債券保有者は、現金を受け取っていないにもかかわらず、五・五％の利子に対して毎年税金を納めなければならないということです。

バークシャー債を含め、昨年数社が発行した同様の債券（特にロウズ債とモトローラ債）は、ここ数年発行されてきた大半のゼロクーポン債――これらの債券に対しては今後とも、マンガーも私も真っ向から批判を続けるでしょう――とは異なるものです。これに関しては後ほど触れますが、これらの債券は発行者によって詐欺的に悪用され、投資家には破壊的な結果をもたらしてきました。ところでこの問題を論じる前に、債券市場が、まだ禁断のリンゴをかじる前のエデンの楽園だったころの話をしましょう。

もしあなたが私と同年代ならば、初めて買ったゼロクーポン債は、第二次大戦中に発行され、史上最も多く売られた、かの有名なシリーズE連邦貯蓄債券だったかもしれません（戦後、アメリカの世帯の半分がこの債券を保有していました）。もちろん、これをゼロクーポン債などと呼んだ人がいるわけではありませんが、実際この名称はすでに生まれていたのではないかと私は思っています。ともあれ、シリーズEはまさに、いわゆるゼロクーポン債でした。

この債券の発行価格はたった一八・七五ドルでした。この金額を支払うことで購入者は、一〇年後の満期時にアメリカ政府から二五ドルを受け取ることができる、すなわち一年複利で二・九％の利子を得られるという内容でした。この債券は当時魅力あるものでした。なぜなら二・

九％というのはほかの政府債の利回りよりも高率でしたし、債券は少々利息が減少するもののいつでも換金できるため、保有者は市場変動リスクを負わずに済んだからです。

第二のゼロクーポン米国債は――これもまた国民にはありがたい債券でした――、一九八〇年代に発行されています。一般的な利付債の問題は、例えば利回り一〇％のようにその利率が十分なものであったとしても、利率が実際に複利一〇％となるかは保有者には分からないという点です。それを現実化するためには、半年ごとにクーポンが支払われるたびに、一〇％で再投資する必要があります。しかし、利払い時点の現行利子率が六～七％でしかなければ、その保有者は債券の運用期間を通じて、資金を公示された利率で複利で回すことはできません。例えば、年金基金のように長期運用する投資家にとっては、こうした「再投資リスク」は深刻な問題です。購入は個人に限られ額面も大きくありませんが、貯蓄債はこうした問題を解決してくれます。巨大投資機関が求めているのは、莫大な金額の「貯蓄債に相当する投資対象」なのです。

この分野に独創的かつ非常に有益な投資銀行（うれしいことにその筆頭はソロモン・ブラザーズです）が目をつけました。彼らは、半期ごとのクーポン（利札）を国債から「ストリップ（切り離す）」するという手法を生み出したのです。クーポンの一枚一枚は、将来のある時点において一括で支払われるものですから、切り離されたクーポンは貯蓄債の本質的特性を備えたものとなります。例えば、二〇一〇年に満期を迎える米国債についている半年ごとに利払いを迎える四〇枚のクーポンを切り離せば、それは満期日が半年後から二〇年後までにわたる四〇枚のゼロクーポン債を保有しているのと同じことになり、それぞれのクーポンは満期日が近いほかのクーポンとまとめておいて売りに出すことができます。仮にすべての満期日に関する現行利子率が一〇%だとすれば、半年後に利払いのクーポンは満期日における価額の九五・二四%、二〇年後に満期のクーポンは一四・二〇%で売れるでしょう。このようにして、クーポンを購入した人は、利払い日を問わず、保有期間を通じて一〇%の複利利率が保証されます。最近では国債のクーポン切り離しが盛んに行われていますが、それは年金基金から個人退職年金制度にまで及ぶ長期投資家たちが、これらの優良なゼロクーポン債が彼らのニーズに合致するものだと気づいたからです。

しかし、ウォール街の常ですが、賢い人間が始めたことを、愚かな人間がやりだしたらもうおしまいです。この数年、大量のゼロクーポン債（および機能的に同種の物であるペイ・イン・カインド債——半期ごとの現金利払いの代わりに新たにペイ・イン・カインド債を配布する）が、これまで以上にジャンクな発行体によって発行されてきました。ゼロクーポン債（もしくはペイ・イン・カインド債）には、これら発行体にとって圧倒的な利点があります。それは、満期まで一銭も支払わなくても債務不履行にならないという点です。確かに、もしも発展途上国政府が一九七〇年代にゼロクーポンの長期債以外に一切債券を発行しなかったとすれば、債務者としての履歴に傷がつくことはなかったことでしょう。

この原則――長期間、一切の支払いをしなくてもよいし、それによって長期にわたり債務不履行にはならない――は、より危険な投資のための資金を得ようとするプロモーター（ゼロクーポン債の発行体や企業買収の仕掛人たち）や投資銀行家たちにとっては、かなり魅力的でした。ただ、それが投資家に受け入れられるまでには、かなり時間がかかりました。数年前にLBO（レバレッジド・バイアウト。対象企業の資産を担保とした借入金による買収）熱が異常な高まりを見せ始めたときには、買収者は控え目に見積もられたフリーキャッシュフロー（営業利益と減価償却費と無形資産の償却費の合計から正規化されていない資本的支出を引いた額）で利子と債務を若干下回る額を賄う程度の健全な借り方しかできませんでした。

その後、プロモーターたちのアドレナリンの急上昇とともに企業が異常な高値で買われるようになり、想定していたフリーキャッシュフローがすべて利払いに充てられるようになりました。そうなると、返済のための資金は残りません。しかし、借り手のスカーレット・オハラ的な「明日は明日の風が吹くわ」という姿勢を、新種の貸し手――発行時からジャンクだったジャンクボンドを買う連中――は受け入れました。今や、債務は返済するものではなく、借り換えるものになってしまいました。こうした状況の変化をうまくとらえた漫画がニューヨーカー誌にありました。感謝に満ちた借り手が銀行の融資担当者と握手をしながら一言、「どうやって返済できるかはまったく分かりません」。

それからほどなく、借り手たちはさらに手ぬるい新基準を見つけました。貸し手からさらにバカげた融資を引き出すため、利払い能力の根拠として恥ずかしげもなくＥＢＤＩＴ（減価償却前、利払い前、税引き前利益）を導入したのです。彼らは、この「寸詰まりの物差し」を使って、当座の現金支出が不要な減価償却費を経費として無視することにしました。

しかし、これは明らかに妄想です。またアメリカ企業の九五％は、時間の経過とともに減価償却費と同程度の資本的支出が必要になるため、これは人件費や光熱費と同じ必要経費です。自動車ローンを借りるためには、利子や維持費だけでなく、現実的に計算した減価償却費まで含めたコストを賄えるだけの収入が必要だというのは、高校を中退した人でも知っています。もし、彼が銀行でＥＢＤＩＴの話をしても、笑いとばされてつまみ出されるのが落ちでしょう。

もちろんビジネスにおける資本的支出を一カ月間ゼロに抑えることは、いつでも可能です。それは人が、一日やたとえ一週間食事を取らなくても死なないのと同じことです。しかし、食事を恒常的に取らなくなって、その分補給もしなければ、体が弱ってきていずれは死にます。また、食べたり食べなかったりという状態を続ければ、きちんとした食生活を送った場合よりもいずれ健康を損なう可能性が高くなります。これは企業も同じです。マンガーも私も経営者ですから、商売敵たちが資本的支出を賄えない状況にあるということに悪い気はしません。

みなさんのなかには、ひどい取引の体裁を繕う目的で減価償却などの大きな支出をなかったことにすることは、ウォール街における創意工夫の道義的限界を超えることだとお考えの方もいるかもしれません。もしそうお考えなら、過去数年に起きた出来事に対して注意を払ってこられなかったのでしょう。プロモーターたちは、高くつく買収ですら正当化する必要がありました。さもなくば、あろうことか、さらに「想像力」たくましいプロモーターに案件を奪われてしまうからです。

ですから、プロモーターと投資銀行家たちは現実を無視して「ＥＢＤＩＴは今や現金利子に対してのみの計算基準として用いられるべきである」、つまり「ゼロクーポン債やペイ・イン・カインド債に付く利子は、取引の財務上の成否が査定されていれば無視して構わない」と宣言したのです。これによって、無視してよいものとして減価償却費が隅っこに追いやられたばかりでなく、本来は利払いの重要部分となるものにさえ同様の扱いがなされました。恥ずべきことに、多くのプロの投資家までもがこのバカげた風潮に飛びつきました。とはいえ彼らは、自分のカネには手をつけず、客のカネでしかやらないように気をつけていましたが（彼らのことを「プロ」と呼ぶのは、実際のところ親切すぎます。「プロモーティ（プロモートされる人々）」とでも呼ぶべきです）。

この新たな基準の下では、例えば税引き前の収益が一億ドルで、九〇〇〇万ドルの利子を当座支払わなければならない債務を抱えた企業がペイ・イン・カインドのゼロクーポン債券を発行し、複利で毎年六〇〇〇万ドルの利払いをさらに背負い込む――満期は数年後ではありますが――ことも可能です。こうした債券発行での利率は、通常とても高率です。これを実際に行えば、二年目には九〇〇〇万ドルの現金利払いに六九〇〇万ドルの利払いが加わり、その後も複利で利払いが膨らんでいきます。このような高率での再調達計画は、数年前ならば水際で適切に食い止められていましたが、その後まもなく、実質上すべての大手投資銀行において資金調達の模範となっていきました。

こうしたプランを勧めるとき、投資銀行の行員たちはユーモアに富んだ一面を覗かせます。数カ月前までほとんど耳にしたこともないような会社の、五年やそれ以上にも及ぶ損益計算書と貸借対照表の予想をあつらえてきます。もしもあなたがこうしたプランを提示されたら、その話に乗ってみると面白いでしょう。ぜひとも彼の銀行の過去数年間の年間予算を尋ね、さらにそれらの数字を現実の数字と比較してみてください。

ケネス・ガルブレイスがかつて機知と洞察に富んだ著書『大暴落1929』（日経BP社）のなかで、新しい経済用語「ベズル」を作り出し、それを発覚する前の横領の現在高であると定義しました。この概念には不思議な特性があります。横領者がベズルの分だけ潤っている一方で、被横領者は自分がその分、貧乏になっていることを自覚していないのです。

ガルブレイス教授は、これらのお金は国家財産に組み入れられるべきであり、そうすれば私たち国民は精神的な国家財産に気づくかもしれないと、鋭く指摘しています。論理上、大きな繁栄を願う社会は、国民による横領を推奨し、その犯人は追及しないということになるでしょう。このようにして、生産的な仕事がなされずとも「富」は膨らんでいきます。

しかし、現実においてゼロクーポン債がどれほどナンセンスな活用のされ方をしているかをみれば、ベズルの風刺の利いたナンセンスさえも色あせてしまいます。ゼロクーポン債が介在することで、ある契約の当事者が「収益」を得ているのに、その相手方には支出の痛みが伴わない、という状況が発生し得るからです。年間収益が一億ドルにすぎない、つまりそれ以上の利払い能力を持ち得ない企業が、社債の保有者に一億五〇〇〇万ドルの「収益」を、まるで魔法を使ったかのように提供しています。大口投資家たちがピーターパンの羽を喜々として身にまとい、「僕は信じているよ」と繰り返し言い続けるかぎり、ゼロクーポン債によって生み出される「収益」には上限がありません。

まるで文明発達前の人類が車輪や鋤を偶然手に入れたかのように、ウォール街はこの発明を熱烈に歓迎しました。実際の収益力に制限されることのない自由な価格で、ウォール街が案件を成立させるための手段が、ついに考案されたのです。その結果、当然ながら取引量は増大しました。売り手はバカげた価格を見逃しません。そしてジェス・アンルー・カリフォルニア州財務官が言ったとおり、取引は金融の母乳なのです。

ゼロクーポン債やペイ・イン・カインド債には、プロモーターや投資銀行にとってはさらなる魅力があります。それは、愚行がなされてから不履行が起こるまでの時間を長引かせることができるという点です。彼らにとって、これによる恩恵は計り知れません。全費用を支払うべき期日を先送りにできれば、プロモーターたちは愚かな取引を次々と作り出し、巨額の手数料を得ることができるのですから――ただしそうできるのは、ひな鳥が冒険を終えてねぐらに戻るまでのことですが（訳注　英語のことわざにある「呪いは［ひな鳥のように］ねぐらに戻る」は、「人を呪わば穴二つ」を意味する）。

しかし錬金術は、それが冶金学におけるものであろうと金融上のものであろうと、最後には必ず失敗します。会計報告やキャピタルストラクチャーを粉飾しようとも、劣悪なビジネスは黄金のビジネスにはなり得ないからです。金融錬金術師を自称する者は金持ちになれるかもしれません。しかし彼の富の源泉は、ビジネスにおける業績ではなく、カモとなる投資家たちです。

ここで付け加えておくべきことがあります。それは、ゼロクーポン債やペイ・イン・カインド債にどのような弱点があろうとも、その多くは債務不履行にならないということです。私たちはこれまで現実に何銘柄か購入していますし、市場が十分下げれば、さらに買い増すこともあるでしょう（とはいえ私たちは、信用度の低い企業による新規発行債券に手を出そうなどとは、考えたことすらありません）。本質的に邪悪な金融商品などありません。その変種のなかにほかと比較して害悪を及ぼす可能性がはるかに高いものが存在する、というだけのことです。

害悪を作り出すのに最大の貢献をしているのが、キャッシュフロー・ベースで利払いをする能力を持たないゼロクーポン債の発行者です。私たちにアドバイスできることと言えば、投資銀行の行員がＥＢＤＩＴの話を持ち出したり、支払うべき利子や累増したすべての利子を、キャッシュフローから十分な資本支出を行ったあとですっきりと支払えないようなキャピタルストラクチャーを提案したりしたら、絶対に財布のヒモを緩めてはならないということです。もしも行員がそんなことを言い出したら、逆にあなたのほうからプロモーターとその高くつく取り巻きに、ゼロクーポン債発行の手数料支払いは債券が完済するまで先送りにしたいと提案してみるとよいでしょう。そして、この案件への彼らの熱意がどこまで持つかを観察してみてください。

投資銀行に対する私たちの批評は辛口すぎるかもしれません。しかし、マンガーと私は――絶望的なまでに古風な考えですが――、投資銀行は度を越してやりたいようにやりがちなプロモーターたちから投資家を守る監視者の役割を担うべきであると考えます。とどのつまり、プロモーターは常に同じ判断を下し、大酒飲みが酒を受け取るときのように、資金を受け取ってきました。分別あるバーテンダーは、酒一杯分の利益を失うことになろうとも、客にこれ以上飲ませれば酩酊状態になると思えば、注文を断ります。投資銀行員は、少なくとも彼らと同じように分別ある行動を取るべきです。しかし残念なことに、多くの大手投資銀行において、こうしたモラルはあまり見られないのが現状です。最近ウォール街の「王道」を行った人は、その交通量の少なさに気づいたことでしょう。

悲惨な事実をもう一つ付け加えておかなければなりません。愚かなるゼロクーポン債による被害を被るのは、直接的にかかわった人だけではないということです。ある貯蓄貸付組合はこれらの債券の大口購入者でしたが、その購入資金は連邦貯蓄貸付保険公社への預託金です。これらの購入者は、利益の見栄えを良くしようとして、債券からのとてつもなく高い金利収入を計上しました。しかし、実際に受け取ってはいません。これらの組合の多くが現在では大きな問題を抱えています。もしも信用力が不確かな企業が発行したゼロクーポン債の購入で成功していたならば、組合の経営者たちが利益を着服していたのかもしれません。一方、うまくいかない融資の多くは、納税者がそのツケを払うことになります。コメディアンのジャッキー・メーソン風にいえば、貯蓄貸付組合の経営者たちこそが目出し帽を被った悪人だったのです。

D. 優先株（一九八九年、一九九四年、一九九六年、一九九〇年、一九九五年、一九九七年）

私たちがかかわりたいと思うのは、尊敬と信頼に値する好ましい人物だけです。ソロモンのジョン・グッドフレンド、ジレットのコールマン・モックラー・ジュニア、USエアーのエド・コロドニー、チャンピオンのアンディ・シグラーは、まさにその要求を満たした人々です。

そして、彼らも私たちに対して信頼の念を表してくれています。彼らみんなが強調しているのは、完全に転換する前提の下で議決権に制限を設けない優先株は、企業金融の基準から見ればまったくの例外であるということです。実際彼らは私たちを、今日よりも明日のことを考える聡明なるオーナーとして信頼してくれています。それはまさに、私たちが彼らを、今日のことはもちろん明日のことも考える聡明なる経営者として信頼しているのと同じです。

私たちが話し合って決めてきた優先株の構造によって得られる利益は、投資先企業の業種の経済的状況が悪ければ月並みなものにしかならないでしょうが、もしもそれら企業がアメリカの産業全般に匹敵する利益を生み出せるとしたら、私たちにとってかなり魅力的なものであると言えましょう。コールマンが指揮を執るジレットはその基準をはるかに上回るでしょうし、グッドフレンドやコロドニー、シグラーも、業界を取り巻く環境が厳しくないかぎり、同様の結果を上げられると考えています。

どのような状況になろうとも、これら優先株について、投資額に配当をプラスした金額は、ほぼ間違いなく取り戻せるでしょう。しかし、それだけにとどまれば期待を裏切られた気分になるでしょう。それによって自由度を放棄することとなり、その結果、必ずや訪れたであろう大きな投資機会を失ったことになるからです。この場合、典型的な優先株にまったく魅力を感じないときに、優先株の利回りのみを得るということになります。つまり、四銘柄の優先株に関してバークシャーが納得のいく投資結果を得るためには、その普通株が好調でなければならないということです。

そのためには、優れた経営者と、そして少なくともその業種の状況がそう悪くないという条件が必要です。とはいえ、バークシャーによる投資も助けになると思いますし、それぞれの投資先企業の株主たちも、何年かあとには私たちの優先株購入によって利益を得ることでしょう。バークシャーの投資が助けになるという理由はこうです。投資先の各企業は自社に関心のある大口で安定した株主を得たことになり、またバークシャーの会長や副会長は、間接的に彼ら自身の財産の多くを注ぎ込んでいることになるからです。マンガーと私は、投資先企業を支援しつつも、分析的かつ客観的な態度で彼らに臨みます。私たちは、仲間である彼ら経営者たちが自らのビジネスをきっちりと指揮し、なおかつ時に応じては業界外の人間や過去に下した決定とは何らかかかわりを持たない者に自らの考えの是非を相談する経験豊かなＣＥＯ（最高経営責任者）であることを理解しているからです。

ある企業に関して、素晴らしい収益を上げる可能性があると私たちが思っても、市場がその価値を認めなければ、これら企業の転換優先株で本来期待できるような利益を上げることはできません。また、その利益は、優れた経営陣を擁した申し分ない企業の八〇％以上を取得するという私たちが好んでとる資本展開の形態によって得られる利益ほど、魅力あるものとはならないでしょう。しかし、どちらの投資機会に恵まれることもまれであり、ましてやそれが私たちの現在および将来の財源に見合った規模であることなどめったにありません。

マンガーと私は、優先株に投資すれば、ほとんどの確定利付きのポートフォリオに投資した場合よりもまあまあ良い利益を上げることができ、また投資先企業において、重要ではなくとも建設的で楽しい役割を果たすことができると考えています。

決定にミスはつきものです。しかし、私たちが「判断ミス大賞」を認定するのは、ある決定が愚にもつかないものであることが明白になった場合だけです。この厳しい認定基準をもっても、一九九四年は激しい金メダル争いが繰り広げられた「当たり年」でした。ここでみなさんにお伝えしておきたいのは、これから説明する判断ミスはマンガーの手によるものだということです。そして、このように説明しようとするとき、私の鼻はだんだんと伸び始めます。

それではメダル候補を発表しましょう……。

一九九三年の終わりに私はキャピタル・シティーズ株一〇〇〇万株を一株当たり六三ドルで売却しました。同銘柄は一九九四年の年末には八五・二五ドルに上がりました（この売買差額を単純に計算すると、二億二二五〇万ドルになります）。私たちが同銘柄を一九八六年に購入したときの価格は一七・二五ドルで、当時私がみなさんに申し上げたことは、「一九七八年から一九八〇年にかけてキャピタル・シティーズ株を一株当たり四・三〇ドルで売却しており、その理由をどう申し上げてよいか困惑している」ということでした（第2章「E．バリュー投資――重言」を参照。なお、一株当たりの金額が異なっているが、これは株式分割のためである）。今回私は再び同じ過ちを犯してしまいました。そろそろ後見人をつけるべきかもしれません。

実にひどいことに、キャピタル・シティーズに関する決定は、銀メダルでしかありません。さらなる栄誉は私が五年前に犯した過ちで、一九九四年に失敗の熟成が完了しました。その内容は、三億五八〇〇万ドルを投入したUSエアーの優先株購入で、その配当支払いは九月に停止されました。この売買は「自発的ミス」でした。つまり、だれに勧められた投資でもなければ、だれにそそのかされて売買を決めたわけでもないということです。言うならば、これはずさんな分析によるもので、優先証券を集めていたために、あるいはうぬぼれによってもたらされた失策といえるかもしれません。理由はどうあれ、大きな過ちでした。

運営コストが高く、またそれを下げるのが極めて困難な航空会社が必然的に抱えることになる問題について、この売買を実行する前に十分考えることを怠ったことによるミスです。以前ならば、こうした命取りともなりかねないコストも大した問題ではありませんでした。航空会社は規制によって他社との競争から守られており、なおかつ航空運賃も高かったので高いコストも吸収することができたからです。

規制緩和の時代が訪れても、最初は大勢に変化はありませんでした。コストの安い航空会社は座席数があまりに少なかったため、高コストの会社は現行の運賃体系をほぼ変えずに済んだからです。しかし、この間も長期的な問題は表面化しなくてもゆっくりと拡大していき、持続不可能な高いコストはさらに浸透していきました。

そのあと、低コストの航空会社の座席数が増えていくと、古くからある高コストの会社も運賃値下げを検討せざるを得なくなりました。私たちがUSエアーに投資したような資本の注入によって、「最後の審判の日」を先延ばしにはできても、結局は経済の基本原則が勝利を収めました。ありきたりの商品を扱う事業では、規制がなければ企業はコストを削減するか消え行くしかありません。この原則はわれわれの会長にとって明らかなことだったのに、見落としてしまいました。

ＵＳエアーの当時のＣＥＯであるセス・スコーフィールドは、それまで引きずってきたコスト高の問題を解決しようと骨を折ってきましたが、今のところ結果は思わしくありません。主たる航空会社のなかには労働条件の問題を抱えていたり、破産手続き上の「新規スタート」費用の計上によって免税されるという背景があったりするなど、目標が定まらなかったことがその原因の一端です。サウスウエスト航空のハーブ・ケレハーＣＥＯは「破産審査裁判所は、航空会社にとっての減量道場と化している」と言っています。さらに、契約上一般より高いサラリーを得ている航空会社の従業員は、給与小切手が決済できなくならないかぎり、給与カットには応じないでしょう。

こうした厳しい状況にもかかわらず、ＵＳエアーは長期存続に必要なコスト削減を成し遂げるかもしれません。とはいえ、その可能性は極めて低いと言わざるを得ません。

したがって、一九九四年末に私たちはＵＳエアーの評価額を、投資評価額の四分の一の八九五〇万ドルまで切り下げました。この評価額は二つの可能性を表しています。一つは私たちの購入した優先株が、元の価値をほぼ回復させるであろう可能性、そしてもう一つはその逆に株式が紙切れとなってしまう可能性です。結果がどうなろうと、私たちは「失ったときと同じ方法で取り返す必要はない」という投資の根本原則を忘れてはいません。

USエアーの評価を切り下げたことによって会計上、複雑な影響がありました。私たちは、貸借対照表上にすべての保有株式銘柄を推定市場価格で記載しています。昨年の第3四半期末に保有していたUSエアー優先株の評価額は八九五〇万ドルで、これは購入価格の二五%でした。つまり、当時のUSエアーの正味評価額は、購入価格の三億五八〇〇万ドルをはるかに下回っていたということです。

しかし第4四半期には、この価値の減少が会計用語でいう「一時的にとどまらない」ものであると判断し、損益計算書に二億六八五〇万ドルの評価損を計上しました。ただ、この欠損によるこの期の影響は、ほかにはありませんでした。価値の減少はすでにその時点で反映されていたため、正味価値は減少しなかったからです。

マンガーも私も、USエアーの来期の年次総会で役員再選に立候補しないつもりです。でももしスコーフィールドが相談を持ちかけてくることがあれば、私たちは協力を惜しまないつもりです。


ヴァージン・アトランティック航空の裕福なオーナー経営者リチャード・ブランソンは、百

万長者になる方法を質問されて間髪入れずに答えました。「特別な方法なんてありません。まず億万長者になってから航空会社を買えばいいんですよ」。ブランソンの言葉に疑念を抱いたわれわれの会長は、その真偽を判断すべく、一九八九年に三億五八〇〇万ドルを投じて九・二五％のＵＳエアー優先株を購入してみました。

ＵＳエアーの当時のエド・コロドニーＣＥＯは、好ましく尊敬できる人物でした。その考えは今も変わりません。しかし、私の行った企業分析は、表面的かつ誤ったものでした。長年にわたり高収益を上げてきたという事実と、優先証券を保有することで得られるように思えた安心感に心を奪われて、重要な点を見逃してしまいました。規制緩和や厳しい競争市場によって、ＵＳエアーの収益はますます強い影響を受けることが予想されたにもかかわらず、その原価構造は規制によって利益が守られていた時代そのままでした。過去の業績がどんなに素晴らしいものであっても、変化に何ら対応しないでいれば、待ち受けるのは破綻しかありません。

しかし、コストの低減を図るためにＵＳエアーは労働契約を大きく改善する必要がありました。これは、信用力の低下や破産に至ることを除けば、ほとんどの航空会社が最も頭を痛めてきた問題です。ＵＳエアーも例外ではありませんでした。私たちが優先株を購入した直後から、コストと収入の不均衡が爆発的に膨らみ始めました。一九九〇年から一九九四年にかけて、ＵＳエアーは総計二四億ドルを失いました。全普通株の帳簿価格に値する額が吹き飛んだことになります。

この期間、USエアーは私たちへの優先株の配当支払いをほぼ滞りなく続けましたが、一九九四年の配当支払いは停止されました。状況がかなり悪化したことを受け、間もなく私たちは投資額評価を七五％切り下げ、八九五〇万ドルとしました。その後の一九九五年には、額面の五〇％で保有株式を売りに出し、幸運なことに、不首尾に終わりました。

USエアーに関しては多くの誤りを犯しましたが、正しい判断も一つありました。投資を行うに当たり、優先条件に一風変わった条項を加えたのです。その条項は、未払い金には、プライムレートに五％を足した「懲罰的配当」が複利で加算されるというものでした。これによって、私たちの保有する株に対する九・二五％の配当金が二年間停止された場合、未払い金は複利で一三・二五～一四％になります。

この罰則条項によって、USエアーは可能なかぎり早急に未払いを清算しようと、あらゆる努力をしました。そして黒字に転換した一九九六年後半には、現実に支払いを開始し、私たちは四七九〇万ドルを受け取りました。業績を立て直し、この支払いを可能なものとしてくれたCEOであるスティーブン・ウォルフには絶大なる感謝をしています。とはいえ、USエアーの最近の好業績は、周期的に訪れる航空業界への追い風が大きく寄与したものです。いまだに基本的なコスト問題は、解決していません。

ともあれ、普通株の市場価格から計算して、私たちの保有するUSエアー優先株の現在価値は恐らく、投資価値とほぼ平衡した三億五八〇〇万ドル前後であると思われます。さらに株式購入以降、総計で二億四〇五〇万ドルの配当（一九九七年に受け取った三〇〇〇万ドルを含めて）を得てきています。

滞納された配当が未払いだった一九九六年の初めに、約三億三五〇〇万ドルで再び持ち株を売却しようと試みたことがあります。みなさんにとって幸運なことに、私はまたしてもすんでのところで敗北を免れました。

話はそれますが、以前友人にこう尋ねられたことがあります。「君はそんなに金持ちなのに、どうしてそんなに要領が悪いんだい」――USエアーのお粗末な顛末を見れば、彼の疑問ももっともだとみなさんも思われるかもしれませんね。

みなさんの会長がUSエアー株を買ったのは絶妙な時期でした。ビジネスがまさに深刻な問題に足を踏み入れようとするタイミングで、思い切りよく飛び込んだのです（私はだれに強いられるでもなく、テニス用語でいう「自爆的ミス」を犯したわけです）。USエアーの抱えていた問題は、業界をめぐる状況、およびピードモント航空吸収合併によるもので、ほとんどの航空企業合併後には運営上の混乱が待ち受けていたことから、予期して然るべき不幸でした。

それから間もなく、エド・コロドニーとセス・スコーフィールドによって後者の問題は解決しました。USエアーは現在、サービスの質において高い評価を受けています。しかし、業界全体にかかわる問題のほうは、より深刻さを増しています。私たちがUSエアー株を購入して以降、一部企業の自殺行為的な航空運賃設定もあって、航空業界をめぐる経済状態は警戒すべき速さで悪化の一途をたどっています。低運賃設定が航空業界全体を覆う危機を招いたわけですが、これはある重要な事実を証明しています。つまり、コモディティと化したビジネスにおいて、最も愚かな競合相手よりも賢く立ち回ることはできないということです。

しかし、航空業界全体が今後数年で壊滅的状況に陥るというわけでなければ、私たちのUSエアーへの投資も結果オーライとなるはずです。コロドニーとスコーフィールドは断固たる態度で厳しい現状に臨み、業務上の大変革を敢行しました。それでもその安定性は、投資した時点よりも劣っています。

転換優先株は、比較的単純な証券ですが、過去の実績を示す記事を参考にする場合、時として不正確、あるいは誤解を招くようなものがあるので注意が必要です。例えば昨年、いくつかの報道機関が算定した内容は、当社の全優先株が普通株に転換された場合、転換前後で双方の価値は同等であるというものでした。彼らの論理によれば、ソロモンの普通株が二二・八〇ドルで売られている場合、三八ドルの普通株に転換可能なソロモンの優先株が有する価値は、額面の六〇％になります。しかし、この理論には小さな欠陥があります。この理論に従うと、転換選択権のみが転換優先株の有する価値であり、ソロモンの非転換優先株はクーポンや償還条件がどうであれ、無価値であるという結論になるからです。

ここで重要なことは、転換優先株の価値のほとんどは、確定利付きであるという点に集約されるということです。つまり、転換優先株の価値は、転換選択権がついている分、同銘柄の非転換優先株以上にはなっても、以下にはなり得ないということです。


バークシャーは一九八七年から一九九一年までの期間、非公式に五銘柄の転換優先株を購入しました。そろそろ状況を論ずるべき時かと思います。

これらすべてのケースでは、確定利付き証券とするか、あるいは普通株への転換の権利を取るかについての選択権が与えられました。当初、私たちが得ていた利益は、主として確定利付きの部分で、転換のオプションはおまけにすぎませんでした。

三億ドルを投じて非公式に購入したアメリカン・エキスプレスの「パークス」は普通株に部分修正を加えたもので、定率配当が発行価格に与える影響はごくわずかでした。購入から三年後、パークスは自動的に普通株に転換されました。私たちが購入したそれ以外の転換優先株は、株主が望んだ場合にのみ転換される条件になっており、この点は決定的な違いでした。

これらの転換優先株を購入したとき、私は税引き後の収益が中期の確定利付き証券を購入した場合よりも「多少」上回ることを期待しているとみなさんにお伝えしました。そして、期待以上の利益を得ました。ただし、この結果はたった一つの銘柄のパフォーマンスによるものでした。また私は、これらが「素晴らしい経済状態を見込める企業に投資した場合以上の利益を生むことはないだろう」とも言いました。残念ながら、この予言は的中しました。最後に、「どのような状況になろうとも、投資額に配当をプラスした金額は、ほぼ間違いなく取り戻せるだろう」と言ったことは、今となっては撤回したい気分です。かつてウィンストン・チャーチルは「言葉をのみ込んで消化不良になったことはない」と言いました。しかし、私は優先株投資で損をするはずがないと断言したことで、自業自得の胸焼けを起こしています。

私たちにとってこれまでの最良の保有銘柄はジレットです。この会社が当初から際立っていたことは、以前にもお伝えしたとおりです。しかし皮肉なことに、私はジレットを買ったときも大きな誤りを犯しました。これは、財務諸表上にはけっして表れないタイプの誤りでした。

私たちは一九八九年に六億ドルを投じて、四八〇〇万株（株式分割後）の普通株に転換できる選択権の付いたジレットの転換優先株を購入しました。もう一つの投資形態として、ジレットの普通株を六〇〇〇万株購入するという選択肢もありました。当時の同社の普通株はおよそ一〇・五〇ドルでしたが、大きな制限を伴う大掛かりな非公開買い付けであったことから、最低でも五％の割引で購入できたことでしょう。断言はできませんが、私たちが普通株を選んだとしても、ジレットの経営陣は同じくらい喜んでくれたと思います。

しかし私は小利口すぎて、転換優先株のほうを選んでしまいました。それによって二年弱の期間、私たちはいくばくかの特別配当（優先株と普通株の利回りの差額）を受け取りました。時機を得たジレットは、なるべく早期に実現しようと目論んでいた償還請求をその時点で行いました。もし優先転換株ではなく普通株を購入していたなら、一九九五年末には一層良い――六億二五〇〇万ドルから「超過」配当金分七〇〇〇万ドルを差し引いた分だけ現状より高い――投資結果を得られたはずでした。

チャンピオンのケースでは、購入価格の一一五％で優先株を償還するという条件が提示されたため、本来ならばまだ保有していたところですが、昨年の八月に手仕舞いしました。このときは、償還条項行使請求に先駆けて転換を行い、妥当額のディスカウントでチャンピオンに返還しました。

マンガーも私も、これまで一度も製紙業への投資に関して確信的な思いを抱いたことはありません。実際私自身、過去五四年に及ぶ投資生活において、製紙企業の普通株を購入したことは一度もなかったように思います。ですから昨年八月における私たちの選択肢は、保有分を市場を通じて売りに出すか、チャンピオンに返却することでした。保有期間六年で税引き後約一九％と、チャンピオンのキャピタルゲインは高くはありませんでしたが、保有期間を通じて得られたその優先株による税引き後配当利回りは、なかなかのものでした（損害保険会社が配当金として得た税引き後の利回りに関しては、誇張された報道が多くなされました。しかしマスコミは、保険会社にとって受取配当が著しく減少することになる、一九八七年に発効した税法改正を考慮に入れていませんでした)。

私たちが保有するファースト・エンパイアの転換優先株は、早ければ一九九六年三月三一日に償還が可能なものでした。しっかりした経営がなされている銀行の株主であることに私たちは満足しています。普通株に転換後もファースト・エンパイア株を保有し続けるつもりです。ボブ・ウィルマーCEOは傑出した銀行家であり、彼とかかわり合いを持てるのは光栄なことです。

それ以外の転換優先株二銘柄では、思ったような結果を得ることはできませんでした。確定利付き証券の代替として購入したソロモンの優先株の利回りは、確定利付き証券のそれを上回りましたが、マンガーと私がこの投資に注ぎ込んだ莫大な時間を考えると、それがバークシャーにもたらした経済的貢献はわずかなものです。確定利付き証券を先に購入していたがために、齢六〇にしてソロモンの暫定会長という新たな仕事を引き受けることになろうとは、まったくもって予想だにしませんでした。

一九八七年にソロモンの優先株を購入した直後に私は、「投資銀行の収益的将来性に関して、特に確信的な考えを持っているわけではありません」と書面で述べました。どんなに好意的なコメンテーターでも、結局は私の懸念が現実のものとなったとの結論を下すことでしょう。

現在までのところ、選択権を行使して普通株に転換することにメリットがあるかはまだ不透明です。さらに言えば、私がソロモンの転換優先株を初めて購入して以降、ダウ工業株三〇種平均は二倍になり、仲買業全般も同様の伸びを見せています。つまり、転換権に価値を見いだしたため、ソロモンの転換優先株を買うことにしたという私の決定は極めてお粗末なものとの烙印を押されることになります。とはいえ、ソロモンの優先株も、厳しい状況の下、確定利付き証券としての利払いを滞りなく履行しています。一般的に見て、九％の配当はかなり魅力的なものです。

もし優先株を転換しないまま保有し続ければ、一九九五年から一九九九年までの毎年一〇月三一日に、発行額の二〇％が分割償還されるという条項があり、私たちも昨年、支払額七億ドルに対して一億四〇〇〇万ドルを受け取りました（これを売却であると伝えた報道機関もありましたが、優先株の償還は「売却」とは言えません）。昨年、分割償還を迎えた優先株に関して私たちは転換しない道を選びましたが、あと四回の償還機会を残しており、今後も転換することにメリットを見いだすことはないであろうという思いが強いからです。

ジレットとファースト・エンパイアの普通株（バークシャーが保有していた優先株を転換したもの）は、会社の素晴らしい業績と歩調を合わせて大きく値上がりしました。私たちが一九

八九年にジレットに投じた六億ドルは、昨年末には四八億ドルまで値上がりし、一九九一年にファースト・エンパイアに投じた四〇〇〇万ドルは二億三六〇〇万ドルまで値上がりしました。

一方、冴えない二銘柄（USエアーとソロモン）については極めて力強い形で活気を取り戻しました。ソロモンは最近トラベラーズグループと合併し、長い間苦しめられた株主はようやく報いられることとなりました。バークシャーの株主すべてが――極めて個人的なことですが私も含めて――、デリック・モーガンとボブ・デンハムに大いに感謝しています。それは第一に、一九九一年のスキャンダルによって消滅の危機に瀕していたソロモンを救ううえで重要な役割を果たしてくれたこと、そして第二に、トラベラーズにとって魅力的な買収対象となる水準までソロモンの活気を取り戻してくれていたことに対してです。私は常々、信頼と尊敬に値する好ましい経営者とともに働きたいと言ってきましたが、モーガンとデンハムほどこの言葉が当てはまる人物はいません。

バークシャーのソロモンへの投資が最終的にどのような成果を上げたのかを計算するにはもう少し時間がかかります。しかし、二年前に予想したよりもはるかにましになっていると言ってよいでしょう。振り返ってみると、ソロモンでの経験は興味深く、良い勉強になったと思います。しかし、会長を務めた一九九一～一九九二年は、演劇評論家だったらこう言うと思います。「もっと良い席ならば芝居を楽しめただろうが、最前列の席だったので舞台が近すぎた」

USエアーが息を吹き返したことは奇跡的でした。この投資についての私の動きを見ていた人であれば、成功によって非の打ちどころのない記録になったことがお分かりになるでしょう。当初この株式の購入にあたって私は過ちを犯しました。そして、その後、保有する株式を額面一ドル当たり五〇セントで売却しようという二度目の過ちを犯しました。

USエアーについては二つの変化があり、これと時を同じくして株価は大きく回復しました。二つの変化とは、①マンガーと私が取締役から降りたこと、②スティーブン・ウォルフがCEOとなったこと――です。このうち重要なのは②でした。そして、私たちのエゴも守られました。USエアーでのスティーブン・ウォルフの業績は驚異的なものでした。

USエアーでなすべきことはまだたくさんありますが、存続はもはや問題ではなくなりました。このため、一九九七年には優先株に配当を行い、私たちを悩ませた支払いの遅延を埋め合わせるだけの追加の支払いを受けることができました。さらに、USエアーの普通株は底値の四ドルから最近の高値である七三ドルまで値上がりしています。

私たちが保有していた優先株は三月一五日に買い戻されましたが、株価が上がったことで少し前まではまったく価値がないと思っていた転換権に大きな価値が生じています。USエアーの株式が相当の利益を生み出すことは――私がマーロックスに支払ったコストを除けば――、今やまず間違いありません。その利益は不謹慎とさえ見られるほどかもしれません。

次回私が大きな愚かしい判断を下した際、バークシャーの株主のみなさんが何をするべきかお分かりですね。ウォルフに電話してください。

転換優先株に加え、一九九一年にはアメリカン・エキスプレスの「パークス」三億ドルを私募で購入しました。この有価証券は本質的には普通株ですが、最初の三年間は条件付きとなるものでした。その間、私たちは追加の配当を受けますが、売却の際には価格について上限が設けられていました。上限が定められていたにもかかわらず、運と技術を兼ね備えていたみなさんの会長の行動のおかげで、非常に高い利益を上げることができました。運が一一〇％で残りが技術でしたが。

パークスは一九九四年八月に普通株に転換される予定であり、私はその一カ月前から転換時に売るかどうかを随分と考えていました。アメリカン・エキスプレスを保有していた理由の一つは素晴らしいＣＥＯであるハービー・ゴーラブの存在です。彼は会社が有するあらゆる可能性を最大化してくれるように見えました。そして、そのとおりになりました。しかし、その可能性の大きさが問題でした。アメリカン・エキスプレスはＶＩＳＡを中心とするカード発行会社との容赦ない競争に直面していました。議論を尽くしたうえで、私は売る方向に傾いていました。

ここが私の幸運だったところです。決断を下した月に、私はメーン州プラウツネックでハインツのＣＥＯを務めるフランク・オルソンとゴルフをしました。オルソンは素晴らしい経営者

＊　＊　＊　＊　＊　＊　＊　＊　＊　＊

であり、カード事業について深い知識がありました。そこで、第一ホールのティーグラウンドから私はカード業界について彼に尋ね、第二ホールのグリーンに着くまでにアメリカン・エキスプレスの法人カードが強力な営業基盤を有していることを確信していました。私は売らないことに決め、バックナインに入るころには心は買いに転じており、数カ月の間にバークシャーはアメリカン・エキスプレスの株式の一〇％を取得していました。

今や私たちが保有するアメリカン・エキスプレスの株式は三〇億ドルの利益を生み出しています。当然のことながら、オルソンには大いに感謝しています。しかし私たちの共通の友人であるジョージ・ガレスピーは、私は感謝するべき相手を間違っていると言います。私をオルソンと同じ組に割り当てたのはほかならぬ彼だからです。

E. 金融派生商品（二〇〇二年、二〇〇五年、二〇〇六年、二〇〇八年）

マンガーも私も、金融派生商品（デリバティブ）とそれを使った取引は当事者と経済システムの両方にとって時限爆弾のようなものだと見ています。

こうした考え方はすでにお話ししましたが、その話題にはあとでまた戻るとして、金融派生商品について説明させてください。ただし説明は一般的なものとなります。金融派生商品という言葉は非常に幅広い金融取引を指すものだからです。これらの商品は本質的に、将来の特定の時点で資金のやり取りが発生し、その金額は金利や株価や通貨の価値など一つ、もしくは複数の参照資産によって決まります。例えば、S&P五〇〇指数先物取引を買い建てている、あるいは売り建てている場合、極めて単純な金融派生商品の当事者ということになります。利益や損失は指標の変動から派生しているからです。金融派生商品取引の年限はさまざまであり（時には二〇年以上になることもあります）、その価値はたいてい幾つかの変数と連動しています。

金融派生商品の取引に担保の差し入れや保証がなければ、その最終的な価値もまた取引の相手方当事者の信用力によって左右されることとなります。しかしその一方、取引が清算される前に、資金のやり取りが一切発生しないまま相手方当事者が現時点の損益計算書に利益や損失――それは巨額なものとなることもあります――を計上することになります。

金融派生商品取引の範囲は人間（あるいは場合によっては少しイカレた人間）の想像力の及ぶ範囲すべてに渡ります。例えばエンロンの場合、はるか将来に決済される新聞用紙や広帯域通信の派生商品が提供されていました。あるいは、二〇二〇年にネブラスカ州で生まれる双子の数を予想する取引を引き受けたいと考えたとします。何も問題はありません。かなりの高値で引き受けてくれる親切な取引相手が簡単に見つかるでしょう。

私たちがゼネラル・リインシュアランス・カンパニーを買った際、金融派生商品を取り扱う会社であるゼネラル・リインシュアランス・セキュリティーも買うことになりました。マンガーも私も望んではいないことでした。あまりにも危険だと判断していたからです。しかし、私たちはその事業の売却に失敗し、今その事業を手仕舞っています。

とはいえ、金融派生商品事業の閉鎖は、言うは易く行うは難いことです。実際のところ、再保険事業と金融派生商品事業は似ています。地獄と同じように、どちらも入ることは簡単なのですが、抜け出すことはほとんど不可能です。どちらの業界も一度取引を引き受けたら――数十年後に巨額の支払いが必要となるかもしれません――、そこから離れられなくなるのです。事実、リスクをほかの人に押し付ける方法はあります。しかし、この種の戦略はほとんどの場合、多少の債務が残ることになります。

再保険契約と金融派生商品のもう一つの共通点は、どちらも報告利益が大幅に過大評価されることがあるということです。これは事実です。というのも、今日計上する利益というのは推測に基づく部分が非常に大きく、こうした推測の不正確性は長い間露見しないこともあるからです。

通常、誤りは悪意のないもので、取引について楽観的な見方をするという人間の傾向を反映したものにすぎません。しかし金融派生商品の取引当事者には、その会計処理を行うときに不正を促す要因も数多く生じます。通常金融派生商品取引では、時価評価によって計算された会計上の「利益」（一部または全部）が支払われます。しかし、実際の市場が存在せず（双子についての契約を思い浮かべてください）、「モデルに基づく評価」が用いられることもよくあります。

この代用によって大きな弊害が生じる場合があります。一般的な法則として、複数の資産を参照し決済日まで長い期間を有する取引では、取引の相手方が非現実的な想定を用いる機会が増えます。例えば双子のケースでは、両方の契約当事者が、それぞれ長期間にわたって多大な利益がもたらされるような別々のモデルを用いることは十分考えられます。極端な場合は「モデルに基づく評価」が、実際には私が「虚構に基づく評価」と呼んでいるものになってしまうということです。

もちろん、こうした数字は内部および外部の監査役が精査しますが、それは簡単な作業ではありません。例えば、ゼネラル・リインシュアランス・セキュリティーは年末時点（事業の縮小を開始してから一〇カ月後）で一万四三八四件の取引を抱え、世界の六七二の相手方と取引を行っていました。それぞれの取引は一つ、または複数の参照資産によって価値がプラスになるものもあればマイナスになるものもあり、そのうちのいくつかは信じられないほど複雑なものでした。こうしたポートフォリオを評価するに当たっては、専門家である監査人の見解も幅広く分かれてしまうことが珍しくありません。

評価の問題はアカデミックなものからはかけ離れています。最近、金融派生商品の取引によって大規模な不正行為や不正に近い行為が促されてきました。例えばエネルギー・電力セクターの企業は、金融派生商品とこれを使った取引によって著しくかさ上げされた「利益」を報告していました。その実態は貸借対照表に計上された金融派生商品に関連する債権を実際に現金化しようとしたときに発覚し、「時価評価」は実のところ「虚構に基づく評価」であることが明らかになりました。

これは確信を持って言えることですが、金融派生商品のビジネスにおける価格付けは恣意的にゆがめられています。価格は、必ずと言ってよいほど、何百ドルものボーナスを狙っている取引業者か、目覚ましい「利益」を報告したいＣＥＯ（あるいはその両者）にとって有利なものとなっています。そして、ボーナスが支払われ、ＣＥＯがストックオプションの利益を獲得したずっとあとになってから、株主は報告された利益が偽物であったことに初めて気づくことになります。

金融派生商品のもう一つの問題は、会社が直面する問題をまったく関係のない理由によって悪化させる可能性があるということです。こうした追い打ち効果が生じるのは、多くの金融派生商品取引では会社の信用が引き下げられると、取引相手方に担保をすみやかに差し入れるよう求められるからです。例えば、ある会社が全般的な逆境のなかで格下げされると、金融派生商品で規定した要件が満たせなくなり、予想外だった巨額の現金担保の差し入れが課されます。そして、この要件を満たす必要性から会社の流動性は危うくなり、場合によってはさらに格下げされることになります。こうしたことがすべて重なって悪循環が生じると、会社が崩壊に追い込まれることもあるということです。

さらに、金融派生商品によって連鎖リスクも生じます。このリスクは、その多くの事業がほかの会社に転嫁される保険業者や再保険業者が引き受けるリスクと同種のものです。どちらの場合でも、多くの取引相手方に対する債権勘定が長い期間をかけて積み上がる傾向があります。取引参加者は自分が慎重だと考えているかもしれません。彼らの抱える巨額の信用リスクは分散されており、したがって危険なものではないと信じているからです。しかし特定の環境の下では、外的な事象によって会社Aに対する債権勘定が悪化した場合、会社ＢからＺまでに対する債権勘定についても悪影響が及ぶことがあるでしょう。危機によって、何事もなさそうな時期に想像もしない形で問題の相関が生じる場合があることを私たちは歴史から学びました。

銀行業でＦＲＢ（連邦準備制度理事会）が設立された理由の一つは「連鎖」の問題が認識されたことでした。ＦＲＢ設立以前、脆弱な銀行の破綻によってそれまで健全だった銀行にも突然予想外の流動性需要が生じ、その銀行のほうも破綻してしまうということが起きる場合がありました。今はＦＲＢによって、健全な銀行は脆弱な銀行の問題からは切り離されています。しかし、保険や金融派生商品によるドミノ倒しを防ぐ役目は中央銀行には割り当てられていません。こうした業界の会社は、基本的には健全であっても、連鎖のはるか先にある会社が苦境に陥ったというだけの理由で問題を抱えることになる場合があるということです。「連鎖反応」の脅威が業界内に存在する場合、あらゆる連鎖を最小化しておくことは無駄ではありません。私たちはそのような考えの下で、再保険事業を行っています。また、これは私たちが金融派生商品の取引を行わない理由の一つでもあります。

多くの人々が、金融派生商品取引によって金融システム全体に及ぶ問題が軽減されると言います。こうした人々が指摘するのは、特定のリスクに耐えられない取引参加者が財務的により健全性の高い参加者にリスクを移転することができるという点です。こうした人々は、金融派生商品によって経済は安定し、取引が促され、個人の取引参加者にとっての障害が取り除かれると信じています。そして、ミクロのレベルでは彼らの言っていることは真実である場合も多くあります。確かに、私はバークシャーで特定の投資戦略を効果的に行うために大規模な金融派生商品取引を行うことがあります。

そうは言っても、マンガーも私も現在のマクロ環境は危険なものであり、その傾向は強まっていると考えています。特に信用リスクなどのリスクが大きくなると、比較的少数の金融派生商品取り扱い業者に取引が集中してきます。さらにこのような業者は互いに大々的に取引を行います。一つの業者が問題を抱えれば、それはほかの業者に急速に影響を及ぼします。そのうえに、こうした業者は、業者以外の取引相手からも多額のリスクを引き受けています。すでにお話ししたように、こうした取引相手の一部には連鎖反応が生じ、一つの出来事（通信業界における障害や商業電力事業の価値の急激な低下など）のために同時に問題に直面することになります。連鎖が突如として表面化した場合は、システム全体におよぶ深刻な問題をもたらすということです。

事実、一九九八年に借り入れや金融派生商品取引を大規模に行っていた一つのヘッジファンドであるロング・ターム・キャピタル・マネジメント（LTCM）についてFRBは大いに懸念し、急きょ救済策を実施することとなりました。後の議会証言のなかでFRBの高官は、もし介入を行わなければ、LTCM（一般大衆にはあまり知られていない従業員数百人の会社でした）の突出した取引によって、アメリカ市場の安定性に深刻な脅威がもたらされていただろうと語りました。言い換えれば、FRBが行動を起こしたのは、LTCMによるドミノ倒しが起こった場合にほかの金融機関に生じる影響をFRBの幹部たちが懸念したからでした。そしてこうした事態は、債券市場の多くを数週間にわたり麻痺させたにもかかわらず、最悪のシナリオからは程遠いものでした。

LTCMが利用していた金融派生商品の一つはトータル・リターン・スワップでした。これは、株式などさまざまな市場において完全なレバレッジを利用する取引です。例えば、取引の当事者A（通常は銀行です）は株式の購入に必要な資産をすべて拠出し、当事者Bは資金の拠出を一切せずに、将来のある時点で銀行が実現した利益を受け取るか、損失を支払うことに合意するというものです。

この種のトータル・リターン・スワップは取引証拠金制度を無意味なものにしてしまいます。そのうえ、ほかの種類の金融派生商品によって、規制当局がレバレッジを抑制し、銀行、保険会社およびそのほかの金融機関のリスク特性を全般的に把握する能力は著しく低下してしまいます。同様に、経験豊富な投資家やアナリストでも、金融派生商品取引を大規模に利用している会社の財務状況を分析しようとすると、問題に直面するでしょう。マンガーも私も、大手の銀行の金融派生商品取引について詳しく書かれた脚注を読み終えたあとで理解できるのは、私たちはこの金融機関がどの程度のリスクを抱えているのかは分からないということだけです。

金融派生商品という悪霊はもはやだれにも止められないほどの猛威を振るっており、何らかの事態によってその有害性が明らかにならないかぎり、種類も数も増えていくことはほぼ間違いありません。金融派生商品がいかに危険であるかは電気・ガス事業ですでによく知れ渡っています。これらの業界では、大きな問題が発生したことによって金融派生商品の利用は著しく減少しました。しかし、ほかの業界では金融派生商品による事業が歯止めも利かずに広がり続けています。中央銀行と政府はこれまでのところ金融派生商品の取引によってもたらされるリスクの効果的な管理手法はもちろん、監視する手段すら見つけることができていません。

バークシャーは、オーナー、債権者、保険契約者、そして従業員のために要塞のような財務の健全性を保つべきだとマンガーも私も考えています。私たちはあらゆる種類の巨大災害のリスクに注意を怠らないよう努めています。こうした姿勢から、私たちは長期の金融派生商品取引が急激に増えていることや、それとともに増加している巨額の無担保債権について心配しすぎているのかもしれません。けれども、金融派生商品は金融の大量破壊兵器であり、今はまだ表に現れていないものの、壊滅的な被害をもたらす恐れのある危険性を抱えているのだと私たちは考えています。

はるか昔、マーク・トウェインは次のように語りました。「猫のしっぽを持って家に連れ帰ろうとする人は、ほかの方法では学びえない教訓が得られるだろう」。マーク・トウェインが現代にいるのなら、金融派生商品事業からは撤退しようとするでしょう。二、三日で猫のほうがマシだと分かるからです。

私たちは昨年、ゼネラル・リインシュアランスを金融派生商品事業から撤退させるための試みを続けたことによって、税引き前で一億〇四〇〇万ドルを失いました。この取り組みを始めてからの累積損失額は合計で四億〇四〇〇万ドルに上ります。買収当初、この会社は二万三二一八件の取引を抱えていましたが、二〇〇五年の初めには二八九〇件まで減少しました。私たちの損失はこれで食い止められたと思うかもしれませんが、出血は続いています。昨年は、取引を七四一件まで減らすために、先ほど書いたとおり一億〇四〇〇万ドルを費やしています。

一九九〇年にこの部門が設立されたのは、ゼネラル・リインシュアランスが保険顧客のニーズを満たしたいと考えたためでした。

とはいえ、私たちが二〇〇五年に清算した取引のなかには、取引期間が一〇〇年というものまでありました。このような取引がどのような「ニーズ」を満たしているのかは想像もつきません。もしかすると、報酬意識が強い取引業者が長期取引の実績を残したいというニーズなのかもしれません。長期の取引や複数の変数に基づく取引は時価評価（金融商品の会計に用いられる最も標準的な手続き）が非常に難しいため、取引業者が価値を試算するときに「想像力」を働かせる余地はかなり大きくなります。

そのため、取引業者がこうした商品を勧めるのは不思議なことではありません。ただ、想定上の数字に基づいて巨額の報酬がもたらされる事業は、明らかに危険に満ちあふれています。例えば、二つの取引業者の間で取引が行われるとします。この取引には幾つかの変数があり、そのなかには難解なものもありますが、決済日ははるか先に設けられています。この取引についてそれぞれの取引業者が利益を計算することになりますが、同じ取引でも会社Ａはある価格で評価し、会社Ｂは別の価格で評価する可能性があります。この評価額の違い――そして、なかにはその差が非常に大きくなることを私は個人的によく知っています――は、それぞれの会社の利益を高めに計算した結果であることは間違いありません。これは、当事者がどちらも書面上の取引で即座に利益を報告できる奇妙な世界なのです。

私が金融派生商品についての経験を長々と申し上げたのは二つの理由からです。一つは個人的で不愉快な理由です。確たる事実は、私が直ちにゼネラル・リインシュアランスの金融派生商品取引事業からの撤退に向けて動き出さなかったために、みなさんに多大なお金を費やさせてしまったということです。それが問題であることはマンガーも私もゼネラル・リインシュアランスを買ったときに分かっていました。そして、私たちはこの事業から撤退するよう経営者には伝えていました。撤退を確かめるのは私の責任でした。しかし、私は状況に真正面から立ち向かうことなく、数年を過ごすなかで事業を売却しようと考えていました。これは不毛な努力でした。私たちが数十年間も存在し続ける負債の迷路から抜け出す現実的な解決策などなかったからです。

私たちの抱えていた債務は特に厄介でした。どこまで拡大するのか測定することができないものだったからです。さらに、深刻な問題が生じれば金融市場のほかの部分の問題と関連が生じる可能性が高いことは分かっていました。そのため、面倒を起こさずに撤退しようという私の企ては失敗に終わり、その間も取引は増えていきました。どうか優柔不断な私を責めてくださいさい（マンガーは親指しゃぶりだと言っています）。問題が起きたのなら、それが個人的なものであれ事業上のことであれ、行動を起こすのは今です。

この分野で私たちが直面した問題について繰り返しお話ししている第二の理由は、私たちの経験が経営者、監査役、規制当局のみなさんにとって役立つことを分かっていただきたいからです。ある意味、私たちは金融派生商品事業という炭鉱のなかのカナリアのようなもので、息を引き取るなかで警告の歌を歌わなくてはならないと思っています。世界の金融派生商品取引は件数も金額も急激に増加し続けており、今や前回の金融危機が発生した一九九八年から倍増しています。潔く撤退した私たちのケースは平均よりはマシなので、みなさんの参考になると思います。

さらに、私たちはこの件に関与しただれもが何も悪いことをしていないのを知っています。ただし、将来別の人たちが違う解釈をする可能性はあります。私たちが清算しようとしたものの何倍ものポジションを抱える一つまたは複数の会社（問題はしばしば拡大していきます）が、極度の、広く報道されているような圧力にさらされながら清算することを想像してみてください。これは事実が起きたあとにではなく、今大いに注目すべき問題です。ニューオーリンズの堤防の信頼性については、ハリケーン・カトリーナの前に考慮し、改良を図るべきでした。私たちがゼネラル・リインシュアランス・セキュリティーを最終的に清算したとき、別れにあたっての私の心境がカントリーソングで歌われています。「妻が私の親友と駆け落ちしちまった。彼がいなくなってしまったのがとても寂しい」（二〇〇六年の手紙ではゼネラル・リインシュアランスの金融派生取引事業が最終的には閉鎖されたことが記されている）。

私たちはさまざまな種類の金融派生商品の取引を行いました。これは、金融派生商品の利用が著しく拡大すれば金融システム全体におよぶ問題がもたらされる可能性があることを考える

と奇妙に映るかもしれません。なぜ私たちがこれほど有害な商品に手を出したのか不思議に感じるでしょう。

その答えは、金融派生商品が株や債券と同様に著しく誤った価格が付けられていることがあるからです。そのため、私たちは長年にわたり金融派生商品を選別しながら引き受けてきました。件数は少ないですが、金額は時として大きくなる場合もあります。現在は六二件を取引しています。これは私が自ら管理しており、取引相手方の信用リスクはありません。これまでのところ、これらの金融派生商品取引は私たちにとって十分役に立っており、何億ドルもの税引き前利益を生み出しています。時には損失が生じることもあるかもしれませんが、私たちは誤った値付けが行われている金融派生商品から――全体としては――、引き続き大きな利益が得られると見込んでいます。

金融派生商品は危険なものです。これによって金融システムのレバレッジとリスクは劇的に増加しました。そのため、投資家が大手の商業銀行や投資銀行のリスクを理解したり分析したりするのは不可能になりました。連邦抵当金庫（ファニーメイ）や連邦貸付抵当公社（フレディーマック）が金融派生商品を利用して長年にわたり虚偽の利益を報告することが可能だった

のはそのためです。ただ、フレディーマックとファニーメイについて不可解なのは、連邦の規制当局である連邦住宅公社監督局（ＯＦＨＥＯ）が会計上のごまかしを完全に見逃していたことです。ＯＦＨＥＯには職員が一〇〇人以上いますが、二つの機関の監督以外に仕事はありません。

事実、最近の事件からは、大手金融機関のある有名なＣＥＯ（もしくは元ＣＥＯ）には、巨額で会計処理の複雑な金融派生商品の事業を管理する能力が単になかっただけだということが実証されています。マンガーも私もこの不幸なグループに含まれています。バークシャーが一九九八年にゼネラル・リインシュアランスを買ったとき、私たちは八八四社の取引相手（その多くは私が聞いたこともない取引先です）と結んだ二万三二一八件もの取引に関する会計処理について到底理解できないことが分かりました。そこで、私たちは事業から撤退することを決めました。私たちが撤退する時期には特に圧力もなく、市場環境は良好ななかで処理を進めましたが、作業の大半が片付くまでには五年を費やし、四億ドルを超える損失が発生しました。この作業を終えたときの事業に対する私たちの心境はカントリーソングの一節に現れています。

「あなたのことをこんなによく知る前は、あなたのことがもっと好きだった」

「透明性」を高めること――政治家や評論家や金融規制当局が将来の大惨事を避けるために好んで用いる改善策――では、金融派生商品によってもたらされる問題は解決できません。また、巨大で複雑な金融派生商品のポートフォリオが抱えるリスクの内容や大きさを報告するための制度も、私の知るかぎりありません。金融派生商品取引については、監査役が監査することも、当局が規制することもできません。

規制の有効性についての事例研究として、フレディーマックとファニーメイの例を詳しく見ていきましょう。この巨大な機関は、議会が設立し、管轄権を保持し、何ができて何ができないかを決めていました。議会はこれらの機関を監督するため、一九九二年にOFHEOを設立し、二つの巨大機関の自律的な活動を徹底させるための勧告を行わせることにしました。これによって、ファニーメイとフレディーマックは監督者の数という意味で、私の知るかぎり最も厳しい規制を受ける会社となりました。

二〇〇三年六月一五日、OFHEOは二〇〇二年の年次報告書（インターネットで閲覧できます）を議会に提出しました。受け取ったのは、上司に当たる上院と下院の四人の議員で、このなかにはほかならぬサーベンス議員とオクスリー議員も入っていました。報告書は一二七ページに及び、表紙には「一〇年間の優れた功績を祝して」という自画自賛の言葉が記してありました。ちなみに、送付状と報告書が届けられたのは、フレディーマックのCEOとCFO（最高財務責任者）が恥をさらして辞任し、COO（最高執行責任者）が解任された九日「後」のことでした。報告書には、彼らが去って行ったことについて何も述べられておらず、最後はいつもどおりの次の言葉で締めくくられていました。「両機関は財務的に健全であり、経営状態も良好である」

実際には、二つの機関ではしばしば大掛かりな会計上のごまかしが行われていました。二〇〇六年、ＯＦＨＥＯは最終的にファニーメイの罪に関する三四〇ページにわたる手厳しい内容の詳細な記録を発表しました。この報告書は、あらゆる当事者の失態について多かれ少なかれ批判していましたが——もうお分かりだと思いますが——その当事者に議会とＯＦＨＥＯは含まれていませんでした。

ベア・スターンズの破綻によって金融派生商品取引に内包される取引相手方の問題が浮き彫りになりました。これが二〇〇二年のバークシャーの報告書で私が最初にお伝えした時限爆弾です（先に抜粋）。二〇〇八年四月三日、当時ニューヨーク連銀の有能な総裁であったティム・ガイトナーは救済の必要性を次のように説明しました。「ベア・スターンズのデリバティブ取引相手によって、彼らが金融リスクから保全を図るために構築した大切な金融ポジションがもはや無効になっていることが突然明るみに出されました。このことによって市場では大きな混乱が引き起こされる可能性がありました。ベア・スターンズの取引相手がそのポジションに対して保持していた担保を清算し、すでに極めて不安定となっていた市場でそのポジションを再構築しようと殺到することが予想されたからです」。ＦＲＢ式の言い回しをすればこうなります。「われわれは規模が予想不能である金融連鎖反応を防ぐために介入を実施しました」。私はＦＲＢがこのような行動をとったことは正しかったと思います。

通常の株式や債券の取引は数日間で取引が完了し、一方が現金を、もう一方が証券を手にすることになります。したがって取引相手のリスクはすみやかに解消されるため、信用上の問題が積み重なることはありません。このように決済が速やかに行われることは市場の整合性を維持するうえで重要です。事実、こうした理由からNYSEとナスダック（NASDAQ）は一九九五年に決済期間を五日から三日に短縮しました。

対照的に、金融派生商品取引は何年あるいは何十年も決済が行われず、取引の当事者にはお互いに巨額の債権勘定が積み上がります。「書類上の」資産と負債は――定量化が困難な場合も多く――、財務諸表のなかで重要性が高まっているものの、長年にわたって検証されません。さらに、相互依存という恐るべき波が巨大金融機関の間で高まります。何十億もの受取債権と支払債権が少数の大手取引業者に集中するようになり、彼らはほかでも同様にレバレッジを高める傾向が見られます。問題を避けようとする市場参加者は、性病を避けようとする人々と同じ問題に直面することになります。あなたがだれと一夜をともにしたかだけではなく、彼らがだれと寝ているかが問題になるのです。

例え話を続けるなら、多くの異性と関係を持つことは大手の金融派生商品取引業者にとって実際に役立つかもしれません。それによって問題が生じた場合の政府の支援が確実なものとなるからです。言葉を換えれば、国家が必ず懸念を抱くのは、近隣すべてにまで悪影響を及ぼし得る会社――私はここで名前を挙げることはしませんが――の場合だけだということです（哀しいことですが結果を見ればこのように述べるのが適切でしょう）。この腹立たしい現実から、レバレッジを高め、巨額で理解しがたい金融派生商品取引を駆使する野心的なＣＥＯにとっての会社が生き残るための第一法則が導かれます――必要なのはほどほどの失態ではなく、とてつもない大失敗です。

Ｆ．外国為替と株式（二〇〇三年、二〇〇四年、二〇〇五年）

私たちは二〇〇二年に外国為替取引を行いました。これは私の人生で初めてのことです。そしてドルについてますます悲観的になってきたことから、二〇〇三年にはポジションを拡大しました。預言者の墓場は、マクロ経済の予想家のために広く場所が開けてあることを述べておかなくてはならないでしょう。事実、バークシャーではマクロ経済の予想をほとんどしませんでしたし、ほかの人々の予想が継続して当たっているのもめったに見かけません。

バークシャーの純資産のほとんどはアメリカの資産に投資していますし、これからも引き続きそうするでしょう。しかし最近、世界のほかの国々は、アメリカの貿易赤字による巨額債務やアメリカの所有権を無理やり保有させられることになりました。一時、これらの資産を求める海外勢の意欲は強く、供給は容易に吸収されていました。しかし二〇〇二年の終わりごろ、世界はこうした食生活にノドを詰まらせるようになり、ドルの価値は主要通貨に対して下がり始めました。それでも一般的な為替相場からすれば、アメリカの貿易赤字が大きく減少することはないでしょう。したがって、海外の投資家が好むと好まざるとにかかわらず、彼らの手元はドルであふれかえることになります。その結果はだれにも分かりません。しかし、それらは厄介な事態に陥る可能性があり、そして事実、通貨市場が扱える範囲をはるかに超えてしまいました。

一人のアメリカ人として、私はこの問題が穏やかに決着することを望みます。もしかしたらこの警鐘は不要かもしれません。悲観論者はわが国の活力と回復力の前で何度も物笑いの種になってきました。しかし、バークシャーでは何十億もの現金に準ずる資産をドル建てで保有していますが、したがって、私は少なくともそのポジションを一部相殺するような外国為替取引を結ぶほうがずっと安心できます。

バークシャーは年末時点で約二一四億ドルの外国為替取引契約を結んでおり、これらは一二の通貨にわたっています。以前の手紙で述べていますが、こうした取引を結ぶことが私たちにとって変化であることは明らかです。二〇〇二年三月以前は、バークシャーも私個人も通貨の取引を行ったことはまったくありませんでした。しかし、わが国の貿易政策によってこの先何年間にもわたりドルには絶え間なく圧力がかかることがはっきりしてきました。そのため、二

〇〇二年以降はこの警告を考慮して投資方針を決めています（コメディアンのW・C・フィールドは、かつて施しを求められた際にこう言ったそうです。「申し訳ないが、僕のお金は全部、外国通貨に投資しているんだ」）。

ここで一つはっきりさせておきましょう。通貨についての私たちの考え方は、アメリカへの疑いに基づくものではまったくありません。私たちが暮らしている国の豊かさは、市場経済、法の支配および機会均等を尊重する体制から生まれたものです。わが国の経済は世界でも飛びぬけて好調であり、その状態は続いていくでしょう。私たちはこの国に住むことができて幸運です。

しかし、わが国の貿易慣行はドルを弱めるものとなっています。ドルの価値はすでに著しく下がっており、それでもなお下がり続けるように見受けられます。政策を変更しないかぎり、通貨市場は混乱に陥り、政治的にも金融的にも悪影響が波及する可能性があります。こうした問題が現実のものとなるかどうかはだれにも分かりません。とはいえ、こうしたシナリオはまったくあり得ないものではなく、政策当局者は今こそこの問題を検討すべきです。しかし、彼らは少なからず無視を決め込む傾向があります。二〇〇〇年一一月に、持続的な貿易赤字がもたらす結果について三一八ページに及ぶ議会の調査報告書が発表されていますが、それもずっと無視されています。この研究報告は、貿易赤字が一九九九年に警戒水準である二六三〇億ドルに達したことを受けて作成されたものでした。昨年までに財政赤字は六一八〇億ドルまで拡大しています。

マンガーも私も、本当の貿易――他国との商品やサービスの交換――とは、私たちにとっても彼らにとっても極めて有益なものだと信じています。このことは、もっと強調されるべきです。昨年の真の貿易額は一兆一五〇〇億ドルで、これはぜひ増えてほしいと思っています。しかし、すでに指摘したとおり、わが国はそれに加えて世界のほかの国々から六一八〇億ドルの商品やサービスを一方的に購入しています。これは驚くべき金額で、重要な結果をもたらすものです。


この一方通行の見せかけの貿易に均衡をもたらすための項目――経済学では必ず埋め合わせがなされるものです――というのが、アメリカからほかの国々への富の移転です。この移転を実現させるために、民間または政府の機関が外国人向けに借用書（ＩＯＵ）を発行するという形や、株や不動産などの資産についての所有権を引き継ぐという方法がとられます。いずれの場合でも、アメリカ人が保有するわが国の富は減少し、アメリカ人以外の人々の保有する部分が増えることになります。アメリカの富が世界のほかの国々に無理やり送られる作業は今や毎日一八億ドルという規模で進行しており、昨年みなさんに手紙を書いてから二〇％も増加しています。このため、ほかの国々やその国民は今やアメリカの正味約三兆ドルを保有していることになります。こうした所有権は一〇年前には取るに足らないものでした。

兆という数字を持ち出されてしまうと、脳の活動はほとんど麻痺してしまいます。さらに混乱を引き起こす要因としては、経常収支の赤字（三つの項目の合計であり、なかでも圧倒的に重要なのが貿易赤字です）と国家財政の赤字がしばしば「双子」としてひとくくりにされてしまうことです。これらはけっして双子などではありません。別々の原因で生じ、別々の結果がもたらされているからです。

国家予算の赤字によってアメリカ国民の取り分となる国家の分け前が減ることはありません。ほかの国々とその国民がアメリカについて正味の所有権を有することがないかぎり、どのような財政シナリオの下でもわが国の生産高の一〇〇％はアメリカ国民のものです。これはたとえ国家予算に巨額の赤字が含まれたとしても同じです。

モノが有り余っている裕福な「家族」として、アメリカの国民は議会を通じて、政府がどのように国家の生産物を再配分するのか議論することになるでしょう。すなわち、だれが税金を納め、だれが政府からの給付を受けるのか、ということです。以前公約していた「給付金」について再検討する必要が生じれば、「家族の構成員」は自分たちのなかでだれがその痛みを負うのか腹立たしげに話し合うことになるでしょう。恐らく税金は上がるでしょう。公約は修正されるかもしれません。内国債が増発されるかもしれません。ですが、その争いが終われば、分割されることになるとはいえ、家族のための巨大なパイはすべてその構成員で取ることができます。一切れたりとも海外には送られません。

慢性的な巨額の経常赤字によってもたらされるのはまったく違う結末です。時間がたつにつれ、私たちに対する債権が増えるにつれて、私たちが生産するもののうち私たち自身のものとなる部分は減ってきます。事実、アメリカ以外の国々ではアメリカの生産物に対する取り分がますます増えています。ここでの私たちは常に所得を使いすぎている家族のようなものです。この家族は時間がたつにつれ、自分たち自身のために働くというよりも、融資元の「金融会社」のために働いているという色合いがますます強まっていることに気づくことになります。

現在の経常赤字水準が続いた場合、ほかの国々とその国民がアメリカを保有する正味の割合はこの先一〇年間でおよそ一一兆ドルにも達するでしょう。そして、海外投資家が正味保有額についてわずか五％の利益しか獲得できないとしても、私たちはその時点で外国人が保有しているアメリカへの投資を返済するだけのために毎年正味で五五〇〇億ドルの商品やサービスを海外に送る必要があります。一〇年後のその時点において、わが国のＧＤＰ（国内総生産）総額は恐らく約一八兆ドルに達しているでしょう（インフレ率は低いと想定していますが、とても確証は持てません）。したがって、アメリカという名の私たち「家族」はそのときほかの国々に対して、過去好き放題にさせてもらった代償として年間生産量の三％を貢ぎ物として捧げることになっているでしょう。この例では財政赤字の場合とは異なり、父親たちの犯した罪を贖うために息子たちが支払いを行うことになります。

毎年、世界に支払うこのロイヤルティーは——これはアメリカの消費が大幅に減退し、持続的な巨額の貿易黒字とならないかぎり解消されることはないでしょう——、アメリカに大きな政治不安をもたらすことは疑いもありません。アメリカの国民の暮らしは依然として非常に豊かなものでしょうし、経済の拡大によって今よりも良くなることは確実でしょう。とはいえ、海外の債権者やオーナーに対して永遠に貢ぎ物を差し出さなくてはならないと考えるとイラ立つはずです。現在「オーナー社会」を目指している国家は「小作人社会」では幸福になることはできないでしょう（強調するために大げさな表現をしてみました）。しかし、これこそまさにわが国の貿易政策が私たちを連れて行こうとしているところであり、共和党も民主党もこぞって支持している政策です。

アメリカの多くの重要な財務指標は、政府の内外を問わず、わが国の経常収支の赤字は長くは続けられないことを示しています。例えば、二〇〇四年六月二九日から三〇日にかけて実施されたＦＯＭＣ（連邦公開市場委員会）の議事録では次のように述べられています。「極めて巨大な対外赤字を無期限に保持することはできないと事務局は述べている」。しかし、著名人たちは耐えず懸念を抱いているにもかかわらず、急激に拡大する不均衡を抑制するための具体的な提言は何一つしていません。

今から一六カ月前、私は次のように警告しました。「米ドルが少しずつ下落しても何も解決されないだろう」。そして、これまでのところは何も解決されていません。政策当局者は引き続き「軟着陸」を望んでいます。また、ほかの国々に対し経済を刺激する（「インフレにする」と読みます）よう要請する一方、アメリカ国民には一層の貯蓄を求めています。私の見解では、これらの助言は的外れなものです。貿易政策が大幅に変更されるか、あるいは金融市場が不安定になるほどドル安が進行しないかぎり、根深い構造的問題が存在し、アメリカは引き続き巨大な経常赤字を抱えることとなるでしょう。

貿易の現状を支持する人々はアダム・スミスの引用がお好きなようです。「家族の行為として賢明なことが、巨大な王国で愚かな行いになることはまれである。もし自国で生産するよりも安い価格で買える商品があれば、それを自国が優位にある生産物の一部を使って買うほうがよい」

私も、この考えには賛成です。しかし、スミスの意見は商品と商品の貿易について言っているのであり、わが国のように年間六〇〇〇億ドルにも及ぶ商品と富の交換ではないことには注意が必要です。さらに、スミスの言う「賢明さ」のなかには、彼の「家族」が過剰な消費を賄うために毎日農場の一部を売り払っていたことなどけっして含まれていなかったと私は確信しています。しかし、それはまさにアメリカ合衆国という「巨大な王国」がやっていることです。

もしアメリカが六〇〇〇億ドルの経常黒字ならば、世界中の評論家がわが国の政策を極端な形の「重商主義」だと猛烈に非難するでしょう。重商主義とは、長い間信頼できないとされてきた経済政策で、国が輸出を促進し、輸入を抑制しながら国を富ませるというものです。私もこうした政策については非難します。しかし、実際には意図的ではないとしても、世界のほかの国々はアメリカに対して重商主義を実行しています。これは、わが国が膨大な資産を持ち、信用履歴にまったく傷が付いていないことから可能になったことです。実際、アメリカほど寛容に自国通貨建てのクレジットカードを他国が使用することを許容している国はありません。現在、ほとんどの海外投資家は楽観的です。彼らは私たちを浪費依存症だと見ているかもしれませんが、金持ちの患者であることも知っているからです。

しかし、私たちの浪費も際限なく認められることはないでしょう。また、いつどのようにして貿易問題が解決されるのかを正確に予想することはできませんが、その解決策によって貿易相手国の通貨に対する私たちの通貨の上昇が促される可能性は低いでしょう。

私たちは、経常収支の赤字を速やかに、かつ大幅に削減する政策をアメリカが採用することを望んでいます。実は、この問題が速やかに解決されると、バークシャーは外国為替取引について損失を計上する可能性が高まります。しかし、バークシャーの経営資源は依然ドル建ての資産に著しく集中しており、ドル高と低インフレの環境は私たちにとって大きな利益をもたらすことになります。

ジョン・メイナード・ケインズは優れた著書である『雇用・利子および貨幣の一般理論』のなかで次のように述べています。「世間では、常識に従って失敗するほうが、常識に反して成功するよりも高く評価される」（もっと野卑な言い方をすれば、集団としてのレミング［タビネズミ］はバカにされても、個々のレミングが批判されることはないということです）。評価という観点からすれば、マンガーも私も外国為替の取引については明らかにリスクを抱えています。しかし、私たちはあたかも自分がバークシャーを一〇〇％保有しているつもりで運営すべきだと思っており、そうすると、ドルだけに投資するという方針は取れません。

株式や債券の長期ポジションを抱えているとき、年々の価値の変化は財務諸表に反映されますが、資産を売却しないかぎり利益に反映されることはまれです。例えば、私たちが保有しているコカ・コーラの価値は、当初一〇億ドルだったものが一九九八年末には一三四億ドルまで上がり、それ以降は八一億ドルまで下がりました。この動きはバークシャーの損益計算書にまったく影響を及ぼしません。ですが、長期の通貨のポジションについては日々値洗いが行われ、各決算期の利益に影響しています。

私たちが最初に通貨取引を締結して以来、二〇億ドルの利益が出ています。しかし、二〇〇五年には直接的な通貨のポジションを減らし、その一部は外貨建てのさまざまな株式を買って相殺しました。こうした企業は世界のさまざまな国で利益を上げています。マンガーも私もこうした方法でドル以外のイクスポージャーをとりたいと思っています。主な理由は金利の違いです。アメリカの金利は他国よりも上がっており、現在大部分の外貨は保有していると大幅なマイナスの「キャリー」（金利差による収支）が生じているからです。

対照的に、外国株式を保有すれば、長期的にはプラスのキャリーが生じ、時には非常に大幅なものとなるでしょう。アメリカの経常収支の赤字に影響を与える根本的な要因は引き続き悪化しており、改善する兆しは見えません。わが国の貿易赤字――経常収支のなかで最も大きな割合を占め、最もよく知られている項目――は二〇〇五年に過去最高を記録しましたが、そればかりではなく、二番目に大きな項目――投資収支――もまもなく赤字に転ずる可能性があるとみられています。外国人によるアメリカの資産の保有（またはアメリカに対する債権）が、アメリカ人の海外投資と比較して増えるにつれて、彼らの投資利益は私たちがアメリカの資産への投資によって獲得する利益を上回るようになり始めるでしょう。

最後に、経常収支の三つ目の項目である移転収支は常に赤字です。強調されるべき点ですが、アメリカは極めて豊かな国で、今後ますます豊かになっていくでしょう。その結果、経常収支の大幅な不均衡はアメリカの経済や市場に目に見えるような悪影響が生じることのないまま長い間続くことになるかもしれません。しかし、状況が何も害をもたらさないまま永遠に続くかどうかは疑わしいと感じています。アメリカ人は自らが選んだ方法で直ちにその問題に取り組むか、あるいはどこかの時点で渋々その問題に取り組まざるを得なくなるでしょう。

G．持ち家政策――実践と方針（二〇一一年、二〇〇八年、二〇一五年）

みなさんよくご存じのとおり、アメリカは二〇〇八年までに持ち家と抵当貸付の政策について道を踏み外してしまいました。この過ちのために、わが国の経済は今や大きな代償を支払うこととなっています。私たちすべてが破壊的な行為に加担しました。政府、貸し手、借り手、メディア、格付け機関など、ありとあらゆるすべてです。こうした愚かな行いの根底にあったのは、長い目で見れば間違いなく住宅の価値は高まるのであり、多少の落ち込みは取るに足らないものだというほとんどすべての人々が信じ込んでいた考え方でした。この前提が受け入れられていたため、住宅の取引についてはほぼどんな価格や慣行でも正しいものとされました。住宅保有者は至る所で豊かになったように感じ、住宅ローンの借り換えによって住宅価格の上昇分を「資金化」しようと殺到しました。このように多額の現金が生み出されたことで、経済全体を通じて消費は熱狂的に加熱することとなりました。こうした動きはすべて、それが続いていたうちは楽しいものに見えました。また、あまり目立つことのない事実があります。抵当権が実行され多くの人々が住宅を「失った」のですが、こうした人々に実際は利益が生じていました。早めに借り換えを行い、費用を上回る現金を手にすることができたからです。このような場合、立ち退きを命じられた住宅の所有者は勝者であり、貸し手は敗者でした。

ここで、バークシャーが所有するクレイトン・ホームズの住宅ローン事業について少し長めにお話ししておきたいと思います。クレイトンが最近経験した出来事は、住宅と住宅ローンに関する公共政策の議論にあたって役に立つかもしれないからです。

クレイトンはプレハブ住宅業界では最大手の会社で、昨年は二万七四九九戸の住宅を販売しました。これは業界全体の八万一八八九戸の約三四％を占めています。この割合は二〇〇九年には高まるでしょう。その理由の一つは、この業界の大多数の他社の業況が著しく悪化しているからです。業界全体として見ると、販売戸数は一九九八年に三七万二八四三戸で過去最高を記録してから徐々に減っています。

当時、業界の多くが用いていた販売慣行はひどいものでした。この時期のことについては後ほどお話ししますが、私はこれを次のように評していました。「借りるべきでない借り手が、貸すべきでない貸し手からお金を借りること」

まず、相当額の頭金の必要性がたびたび無視されました。そして、時にはごまかしが行われました（販売担当者は「その猫には間違いなく二〇〇〇ドルの価値があるようです」と言いながら、融資が行われれば三〇〇〇ドルの手数料を受け取っていました）。さらに、借り手はとうてい支払うことができないような毎月の返済額を承諾します。彼らは何も失うものがないからです。こうして貸し付けられた住宅ローンは、通常ひとまとめにされ（「証券化」と呼ばれます）、ウォール街の会社が何も知らない投資家に売りつけました。こうした愚かな行いの連鎖はひどい形で終わりを迎えるはずです。そして、そのようになりました。

これは強調すべきことですが、クレイトンはこうした時期を通じて、はるかに分別のあるやり方で貸し付けを行ってきました。実際、クレイトンの住宅ローンの証券化商品の買い手は元本や利息を失うことはありませんでした。しかし、クレイトンのこうしたやり方は例外でした。業界全体の損失は驚くべきほど巨額なものでした。そして、その悪影響はいまだに残っています。

この一九九七年から二〇〇〇年の大惨事は、炭鉱の中のカナリアのように、これよりもはるかに大きな住宅市場全体に対する警告として考えるべきでした。しかし、投資家も政府も、そして格付け機関も、プレハブ住宅業界の失敗から何一つ学びませんでした。その代わり、二〇〇四年から二〇〇七年にかけて同じ間違いが従来の住宅市場で繰り返され、恐ろしい大惨事が再び起きてしまいました。自分の所得ではとうてい返済ができないような借り手に対して、貸し手は喜んで貸し付けを行い、借り手はその支払いを行う契約に同じように喜んで署名しました。両方の当事者が「住宅価格の値上がり」を当てにして、それが実現しなければとても無理な契約を結んだのです。スカーレット・オハラのこの台詞がまた繰り返されました――「明日は明日の風が吹くわ」。こうした行いが招いた結果によって、今やわが国経済の至る所に影響が生じています。

しかし、クレイトンの一九万八八八人の借り手は住宅市場が崩壊したあとでも通常どおり返済を続けており、私たちに不測の損失が発生することはありませんでした。これはこうした借り手の信用力が極めて高いからではありません。この点についてはＦＩＣＯスコア（信用リスクの標準的な尺度として用いられているものです）からも分かります。アメリカ全体のＦＩＣＯスコアの中央値は七二三、これに対してクレイトンの借り手の中央値は六四四で、約三五％は六二〇を下回っています。この水準は一般的には「サブプライム」に指定される層です。ちなみに、状況が悪化した従来型住宅ローンの多くは、ＦＩＣＯスコアでみればこれよりはるかに信用力が高い借り手で構成されています。

しかし、年末時点でクレイトンが貸し付けている住宅ローンの延滞率は三・六％です。二〇〇六年の二・九％、二〇〇四年の二・九％からはわずかしか上昇していません（私たちは、クレイトンで融資を行った住宅ローンに加えて、ほかの金融機関からさまざまな種類の住宅ローンのポートフォリオの購入も行いました）。また、クレイトンが二〇〇八年に担保権を実行した融資の割合は三・〇％でした。これに対し、二〇〇六年は三・八％、二〇〇四年は五・三％でした。

クレイトンの借り手――収入はほどほどで、信用スコアもとても素晴らしいとは言えない水準ですが――は、なぜこれほど返済が順調なのでしょうか。その答えは簡単なことです。すなわち、融資を行ううえでの基本原則を忠実に守っているからです。クレイトンの借り手は、住宅ローンの返済額全体が彼らの実際の――期待値ではなく――収入と比較してどの程度なのかだけを考えて、その契約を受け入れるかどうかを判断しています。端的に言えば、借り手は住宅の価格がどのように変化しようとも、その住宅ローンをすべて返済するつもりで借りているのです。

そして同様に重要なのは、クレイトンの借り手が何をしなかったか、という点です。彼らは、ローンの返済を借り換えによって行うことはあてにしていませんでした。「勧誘目的」の金利で契約することもありませんでした。このような金利は、更改時には収入に対して高すぎる水準になってしまうものです。また、彼らは住宅ローンの返済が困難になった場合にはいつでもコストを上回る価格で住宅を売ることができるなどとも考えていませんでした。要するに、ジミー・スチュアートが好むタイプの人たちです。

言うまでもなく、クレイトンの借り手の多くも問題を抱えることになるでしょう。彼らはだいたいにおいて、生活が困難に陥った場合に使い果たしてしまう程度の蓄えしか持ち合わせていません。延滞が発生したり担保権を実行することになったりする主な理由は失業ですが、死亡や離婚、あるいは医療費の支払いなどもすべて問題を引き起こす原因になります。失業率が上昇すれば――二〇〇九年は確実に上昇するでしょう――、さらに多くのクレイトンの借り手たちが問題に直面すると思われます。そして私たちが抱える損失も対処できる範囲でさらに大きなものとなるでしょう。しかし、私たちの問題は住宅価格の動向によって著しく悪化するようなものではないということです。

現在の住宅危機に触れた発言の多くは、抵当権が実行に移される場合、住宅の価値が住宅ローンの価値を下回った（いわゆる「過大」融資）ために、それが起きることはほとんどないという重大な事実を無視したものです。むしろ、抵当権が実行されるのは借り手が合意した毎月の返済をできなくなった場合です。相当額の頭金を――借り入れではなく自分の蓄えから――支払っている住宅所有者は、その価値が今や住宅ローンを下回ったからといって、現在住んでいる家を手放すことはほとんどありません。その代わり、毎月の返済ができなくなってしまえば家を立ち去ることになるでしょう。

持ち家政策は素晴らしいことです。私と家族は現在の家に五〇年間住んでいます。そしてこれからも住み続けるでしょう。住宅を購入する主な動機は楽しみや実用性のためであるべきです。利益や借り換えの可能性であってはなりません。そして、購入する住宅は、購入者の所得に見合ったものでなくてはなりません。

住宅の購入者、貸し手、販売業者、さらに政府は現在の住宅市場危機からいくつかの簡単な教訓を学ぶことができます。このことによって、将来の安定が確保されるでしょう。住宅の購入にあたっては、少なくとも一〇％の真の頭金があり、毎月の返済額は借り手の所得で十分賄うことのできるものであることが必要です。所得については注意深く検証されるべきです。

国民に住宅の購入を促すことは、望ましい目標ではありますが、わが国の第一の目標とすべきではありません。国民が住宅を維持することこそ大きな目標とすべきです。

H．ビジネスパートナーシップ（二〇〇一年、二〇〇三年、二〇〇九年、二〇一三年、二〇一四年、二〇一五年、二〇一七年）

二〇〇〇年の終わりに、私たちは経営不振の金融会社であるＦＩＮＯＶＡグループの負債を買い始めました。当時、ＦＩＮＯＶＡの未払い債務は約一一〇億ドルで、私たちはそのうちの一三％を額面の約三分の二の金額で購入しました。この会社は、破産を申請することになる見通しでしたが、資産を清算して債務を返済すれば、コストを大きく上回る金額を受け取ることができると考えていました。そして、二〇〇一年の初めにデフォルトが迫ると、私たちはルーカディア・ナショナル・コーポレーションと共同で破産のための事前パッケージ計画案を提示しました。

この計画案はその後修正され（ここではかなり省略して書いています）、債権者が額面金額の七〇％（とすべての利払い）を受け取り、残りの三〇％相当額は、新たに発行される利率七・五％の債券で受け取ることになっていました。ＦＩＮＯＶＡが七〇％を返済するための資金は、バークシャーとルーカディアが共同所有する会社――社名はバーカディアとしました――を設立して調達することにしました。この会社でフリートボストンを通じて五六億ドルを借り入れ、それをＦＩＮＯＶＡに再貸し付けすると同時に、ＦＩＮＯＶＡの資産に対する優先権のある債権を取得しました。バークシャーはバーカディアの借入額の九〇％を保証し、ルーカディアが保証する一〇％に対しても第二保証を提供しています（これでもかなり省略しています）。

バーカディアの返済額とＦＩＮＯＶＡの返済額には約二パーセントポイントの開きがあり、その九〇％がバークシャー、一〇％がルーカディアの取り分となります。この手紙の執筆時点で、それぞれのローンはすでに三九億ドルが返済されています。

二〇〇一年八月一〇日に承認された破産計画の一環として、バークシャーは、ＦＩＮＯＶＡが発行した三二億五〇〇〇万ドルの新しい債券（利回り七・五％）のうち、最大で額面五億ドルの債券に対して額面の七〇％を提供することに同意しました（このうち元の債務の一三％を所有する私たちは、元本としてすでに四億二六八〇万ドルを受け取っていました）。この債券の購入申し出は二〇〇一年九月二六日まで有効でしたが、いくつかの条件によっては撤回することができることになっていました。その条件の一つが、募集期間中にＮＹＳＥが閉鎖された場合で、実際に九月一一日の週にＮＹＳＥが閉鎖されたため、私たちは即座に債券購入の申し出を終了しました。

ＦＩＮＯＶＡの債務の多くは航空機関連資産で、その価値は九月一一日の同時多発テロによって大幅に減少しました。また、同社が保有するほかの債権も、今回のテロによる経済的影響を大きく受けています。そのため、ＦＩＮＯＶＡの展望は、最初に破産裁判所に提案書を提出したときよりも悪化しています。それでも、この取引は全体として見れば、バークシャーにとって満足な利益につながると考えています。また、ＦＩＮＯＶＡの日々の運営責任を担っているルーカディアの主要幹部の事業に対する洞察力と経営力には、ずっと以前から感銘を受けています。

バーカディアの計画は、バークシャーが資本の多くを提供し、ルーカディアがノウハウの多くを提供するというもので、実際にそうなりました。ルーカディアを共同経営しているジョー・スタインバーグとイアン・カミングは、ＦＩＮＯＶＡのポートフォリオを見事に清算してくれたため、この取引で私たちが引き受けていた五六億ドルの保証は消滅しました。ただ、この素早い返済によって、将来の収入が大幅に減ったことは残念な副作用でした。とはいえ、全体としてバーカディアは私たちにとって大きな利益をもたらし、スタインバーグとカミングは素晴らしいパートナーでした。

二〇〇九年末に、バークシャーはアメリカ第三位の規模を誇る商業用不動産担保貸付サービス会社のバーカディア・コマーシャル・モーゲッジ（以前の名称はキャップマーク）の五〇％を取得しました。この会社は、二三五〇億ドルのポートフォリオに加えて、住宅ローンの組成でも重要な地位を占めており、全米二五カ所に事務所を構えています。商業不動産は、次の二～三年で大きな問題に直面することになりますが、バーカディアにとっては長期的に大きなチャンスが見込めます。

この事業のパートナーは、ジョー・スタインバーグとイアン・カミングが経営するルーカディアで、二人と数年前に共同でFINOVAの負債を購入したことは、素晴らしい経験でした。FINOVAは問題を抱えていた金融会社で、スタインバーグとカミングはその解決のために彼らの役割以上の働きを見せてくれた理想的な提携でした。そのため、今回のキャップマークの買収に当たって彼らが私に声をかけてくれたことを、大変うれしく思っています。

私たちは、H・J・ハインツの相当数の株を買いました。この会社は、バークシャーのポートフォリオに適しており、次の一〇〇年間も繁栄すると考えています。さらに、今回の購入に伴って、将来、大量の株を購入するときに使うことになるかもしれないパートナーシップ契約のテンプレートも作成しました。この取引は、友人のジョージ・パウロ・リーマン率いる投資ファンドの3Gキャピタルと共同で行いました。ハインツの経営は、リーマンの才能ある仲間――新CEOであるベルナルド・ヒースと、会長のアレックス・ビーリング――が担います。

バークシャーは、金融パートナーとして、八〇億ドルでハインツの優先株を購入しました。これは配当利回り九％のほかにもいくつかの特典があり、優先株のリターンは年率一二％程度になる見込みです。また、バークシャーと3Gは、ハインツの普通株の半分をそれぞれ四二億五〇〇〇万ドルで購入しました。

ハインツの買収は、「未公開株」投資と少し似ていますが、重要な違いはバークシャーがこの株を売却するつもりがないことです。むしろ、今後もさらに買い進めたいと思っており、そうなる可能性はあります。将来、3Gの投資家が持ち分の一部、またはすべてを売却するときは、私たちがそれを購入するかもしれないからです。また、バークシャーと3Gが将来のある時点で、優先株の一部を普通株と交換する（そのときの評価額で）ことがお互いの利益であると判断することもあり得ます。

六月に私たちのパートナーシップがハインツの支配権を獲得し、これまでのところ業績は順調です。ただ、今年のバークシャーの報告書に反映されるハインツの利益はほんのわずかです。その一方で、購入とその後の再編費用として総額一三億ドルを特別損失として計上しましたが、二〇一四年には大きな利益を見込んでいます。

二年前、友人のジョージ・パウロ・リーマンから、バークシャーと3Gキャピタルが組んでハインツを買収するという提案がありました。私は、考える間もなく賛成しました。このパートナーシップは、個人的にも金銭的にも非常にうまくいくと思ったからです。そして、間違いなくそうなりました。

ハインツの経営は、私よりも会長のアレックス・ベーリングとCEOのベルナルド・ヒースが経営するほうがはるかにうまくいくことは間違いありません。彼らは自らに極めて高い基準を課し、ライバル企業をはるかに上回る結果を出しても満足することがありません。

3Gと共同で行う取引は、今後も増えていくと思います。私たちのかかわりは資金面のみになることもあります（最近、バーガーキングがティム・ホートンズを買収したケースと同じです）。しかし、私たちが好むかかわり方は、永続的な出資者となることです（そして、場合によっては資金調達にも貢献します）。どのような仕組みになっても、リーマンとは気持ちよく仕事ができると思います。

プライベートエクイティ会社の3Gと組んで運営しているハインツは、昨年、クラフトと合併して規模が二倍以上に拡大しました。リーマンと彼の仲間はこのうえなく素晴らしいパート

ナーです。私たちはともに、基本的なニーズと要望を満たす大企業を買い、強化し、保有していくことに情熱を持って取り組んでいます。ただし、私たちと彼らの目標までの道のりは、異なっています。

彼らが途方もない成功を収めている手法は、不要コストを削減するチャンスがたくさんある会社を買って、素早くそれを実行するというものです。彼らの行動によって、生産性（過去二四〇年、アメリカの経済成長において極めて重要な要素）が大幅に上昇します。生産性の測定基準である望まれる製品やサービスの労働時間一時間当たりのアウトプットが増えなければ、経済は必然的に停滞していきます。アメリカ企業の多くで、生産性を大幅に高めることが可能であり、それがリーマンと仲間たちにチャンスを提供しています。

バークシャーでも効率性を切望し、官僚主義を嫌悪しています。しかし、私たちが目標を達成するための手法は、慢心を避けることを重視し、PCCのようにもともとコスト意識が高くて効率的な経営者が長年経営を担っている会社を買うことです。そして、買ったあとの私たちの役割は、CEOと将来の後継者で、たいていは同じような考えの持ち主が経営効率と仕事から得る喜びが最大になるような環境を作り出すことです。

バークシャーはこれからも極端な（ほとんど例を見ないほどの）分権化を進めていきます。しかし、同時にジョージ・パウロ・リーマンと組んで、資本手当てのパートナー（例えば、3Gが買ったティム・ホートンズのようなケース）や株式保有と資本手当てのパートナー（例えば、ハインツのケース）として参加するチャンスも模索していきます。また、時にはそれ以外のパートナーを探すケースもあるかもしれません（例えば、大成功したバーカディアのケース）。

ただ、バークシャーは友好的な買収を行うパートナーとしか組みません。確かに、敵対的なオファーが正当化されるときもあります（ＣＥＯが株主のために働いていることを忘れているケースや経営者が情けないほど無能なケースなど）。いずれにしても、そのような会社の取締役たちは問題が見えていないか、単純に必要な変革を渋っているため、新たな人材が必要となります。しかし、私たちはこのような「機会」はほかの人たちに譲っています。バークシャーでは、私たちが歓迎される会社とのみかかわっていきます。

第5章

買収

Acquisitions

バークシャーの仕事のうちでマンガーと私の気分を最も高揚させるのは、私たちが好ましいと思い、信頼し、尊敬する人々が経営する、優れた経済的特徴を備えた企業を買収することです。このような買収は容易ではありませんが、私たちは絶えずそうした対象を探しています。これは相性の良い結婚相手を探すときと同じ姿勢で行います。積極的で、関心があり、そして偏見のないことが必要ですが、急いではいけません。

私はこれまでに、子供のころ読んだカエルにキスするプリンセスの童話に、今も魅惑されている買収に飢えた経営者たちを数多く見てきました。彼女の成功を思い出し、驚くような変化を期待しながら、経営者たちは喜んで企業たるヒキガエルにキスする権利にお金を支払います。最初のうちは失望する結果も、新しいヒキガエルを集めようとする彼らの願望をさらに強めることになります(「狂信は、あなたが目的を忘れて、努力を倍加することによって成立する」と哲学者サンタヤナが言っています)。しかし、最も楽天的な経営者でさえ、いつかは現実に直面することになります。変身しないヒキガエルに夢中になっていた経営者は、次に大規模なリストラ費用を計上します。この企業版ヘッド・スタート・プログラム(学習支援策)によってCEO(最高経営責任者)は教訓を得ることになりますが、その授業料を支払うのは株主です。

経営を始めて間もないころ、私も何匹かのヒキガエルとデートしたことがあります。彼らは「安い」ヒキガエルでした。私は常に真剣でしたが、結果は高価なヒキガエルに言い寄った買収者たちと同じでした。キスしてもゲロゲロと鳴いただけだったのです。

何回か同じような失敗をしたあとに、私はかつてあるプロゴルファーから聞いた役に立つアドバイスを思い出しました（私のゲームにかかわったすべてのプロと同じように、彼は匿名を望んでいます）。「いくら練習しても完璧にはならないが、練習すればプレーを続けることができる」。その後、私は戦略を変更して適正な企業を良い価格（安い価格）で買うのではなく、良い企業を適正な価格で買うことを目指すようになりました（一九九二年の手紙の導入部分）。

A．ひどい動機と高値（一九八一年、一九八二年、一九九七年、一九九四年）

これまでの実績が示しているように、企業全体を所有しても、企業の一部の株を取得しても、私たちはどちらでも構いません。私たちは絶えずそれぞれの分野で多額の投資をする方法を探しています（少額な取引は避けるようにしています——やる価値のないことを、うまくやってもまったく意味がないからです）。また、現実的にも保険事業の流動性確保のために、現金化しやすい有価証券への多額の投資が必要になっています。

私たちの買収の決定は、現実の経済的利益を最大にすることを目的としたものであって、事業領域や会計上の数字を最大にすることを狙ったものではありません（長い目で見れば、経済的な実体以上に会計上の見栄えを重視する経営者は、ほとんどそのどちらも達成することはできません）。

即座に収益に影響するかどうかは分かりませんが、素晴らしい企業Tの株式を一株当たり二Xで、一〇〇％購入するよりも、私たちは一株当たりXで一〇％を買う方を選びます。たいていの企業の経営者はまさにその反対のやり方を好み、さまざまな理由でその行動を正当化します。

しかし、高いプレミアムを払ってまで行われる買収の重要な動機は、普通は語られることのない次の三つの要素が、単独か、組み合わされたものであろうと私たちは考えています。

①企業やそのほかの指導者はアニマルスピリットが旺盛で、行動することや挑戦することを好む（バークシャーの脈拍が買収の見込みがあるとき以外に速く打つことはありません）。

②企業や団体などのほとんどの組織では、自身で評価する場合でも、他者が評価する場合でも、経営者への報酬額を決定する場合でも、常に規模という物差しを判断の基準に置く（フォーチュン五〇〇に入る企業の経営者の一人に、彼の会社がその有名なリスト上のどの辺りに位置しているか聞いてみるとよいでしょう。すると必ず、売上高の順位を答えるでしょう。しかし、収益性の順位を尋ねたら、答えられないかもしれません）。

③多くの経営者は感受性が強い幼年時代において、ヒキガエルの姿をしたハンサムなプリンスが美しいプリンセスのキスによって元の姿に変身する話に影響されすぎている。そのため、

彼らは経営上のキスによって、狙った企業Tの収益性が驚くべき変化を遂げると確信している。

このような楽天主義が買収には不可欠な要素になっています。買収側の会社の株主は市場価格Xを支払って直接企業Tの株式を入手できるのに、同じ株に二倍（二X）ものコストを払って買収するとすれば、このような楽観的な見方を持っているとしか考えられません。

言い換えれば、投資家はヒキガエルをいつも時価で買うことができます。もし投資家がヒキガエルにキスする権利を時価の二倍で得ようとするプリンセスに資金を出すならば、そうしたキスはすごい効果を持っていないと困ったことになります。私たちは多くのキスを見てきましたが、ほとんど奇跡は起こりませんでした。それにもかかわらず、多くの経営者たるプリンセスたちは、会社の裏庭に変身しないヒキガエルがあふれていても、まだキスの持つ未来の効力を信じています。一方で、公正な立場で言うならば、買収事例のなかには見事なものもあったことを認めざるを得ません。成功事例は大きく二つに分類することができます。

第一は、意図したことであれ、偶然であれ、インフレの環境に特にうまく適応した企業だけを買収した会社です。このような好ましい被買収企業は二つの特徴を持っているはずです。①市場占有率や販売量が大きく下がる恐れなしに、（製品需要が単調で、設備稼働率が低い場合ですら）容易に価格を上げることができる能力を持っている。②資本を少し追加投入するだけで、事業の（実質成長によるよりも、しばしばインフレによってもたらされる）規模拡大を受け入れる能力を持っている。並みの能力の経営者でも、買収の可能性を検討するときに、これらの条件に適合しているかどうかに焦点を合わせるだけで、ここ数十年では優秀な結果を達成できました。しかし、両方の特徴を備えた企業は極めて少数にすぎず、今や自滅的と言ってもよいほどそうした企業の買収をめぐる競争が凄まじくなっています。

第二は、経営上のスーパースターに関することです。ヒキガエルの姿をした本物のプリンスを見抜くことができ、そのカエルを元の姿に戻すことができる経営上の能力を持っている人たちのことです。ノースウエストのベン・ハインマン、テレダインのヘンリー・シングルトン、ナショナルサービスのアーウィン・ザバン、そして特にキャピタル・シティーズ・コミュニケーションのトム・マーフィーのような経営者に私たちは敬意を表します（特徴①を持った買収先を正しく見て、その経営力によって特徴②を実現できるまさに経営の「二刀流」です）。直接的・間接的な経験から、私たちはこれらの経営者が上げてきた業績を達成することの困難さ、稀少性を評価しています（彼らもそのことは分かっており、最近はあまり買収を行わず、資本の最も有効な使い方として自社株買いを行っています）。

残念ながら、われわれの会長に②の経営者になる資格はありません。また、①で注目すべき経済的要因について十分に認識していたにもかかわらず、実際の買収活動は散発的かつ不適切でした。立派なことを語っても、実行できていなかったということです（私たちはノアの原則を無視していました。大事なのは大洪水を予測することではなく、箱舟を作ることでした）。

私たちは時折、ヒキガエルをバーゲン価格で買ってきました。その結果は過去の報告書で述べたとおりです。私たちのキスは多くが失敗でした。二～三のプリンスとはうまくやってきましたが、彼らは買った時点ですでにプリンスになっていました。それでも、少なくとも私たちのキスが彼らをヒキガエルに戻すことはありませんでした。そして最後に、容易に見分けがつくプリンスを部分的にヒキガエルの価格で買って、大成功しているケースも時折あります。

バークシャーとブルーチップは一九八三年に合併を考えています。もしそれが実行されれば、両社同じ比率で株式の交換が行われることになります。現経営陣の在任期間中になされた、バークシャーやその子会社によるもう一つの有意義な株式発行は、ダイバーシファイド・リテール・カンパニーとバークシャーの一九七八年の株式交換による合併のときのものでした。

私たちの株式発行は、単純で基本的なルールに従っています。私たちが差し出すのと同じ価値を持つ相手企業の内在価値を受け取れないならば、私たちは株を発行しないということです。このような方針は自明のことと思われるかもしれません。また、だれが五〇セント硬貨と引き換えに一ドル札を差し出すのかと疑問に感じるかもしれません。残念ながら、多くの企業の経営者はそのようなことを平気で行ってきました。

こうした経営者が買収をするときに最初に迫られる選択は、現金を使うか借金するかということかもしれません。しかし、たいてい、CEOの買収に対する意欲は、現金残高や借入限度額を上回ります（もちろん私も常にそうでした）。また、CEOの買収に対する欲求は、彼の会社の株価が企業の内在価値をはるかに下回っているときに生じてくるようです。こうした事態は正念場とも言えます。このことについてヨギ・ベラは次のように言っています。「ただ注意を払うだけで、あなたは多くのことに気がつくだろう」。株主がこの言葉に従うと、経営陣が本当に求めていることが権限の範囲の拡大なのか、株主の資産を守ることなのかが分かってきます。

こうした選択が必要となる背景には、単純な理由があります。ある企業の株式が、株式市場でその内在価値を下回って売られることは珍しくありませんが、相対取引で全株式を売却することを望む企業は、支払いに際して用いられる通貨が何であろうと、当然、企業価値に見合った十分な受取額を望むでしょうし、通常はそれが可能です。現金で支払われるときは、売り手の受け取る価値の計算は極めて容易です。現金ではなく買い手の株式を支払いに使われたとしても、売り手側の計算は比較的容易です。単に受け取る株式の市場価格を計算するだけでよいのですから。

一方、もし株式市場において、買い手の株式が正当な内在価値で売買されているのなら、買収に当たって買い手が自社の株式をその対価として用いることを望んでも問題はありません。しかし、もしその株式が内在価値のわずか二分の一で売られているとしましょう。このような場合、買い手は実質的に過小評価された株で買収するという不幸な状況に直面します。

もし皮肉にも買い手が逆の立場で、その企業全体の売り手であったとしたら、多分、交渉をすることで企業の内在価値と同じ対価を得ることを望むでしょうし、実際そうなるでしょう。しかし、その買い手が自社の一部分を売却するときは、つまり、買収のために株を発行するときは、通常その株に対して株式市場で取引されている価格より高い価格が付くことはありません。

それにもかかわらず、強引に買収を進める買い手は正当に評価された財産（交渉された価格）に対して、過小評価された対価（市場価格）を用いて支払うことになります。実際、買い手は一ドルの価値を受け取るために、二ドル支払うことになります。このような状況下では、適正価格で購入できた素晴らしい企業のはずが、ひどい買い物になってしまいます。金（ゴールド）として評価された金を、鉛と評価されている金や銀を使って購入すべきではありません。

しかし、もし規模や買収に対する渇望が強いと、買い手の経営者は自社の価値を破壊する株の発行でも、それを正当化するさまざまな言い訳を考えます。また、親しげに近寄ってくる投資銀行家も、それは健全だと太鼓判を押します（理髪店の店主に散髪の必要があるかと尋ねてはならないということです）。

株を発行するときによくある言い訳をいくつか挙げておきます。

①「私たちが買おうとしている企業は、将来は今よりもずっと価値が上がるだろう」（多分、代わりに売り払われる企業の株もそうです。将来の良い見通しは、事業を評価するときには暗黙の了解のようになっています。もしXに対し二Xが発行されるなら、両方の企業価値が二倍になったときにも、アンバランスはまだ存在します）。

②「私たちは成長しなければなりません」（「私たち」とはだれのことか、ここで問われなければなりません。既存の株主にとっての現実とは、株式が発行されれば、現在の持ち分が減るということです。もしバークシャーが買収のために、明日にでも株式を発行するならば、バークシャーは現在所有するすべての事業に加えて新しい事業を所有することになります。しかし、シーズキャンディーズ、ナショナル・インデムニティなどのような得がたい企業に対するみなさんの持ち分も自動的に減ることになるでしょう。もし、（A）あなたの家族が一二〇エーカーの農場を所有しており、（B）同じような土地六〇エーカーを持つ隣人に、対等なパートナーシップの持ち分を条件に彼の農場を統合するよう求めたとすると、（C）あなたたち二人の管理する範囲は一八〇エーカーに増大します。しかし、あなたは面積と収穫両方に対して、あなたの家族の所有権を永久に二五％縮小してしまっていることになります。株主に負担を強いて自分の取り分を広げることを望む経営者は、政府組織で働くほうがよい

かもしれません)。

③「私たちの株式は過小評価されています。そのため、私たちはこの取引で株式による支払いを最小限にとどめました。しかし売り手の株主が欲する非課税の交換ができるように、私たちは五一%を株式で、四九%を現金で支払う必要があります」(この発言は、株の発行を低く抑えることが買い手に有益であることを認識しており、その考えは私たちも同じです。しかし、もし株で一〇〇%支払うことが古い株主を傷つけるならば、それは五一%でも同じでしょう。結局のところ、もし小型犬のスパニエルが芝生を傷めるのなら、それがセントバーナードではなくスパニエルであるというのは何の慰めにもなりません。そして売り手の願望が、買い手の利害に関する最良の決定要素であるはずがありません。あり得ないことですが、もし売り手が合併の条件として、買い手のCEOの交替を強く主張したなら、何が起きるでしょうか)。

買収のために株が発行されるとき、古い株主がその株の価値の下落を避けるには、三つの方法があります。一番目は、バークシャーとブルーチップの合併が意図したような、正当な事業の価値に基づいた合併です。そのような合併は、それぞれが企業の内在価値について与えるのとほぼ同じ対価を受け取ることができるので、両方の株主にとって公平であるようになっています。ダート・インダストリー・クラフトとナビスコ・スタンダードの合併は、このタイプのものに思われました。しかし、これらは例外です。買い手がこのような取引を避けているわけではありません。単に、このような取引は行うのが非常に難しいということです。

二番目の方法は、買い手の株式がその企業の内在価値と同額か、あるいはそれ以上に市場評価されているときに可能な方法です。そのような状況では、買収の対価としての株式の使用は、実際に買収する企業の株主の資産を高めることになります。一九六五年から一九六九年の間には、多くの合併がこの原則によって成し遂げられました。一九七〇年からの一連の合併の多くはこの逆でした。売り手側の企業の株主は、しばしば疑わしい会計と広告テクニックによって膨らまされた非常に誇張された対価を受け取り、彼らはこういった取引では資産を失うことになりました。

最近では、二番目の方法は極めて少数の大きな会社にとってのみ可能でした。例外は主として、株式市場が一時的に企業の内在価値以上の評価をして、魅力的に見えたか、あるいは宣伝上手な企業でした。

三番目の解決法は、買い手が買収を進めたあと、合併で発行した株数と同数の自社株買いを行うことです。この方法ならば、株式を用いた合併が実質的に現金を用いた買収に変換されます。この種の自社株買いは損害を回復する行動です。ただ、私たちが過去の損害を回復させるだけの自社株買いよりも、株主の資産を増やす直接的な自社株買いを好むことを、この報告書の長年の読者は正しく理解していると思います。タッチダウンで得点するほうが、自分のファンブルを埋め合わせるよりもずっと気分が高揚します。しかし、ファンブルが発生したときには、リカバリーすることが重要になります。私たちは損害を回復し、不利な株の取引を妥当な現金取引に変える自社株買いを、心から勧めます。

合併で用いられる言葉は問題を混乱させ、経営者の理性を欠いた行動を促す傾向があります。例えば、「希薄化」は通常、簿価と現在のＥＰＳ（一株当たり利益）に基づいて慎重に見積もられます。このとき、特に重視されるのが後者の現在のＥＰＳです。算出結果がマイナス（希薄化が進む）ならば、買収側は、それを正当化するために、将来のどこかの時点でプラスになるという説明を（少なくとも内部的に）します（実際の取引は失敗することが多くても、計画ではけっして失敗しません。もし、ＣＥＯがその買収を熱望していれば、どのような価格であっても部下やコンサルタントはそれを正当化する見通しを提供します）。もし買収側にとって即座にプラスになる見通し（希薄化が進まない）ならば、正当化のための説明は不要です。

こうした形での希薄化への注目は行きすぎたものです。現在のＥＰＳ（あるいは、その後数年にわたるＥＰＳでさえ）は、ほとんどの企業評価法における重要な変数です。しかし、全能というにはほど遠いものです。

この「限られた意味」において、希薄化が進まない合併は多く存在しましたが、買い手にとってては買ってすぐにその価値が大きく下がるものでした。一方、一時的に、そして短期的にＥＰＳを薄めた合併のなかには、実際には価値を高めるものもありました。本当に重要なのは、企業の内在価値（その判断には多くの変数を考慮する必要がありますが）を希薄化させるか否かです。この観点から希薄化を計算することが極めて重要である（にもかかわらずめったに行われない）と、私たちは考えています。

第二の言葉の問題は、交換の等式に関するものです。通常、A社がB社と合併するために株を発行することを発表するとき、その過程は「A社がB社を買収する」、あるいは「B社がA社に身売りする」と言い表されます。しかし、もっと正確に言い表すと、ぎこちなくはなりますが、より明確に考えることができます。つまり、これは「A社の一部を売却してB社を買収する」、あるいは「B社の株主は彼らの資産と引き換えにA社の一部を受け取る」ということです。取引で何を支払うかは、何を手に入れるかと同じくらい重要です。何を支払うかの最終的な計算が遅れているときでさえ、その重要性は変わりません。買収の資金調達のためであれ、あるいは貸借対照表上の健全性を回復させるためであれ、普通株や転換社債の発行は、買収価格の計算にしっかり含める必要があるということです（もし企業の妊娠が企業の交尾の結果であるならば、その事実を恍惚の瞬間よりも前に直視すべきです）。

経営者や取締役たちは、自分の企業の一部を売るときに考える場合と同じ基準で、自分の企業全体を売るかどうかを自問すれば、企業を売ることについての考えを研ぎ澄ますことができるかもしれません。もしすべてを売ることが賢明でないのなら、なぜ一部分を売ることが賢明であるのか自問すべきです。小さな経営上の愚かさの積み重ねは、大きな勝利ではなく大きな愚行を引き起こすことになります（ラスベガスの繁栄は、人々が少々不利な資本取引を行ったときに生じる資産移転の積み重ねの結果です）。

「支払うものと手に入れるもの」の係数は登録投資会社の例で簡単に計算することができます。資産価値の五〇％で売られている投資会社Ｘが投資会社Ｙと合併することを望んでいるとしましょう。そのために、Ｘ社は市場価格でＹ社の資産価値の一〇〇％と等しい株式を発行しようと考えています。

このような株式の交換は、Ｘ社にとって、それまでの内在価値二ドルとＹ社の内在価値一ドルとを交換することになります。Ｘ社の株主と、登録投資会社の合併の公正さを裁定するＳＥＣ（証券取引委員会）の両方から、即座に抗議がなされるでしょう。このような取引は、まず許されません。

通常、製造業やサービス業や金融業の会社の価値は、投資会社のように正確に計算することはできません。しかし、これらの業界でも買収側の企業の株主にとって、先ほどの仮説で示したのと同じくらい劇的に価値が破壊された合併劇を私たちは見てきました。もし経営陣と取締役会が同じ基準で両者を評価して取引の公正さを判断していれば、このような価値の破壊が起こることはなかったでしょう。

最後に、企業価値を「希薄化」させるような株式発行が、買収する企業の株主にもたらす「ダブルパンチ」効果について書いておきます。このような状況での最初のパンチは、合併自体によって起こる企業の内在価値の低下です。そして、第二のパンチは株価の下落で、これは今や薄められた企業価値に与えられる市場の理論的な評価です。現在と将来の株主は、当然のことながら無知な株式発行を行って資産価値を減らした経営陣の手に委ねられた会社には、能力が同じでも反株主的な行動を嫌う経営者に委ねられている会社ほど高くは支払いません。経営者が株主の利害に鈍感であることを一回でも示せば、価値を希薄化するような行動は今回限りだとどれほど断言しても、株主は長期にわたって価格と価値の比率の低下（ほかの株と比べて）に苦しむことになるでしょう。

マーケットにおけるこうした言い訳は、レストランでサラダのなかに虫が一匹いたときの弁明と同じです。別のウエーターと一緒に謝りに来たとしても、気分を害した客とまだ注文を迷っている隣の客のサラダに対する需要（引いては市場価値）の下落を防ぐことはできません。ほかの条件が同じだとすれば、内在価値と比較して最も高い株価が与えられるのは、経営者がいかなる場合でも株主に不利益な条件で株式を発行する気がないことを証明した企業です。

私たちが、買収においてバークシャーの株式よりも現金を使うことを強く望んでいることはすでに書きました。その理由は、これまでの記録を調べれば明らかです。過去に行った株式の

みを用いた合併（関係会社だったダイバーシファイド・リテーリングとブルーチップ・スタンプの合併を除く）をすべて合計すれば、株主のみなさんはこれらの取引を行わなかった場合と比べて若干損をしています。言いにくいことですが、株式を発行したコストはみなさんが負担しています。

一つはっきりさせておきましょう。こうしたコストが発生したのは、私たちが売り手に不当に惑わされたからでも、彼らがそのあと勤勉さや能力を欠いたからでもありません。それどころか、売り手の経営者たちは誠実に交渉に臨み、買収後も精力的かつ効果的に仕事に取り組んでいます。

私たちの問題はそのようなことではなく、バークシャーが本当に素晴らしい事業のコレクションを保有しているからです。そのため、これらの事業の一部を手放してまで手に入れるべき新しい会社はほとんどないということです。合併のために株式を発行すれば、私たちのすべての事業（コカ・コーラ、アメリカン・エキスプレスなどの一部、傘下の素晴らしい会社など）のみなさんの持ち分を減らすことになってしまいます。私たちが直面する困難について、スポーツの例で説明しましょう。野球のチームにとって、打率三割五分を期待できる選手を獲得することは、たいていは非常に素晴らしいことです。しかし、そのために三割八分の打者をトレードに出さなくてはならない場合はそのかぎりではありません。

わがチームの登録選手は三割八分の打者で埋まっているため、買収に当たっては現金で支払うことを望んできました。そして、私たちの業績はそのほうがはるかに良くなってきました。一九六七年のナショナル・インデムニティを皮切りとし、シーズキャンディーズ、バッファロー・ニューズ、スコット・フェッツァー、GEICOなど、私たちは現金でいくつもの大企業を買収してきました。これらの企業は、私たちが買収を行ってから信じられないほど優れた業績を上げてきました。こうした買収によって、バークシャーには驚異的な価値がもたらされました。事実、買収の際の私の予想をはるかに上回るものでした。

私たちは現在保有する企業や経営者を「買い替える」（訳注 ことなど不可能に近いと考えています。私たちの状況はキャメロットのモルドレッド（訳注 『アーサー王伝説』に登場する円卓の騎士の一人）とは正反対です。グィネビア（訳注 アーサー王妃）は彼について次のように語っています。「彼について一つだけ言えることは、彼は良い結婚をするに違いないということですわ。彼より悪い人はいないのですから」。バークシャーにとって良い結婚をすることは非常に難しくなっています。

企業の合併や買収を考えるとき、多くの経営者たちは、直後のEPS（あるいは、金融機関では一株当たりの簿価）を希薄化させるかどうかといったことのみに注目する傾向があります。

しかし、こうした面を重視しすぎることには大きな危険が伴います。仮に、二五歳のＭＢＡ（経営学修士）課程一年生の学生が、二五歳の日払い労働者と将来の経済的利益を「合併」することを考慮しているとしましょう。非所得者であるＭＢＡの学生は、彼の持ち分と日払い労働者のそれとの対等合併によって、短期収益を大きく高めることができます。それでも、ＭＢＡの学生にとって、これ以上愚かなことがあるでしょうか。

企業間の案件において、買収対象企業が異なった見込み、営業資産と非営業用資産の異なる組み合わせ、または異なる資本構成を持つときに、買い手が現在の収益のみを追求することは先の例と同じくらい愚かなことです。バークシャーは、短期的に収益を上げる可能性があっても、一株当たりの内在価値を減らすことになる合併や買収を数多く断ってきました。私たちはむしろ、アイスホッケーの名選手ウェイン・グレツキーの「パックがあるところにではなく、パックが向かう先に行け」というアドバイスに従っています。その結果として、今や私たちの株主は、標準的な教えに従った場合よりも何十億ドルも経済的に豊かになっています。

悲しい事実ですが、ほとんどの大型買収は、言語道断ともいえるアンバランスなものです。こうした不均衡は、買収先企業の株主にとっては濡れ手で粟であり、買収側の経営陣にとっては所得と地位の向上を意味し、投資銀行家や双方のアドバイザーたちにとっては蜂蜜入りの壺です。反面、ほとんどは買収側の株主の資産を減らすものであり、しばしばその金額はかなりのものになります。典型的な企業買収では、受け取るよりも多くの内在価値を買収側が引き渡すことになるからです。「トコトンやりなさい。それは不幸の手紙を送り返すようなものだ」とワコビアコープの引退したジョン・メドリン会長は言っていました。

経営者の資本配分の手腕は、長期間にわたって企業価値に大きな影響を与えます。良い企業は、社内で必要とされるよりも、はるかに多くの利益を上げます（少なくとも創業期以降は）。もちろん企業は、その利益を配当や自社株買いを通して株主に分配することができます。しかし、ＣＥＯはたいてい戦略企画スタッフやコンサルタントや投資銀行家に、買収をすべきかどうか尋ねます。それは、インテリアデザイナーに五万ドルの敷物が必要かどうかと尋ねるようなことです。

買収にかかわる問題は、経営者の性質によって生じることがよくあります。ＣＥＯの多くは、旺盛なアニマルスピリットとエゴを持っていたことで、その地位を得ています。そして、このような性質――これは彼らの長所でもあります――を強く持っていれば、昇進を極めたからといってそれが消えることはありません。こうしたＣＥＯが顧問から企業買収を勧められたときにとる行動は、正常な性生活を送るようにと父親に激励されたティーンエージャーの少年がとる行動とほとんど同じです。彼に必要なのはそのような後押しではありません。

ＣＥＯをしていた私の友人が、数年前に冗談交じりに（これは言っておかなくてはなりません）多くの大きな取引にまつわる状況を、なにげなく話してくれました。損害保険会社を経営していたこの友人は取締役たちに向かって、彼がある生命保険会社を買収したい理由を説明していました。買収についてのあまり説得力のない経済学と戦略上の根拠について単調に話し続けたあとに、彼は唐突に台本を捨て、お茶目な顔つきで言ったそうです。「だってみんなが持ってるんだもん」

バークシャー傘下の経営者たちは、平凡と思われる事業から並外れた収益を上げ続けるでしょう。最初の一歩として、彼らは自分の事業で収益を有利に活用する方法を探し、残った資金はマンガーと私に送ります。そして私たちは、一株当たりの内在価値を増やすためにそれらの資金を使おうとします。私たちの目標は、その事業を理解でき、また長期にわたり良好な経済状態を保つことができ、好ましくかつ尊敬と信頼のできる経営者によって経営されていると信じる企業の一部分か、すべてを買収することです。

B．「思慮深い自社株買い」対「グリーンメール」（一九八四年）

私たちが自社株買いを承認するのは、このような株価と価値が乖離した場合に限られており、大嫌いな「グリーンメール」には手を出しません。グリーンメールは、事情を知らず、だれにも相談できないような第三者を搾取することによって二つのグループが個人的な目的を達成する方法です。参加者は以下のとおりです。①株券のインクが乾く間もなく、経営者に脅迫的なメッセージを届ける自称「株主」の強奪者、②ほかのだれかが支払ってくれるかぎり、どんな価格であっても早く平穏を得ようとする企業内部の人間、③①を退去させるために、②によって資金を使われる株主たち。騒ぎが収まると、一時的な株主は「自由企業」について、強奪された愚かな経営陣は「企業の最も良い利害関係」について得々と語り始めます。そして、なすすべなく待機していた事情を知らない株主は、彼らの給料支払いに資金を供給することになります（**訳注**　グリーンメールとは株式を買い占め、その株式を高値で引き取るよう要求すること）。

C. LBO

（一九八九年のチャールズ・T・マンガーによる「ウェスコ・ファイナンシャル・コーポレーションの株主への手紙」、転載許可済み）

もし企業買収を成功させることがそれほど難しいのならば、最近、LBO（レバレッジド・バイアウト。対象企業の資産を担保とした借入金による買収）を仕掛けた人の多くが幅広い成功を収めていることをどう説明したらよいのでしょうか。その答えのほとんどは、法人所得税削減の効果とそのほかの単純な要因にあります。典型的なLBOでは、通常はほとんどが株式で構成されている資本が、九〇％の負債と一〇％の新たな普通株に置き換えられ、次のようなことが起こります。

①新しい普通株と新しい負債をすべて合わせた市場価値は、以前の普通株の市場価値よりもず

っと高くなります。以前のように、税務署が既存の税引き前利益から株主よりも多くの現金を法人所得税として徴収しなくなったからです。

②法人税減税による価値向上の効果は、既存の株主に非常な高値で持ち株を売却する機会を提供したあともまだ余力があり、買収後も新しい普通株（有利な投機的ワラント券に近い）がコストと比較してはるかに高い価値を持ちます。

③新しい「オーナー」は、次のような考えるのも実行するのも難しい戦略を立てます。

（A）簡単に削減できるさまざまなコスト（主に人件費）と一定水準に満たない部門を切り捨てる。後者には、（ア）怠惰と愚かさによって破壊されたかつての成功事業や（私たちの繊維事業もこれに該当する）、（イ）人道的なふりをして、垂れ流しの損失を長期的な展望という名目で正当化して犠牲を払ってきている事業――が含まれる。

（B）いくつかの事業を超高値で売却する。これは、安易なミクロ経済的洞察を行使して直接、競合他社に対して売却することもあれば、オーナー企業ではない競合他社以外の会社に、競合他社しか支払わないほどのあり得ない高値で驚くほど簡単に売れることもある。

④新しい「オーナー」は、やがて税効果と右に述べた単純な入れ替えだけでなく、長い好景気で株式市場が上昇する間に、極端な金融レバレッジによる驚くべき上昇効果によっても利益を得ます。

国家が多くの、あるいは数社であっても大企業に極端な借入金を用いた資本構成を望むか否かは（時折ある逆境期を除いて）、興味深い社会問題を提起しています。企業の社会的機能の一つは経済的な強さを持つことで、そこに依存する従業員や納入業者や顧客などを資本主義に不可避の変動から守る緩衝材の役割を担うことではないでしょうか。ベンジャミン・フランクリンが『プーア・リチャードの暦』（ぎょうせい）で紹介している民衆の知恵は正しかったのではないでしょうか――「からっぽの袋は、まっすぐ立てるのが難しい」。借り入れを最大限に行って弱体化した企業は、社会にとって構造強度に十分な余裕がない橋と同じではないでしょうか。ＬＢＯに長期的に好ましい影響や望ましくない影響を及ぼすような効果があるとしても、①法人所得税を削減し、②しばしば独占禁止法の限界に迫り、③膨大な借金を支払うために短期的な現金を稼ぐことに注力する――ような資本再編に、何千人もの有能な人たちを道連れにすることを私たちは望んでいるのでしょうか。最後に、コロンビア・ロースクールのルー・ルーウェンスタイン教授の次のような趣旨の発言を紹介しておきます。「企業がポークベリーの先物取引のように繰り返し売買されるようなことを、私たちは重要な社会制度として本当に望んでいるのだろうか」

社会的な疑問に対する答えが何であれ、現在の三つの状況は明らかです。第一に、ＬＢＯ取引では法人税の削減効果が非常に大きいため、この種の取引の成功が容易に見えるとしても、通常の企業買収が簡単に成功するというわけではありません。第二に、今や大勢いるＬＢＯオペレーターたちは、潜在的買い手に不利益を与えるほど取得価格の水準を引き上げました。この買い手にはウェスコも含まれますが、私たちは税制上、最大限の恩恵を受けるために最大限の借り入れを行おうとは思いません。そして第三に、現在の寛大な法律が存続するかぎり、ＬＢＯオペレーターはいなくならないでしょう。彼らは単にイチジクの葉（不都合なものを覆い隠す）的役割を促進するだけでなく、現行法の下では現実的な強みがあります。失敗と不名誉によってオペレーターの数が減り、取引価格も下がるでしょうが、法人所得税削減による収益還元価値に変わりはないため、ＬＢＯには合理的な誘因がまだ十分あります。ＬＢＯの精霊は、逆境に遭遇することになっても、新たな法律ができないかぎり魔法のランプに戻ることはなさそうです。

高値で入札しようとするＬＢＯオペレーターの狙いは、税法上の現実的な利益と、良心のとがめなしに素早く企業を改造しようとすることだけにとどまりません。高値で入札する理由は、ＬＢＯパートナーシップのゼネラルパートナーは、収益が大きく分配される一方で、自己資金のリスクはほとんど負わないという典型的な構造にあります（手数料を含めれば、自己資金をまったく出さないこともしばしばあります）。このような取り決めは、競馬場の予想屋の構図と似ています。競馬場で多くの人が賭けることを望まない予想屋はいないということです。

ＬＢＯオペレーターではないウェスコの場合、良い企業買収ゲームは常に難しいもので、近年はミネソタ州のリーチ湖でカワカマスを探すようなものになっています。私の古くからのビジネスパートナーのエド・ホスキンスが、リーチ湖でアメリカ先住民のガイドと交わした会話を紹介しましょう。

「この湖ではカワカマスが釣れますか」

「ミネソタ州では、この湖がいちばんよく釣れます。この湖はカワカマスで有名なんです」

「あなたはどのくらいここで釣りをしていますか」

「一九年です」

「それであなたは今まで、何匹のカワカマスを釣り上げたんですか」

「一匹も釣ってません」

経営陣が私たちの見地に立てば、安全な企業買収はほとんどないことが容易にお分かりになるかもしれません。このゲームはだれにとっても難しく、少なくとも私たちにとっては大変難しいものであり、ウェスコの株主たるみなさんにとってもそれは同じです。結局、私たちみんなが望むほどの価値がある行動ではありません。けれども少しは慰めになるかもしれません。ある程度の資金回収もできない誤った買収によって起こっている一連の大きな問題は、買収ゲームとはリーチ湖でカワカマスを探すようなものであると考えている人々によって引き起こされることはほとんどないということです。

D. 健全な買収政策（一九九五年、一九九一年、後者については同様の内容が一九八二年以降掲載）

多くの経営者が行う買収活動を問題視することにこの紙面を使ってきたことを考えれば、私たちがこの一年で三つの企業を買収したと喜んで報告していることを妙に感じるかもしれません。しかし、安心してください、マンガーと私は懐疑心を失ってはいません。ほとんどの企業買収は、買収を行う企業の株主に損害を与えるものだということをきちんと認識しています。このことについては、喜劇「軍艦ピナフォア」の次のセリフがよく当てはまります。「見たとおりのものなどめったにない。スキムミルクだって生クリームに見えてしまうのだから」。特に、企業買収の売り手やその代理人たちは、金融上、ワクワクさせるような面ばかりを強調しますが、その企業を買収すれば痛感することになる「教育的価値」は表からほとんど見えません。楽観的な筋書きを作り出すことにかけて、ウォール街はワシントンに引けをとりません。

いずれにしても、潜在的な買い手が、なぜ売り手によって準備された計画に耳を傾けるのか理解に苦しみます。マンガーと私はそうした計画には耳も貸しませんが、代わりに病んでいる馬を持つ男の話は、いつも心にとめています。馬主が獣医に、「私の馬はちゃんと歩くときもありますが、ときどき片足を引きずっています」と助けを求めると、的を射た答えが返ってきました。「問題ありませんよ。ちゃんと歩いているときに売ればいいんです」。合併・買収の世界では、その馬はセクレタリアト（一九七三年の三冠馬）として売られるのでしょう。

バークシャーにとっても、買収を志向するほかの会社と同様に、将来を見通すことは困難です。しかも、売り手はその企業について買い手よりもはるかによく知っているだけでなく、売り時（企業が「ちゃんと」歩いているとき）を選ぶこともできます。

そうだとしても、私たちにもいくつか有利な点があります。なかでも最大の利点は、私たちが戦略的計画を持っていないことです。したがって、私たちは既定の方向（ほとんどが、愚かな購入価格へと導かれる）に進む必要性を感じません。そうではなく、私たちは株主にとってその買収が意味を持つのかどうかで決めることができます。私たちはどのような投資でも、必ず私たちに開かれたほかの多くの機会と冷静に比較しています。それには、世界中の株式市場で最高の企業のほんの一部を購入することも含まれます。こういった比較（買収対受け身投資）を行うという私たちの習慣は、ただ規模拡大に専心している経営者にはほとんどない規律です。

数年前のタイム誌で、ピーター・ドラッカーが核心を突いた発言をしていました。「みなさんに秘密を教えましょう。取引を成立させるのは労働より魅力的です。取引は刺激的で面白く、労働は大変です。どんな企業でも経営するためには莫大な量の細かい労働を積み重ねていく必要がありますが……取引はセクシーでロマンティックです。だから無意味な取引が繰り返されています」

買収において、私たちはさらなる強みを持っています。売り手に対する支払いに、多くの傑出した企業に裏付けられた株式を提供することができることです。素晴らしい企業を売却することを望んでいるが、売却益に対する課税は永遠に延期したい個人やその家族は、バークシャーの株式を、特に快適な所有財産だと考えているでしょう。実際、一九九五年に対価として株を支払った二つの買収において、こうした面が重要な役割を果たしたと私は信じています。

そのうえ、売り手企業の経営者のなかには、快適で生産的な労働条件を継続して提供してくれるような企業グループに売却したいと考える人もいます。ここで再び、バークシャーは特別な申し出を行います。バークシャー傘下の企業経営者は強力な経営自治権を持っています。さらに、私たちの企業所有構造を見れば、私が買って保有したいと言うときは、その約束がどういう意味か分かってもらえるはずです。私たちとしては、自分の企業と従業員に何が起こるかを気にかけるオーナーと取引したいと思っています。買い手にとって、こうしたタイプの売り手と取引したほうが、自分の企業を競売にかけようとしているだけの売り手と取引するよりも、不愉快なことになる可能性は低くなります。

前述の私たちの買収スタイルの説明に加えて、少なからぬ売り込みをしておきます。もしみなさんが税引き前利益が七五〇〇万ドル以上の企業を所有するか、その代表を務めていて、その企業が以下に示す基準に適合しているならば、私に電話をください。交渉は秘密裏に行われます。また、もし今は興味がなくても、私たちの提案を頭の片隅に置いておいてください。私たちは常に、経済性が良好で優れた経営陣がいる企業を買収したいと思っています。

買収に関するこの小論を終える前に、ある企業の幹部から昨年聞いた話をどうしてももう一度書いておきたくなりました。彼がキャリアを積んだ企業は、長年、業界トップの地位を守ってきた素晴らしい会社でした。しかし、その主力製品は哀れなほど魅力がありませんでした。そこで、この企業は数十年前に経営コンサルタントを雇いました。当然、彼らは当時流行していた経営の多角化を勧めました（「選択と集中」はまだ流行していませんでした）。そして、この会社はコンサルティング会社が長い時間と高額な費用をかけて検討したいくつもの企業を買収していきました。結果はどうなったでしょうか。この幹部は悲しげにこう言いました。「買収を始める前は、本業の収益が全体の一〇〇％を占めていた。しかし、一〇年後には、本業の収益が全体の一五〇％になってしまった」

私たちは有名な投資銀行が売り手の代理人を務める大がかりな買収に、過去四回買い手としてかかわりましたが、投資銀行と直接交渉することができたのがこのうちの一つだけであったことを大変残念に思います。ほかの三つのケースでは、投資銀行がわれわれの会社に買収に興味があるかどうか聞いてきたあとは、私自身や友人が相手先企業と交渉をしました。それでも買収案件において、投資銀行が私たちのことを潜在的な買い手として考えているかぎり、仲介人として手数料を取るのは許されるのでしょう。そこで、ここに私たちが求めている条件を繰り返しておきます。

①大企業である
②安定した収益力がある（私たちは、将来の予測や「再生」計画には関心がありません）
③負債がほとんどなく、ＲＯＥ（自己資本利益率）が高い
④優れた経営陣がいる（私たちが送り込むことはできません）
⑤単純な事業（たくさんの技術があっても、私たちには理解できません）
⑥価格が提示されること（事前の話し合いであっても、価格が決まらない状態で私たちや売り手の時間を無駄にしたくはありません）

また、私たちは敵対的な買収はしません。交渉は秘密を厳守し、関心があるかどうかは短時間で（通常は五分以内に）回答します。支払いは現金で行うことを望みますが、私たちが提供するのと同程度の内在価値を受け取ることができる場合は、株式で行うことも検討します。

私たちが好む買収対象は、オーナー経営者が自身や家族や安定株主のために高い収益を上げることを望んでいる企業です。また、こうした経営者が買収後も重要な株主として、経営を続けることを望んでいる企業です。このような目的を持つオーナーは、私たちと非常に相性が良いと思います。潜在的な売り手には、私たちと過去に取引がある人たちと連絡をとり、私たち

のことをよく調べるよう勧めています。

マンガーと私の下には、私たちの条件とはほど遠い買収の話が頻繁に寄せられます。コリーを買いたいという広告を出しても、多くの人がコッカースパニエルを売ろうとしてきます。カントリーソングの一説が、新規ベンチャー企業や再生途上の企業、オークションのような売り方をする企業に対する私たちの気持ちを代弁しています。「電話が鳴らなければ、それが僕の答えだ」（一九八八年と一九八九年の報告書の最後の部分は「私たちの新規ベンチャー企業や再生途上の企業、オークションのような売り方をする企業に対する気持ちは、ゴールドウィン風の言い回しをすれば『どうか私たちを放っておいて』だった）

E. 自分の企業を売るにあたって（一九九〇年補遺B、企業の潜在的売り手への書簡、一九九九年）

多くの企業オーナーは、自分の企業を築き上げることに半生を費やしています。繰り返し経験を積むことで、販売、購買、人員選択などにおける手腕を向上させてきた人々です。それは学習過程と呼ぶべきものであり、過ちを犯せば、それ以降には能力が向上し、成功につながることが多くあります。

一方で、オーナー経営者が自分の企業を売ることができるのは一回限りです。しかも、さまざまな方向からの多大なプレッシャーを感じるなかで、売却を決意することになりがちです。

そうしたプレッシャーの多くは、買い手側や売り手側がどうなっても売却さえすれば報酬が得られるブローカーがかけてきます。オーナーにとって経済的にも個人的にもこの決断が非常に重要であるという事実が、誤りを誘発することもよくあります。しかし、一生に一度の企業の売却で犯した誤りは取り返しがつきません。

価格は非常に重要ですが、必ずしも売却の最も決定的な要素ではありません。あなたとご家族が、その分野で並外れて素晴らしい企業を所有していれば、どんな買い手でもそれを評価するでしょう。しかも年がたつにつれて、その価値はさらに上がるでしょう。つまり、もしあなたが現時点で売らなければ、あとでより高値で売れる可能性は非常に高いということです。そのことが分かっていれば、あなたは強い立場で取引し、時間をかけて理想的な買い手を選ぶことができます。

万が一、会社を売ることに決めたとき、それがバークシャー・ハサウェイならば、ほかの企業にはない強みを提供できると思います。バークシャー以外のすべての買い手は、実質的に二つに分類することができます。

①別の土地の同業者か似た事業を行っている企業。このような買い手には、どのような約束がなされたとしても、たいていはあなたの会社をどう運営すべきか分かっているつもりの経営者がいて、遅かれ早かれ何らかの直接的な「手助け」が始まります。もし買収側の規模のほ

うがはるかに大きければ、たいていは将来的に買収企業の経営を任せるという約束で数年をかけて集められた経営チームがいます。彼らには自分たちのやり方があり、たとえあなたの実績が彼らのそれより明らかに優れていても、人間というのは自分の手法のほうが上だと思い込んでいます。あなたや家族の周りにも、自分の会社を自社よりも大きな企業に売却した友人がいると思います。その経験を見れば、親会社がその業界を知っているか、知っているつもりの場合は特に、子会社を自ら経営しようとする傾向があることは分かると思います。

②巨額の借入金で買い、時期を見て市場や別の企業に転売する金融業者。彼らは通常、転売直前に収益を最も好ましく提示する目的で、会計方法を変更します。このような取引は、株価の上昇や、この種の取引に利用可能な資金が潤沢に供給されていることで、以前よりもずっと頻繁に行われるようになっています。

もし現在のオーナーの唯一の目的がチップを現金に換えることで、売却した企業がどうなっても構わないのならば――多くの売り手がこのタイプです――、右のどちらの買い手でも問題はありません。しかし、売却される企業がオーナーの生涯をかけた独創的な努力の成果であり、彼の人格と存在意義の欠かせない要素になっているならば、これらの買い手には深刻な欠陥があります。

バークシャーはそのどちらにも属さない異色の買い手です。買収して長く保有しますが、現在もそして将来も、親会社として子会社の経営に口出しするつもりはありません。私たちが所有する企業はすべて、並外れた自治権を持って運営されています。私たちが何年も所有している主要な企業の経営者のほとんどは、オマハに来たことも、私たちと会ったことさえない人もいます。彼らは、私たちが買収しても、売却前と同じように経営し続けることになります。つまり、彼らが私たちの経営手法に合わせるのではなく、私たちが彼らの経営手法に合わせています。

バークシャーには、買収企業の経営を約束された家族や、最近採用されたＭＢＡといったような者はいません。そして、それは将来も同じです。

私たちが以前に行った買収について何か耳にされたことがあるかもしれません。私たちが、これまで買収してきたすべての企業のリストを同封しますので、私たちの約束がどう実行されたのかについて、彼らに問い合わせてみるようお願いします。特に、うまくいかなかった場合に、私たちが困難な条件下でどのように振る舞ったかについて興味を持たれることでしょう。

どんな買い手でも、あなた自身が必要なのだと言うでしょう。そして、もし彼が頭の良い人間ならば、間違いなくあなたを必要とするでしょう。けれども、非常に多くの買い手は前述したような理由によって、言動が一致していません。しかし、私たちは約束したように行動します。なぜなら、そう約束したからであり、最高の業績を上げるためにそうする必要があるからです。

こうした必要性によって、私たちは経営陣であるあなた方家族が企業の所有権の二〇％を持ち続けることを望んでいます。税金対策として連結決算を行うためには八〇％が必要だからです。それは私たちにとって重要なことです。同様に重要なのは、企業を経営する家族の方々がオーナーとして残っていることです。端的にいえば、現経営陣の主要メンバーが私たちのパートナーとして残らないだろうと感じれば、私たちは買収を望まないでしょう。もちろん、あなたの今後の経営参加については、契約によって拘束できるものではありません。私たちはただあなたの言葉を信頼するだけです。

私が関与する範囲は、資本配分や経営者の選択とその報酬の決定です。ほかの人事、運営上の戦略などは経営者の領域です。バークシャーにおいては、経営判断について私と話をする経営者もいれば、話をしない経営者もいます。それは、彼らの性格と、ある程度、私との個人的な関係によります。

もしあなたがバークシャーと取引をすると決めたならば、私たちは現金で支払いをするつもりです。ただ、買収後のバークシャーのどのような借り入れについても、あなたの企業を担保として用いることはありません。また、この取引にはいかなるブローカーも介在しません。

さらに、取引が公表されたあとで、銀行や弁護士や取締役などに説明責任があると言って買い手が手を引いたり、条件の変更を提案し始めたりすることもありません。そして最後に、取引相手は間違いなく私たちです。交渉時の幹部が数年後に変わったら条件も変わったり、取締役会がさまざまな変更を提案したり、新たに興味を持った事業の資金を調達するために、あなたの企業を売却したいと社長がいかにも残念そうに切り出したりする心配もありません。

ただ、売却してもあなたがこれまで以上に金持ちになるわけではないことも、お伝えしておきます。あなたは、その企業を所有していることですでに裕福ですし、健全な投資もなされています。売却はあなたの資産の形態を変えることになりますが、その額は変わりません。もし売却すれば、あなたが理解している一〇〇％所有の貴重な資産を、現金という別の貴重な資産と交換することになります。そのお金は、あなたが自分の会社ほどは理解していないほかの企業の一部（株式）に投資されることになるでしょう。通常、売却には十分な理由が存在します。しかし、その理由は公正な取引が行われるならば、より裕福になるためではないはずです。

あなたをしつこく悩ませるつもりはありません。しかし、万が一、売却に関心があるときはどうか私に電話してください。私たちは、あなたの会社とあなたのご家族をバークシャーにお迎えできることをとても誇りに思います。私たちは、財務的にうまく運営していけると考えていますし、あなたがこれからの二〇年間も、これまでの二〇年間と同じように経営を楽しんでいただけると信じています。

敬具

ウォーレン・E・バフェット

私たちの企業買収は通常、過去に私たちに対して売却を行ったことのある経営者からの紹介という形で展開されてきました。ほかの会社の場合、幹部が投資銀行家と一緒に買収の可能性がある会社を探し、標準的な入札手続きを行います。この場合、銀行家は私が子供のころに読んでいた漫画のスーパーマンを思い起こすような「台本」を用意しています。ウォール街版のこの台本では、元はほどほどの会社が、投資銀行家の電話ボックスから飛び出すと、ひとっ跳びで競争相手を追い越し、弾丸よりも速く利益が増えていくことになっています。台本に描かれた買収先の魅力にほだされ、買収を切望するCEO――彼らはみんなその冷静な外見とは裏腹のロイス・レイン（**訳注**　『スーパーマン』に登場するヒロイン）です――はすぐさま夢中になってしまいます。

この台本で特に興味をそそる部分は、何年も先まで詳細に書かれている利益予想です。とはいえ、作者である銀行家に自身の会社の来月の利益について尋ねると、彼は一転して予防線を張り、事業や市場はあまりにも不透明なものであり、予想などとてもおぼつかないなどと言うでしょう。

もう一つ、どうしてもお伝えしたい話があります。一九八五年、ある大手の投資銀行がスコット・フェッツァーの売却を請け負いました。募集は幅広く行われましたが、うまくいきませんでした。この失敗について読んだ私は、当時、スコット・フェッツァーのCEOだったラルフ・シーに手紙を書き、買収に関心があると伝えました。私はシーに会ったことはありませんでしたが、一週間で交渉は成立しました。残念ながら、スコット・フェッツァーと投資銀行との契約には二五〇〇万ドルの売却報酬の取り決めがあり、これは銀行が買い手をまったく見つけられなかった場合でも支払われることになっていました。主幹事の投資銀行家は報酬に対して何かしなくてはならないと感じたようで、銀行が用意したスコット・フェッツァーの目論見書の写しを恩着せがましく差し出しました。それを見たマンガーは、いつものように辛辣に答えました。「その目論見書を読まないことに二五〇〇万ドルを支払おう」

バークシャーにおいて、注意深く用意された買収戦略というのは、ただ電話が鳴るのを待つというものです。幸いにも電話はときどき鳴ってくれます。たいていは、以前私たちに売ってくれた経営者が先例に従ってもらいたいと感じる友人にバークシャーを勧めてくれているからです。

F. 最適な買い手（二〇〇〇年、二〇〇八年）

昨年、買収活動が活発化したのは恐らく二つの経済的要因が寄与しています。第一に、多くの経営者やオーナーが、自分たちの事業が短期的に減速すると予想したことです。事実、私たちが買収したいくつかの企業は、一九九九年か二〇〇〇年に到達したピークから今年はほぼ間違いなく利益が減ることが予想されています。すべての事業には時として浮き沈みがありますので、このような利益の減少は、私たちにとって大したことではありません（利益が永遠に右肩上がりとなるのは投資銀行が売り込みをかけるときの説明のなかだけです）。一時的な出来事についてはあまり気にしません。重要なのは全体的な結果です。しかし、ほかの人たちの決定は、短期的な見通しによって影響されることがあります。こうした見通しは、販売業者をたき付けたり、そのようなことがなければ私たちと競合するはずの買い手の熱狂を抑えたりすることになるかもしれません。

二〇〇〇年に私たちにとって追い風となった第二の要因は、年が進むにつれてジャンクボンドの市場が枯渇したことです。これ以前の二年間にジャンクボンドを購入する人々は投資基準を緩め、財務的にますます脆弱な発行体の債券までも法外な価格で買っていました。このように投資基準を緩めた影響は、昨年債務不履行が急激に増えたことで実感されることになりました。こうした環境のなかで、事業を「転売目的」で買おうとする人々――すなわち自己資金のわずか一部だけを使って買いたいと望む人々――は、必要と考えられる資金をすべて借りることができなくなりました。さらに、こうした人々が依然借りることのできる分についても高い金利がかかるようになりました。このため、昨年については企業が売りに出されることになっても、LBOオペレーターは積極的に入札しなくなりました。しかし、私たちは買収にあたって、すべて自己資本での購入を前提として分析を行っているため、私たちの評価が変わることはなく、むしろ私たちの競争力は非常に高くなりました。

経済的要因によって有利になったことに加えて、今、買収を行ううえで私たちにとって重要な利点が拡大しています。これは、多くの場合、私たちが売り手にとって最適な買い手であるということです。もちろんこの事実は、交渉の成功を保証するものではありません。売り手が私たちの提示する価格に満足しなくてはなりませんし、私たちが彼らの事業や経営者を気に入らなくてはなりません。しかしこのことがプラスの材料となるのは確かです。

オーナーが会社を売るときに、だれに対して売るかという点にこだわることには大きな意味があると思います。私たちが取引したいと思うのは自分の会社を愛している人です。売却益が欲しいというだけの人ではありません。ただし、こうした人たちがお金を欲しがる理由もよく分かります。自分の会社に感情的な愛着がある場合、恐らくその会社には重要な特徴が見られるでしょう。誠実な会計、商品に対するプライド、顧客への尊敬、そして強い指向性と忠誠心を持つ従業員などです。これは、その逆も言えます。オーナーが売却後に起こることにまったく関心を示さずに企業を競売のようにして売り払うような場合、売るために見せかけを良くするようなことが頻繁に見られます。これは特に、売り手が「お金を出しているだけのオーナー」である場合にはよくあります。そして、オーナーが企業や従業員にほとんど関心がないような行動をとるのであれば、その行動はたいてい会社全体の姿勢や慣習に波及していきます。

一生をかけて――あるいは何代かにわたって――たゆまぬ努力とたぐいまれなる才能を注ぎこんだ集大成となる企業を作り上げたとき、どの会社が確実にその歴史を受け継ぐことができるのかということはオーナーにとって重要であるはずです。マンガーも私も、バークシャーこそその場を提供するほとんど唯一とも言ってよい会社だと信じています。私たちは事業を立ち上げた人々に対する義務を極めて真摯に引き受けます。そして、バークシャーの保有構造は、私たちがこの約束を確実に果たすことを可能とするものなのです。ジョン・ジャスティンに対し、彼の事業（ジャスティン・インダストリーズ）の本部を引き続きフォートワースに置くと伝えたり、あるいはブリッジ家に対してその事業（ベン・ブリッジ・ジュエラー）をほかの宝石商と合併させることはないと伝えたりすれば、この約束は間違いなく実行されます。

企業の「描き手」であるレンブラントにとって、作品の終の住み家を自身で選べるのならば、信託管財人や作品に何の関心もない相続人に競売で売り払われるよりもはるかによいでしょう。私たちは、これまでそのことを理解したうえで、自らの偉業を育ててきた人たちと貴重な経験を重ねてきました。競売はほかの人たちに任せておきます。

私たちが長らく公言してきた目標は、企業にとって「最適な買い手」となることです。特に

家族によって起業し保有されている会社の場合にはそのように努めています。この目標を達成する方法は、われわれがそれにふさわしい買い手となることです。つまり、私たちは約束を守らなくてはならないということを意味します。買収した企業を借金漬けにするようなことはせず、経営者には特別な自治を認め、買収した企業を好調なときはもちろん、不振の時期でも変わることなく持ち続けます（とはいえ、好調であればあるほどありがたいのですが）。

私たちは言動を一致させています。しかし、私たちと競合するほとんどの買い手は別の方法をとっています。彼らにとって買収した企業は「商品」です。買収契約書のインクも乾かぬうちに、オペレーターは「撤退戦略」を考えています。このため、事業の将来を本当に気にかけている売り手と出会ったときは、私たちが明らかに有利です。

数年前、私たちの競争相手は「ＬＢＯオペレーター」として知られていました。しかし、ＬＢＯは評判が悪くなりました。そのため、ジョージ・オーウェル式のやり方で、バイアウト会社は名前を変えることにしました。とはいえ、報酬体系やレバレッジといった本質的な要素を変えることはありませんでした。

彼らの新しい名前は「プライベートエクイティ」というものでした。この名前は事実とはまったく逆のものです。こうした会社による企業買収は必ずと言って良いほど、買収先企業の資本構造の自己資本部分を従来と比べて著しく減らすことになります。わずか二〜三年前に買収されたこれらの企業のうちのいくつかは、プライベートエクイティの買い手が積み上げた債務のために今や危機的状態にあります。銀行債務の多くは一ドル当たり七〇セントを下回る価格で売られており、社債はさらに大きな打撃を受けています。注目すべき点は、プライベートエクイティ会社が、彼らの保護の下にある会社が今や強く望んでいるにもかかわらず、こうした会社への資本注入を急いではいないということです。彼らはその代わり、残りの資金をまさにプライベートなものとしています。

政府によって規制されているユーティリティー事業の分野では、家族経営の大手企業はありません。この分野において、バークシャーは規制当局にとって「最適な買い手」でありたいと望んでいます。取引が提案されたときに、買い手との相性を判断するのは、株主ではなく規制当局だからです。

こうした規制当局を前にして、過去を隠すことなどできません。彼らはあなたが事業を営むほかの州の当局に電話して、適切な株式資本を確保する意思があるかどうかなど、事業のあらゆる面についてあなたがどのようにふるまってきたかを尋ねることができます。そして、実際にそうします。

二〇〇五年にミッドアメリカンがパシフィコープの買収を提案したとき、私たちが規制を受ける新たな六つの州の当局は、ただちにアイオワ州の私たちの記録を確認し、私たちの資金調達計画と能力を慎重に評価しました。私たちはこの検査に合格しました。将来も同じように合格すると思っています。

私たちは将来的に、規制された公益事業をさらに買収したいと考えています。そして、現在事業を営んでいる管轄権での私たちの行動によって、将来新たな管轄権でどのように迎えられるのかが決定付けられるのだと理解しています。

第6章

評価

Valuation

会計学に関心のないみなさんには、この部分は申し訳なく思います。多くの株主の最大の感心事が当社の財務状況ではなく、①マンガーと私がバークシャーにそれぞれの財産のほとんどを注ぎ込んでいること、②バークシャーは株主であるみなさんの投資から得る損益が私たち経営陣が得るものと同様になることを心がけて運営しようとしていること、③バークシャーの業績がこれまでは満足のいくものであったこと――をみなさんがご存知であるからこそ、バークシャーの株主になられていることを私たちはよく理解しているつもりです。投資に関しては、そのような投資先への「信頼」で行うような手法が必ずしも間違っていると言うつもりはありません。しかし、「分析的」な手法を好む株主もあり、そのような方たちのために、私たちは必要な情報をご提供したいと思います。当社がほかの企業に投資をするにあたっては、そのような異なる手法、つまり投資先に惚れ込む方法と分析的な方法が同じ結論をもたらすような会社を探しています（一九八八年の手紙の導入部分）。

A．イソップと非効率な藪の理論（二〇〇〇年）

金融上の利益を獲得する目的で購入されたすべての資産を評価するときに用いる公式は、非常に賢い人がおよそ紀元前六〇〇年ごろに最初に考案して以来、不変のものです（もっとも彼は、その時点が紀元前六〇〇年だと理解するほど賢くはなかったでしょう）。

その賢者とはイソップです。若干不完全なところがあるとはいえ、現在まで語り継がれている投資についての彼の洞察というのは、「手にしている一羽の鳥は藪の中の二羽に勝る」というものです。この原則を具体化するには、次の三つの質問に答えてみてください。藪の中に実際に鳥がいるというのはどれだけ確実なのでしょうか。それは一体いつ飛び出してきて、何羽いるのでしょうか。そして、「無リスクの金利」とは何なのでしょうか（私たちは長期米国債の利回りだと考えています）。この三つの質問に答えることができるのなら、藪の最大価値――そして今、藪から手にするはずの鳥が最高何羽であるのかが分かることになります。当然ながら、文字どおりに鳥の数を思い浮かべるのではなく、ドルに置き換えて考えてみてください。

このように拡大され、ドルに置き換えられたイソップの投資原則は不変です。この原則は、農場、油田使用料、債券、株式、宝くじ、製造工場などの支出にも当てはまります。そして、蒸気機関の登場や、電力の利用、あるいは自動車の発明によってもこの公式はみじんも変わることはありませんでした。それはインターネットの時代になっても同じです。正確な数字を入力するだけで、宇宙全体のあらゆる資本の使い道についてその魅力を評価することができるのです。

ちなみに、共通の判断基準、例えば配当利回り、ＰＥＲ（株価収益率）、ＰＢＲ（株価純資産倍率）、あるいは成長率でさえも評価とはまったく関係がなく、企業に資金を投ずる、あるいは企業から資金を引き上げる際の金額と時期について、手がかりを提供するくらいのことしかできません。事実、事業や企業の成長のため初期に資金を投ずる必要があり、その金額がこれらの資産によって将来生み出される現金の割引価値を上回る場合には、成長の不足によって利益がむしばまれる可能性もあります。対照的な投資手法として「グロース（成長重視）型」投資と「バリュー（価値重視）型」投資という言葉を調子よく持ち出すような市場の評論家や資産運用会社は、自らの賢さではなく、無知をさらけだしています。成長というのは価値の算式の一要素にすぎません。それは正の値となることが多いのですが、時には負の値となることもあるということです。

悲しいかな、イソップの公理とその三番目の変数――すなわち金利です――は単純なのですが、ほかの二つの変数を数値に置き換えることは難しい作業です。事実、正確な数字を用いるのはバカげたことです。数値が取り得る範囲を使うほうが適切なやり方でしょう。

その範囲は極めて広くなることが多いはずなので、実用性のある結論を得ることはできません。しかし、将来的な鳥の出現について極めて保守的な予想を立てたとしても、付けられた価格はその価値と比較して驚くほど低いものとなることがあります（この現象をＩＢＴ［Inefficient Bush Theory］――「非効率な藪の定理」と呼ぶことにしましょう）。確かに、投資家にとって経営学を全般的に理解しておくことや、自ら考え十分な根拠を裏付けとして前向きな判断を下す能力は必要です。しかし、投資家に天才的な輝きや素晴らしい洞察はいりません。

反対に、最も聡明な投資家であっても、鳥の出現に確信を持てない場合は数多くあります。これは、たとえどんなに見積もりの幅を広げたとしても変わりはありません。このように不確実な状況は、新しい事業や急速に変わりつつある業界が試されている時期にしばしば見られます。このような場合、資本への関与はどのようなものでも投機的だとみなされてしまいます。

さて、投機――すなわち、資産が何を生み出すかよりも、次の買い手がどれだけ支払ってくれるかを重視した行為――は法や道徳に反するものではなく、アメリカの精神に反するものでもありません。しかし、マンガーと私はこのようなゲームをしたいとは思いません。私たちはパーティーに何も持って行かないのですから、何も家に持ち帰ることは期待していません。

投資と投機の境目はけっしてはっきりしたものではなく、最近はほとんどの市場参加者が利益を得ているため、ますますぼやけてしまっています。労せずして手にした大量の資金ほど合理性を緩めるものはありません。この種の刺激的な経験をしたあとでは、ごく普通の分別のある人でもまるで舞踏会のシンデレラのような行動をとりがちです。舞踏会に長い時間居すぎれば――すなわち、将来生み出す可能性のある現金に比べてあまりにも過大に評価されている企業への投機を続けていれば――、最後はカボチャとハツカネズミに戻ってしまうことを彼らは知っています。しかしそれにもかかわらず、とんでもないパーティーであっても一分でも長くいたいと思ってしまいます。そのため、有頂天になっている参加者は、だれもが午前零時の寸前にパーティーから引き上げようとします。しかし、ここに問題があります。彼らが踊っている部屋の時計には針がないのです。

昨年、私たちは世の中に広がった熱狂――もちろん、それは根拠のないものです――について意見を述べ、投資家の期待は可能性のあるリターンの数倍にまで膨れ上がっていると指摘しました。その一つの証拠を示すのが、一九九九年一二月にペイン・ウェーバーとギャラップが実施した投資家調査です。この調査は、投資家が向こう一〇年間に期待する年間利益率について回答者の見解を尋ねるものでした。回答は平均で一九％というものでした。これは明らかに筋の通らない期待です。二〇〇九年という藪の中にアメリカ企業全体で平均一九％のような高い利益率をもたらしてくれるほどたくさんの鳥がいるはずもありません。

さらに理屈に合わない話があります。市場参加者が、最終的にはほぼ間違いなくそれよりもはるかに低い評価か、あるいはまったく価値のない企業に対して、非常に高い評価を与えてきたことです。それにもかかわらず、投資家はうなぎのぼりの株価に魅せられ、ほかのことすべてに目をつぶり、こうした企業に群がりました。これはあたかも、ある種のウイルスが専門家かアマチュアかを問わず急速に広まり、一部の業種の株価が裏付けとなる企業の価値からかけ離れたものになるという幻覚を引き起こしているかのようでした。

この現実離れした場面では、「価値の創造」という非常におおざっぱな言い方が使われます。新設された企業や創立から間もない企業によって過去一〇年間に生み出された真の価値は膨大な額に上り、これから先もさらに価値が生み出されることについては私たちも喜んで認めましょう。しかし、中間時点の価値がどれほど高くても、企業の存続期間全体では損失が生じているのであれば、価値は生み出されるのではなく、損なわれます。

このとき実際に起きているのは富の移転であり、それは大規模に行われることもあります。最近、プロモーターは、恥知らずにも鳥がいない藪を売買して何十億もの資金を一般大衆の懐から自分や友人や同僚の財布に移しています。バブル市場が、投資家のために利益を生み出すよりも投資家から利益を吸い上げることを目的としたバブル企業を誕生させたということです。企業のプロモーターにとって最大の目標は利益ではなく、ＩＰＯ（新規株式公開）自体になっている場合があまりにも多く見られます。結局、こうした企業の「ビジネスモデル」は時代遅れの不幸の手紙であり、報酬に飢えた投資銀行家が熱心な郵便配達人の役を演じています。

しかし、あらゆるバブルには、それを弾けさせる針が待ち構えています。そして両者が最終的に出会ってしまったとき、新たな投資家たちは昔ながらの教訓を学ぶことになります。第一に、ウォール街の輩たちの多くは――そこでは品質管理が褒められることはありません――、投資家が買うものならば何でも売りつけるということです。第二に、投機というのはたやすくできるように見えるときが一番危ない、ということです。

バークシャーでは、膨大な数の実績がない企業のなかからほんの一握りの勝者を選び出そうとは思っていません。それができるほど賢くないことはよく分かっています。その代わりに、藪のなかに何羽の鳥がいて、それがいつ飛び出してくるのかについて合理的な確信が持てるときに、二六〇〇年前のイソップの公式を当てはめます（私の孫ならば、恐らくこの公式を「オープンカーの助手席に乗った一人の女性のほうが住所録に載っている五人の女性よりも価値がある」と言い換えるでしょう）。企業のキャッシュフローのタイミングや、その正確な額について厳密に予想することがけっしてできないのは明らかです。したがって、私たちは見積もりに当たって保守的な姿勢を維持し、事業で予想外の出来事が起きてオーナーに大きな損害をもたらす見込みの低い業界に集中するように努めています。ただ、そのつもりでも、これまでたくさんの間違いを犯してきました。私は、商品引換券、繊維、靴、準大手のデパートといった業界の将来が分かると思っていた人間だということをどうぞお忘れなく。

最近最も見込みのある「藪」は企業全体についての相対の買収取引で、これは実際うまくいっています。しかしこうした買収でも、せいぜい合理的な利益をもたらすにすぎないことは十分ご理解ください。交渉から実際に大きな実りを手にすることが期待できるのは、資本市場が厳しく制約され、実業界が全般的に悲観的な場合だけです。現在はそれとは真逆の状態にあります。

B．内在価値、帳簿価格、市場価格（一九九六年株主マニュアル、一九八七年、一九八五年、一九九六年、二〇〇五年およびその更新版の要約は二〇〇六年）

投資や企業を評価する方法として、内在価値は唯一の論理的かつ非常に重要な概念です。内在価値は、簡潔には次のように定義できます。それは、ある企業がその残存期間を通じて生み出すすべてのキャッシュフローを割り引いた現在価値だということです。

しかし、内在価値の計算はそれほど簡単ではありません。私たちの定義が示すように内在価値は正確な数値というよりは推定値にすぎず、金利が変動したり、将来のキャッシュフローの予測が変化した時には見直さなければなりません。さらに、二人で同じ事実を見ている場合でも——マンガーと私の間でさえ——、少なくとも若干は異なる内在価値の数値を推定することになります。このため当社では、株主のみなさんに内在価値の数値を示すことはありません。しかし、当社の年次報告書では、私たちが内在価値を推定するために用いている事実は提示しています。

一方で、当社では定期的に一株当たり簿価——利用は限られているものの、容易に計算できる値——を報告しています。ちなみに、利用が限られている場合の対象は当社が保有し、市場価値で評価している会社の有価証券の部分ではなく、当社が支配権を持つ会社のほうです。これらの会社は、株式の簿価と内在価値がかなり異なっているからです。

そのような乖離はプラス、マイナスどちらの場合もあり得ます。例えば、一九六四年に、私たちはバークシャーの一株当たりの簿価が一九・四六ドルであったことに確信を持っていました。しかし、この数値は実際の内在価値をかなり上回っていました。なぜなら当時、バークシャーのすべての経営資源はあまり儲からない繊維事業に投入されていたからです。私たちの繊維事業にかかわる資産は継続企業としても清算価値としても、その帳簿価格ほどの価値を持っていませんでした。しかし現在では、状況は一転しています。当社の一九九六年三月末付けの一株当たり純資産額（一万五一八〇ドル）は、当社の内在価値をはるかに下回っています。なぜなら当社が支配権を持つ企業の多くは、その帳簿価格よりもはるかに大きな価値があるからです。

適切でない数字である一株当たり簿価を報告するのは、今日ではかなり過小評価されているとはいえバークシャーの内在価値を大雑把に測る方法だからです。言い換えると、ある年の一株当たり簿価の変化率は、その年における当社の内在価値の変化率に近い可能性が高いということです。

大学教育は一種の投資ともいえますが、それにかかわる例え話は、簿価と内在価値の違いを理解する助けになると思います。大学教育の費用をその「簿価」とみなしてください。この費用の額を正確につかむには、その人が職に就く代わりに学生になることを選んだために失った所得を考慮しなければなりません。

この例え話は、大学教育がもたらす重要でも非経済的な利益は無視して、経済的な利益のみに注目しています。まずこの学生が教育を受けた結果得ることになる生涯所得を推定し、そこからもしこの学生が大学教育を受けなかった場合の生涯所得の推定額を差し引きます。この超過所得額を大学卒業時点の市場金利で割り引いた額が、大学教育の金銭的な内在価値です。

大学卒業者の一部は、教育の簿価が内在価値以上であったと知ることになるでしょう。つまり、だれが支払ったにせよ、教育の費用はその結果得た経済的な成果よりも高くついたということです。あるいは、教育の内在価値はその簿価よりもはるかに大きくなるかもしれません。つまりその結果、資本が賢明に配分されたということが分かるわけです。どのような場合であれ、簿価は内在価値の表示方法として無意味であるということは明らかだと思います。

当社が企業の経営支配権を持つ場合と株式の一部を保有する場合とでは、皮肉なことに会計上の業績の報告方法が異なります。株式の一部を保有する企業の持ち分相当の市場時価総額は、二〇億ドルにも上りますが、会計上は、一九八七年におけるバークシャー社の税引後利益には一一〇〇万ドルしか貢献していません。

一般会計原則では、一九八七年で当社の持ち分相当を計算すると、一億ドル超にもなる利益は計上できず、金額的にはほんのわずかばかりにすぎない配当金しか収益として計上できません。一方で、当社の子会社である保険会社が部分所有している三社に関しては、貸借対照表上に時価ベースで載せなければなりません。結果として、一般会計原則は、当社が部分保有している企業の時価は、当社の純資産に反映しているにもかかわらず、それらの企業の損益は当社の損益計算書に反映させることを認めていないわけです。

経営支配権を持つ子会社の場合では、これとまったく逆のことが言えます。その場合、子会社の損益は完全に当社の損益計算書に反映しますが、買収して以来、いかにその企業の時価総額が増えていようと、当社の貸借対照表上の資産の額はまったく変わりません。

このような正気を逸し気味の会計規則に対処するために、当社では、一般会計原則上の財務数値は無視し、経営支配権を持つ企業もそうでない投資先企業も、ともに将来の収益力に注目しています。この方法をとることで、当社独自の企業価値の考えを持つことができます。その結果、経営支配権を持つ企業の場合はその簿価に左右されず、株式を部分保有する企業の場合は実態から乖離したバカげた市場価格が付いていてもそれに左右されません。当社が目指しているのは、将来にわたってこの企業価値が、妥当な（望ましくは予想外な）ペースで増加することです。

バークシャーの株式は、かつては内在価値よりも若干割安の価格で取引されていました。割安な価格で買うことができれば、（ディスカウント幅が株式購入後さらに広がらないかぎり）投資家は当社の業績と少なくとも同様の投資成果を期待できたと思います。しかし、最近では

そこにディスカウントはなくなり、ときどき若干のプレミアムが付くことさえ見られます。

ディスカウントがなくなったということは、バークシャーの時価総額はその企業価値（それ自体、好調に伸びましたが）の増加以上に速いペースで増えたということです。このことは古い株主にとっては喜ばしいことですが、これから新しく株主になろうという投資家にとっては悪い知らせです。新しく株主になろうという投資家が、当社の将来における事業の成功と同じ程度の投資成果を期待するならば、投資家が支払うことになるプレミアム（当社の内在価値と市場価格の差）が今後も維持されなければなりません。

バークシャーの株価と企業価値の関係は、私がこれまで見てきたほかの上場株式と比べてはるかに安定しています。これはみなさんのおかげです。みなさんが理性的で、関心が高く、投資志向だったことでバークシャーの株価はほぼいつでも理性的な動きになっています。この普通ではない結果は、普通ではない株主層の分布によってなされたものです。当社のほぼすべての株主は個人であり、機関投資家ではありません。このようなことは、バークシャー規模の公開会社ではまずあり得ません。

ベンジャミン・グレアムは四〇年前、投資専門家の行動に関してある例え話をしています。天国に来た石油掘りが聖ペテロに会って悪い知らせをもらいました。「おまえは天国に住む資格がある」と、聖ペテロは言いました。「だがこのとおり、天国の石油掘りの区分はいっぱいで、おまえが入る余地はないだろう」。男はしばらく考えたあと、すでに天国で居場所を得ている石油掘りたちに一言だけ言ってもよいかと尋ねました。聖ペテロは特に害はないであろうと思い、そうさせました。石油掘りは手をメガホンにして大声で叫びました。「地獄で石油が出たぞ！」。すぐに天国の門が開き、石油掘り全員が地獄に向けて進み始めました。聖ペテロは感心して男を呼び、入居を許可しました。ところが、彼は立ち止まって言いました。「やはり彼らと一緒に行きます。地獄で石油が出たというのが単なるうわさではないかもしれないので」

バークシャーの株価が三万六〇〇〇ドルだった一九九五年における報告書で、私は次の三点を書き記しました。①最近のバークシャーの株式時価総額は当社の内在価値（それ自体、非常に満足のいくものであったが）以上に増加した、②こうした過大評価が永遠に続くことはあり得ない、③マンガーと私はこの時点でバークシャーの株価が割安だとは考えていない。

このような警告をして以後、バークシャーの内在価値は非常に増えたにもかかわらず、株価は少ししか変わりませんでした。これが意味するのは、一九九六年のバークシャーの株価はその内在価値に比べて不振であったということです。結果として、今日の株価と内在価値の関係は、一年前とは大きく異なり、マンガーと私はより適切なものになっていると感じています。

私たちの主な経営目標は、株主全体が得る投資成果を最大化することですが、同時に、ある投資家がほかの投資家の犠牲の上に過大な投資利益を上げることをできるだけ少なくしたいとも思っています。これは、もし家族所有の企業を経営しているならば考えるであろう経営目標であり、私たちは、上場企業でも同様に意味があることだと考えています。パートナーシップにおいては、パートナーが入れ替わるときにパートナーシップの価値が公平に評価されることが必要です。上場企業では、株価と内在価値がかみ合っているときに公平性が保てます。もちろんいつもこのようにはいきませんが、経営者は経営方針と市場とのコミュニケーションを通じて公平性が保たれるように働きかけることはできます。

それに、株は長く持てば持つほど、バークシャーの事業成果が株式投資成果につながる度合いははっきりしてくるでしょうし、株を売買するときに内在価値に対して付いているディスカウントやプレミアムもあまり問題ではなくなります。私たちが長期投資家を引き付けたいと考える理由の一つは、ここにあります。長期的には、私たちはそれに成功してきたと考えています。恐らくバークシャーはアメリカの大企業のなかで、長期的な観点で見る株主の保有割合が最も高い会社でしょう。

内在価値の計算は極めて重要であるにもかかわらず、必然的に正確性を欠くだけでなく、多

くの場合、かなり間違っています。事業の先行きが不確実であればあるほど、算出結果が実態とかけ離れる可能性は高まるということです。しかし、ここにもバークシャーの強みがあります。比較的安定した多様な収益源に加えて高い流動性があり、最小限の負債しか抱えていないことによって、バークシャーの内在価値はどんな会社よりも正確に算出できるからです。

ただ、バークシャーの財務上の特性が内在価値の推定を助けているとしても、多様な収益源があることで、計算は複雑なものになっています。私たちが小さい繊維会社だけを保有していた一九六五年には、内在価値の計算は造作もないことでした。しかし今、私たちは六八もの業種や財務上の特性が異なる事業を保有しています。お互いに関連性のないたくさんの企業を抱えていることに加え、投資額が極めて大きいことから、私たちの連結財務諸表を分析するだけで情報に基づいた内在価値を推定することは不可能となっています。

この問題を緩和すべく、私たちは事業を四つの性質が異なるグループに区分しました（保険［主にGEICO、ジェネラル・リー、ナショナル・インデムニティ］、規制が厳しい資本集約型の事業［バークシャー・ハサウェイ・エナジー、BNSF鉄道］、製造・サービス・小売りなど［あらゆる業種］、そして、金融と金融商品［特にXTRA、CORT、クレイトン・ホームズ］の四つです）。もちろん、バークシャーの価値はこれら四つのグループの合計よりも大きいかもしれませんし、小さいかもしれません。その結果は、より大きな企業体の一部となることで多くの事業部門がうまく機能するかどうか、また、持ち株会社の指導を仰いでいる場合、資本配分が改善するのか、それとも悪化するのかによって左右されます。別の表現をするならば、バークシャーが所有していることで傘下の企業群に何かがもたらされるのか、それとも私たちの株主が六八の事業それぞれの株を直接持ったほうがもっと大きな利益が得られるのか、ということです。これらは重要な質問ですが、みなさんがご自分で答えを見つけなくてはなりません。

次ページの二つの**表**を分析してみましょう。これらの**表**は私たちのこれまでの実績と、現在の状況を示したものです。最初の**表**は、私たちの投資額（現金と現金等価物を含みます）を一株当たりで示したものです。この計算に当たっては金融事業で保有している投資を除いていま す。大半が借入金で相殺されるためです。

市場性のあるこれらの証券（若干の例外を除いて保険会社が保有しています）に加えて、私たちは保険以外のさまざまな事業も保有しています。これらの事業の税引き前利益（のれんの償却を除く）を、同様に一株当たりで次ページに示します。

成長率が議論となっているときに、なぜデータをこの期間としたのか疑問に感じられるかもしれません。データは、いずれの年が異常だったとしても、成長率の計算はゆがんだものとなってしまいます。特に、利益の少なかった年を基準とすることで驚くほどの、しかし意味のない、成長率を作り出すことができます。しかし上の**表**で基準の年となる一九六五年は異常なほど好調な年でした。バークシャーのこの年の利益は、それ以前の一〇年間のうち九年を上回っ

	1株当たり投資額*
1965年	4ドル
1975年	159ドル
1985年	2,407ドル
1995年	21,817ドル
2005年	74,129ドル
複利増加率（1965～2005年）	28.0%
複利増加率（1995～2005年）	13.0%

* 少数株主持ち分を除く

	1株当たり純利益*
1965年	4ドル
1975年	4ドル
1985年	52ドル
1995年	175ドル
2005年	2,441ドル
複利増加率（1965～2005年）	17.2%
複利増加率（1995～2005年）	30.2%

* 税引き前、少数株主持ち分を除く

ていました。

二つの表から分かるとおり、バークシャーの二つの価値の要素の相対的な成長率は過去一〇年間で変化しており、その結果は企業買収をこれまで以上に強化していることを反映しています。いずれにしても、マンガーと私は両方の表の数字を伸ばしていこうと考えています。

バフェットからの手紙の最初の段落は、三〇年近くバークシャーの一株当たりの簿価について書かれていました。しかし、その習慣をやめるときが来ました。

二〇一八年の時点で、バークシャーの簿価の年間変化率はかつてほどの妥当性がなくなっています。その理由は、三つの状況の変化にあります。

一つ目は、バークシャーの主な資産が市場性のある株式から完全子会社に少しずつ移っていったことです。

二つ目は、私たちが保有する株式は市場価格で評価する一方で、子会社の価値は会計規則に従って現在価値よりもはるかに低い簿価で計上しなければならないため、近年、その誤差が広がっていることです。

そして三つ目は、バークシャーが長期的に見るとかなりの自社株買いを行っており、その価格が簿価よりは高くても、内在価値の推定額よりははるかに低いことです。これによって、自社株買いを行うたびに、一株当たりの内在価値は上がり、一株当たりの簿価は下がっていきます。これらのことは、簿価を経済的な実態からますますかけ離れたものにしています。

将来の業績報告においては、バークシャーの市場価格に注目していくことになると考えています。市場は極めて気まぐれです。しかし、長期的に見れば、バークシャーの株価は当社の業績を示す最善策となるでしょう。

C．ルックスルー利益（一九八〇年、一九九〇年、一九八二年、一九九一年、一九七九年）

企業がほかの企業の一部を所有する場合、その持ち分に関して、適切な会計原則では次の三つのカテゴリーのうち一つを選ばなければなりません。どの会計方法を採用するかは、主として議決権付き株式の所有率によって決まるといってもよいでしょう。

一般会計原則（ＧＡＡＰ）では、（当然ながら一部の例外もありますが）過半数の株式を所有している場合、売上高、費用、租税、利益のすべてを連結しなければなりません。バークシャー・ハサウェイが六〇％所有しているブルーチップ・スタンプス社はこの例に当たります。そのためブルーチップ・スタンプス社のすべての損益勘定は、当社の連結損益計算書に反映されており、残りの四〇％の株主が持つ当期利益四〇％に対する権利は、連結損益計算書では少数株主持ち分利益として当社の利益からの控除項目となっています。

持ち分が二〇～五〇％の会社（いわゆる「被投資会社」）でも、子会社の利益は連結損益計算書に計上されます。例えば、当社の場合では、経営支配権は持っていても、所有は四八％のウェスコ・フィナンシャル社のような企業の当期損益は、親会社の連結損益計算書に簡潔に記載されています。しかし、五〇％以上所有する子会社の場合と異なり、子会社の収益や費用のすべての項目は省略され、単に当期損益に対する株式の持ち分相当額のみが計上されています。よって、もしA社がB社の三分の一の株式を所有している場合、B社の当期損益の三分の一——それが配当金としてA社に支払われるか否かにかかわらず——がA社の連結損益に計上されることになります。連結所得に対する税金と連結会社相互間の取引に関しては、このケースでも五〇％以上所有のケースでも、調整が必要ですが、この説明はまたの機会にします（株主のみなさんはこの話を聞きたくてたまらないかもしれませんが）。

最後に議決権付き株式を二〇％未満所有している場合について述べます。会計原則では、このような場合には、子会社の当期損益は、子会社が配当金を支払った場合のみ親会社の連結損益計算書に計上することになっています。つまり、配当されない利益に関しては無視されます。そのため、一九八〇年に一〇〇〇万ドルの利益を出したX社の株式一〇％を当社が所有していた場合、当社の連結損益計算書では、①X社が当期利益のすべてを配当金として支払った場合、一〇〇万ドル、②当期利益の半分を配当金として支払った場合、五〇万ドル、③無配であった場合、ゼロが当社の利益として計上されることとなります（ただし親子会社間の配当金支払いに対する比較的わずかな税金はここでは無視しています）。

私たちは三番目の簡潔な――過度に単純化された――会計方法も用いています。なぜならバークシャーは保険部門に資金を集中させることによって、第三のカテゴリー（二〇％以下の資本しか保有しない）の企業に間接的に集中投資をしているからです。これらの投資先の多くは、当期利益のうち比較的少ない額しか配当金に回していません。つまり、投資先の収益のうちわずかな部分しか当社の営業利益には反映されていないということです。しかし、当社の営業利益に反映されるのは投資先の配当金のみである一方、当社にとっての経済的安泰は配当金ではなくその利益によって決まります。

第三のカテゴリーに該当する私たちの投資は、最近激増しています。それは、私たちの保険事業が好調であり、株式相場が株式投資にとって魅力的な環境であるからです。こうした状況下で普通株投資が大きく増加し、部分所有している企業が利益を伸ばしたことで、通常では考えられない結果がもたらされました。それは、投資先企業が昨年留保した利益（つまり配当金として分配されなかった利益）の当社の持ち分相当額が、当社自身の連結ベースの営業利益を超えたのです。そのため伝統的な会計原則によると、当社の利益という氷山が水面上に現れるのは、全体の半分以下にすぎません。一般の企業の世界ではこのようなことは非常にまれですが、バークシャーの場合は今後も続くことになりそうです。

私たち自身が行っている現実的な利益分析は、インフレ率が高く不安定な環境にある場合は特に、一般会計原則とは幾分異なります（しかし、会計原則については批判するほうがそれを改善するよりもはるかに容易です。会計原則の問題は永遠のテーマです）。私たちは、会計上の一ドルの利益が実際には一〇〇セントに遠く及ばないような企業の株式を、その企業の株式を売却する裁量権を完全に握っているにもかかわらず、かつて完全保有していたこともあります（「裁量権を握っている」というのは理論上の話です。当社がそのような企業の利益のすべてを彼らに再投資しないかぎり、私たちの資産価値のひどい低下は避けられないことでしょう。しかし利益を再投資しても、市場平均の資本利益率にすら到底及ばない程度の利益率しか見込めませんでした）。一方で私たちは、留保利益を一ドル再投資することで一〇〇セントをはるかに超える経済的価値を生むことができる企業の株式のごく一部の持ち分も所有してきました。

ある企業の留保利益がバークシャー・ハサウェイにとって持つ価値は、その企業の持ち分比率によって決まるわけではありません。株式のすべてを保有していても、半分、二〇％、一％でも関係ないということです。重要なのは、留保利益がどのように再投資されるかということと、結果としてどのような利益を生み出すかということです。また、再投資先を私たちが決めても、私たちが採用していない経営者（私たちが一緒に仕事をしたいと思った人）が決めても同じことです。重要なのは役者ではなく、芝居そのものです。投資先の価値は、その企業の留保利益が当社の連結営業利益に反映されるかどうかに影響を受けるものではありません。例えて言うならば、当社が部分的に持っている森で木が育てば、その木を当社の財務諸表に記載していなくても、当社がその木の一部を持っていることに変わりはないということです。

ちなみに、私たちのこのような考え方は一般的なものではありません。しかし、当社の会計上は計上されない一〇％所有の投資先企業の利益を、私たち自身が選んだのではない経営者が有効活用するほうが、当社で計上される利益をその他の経営者――それがたとえ私たちであったとしても――がうまくいくかどうか分からない事業に投資するよりも良いと考えています。


「利益」という言葉には、正確なものという語感があります。しかも、その数字に監査人の無限定適正意見が添えてあれば、未熟な読者は、それが小数点以下数十桁まで示されたπ（円周率）のように正確なものだと思ってしまうかもしれません。

しかし、もしペテン師が会計報告を作成していれば、利益は漆喰のようにどうとでも変形できます。もちろん、最後には真実が姿を現すことになりますが、その前にたくさんの売買が行われてしまいます。実際、アメリカのサクセスストーリーのなかには、会計上の蜃気楼によって作られたものもあります。

ちなみに、バークシャーの財務諸表は重要な点で誤解を招く可能性があります。当社が極めて多額の投資を行っている非連結子会社のなかには、実際の利益が配当金額をはるかに超えていても、当社の利益としては配当金しか計上できないケースがあるからです。極端な例がキャピタル・シティーズ・ABC社です。当社の一七％の持ち分相当の利益は昨年で八三〇〇万ドルを超えています。しかし、わずか五三万ドル（六〇万ドルの配当金から税金七万ドルを控除した額）しか、一般会計原則に基づく当社の連結損益計算書には計上されていません。残りの八二〇〇万ドル余りはキャピタル・シティーズ・ABC社の留保利益として当社の将来の利益のために活用されていますが、当社の財務諸表には反映されていないということです。

そのような「忘れられているが、なくなりはしない利益」に対する私たちの見方は単純です。利益が会計上どのように扱われるかは重要ではなく、それをだれが所有し、どのように利用するかがとても大事であるということです。私たちは、会計監査人が森で木が倒れるのを聞いたかどうかは気にしませんが、だれが木を持っているのか、それをどのように扱おうとしているのかは気にします。

コカ・コーラが留保利益を使って自社株買いをすれば、私が世界で最も価値のあるフランチャイズ企業だと信じているコカ・コーラの当社の持ち分が増えることになります（もちろん、コカ・コーラはこれ以外にも、株の価値を上げるために留保利益を活用しています）。ちなみに、コカ・コーラは自社株買いを行う代わりに利益を配当に回し、私たちがその配当金でコカ・コーラを増し玉することもできます。しかし、これはあまり効率的なやり方ではありません。配当金所得は課税されるため、コカ・コーラが自社株買いを行った場合ほど持ち分を増やすことはできないからです。ただ、このあまり効率的でない方法ならば、バークシャーは会計上はずっと大きな「利益」を計上することができます。

バークシャーの利益を考える最善の方法とは、次のように計算されるルックスルー利益の観点からではないかと、私は考えています。一九九〇年度に非連結子会社が留保した営業利益のうち、当社の持ち分に応じて得ていたとみなされる二億五〇〇〇万ドルを考えてみましょう。そこから、この二億五〇〇〇万ドルが配当金として当社に支払われていたとしたら、課せられたであろう税金相当額三〇〇〇万ドルを差し引きます。その残り二億二〇〇〇万ドルを当社の営業利益三億七一〇〇万ドルに足します。この結果当社のルックスルー利益は、一九九〇年では五億九〇〇〇万ドルであったことになります。

私たちが考える株主の留保利益の価値評価は、株主の持ち株比率によって左右されるのではなく、それがいかに有効に利用されるかによって決まるべきです。もしあなたが過去一〇年間、バークシャーの株を〇・〇一％保有していたならば、会計上の認識がどうであろうと、あなたは当社が留保利益から得た恩恵の持ち分相当分をフルに得ています。持ち株比率が二〇％の場

合と同じように、持ち分に応じた利益を実質的に得ているということです。しかし、もしあなたが過去一〇年間、資本集約的な企業の株の一〇〇％を保有していた場合、標準的な会計方法に厳密に従って計上した留保利益は、ゼロかそれに近い経済上の価値しかありません。このことは、会計方法に対する批判をするために書いているのではありません。より良い会計方法を開発しようとも思いません。会計上の数値は、企業評価の始まりであって終わりではないということを、経営者と株主は理解すべきだということを言いたいだけです。

多くの企業にとって、持ち分が二〇％以下の投資先企業は重要ではありませんし（理由の一つは、彼らの会計上の利益を最大に見せることに貢献しないからかもしれません）、これまで述べてきた会計上の結果と経済上の結果の区別も大した問題ではないようです。しかし、当社の場合は二〇％以下の持ち分の会社も非常に大事であり、今後はますますそうなっていきます。当社の会計上の営業利益には限定的な意味しかないという理由はそこにあります。

私たちの仕事は、主要なアメリカ企業がすべて並べられた巨大な競売所で、留保利益の一ドルが最終的に一ドル以上の市場価値になるような経済的特性を持った企業を選ぶことです。これまで、たくさんの間違いを犯しながらも、今のところこの目標を達成できています。この間、

私たちは経済学者のアーサー・オーカンが言うところのエコノミストの守護聖人「聖オフセット」によって、随分と助けられました。私たちに帰属する子会社の留保利益は、株の市場価値にほとんど影響を与えないか、時にはマイナスの影響を与えることもあれば、ほかの多くの場合は二倍以上になることもあります。これまでのところ、後者の利益が前者のマイナスを補って余りある状態になっています。このような結果を維持することができれば、当社の「会計上」の利益がどうであれ、「経済上」の利益を最大にするための私たちの努力は有効だと考えています。

ちなみに、投資家は自らのルックスルー利益に注目するとよいと思います。これは、投資先の利益の持ち分相当額を合計すれば算出できます。投資家は、一〇年程度でルックスルー利益が最大になるようなポートフォリオ（実質的に「会社」）を作ることを目標とすればよいと思います。

この種の手法を取ると、投資家は短期的な株式の相場観ではなく、長期的な事業の観点から考えなければならなくなり、その結果として投資成績を向上させることになるでしょう。もちろん長期的に見て、投資の意思決定のスコアボードは株式の市場価格だということは事実です。しかし株式の市場価格は、投資先企業の将来の収益によって決まります。投資においては、野球と同じように、スコアボードに得点を記録するためには、スコアボードではなく、グラウンドを見てプレーしなければなりません。

経営上の経済的成果が上げられているかどうかは、使用資本金に対する高い利益率（過度な借入金への依存もなく、会計上の粉飾的な操作もなく、それが達せられているかどうか）で分かります。ＥＰＳ（一株当たりの利益）を継続的に上げているかどうかではありません。もし経営者や金融アナリストがＥＰＳやその経年変化率を強調することを止めれば、株主や一般大衆が多くの企業をよりよく理解できるようになると思います。

Ｄ．経済的なのれんと会計上ののれん（一九八三年、一九八三年補遺、一九九六年株主マニュアル、一九九九年）

当社の内在価値は、会計上の純資産額をかなり上回っています。それには、二つの大きな理由があります。

①標準的な会計原則では、当社の保険子会社が持つ株式は市場価格で計上しなければなりませんが、それ以外の当社保有の株式は取得価格か市場価格の安いほうで計上することになります。一九八三年末で、後者の株式は税引き前で約七〇〇〇万ドル、税引き後で約五〇〇〇万ドルの含み価値がありました。この含み益は当社の内在価値に属しますが、会計上の純資産

額には反映されません。

②より重要なことは、当社の所有する企業の多くでは、その経済的なのれんの価値（当社の内在価値には適正に反映させることができる）が、当社の貸借対照表に計上され純資産額に反映されている会計上ののれんの価値をはるかに上回るという点です。

みなさんはのれんやその償却について考えなくても、十分に幸せな日々を送ることはできます。しかし投資を学ぶ学生や経営者は、そのニュアンスを知らなければなりません。私自身についていて申しますと、投資をするときは有形資産を重視すべきであり、価値が経済的なのれんに大きく依存している企業を避けるようにと三五年前に習ったときと比べると、今では考え方が劇的に変わっています。そのような過去のバイアスは、私の投資活動において（手数料はかけずにすみましたが）多くの重要な機会を見逃すという過ちをもたらしました。

ケインズは私の問題点を次のように表現しています。「難しいのは新しいアイデアを生むことではなく、古い考え方から逃れることである」。私が古い考え方から脱するには時間がかかりました。なぜならば、当時の先生から習ったほかの多くのことが、これまで（そして今後も）非常に役立ってきたからです。結局、直接あるいは間接的に行ってきた事業経験が、永続的な経済的のれんを持ち、有形固定資産を最小限にしか使用しない企業を好むという現在の私の方針を形成してきたといえるでしょう。

次の項は会計上の用語を理解しており、かつ企業にとってののれんが持つ意味に関心がある方に読んでいただきたいと思います。みなさんがこれをお読みになるか否かにかかわらず、バークシャーがその純資産に反映されている値をはるかに超える経済的なのれんを有していることを、マンガーと私が信じていることをご理解いただきたいと思います。

以下の議論では経済的なのれんと会計上ののれんのみを取り上げ、日常用語としてののれんには触れません。例えば、ある企業はその顧客の多くによって好まれ、愛されているかもしれませんが、経済的のれんの価値はまったくないこともあります（AT&T社は、企業分割の前には評判の良かった会社ですが、経済的のれんの価値は一銭もありませんでした）。そして、残念なことですが、ある企業はその顧客からは嫌われているかもしれませんが、大きくそしてさらに成長する経済的のれんの価値を持っていることもあります。よってここでは、感情的なのれんの価値は忘れて、経済的なのれんと会計上ののれんについて見てみましょう。

ある企業を買収するときに、会計原則では、取得価格として獲得した特定できる資産の正しい市場価格をまず振り分けるべきだとしています。特定できる資産の正しい市場価格の合計（負債を控除後）は多くの場合、取得価格よりも少ないものです。そのような場合、その差額は「取得された純資産を超過した取得費用」という勘定科目で認識されます。この長ったらしい名前を繰り返すことを避けるために、ここでは単に「のれん」と呼ぶことにします。

一九七〇年一一月よりも前に企業買収によって発生した会計上ののれんには、特別の意味があります。例外的な事例を除いて、買収した企業が存続するかぎり、のれんは資産として計上されていました。つまり、のれんは償却されず、利益から控除されることもなく、同額のまま計上されていました。

しかし、一九七〇年一一月以降の買収からは事情が違います。企業買収によってのれんが発生した場合、四〇年以内に毎年同額で償却し、利益から償却費用を控除しなければならなくなったからです。四〇年間が認められた最長期間であるため、通常、経営者は（私たちも含めて）四〇年間の償却期間を選びます。

会計上ののれんが経済的な現実といかに異なるかを見るために、単純化した例でその仕組みを説明します。また、投資家や経営者にとっての意味も述べたいと思います。

ブルーチップ・スタンプス社は一九七二年初めにシーズ社を二五〇〇万ドルで買収しましたが、当時のシーズ社の純有形資産は約八〇〇万ドルでした（以下の議論では、売掛金は有形資産に含めています。そのほうが企業分析には適しているからです）。そのような有形資産の額は、季節性の短期需要を除けば、負債なしに事業を行うには適切な水準だったといえます。当時、シーズ社は税引き後利益で二〇〇万ドルを上げていましたし、一九七二年の通貨価値で将来も同額程度の利益が期待されました。

よって、ここでの最初の教訓です。企業は、将来にわたって市場の平均的な投資収益率を相当超える利益が期待できる場合、論理的にその純有形資産の額をはるかに超える価値を持っていると言えます。つまり、このような超過収益を資本化した価値が経済的のれんです。

一九七二年当時も、そして現在でも、シーズのように純有形資産に対して税引き後で二五%の利益を上げることができる企業はそれほど多くはありませんでした。しかも、同社の会計方針は保守的で、過大な借り入れに依存してもいません。同社の高い利益率をもたらしているのは、適正価格の在庫や売掛金や固定資産ではなく、いくつかの無形資産、とりわけ多くの消費者がシーズの商品と社員から得てきた数えきれないほどの楽しい経験が生み出す高い評価です。

そのような評判が消費者の人気を生み出し、製品の販売価格を製造コストではなく、消費者にとっての製品の価値によって決めることを可能としています。消費者の人気が経済的なのれんの主な源泉です。そのほかの源泉としては、利益規制の対象とならない政治的な特権、例えばテレビ局や、特定の産業における低コスト生産者としての地位が挙げられます。

シーズ社の例での会計の話に戻りましょう。ブルーチップ社がシーズ社の買収に際して支払った純有形資産の価値を超過した一七〇〇万ドルは、ブルーチップ・スタンプ社の貸借対照表にのれん勘定として計上され、その後四〇年間にわたって年間四二万五〇〇〇ドルずつ償却され、費用として利益から差し引かれることになりました。買収後、一一年間経過した一九八三年において、のれん勘定の一七〇〇万ドルは一二五〇万ドルまで償却されていました。バークシャーは今のところブルーチップ社の株式六〇％を所有しているので、シーズ社を六〇％所有していることになります。この所有関係によって、バークシャーの貸借対照表にはシーズ社ののれんのうち六〇％、約七五〇万ドルが反映されていることになります。

一九八三年にバークシャーは、買収によってブルーチップ社の残りの株式を取得しました。買収は、会計上、ほかの例で認められるようなプーリング法（**注**　会社の帳簿で企業結合の仕訳を簿価で記帳する方法。連結処理の必要がなく、のれんを計上する必要もなくなるが、多くの要件を満たす必要がある）ではなく、パーチェス法（**注**　会社の帳簿で企業結合の仕訳を時価で記帳する方法。連結処理をしなければならず、のれんの計上やさまざまな勘定の調整が必要になる）によって会計処理されました。パーチェス法では、ブルーチップ社の株主に代償として交付された株式の「適正価値」は、ブルーチップ社から取得した純資産とは別に計算されなければなりません。この「適正価値」は、上場企業が株式交換によって企業買収を行うときにそうであるように、交付される株式の市場価格によって決められました。

購入した資産は、ブルーチップ社のすべての資産の四〇％です（前に述べたように、バークシャーは残り六〇％の株式はすでに所有していました）。バークシャーが渡した株式の市場価額は、ブルーチップ社から受け取った特定できる資産よりも五一七〇万ドル多く、その差額は二社ののれん勘定に振り分けられました。つまり、シーズ社に二八四〇万ドル、バッファロー・

イブニング・ニューズ社に二三三〇万ドルです。

買収後、バークシャーは、シーズ社に関して二つの部分からなるのれんを計上することになりました。一九七一年の部分取得以来、残っている七五〇万ドルと一九八三年に取得した四〇%株式にかかわる二八四〇万ドルです。こののれんの年間償却費は、これから二八年間は一〇〇万ドル、その後の一二年間は七〇万ドルとなります。

言い換えると、取得日と取得価格が違うために、同じ会社の資産の二つの部分に関してかなり異なった資産価格と償却費用が計上されることになるということです（ここで、いつものようにただし書きをつけたいと思います。私たちは、より優れた会計方法を自ら考え出そうなどとは思っていません。この問題は非常に難解で、任意の基準を必要とします）。

ところで、これらの話の経済的な実態はどうなっているのでしょうか。一つの現実はシーズ社の買収以来、損益計算書に費用計上してきたのれん償却費は真の経済的な費用ではないということです。それは、シーズ社が昨年二〇〇〇万ドルの純有形資産に対して、税引き後で一三〇〇万ドルの利益を上げたことから分かります。このような業績の意味するところは、会計上の総のれんコストの額をはるかに超える経済的なのれん価値があるということです。言い換えれば、会計上ののれんは取得した日から償却され始めて定期的に減額しますが、経済的なのれんは不定期ではあるもののかなり大きく増えているということです。

もう一つの経済的な現実は、将来に発生するのれんの償却費用はその経済的なコストに対応していないという点です。もちろん、シーズ社の経済的なのれんが消滅してしまうことがないとは言えません。しかし、それが定額で減額するようなことはけっしてないでしょう。むしろ、インフレ修正後の通貨価値ベースではないにせよ、少なくともインフレ修正前の通貨価値ベースでは、経済的なのれんはインフレによって増額する可能性が高いと考えられます。

これは、真の経済的なのれんの名目価値が、インフレに比例して上昇する傾向があるからです。この仕組みを説明するために、シーズ社のような会社ともっと平凡な会社を比べてみましょう。一九七二年に私たちがシーズ社を買収したとき、同社は八〇〇万ドルの純有形資産に対して二〇〇〇万ドル（二五％）の利益を上げていました。もし仮定の平凡な会社が一八〇〇万ドルの純有形資産に対して同じ二〇〇〇万ドルの利益（一一％）を上げているとすれば、この会社に経済的なのれんはほとんどか、まったくないということです。

つまり、このような平凡な会社は、純有形資産の価値と同じ一八〇〇万ドルで売れるかもしれません。一方、買収当時のシーズ社の利益は今よりも少なく、「神に誓って誤りのない」純有形資産は今の半分にも満たない額でしたが、私たちは二五〇〇万ドルを支払いました。しかし、この買収額は、実際には少なすぎたのではないでしょうか。もしこの二つの企業の売り上げが今後伸びないとしても、一九七二年に私たちが予想したとおり、今後も継続的なインフレが予想されるならば、答えはイエスです。

それがなぜかを理解するために、物価水準が倍になるインフレが二つの企業に与える影響について考えてみましょう。両社とも、利益水準をインフレのペースに合わせるためには、名目の当期利益を四〇〇万ドルに増やさなければなりません。このことは、それほど難しいとは見えないかもしれません。もし利益率が同じならば、同じ量の製品を倍の値段で販売すれば、利益は倍になるというだけのことです。

しかしここで重要なのは、これを実現するためには両社ともに純有形資産への名目の投資額を倍に増やさなければならないことです。それが良きにつけ悪しきにつけ、インフレが企業に与える経済的な影響です。販売金額が増えるため、ただちに在庫や売掛金の手当て資金が必要になります。固定資産に投下される資金額はインフレに合わせてゆっくりと、しかし恐らく確実に増えるでしょう。これらインフレによって必要になる追加投資すべては、投資収益率の改善には関係ありません。このような投資が必要なのは単に事業を続けるためであって、株主により利益をもたらすためではありません。

ここで思い出してほしいのは、シーズ社の純有形資産はわずか八〇〇万ドルだったということです。当時のシーズ社では、インフレで必要になる追加資金額は八〇〇万ドルだけでした。一方で平凡な企業ではこれが倍以上の一八〇〇万ドルにもなってしまいます。

インフレが収まったとき、平凡な企業は年間四〇〇万ドルの利益を上げてはいるものの、企業価値は有形資産額の三六〇〇万ドルしかありません。つまり、投資家がこの企業に新たに投資した一ドルに対して、名目価値で一ドルしか得ることができなかったということです（つまり、預金したのと同じことです)。

しかし、同じく年間四〇〇万ドルの利益を上げるシーズ社の価値は、当社が投資した当時の通貨価値で(理論的な評価方法)五〇〇〇万ドルになります。つまり、株主が有形資産に新たに投資したわずか八〇〇万ドルに対して、二五〇〇万ドルの利益が上がったということです。言い換えれば、一ドルの追加投資で三ドル以上の名目利益が得られたことになります。

しかし、こうしたインフレ状況下ではシーズ社のような事業を行う企業の株主であっても、利益を実質価値ベースで現状推持するだけのために八〇〇万ドルの追加投資が必要になるということは、覚えておいたほうがよいと思います。借入金がなくても、事業で何らかの有形資産を必要とする企業(ほとんどすべての企業がそうです)は、インフレによって被害を受けます。しかし、その被害は有形資産の必要性が低い企業ほど小さくて済みます。

もちろん、多くの人がこのような事実を理解していません。ちなみに、賢明さには欠けますが、昔からインフレ対策として最も有効な投資対象は、天然資源や工場や機械などの有形資産を多く所有する企業だと言われています(「われわれは物品を信じる」)。ところが、そうはいきません。有形資産を多く抱える企業の利益率は一般的に低く、インフレによって必要になる追加資本すら生み出すことができないこともしばしばあるからです。そうなると、実質的な成長や株主への配当金や新規の企業買収のための資金はほとんど残りません。

対照的に、インフレ期には長期的な価値を持つ無形資産を持ち、有形資産への資本投下が相対的に少なくて済む企業への投資が不釣合いなほど大きな成果を上げてきました。そのような企業では、利益の名目価値が急増し、それがさらなる企業買収に寄与することになります。このような現象は特にメディア業界では顕著でした。メディア業界は多くの有形資産投資を必要としていませんが、そのフランチャイズは長く持ちます。インフレ期におけるのれんは、金の卵を生み続けてくれるニワトリなのです。

しかし、このことは当然ながら真の経済的のれんにだけ当てはまります。見せかけの会計上ののれん——実はこれが多いのですが——については、別問題です。有頂天になった経営者がバカげた価格で企業買収をするときにも、会計上は正確に処理されます。バカげたプレミアムは、どこにも持っていきようがなく、のれん勘定として残されるわけです。そんな勘定を発生させてしまうような規律のない経営方法を考えると、のれん（Goodwill）はノーウィル（No-Will）とでも呼ぶべきでしょうか。どのような用語で呼ぼうと、典型的には四〇年間にわたる償却という名の儀式が続けられ、のれんとして具体化してしまった愚かな経営者のアドレナリンは、あたかも買収が賢明であったかのように資産として帳簿に残ります。

＊　＊　＊　＊　＊　＊　＊　＊　＊

もし会計上ののれんの処理方法が経済的な現実を表す最良の方法だという考えに固執してい

る人がいれば、最後に考えてみてほしいことがあります。

一株当たり純資産が二〇ドルで、すべての資産が有形資産の企業があったとします。さらにその企業は素晴らしい消費者のフランチャイズ、またはＦＣＣ（米連邦通信委員会）に認可された重要なテレビ局を持っており、そこから有形資産に対して大きな収益、例えば一株当たり五ドル、二五％の収益率を上げているとします。

このような経済力があれば、その企業の株は一株当たり一〇〇ドル以上でも売れるでしょうし、完全売却ならば、さらに高い値段も可能かもしれません。

投資家がこの企業の株を一株当たり一〇〇ドルで買ったとすると、のれんは結果的に八〇ドルになります（これは企業買収者が完全買収を行った際とまったく同様です）。この投資家は、「真の」ＥＰＳを計算するために毎年二ドル（八〇ドル÷四〇年）の、のれん償却費を差し引くべきでしょうか。仮にそうだとして、この投資家は「真の」一株当たりの利益が三ドルになってしまうからという理由で投資価格を考え直すべきでしょうか。

＊　＊　＊　＊　＊　＊　＊　＊　＊

私たちは経営者や投資家は無形資産を以下の二つの観点から見るべきだと考えています。

①営業利益を見るとき、つまり企業の背後にある経済的実態を評価するときは、のれんの償却費用は無視すべきだと思います。その企業が無借金であったと仮定した場合、のれんの償却費を無視して、有形資産当たりいくらの利益を上げているかを見ることがその企業の経済的な魅力を測る最良の方法だと思います。さらにそれが企業の経済的なのれんの現在価値を評価する最も適切な方法だと思います。

②企業買収が賢明だったかどうかを評価するときも、のれんの償却費は無視すべきです。のれんの償却費は、利益や取得費用から控除すべきではありません。つまり、のれんは永遠に償却前の取得費用によって評価すべきだということです。さらにその費用は、単に会計上の数値としてではなく、買収時の株価や、会計方針上プーリング法が認められているか否かにかかわらず、企業の内在価値すべてを含めて考慮すべきです。例えば、シーズ社やバッファロー・ニューズ社を有するブルーチップ社を合併したとき、二社ののれんの四〇％を獲得するために実際に支払った自社株の価値は、帳簿上ののれんである五一七〇万ドルをはるかに超えていました。これは、買収に際してバークシャーが差し出した株式の市場価値が、受け取った内在価値よりも小さかったからです。真の買収費用には、この差も含めるべきです。

右の①の観点からは成功したかに見える事業も、②の観点からは見劣りがするかもしれません。優れた企業が、買収候補として適当だとしても、いつでも良い買い物になるとは限りません。

バークシャーが一般会計原則（ＧＡＡＰ）による純資産額以上の価格で企業を買収するとき（通常そうなります。なぜなら当社が買いたいと思う企業を純資産額割れの価格で買収できる場合はまれだからです）には、その差額を当社の貸借対照表の資産として計上しなければなりません。このようなプレミアムの計上方法についてはたくさんの会計規則があります。ここでは話を簡単にするために、バークシャーによる企業買収のほとんどの場合にプレミアムが計上される勘定、「のれん」に絞ってお話ししたいと思います。例えば、最近当社がＧＥＩＣＯ株式の残りの半分を取得したときに、のれん勘定一六億ドルが計上されました。

一般会計原則では、のれんは四〇年以内に償却しなければなりません。つまり、一六億ドルを四〇年間で完全に償却するためには、毎年四〇〇〇万ドルを費用として利益から控除する必要があります。

したがって、会計上ではＧＥＩＣＯののれんは定額で減っていきます。しかし、私がみなさんに保証できることは、ＧＥＩＣＯの経済的のれんは、このような会計上の数値と同じようには減っていかないということです。実際、私の予想では、ＧＥＩＣＯの経済的なのれんはまったく減らず、むしろ大きくなるであろう、しかも相当な程度で大きくなるであろうと見ています。

私は、一九八三年の報告書でも、シーズ社の例を使ってのれんについて同じようなことを書いていています。当時、シーズ社の貸借対照表には、のれん勘定として三六〇〇万ドルが計上されていました。そこから毎年、一〇〇万ドルを償却し、今では二三〇〇万ドルに減っています。つまり、会計上では一九八三年以降、シーズ社ののれんは価値の多くを失ってきたことになります。

しかし、それは経済的な事実とはまったく違います。シーズ社は、一九八三年に一一〇〇万ドルの純営業資産に対して二七〇〇万ドルの税引き前利益を上げていました。しかし、一九九五年にはわずか五〇〇〇万ドルの純営業資産に対して、五〇〇〇万ドルの税引き前利益を上げています。この間、シーズ社の経済的のれんの価値は減少したのではなく、劇的に上昇したことは明らかです。そして、シーズ社自体にも、当社の会計上の簿価より数億ドル以上の価値があることは明らかです。

もちろん、私が常に正しいわけではありませんが、GEICOの場合も会計上ののれんの価値は減少しても、経済的なのれんの価値は増加していくだろうと予想しています。これまでシーズ社だけでなく、当社の子会社の大半がこうしたパターンを示してきました。当社の営業利益を、パーチェス法上の調整を無視した形で定期的に説明してきたのはそのためです。

また将来私たちは、ルックスルー利益についても同様な方針を取り、投資先企業に関するパーチェス法上の調整から得る利益を取り除くような会計方法を取り入れます。ちなみに、コカ・コーラ社のように貸借対照表に計上されているのれんが小さい場合は、このような方法は取りません。しかし、ウェルズ・ファーゴのように最近大型買収を行い、例外的に多額ののれん償却をしなければならない企業に対しては採用します。

この話題を終える前に、大切な警告をしておきたいと思います。CEO（最高経営責任者）やウォール街のアナリストがのれん償却費と減価償却費を同等に扱うために、投資家はしばしば間違った理解をしていますが、その二つはけっして同じではありません。ごくまれな例を除いて、減価償却費は人件費、原材料費、租税と同じように経済的な費用です。これはバークシャーだけでなく、私たちが研究した事実上すべての企業について言えることです。さらに、いわゆるEBITDA（利息支払前、税引前、減価償却前、のれん償却前営業利益）は企業業績の評価には意味がありません。減価償却費の重要性を無視して、EBITDAベースのキャッシュフローを強調する経営者は誤った経営判断をしがちです。みなさんが自らの投資判断をするときにもこの点は覚えておいてください。

買収時にどのような会計方法を適用するかは現在非常に論議を呼んでいる問題です。この騒ぎが収まるまでの間に議会が介入してくるかもしれません（考えるだけでとんでもない話です）。

会社が買収されるとき、現在、一般会計原則（ＧＡＡＰ）では取引の記録にあたって二つのやり方を認めています。「パーチェス（「購入する」の意味）法」と「プーリング法」です。プーリング法においては株式が支払い手段となります。パーチェス法において支払いは現金でも株式でもできます。支払い手段がどのようなものであっても、経営者はたいていパーチェス法による会計処理をひどく嫌がるものです。この手法では「のれん」の計上とその後の償却がほぼ必ず必要となるためです。この処理は、毎年の利益に大きな重荷となってのしかかり、通常は数十年にわたり続きます。一方、プーリング法では「のれん」会計が不要です。このため、経営者はプーリング法を好んでいます。

現在、ＦＡＳＢ（会計基準審議会）はプーリング法をやめる提案をしており、多くのＣＥＯ（最高経営責任者）が争う構えを見せています。これは重要な争いになると思いますので、私たちはあえていくつか意見を述べておきます。まず、のれんの償却費用はたいていまやかしだとする多くの経営者の意見には賛成です。

現実と反しているような償却を会計原則で義務付けることは通常極めて厄介です。ほとんどの会計上の費用は、たとえ正確に測定されないとしても、実際に起こっていることに関連するものです。例として、減価償却費によって有形資産の価値の低下を測定することはできませんが、これらの費用は少なくとも実際に生じていることを説明しています。有形資産の価値は常に下がっていくからです。同様に、棚卸資産の減耗費、焦げ付いた売掛債権の償却費、保証料などは実際に発生する費用です。これらの費用の年間発生額は正確に測定することはできませんが、見積もりを行う必要があることは明らかです。

それとは対照的に、経済的のれんの価値は多くの場合、低下することはありません。むしろ、その価値はほとんどの場合、時間の経過とともに上昇しています。経済的のれんはその性質上、土地とよく似ています。どちらも資産の価値は間違いなく変動していますが、その方向性はまったく定まっていません。例えば、シーズ社の経済的のれんの価値は、七八年間にわたり、不規則的ながら極めて大きく上昇してきました。私たちが適切に運営していけば、このような成長が少なくともあと七八年は続くでしょう。

のれん費用というフィクションから抜け出すために、経営者はプーリング法というフィクションを利用します。この会計原則は、二つの川が合流する場合、その流れは区別できなくなるだろうという空想的な考え方に基づいています。この考え方において、企業はより大きな会社に合流するのであって、「買われた」わけではありません（たとえ多くの場合、巨額の「売却」プレミアムを受け取るとしても）。したがって、のれんが生じることはなく、利益から差し引かれる面倒な費用も発生することはないとされています。その代わり、存続する企業の会計は、事業がずっと一つの企業で行われてきたかのように処理されます。

空想はここまでにしましょう。合併の現実は通常はるかに異なります。買収する側とされる側が紛れもなく存在し、取引がどのような形をとっていたとしても後者は「買われる」ことになります。そうではないと思われるのであれば、仕事を奪われた従業員にどちらの会社が征服した側でどちらが征服された側だったのか尋ねてみてください。誤解の余地はないでしょう。したがって、この点においてＦＡＳＢは正しいと言えます。大半の合併において「買収」が行われてきました。なるほど、本当の「対等合併」というのも幾つかあります。しかし、それはごくまれなことです。

マンガーも私も、買収を正確に記録したいと望むＦＡＳＢを満足させ、同時にのれんの減少という無意味な費用に対する経営者の反論にかなうような現実的な方法があると考えています。まず、買収する側の会社に購入価格――支払いが株式でも現金でも――を適正価値で記録します。ほとんどの場合、この手続きによって経済的のれんを示す多額の資産が計上されることになります。この資産は帳簿に残したまま償却はしません。ただ、いつか経済的のれんの価値が損なわれたときは（実際に起こり得ることです）、ほかの資産の価値が損なわれたと判断されたときと同じように償却します。

私たちの提案する原則を採用する場合には過去にさかのぼって適用し、買収の会計処理をアメリカ国内で一貫性のあるものとすべきでしょう、現在の会計原則とは大違いです。一つ予想しておきます。この計画が実行されれば、経営者は買収をもっと賢く組み立て、会計上の利益に関する非現実的な結果ではなく、株主に実際にもたらされる結果に基づき現金を使うべきか株式を使うべきかを決めることになるでしょう。

E. 株主利益とキャッシュフローの詭弁（一九八六年、一九八六年補遺）

多くの企業買収に際しては、一般会計原則に従って多額の取得価格調整をしなければなりません。当社の連結決算報告書は、もちろん一般会計原則に基づいています。しかし私たちの考えでは、一般会計原則による決算数値は経営者や投資家にとって、必ずしも最も便利なものではありません。よって、買収企業の業績を見る場合には、取得価格調整前の数値を考慮にいれます。事実、そのような数値こそ、もし当社がその企業を買収していなかったら示したであろう値だからです。

このような会計数値の見方を私たちが好む理由についてさらに述べます。以下はけっしてエロティックな小説の代わりになるようなものではありませんし、お読みいただかなくても結構です。しかし、当社の株主のなかには、私の会計に関する記述を楽しみにしている方がおられると思いますので、そうでない方も含めて楽しくお読みいただければ幸いです。

	企業O	企業N
収益	677,240	677,240
売上原価（償却前）	341,170	341,170
非現金在庫費用		4,979[1]
減価償却費	8,301	13,355[2]
	349,471	359,504
粗利益	327,769	317,736
販売費および一般管理費	260,286	260,286
のれん償却費		595[3]
	260,286	260,881
営業利益	67,483	56,855
その他の利益	4,135	4,135
税引き前利益	71,618	60,990
法人税（繰延税および法人税）	31,387	31,387
非現金割当調整		998[4]
	31,387	32,385
純利益	40,231	28,605

単位＝1000ドル
注＝1、2、3、4はこの項で論じられているもの

まず初めに簡単なクイズから。次に示すのは、一九八六年における二つの会社の簡略化した損益計算書です。どちらの企業がより価値があるでしょうか。

恐らくお気づきのように、この二社は同じ企業、スコット・フェッツァー社です。O列は、もし当社が買収していなかったら開示していたであろう一九八六年の一般会計原則による損益計算を示します。N列は、バークシャーの決算で実際に示さ

れているスコット・フェッツァー社の損益計算を表しています。

二つの列は、まったく同じ企業の経済状況を表していることを強調しておきます。つまり、売上高、人件費、税金などすべて同一です。そして株主に対して生み出すキャッシュもまったく同じです。異なるのは会計方法だけです。

それでは、賢いみなさんにお聞きします。どちらの列が真実なのでしょうか。経営者や投資家はどちらに注目すべきなのでしょうか。

クイズの答えを言う前に、O列とN列に差が出た理由を考えてみましょう。ここでは一部を簡素化していますが、それによってこの分析や結論の精度が下がることはありません。

O列とN列の違いは、当社がスコット・フェッツァー社の買収において、その純資産とは異なる金額を支払ったからです。一般会計原則によれば、その差額（プレミアムやディスカウント）について取得価格を調整しなければなりません。スコット・フェッツァー社の場合、帳簿上の純資産一億七二四〇万ドルに対して、三億一五〇〇万ドルを支払いました。つまり、プレミアムとして一億四二六〇万ドルを支払ったということです。

プレミアムの会計処理は、流動資産の値を現在価格に修正することから始まります。実務的に言うと、この修正は通常、現在の価格で計上されている売掛金には影響しませんが、在庫にはしばしば影響を及ぼします。二二九〇万ドルのＬＩＦＯ準備金や、そのほかの会計上の込み入った事情があり（在庫を現在の価格で取得する場合にかかる費用と、帳簿上の在庫勘定の差額。この差は、特にインフレ時は非常に大きくなることがある）、スコット・フェッツァー社の在庫は現在価値よりも三七三〇万ドル少ない金額で計上されていました。このため、最初の会計処理として、一億四二六〇万ドルのプレミアムのなかから三七三〇万ドルを在庫の簿価に追加しました。

流動資産を調整しても、まだプレミアムが残っている場合は、固定資産を現在価値に修正します。当社の場合、この修正にも繰延税を修正するための離れ業的な会計上の調整が必要となります。ただ、今回は簡単に説明するという趣旨なので、詳細は省いて結果だけ述べると、固定資産勘定が六八〇〇万ドル増え、繰延税勘定は一三〇〇万ドル減りました。こうして、八一〇〇万ドルを調整しても、プレミアムはまだ二四三〇万ドル残っています。

次に、もし必要ならば、二つの会計処理を行います。のれん以外の無形資産と負債を公正な現在価格に修正します（通常、影響を受けるのは長期負債や年金が積立不足の場合のみ）。しかし、スコット・フェッツァー社の場合、このような調整は不要でした。

すべての資産と負債を公正な現在価格に修正したあと、最後にプレミアムの残額をのれん勘定（専門的には「取得した純資産の公正な価格を超過した費用」）に振り替えます。本件の場合、この残額は二四三〇万ドルでした。こうして、スコット・フェッツァー社の貸借対照表は、買収直前のO列から買収後はN列へと書き換えられました。二つの表が表す資産と負債は、実際にはまったく同じものですが、いくつかの数値が大きく異なっていることが分かると思います。

N列の貸借対照表の数値が増大したために、損益計算書上でのN列の利益額が減少していま す。これは資産勘定の評価増しと、そのように評価増しされた資産の一部を償却しなければな らないという事実の結果です。固定資産が大きく調整されるほど、毎年利益から控除される償 却額も大きくなります。資産勘定の評価増しのために発生した償却額は前記の損益計算書で表 されています。

①主として、一九八六年にスコット・フェッツァー社が行った在庫勘定の減額のために発生した、四九七万九〇〇〇ドルの非現金・在庫費用。この手の費用は普通小さく、将来はほとんど無視できる程度になります。

②固定資産の繰り上げのために生じた五〇五万四〇〇〇ドルの追加償却費。この金額に近い数値の償却費が今後さらに一二年間発生します。

③五九万五〇〇〇ドルののれん償却費。これよりもやや大きな償却費が今後さらに三九年間発生します（買収が一月六日に行われたため、一九八六年ののれん償却費は九八％相当しか計上されていません）。

④九九万八〇〇〇ドルの繰延税の複雑怪奇な調整、これは私でも簡潔に（恐らく、簡潔でなくても）説明することは不可能です。これに近い金額が今後さらに一二年間、恐らく費用として発生します。

	企業O	企業N
資産		
現金および現金等価物	3,593	3,593
受取手形および売掛金	90,919	90,919
棚卸資産	77,489	114,764
その他の流動資産	5,954	5,954
流動資産合計	177,955	215,230
不動産・工場・機械	80,967	148,960
非連結子会社および関連会社に対する投資および貸付金	93 589	93,589
のれんおよびその他の資産	9,836	34,210
	362,347	491,989
負債		
支払手形および短期借入金	4,650	4,650
買掛金	39,003	39,003
未払金	84,939	84,939
流動負債合計	128,592	128,592
長期債務	34,669	34,669
繰延税	17,052	4,075
その他の繰延税	9,657	9,657
負債合計	189 970	176 993
株主資本	172,377	314,996
	362,347	491,989

単位＝1000ドル

一九八六年末までに、これら新旧のスコット・フェッツァー社の純資産額の差は、新しい会社の利益から減額される一一六〇万ドルの費用によって、一億四二六〇万ドルから一億三一〇〇万ドルに減ることになります。時がたつにつれ、このような費用がプレミアムの大半をなくし、二社の貸借対照表は同じになります。しかし、買収の際に再評価されて高くなった土地と在庫の勘定額は、土地や在庫が減らないかぎりそのまま貸借対照表に残されることになります。

＊　＊　＊　＊　＊　＊　＊　＊　＊　＊

こうした話は、株主にとってどのような意味を持つのでしょうか。バークシャーの株主が買ったのは、一九八六年に四〇二〇万ドルの利益を上げた会社なのでしょうか。それとも二八六〇万ドルしかない会社なのでしょうか。一一六〇万ドルという費用は、私たちにとって真に経済的な費用といってよいのでしょうか。企業Oの株価は、企業Nよりも高くなければならないのでしょうか。もし企業価値がその企業が今後生み出す収益によって決まるならば、スコット・フェッツァー社の価値は、当社が買収する直前のほうがその直後よりもずっと大きいと言えるのでしょうか。

これらのことをじっくり考えると、「株主利益」とでも呼ぶべきものがよく分かるようになります。つまり、それは、［(A) 会計上の利益］＋［(B) 減価償却費、減耗償却費、のれん償却費およびそれ以外のいくつかの非現金費用〔企業Nにおける費用①および④〕〕－〔（C）その企業が長期的な競争力と売り上げを維持するために必要な平均的な年間設備投資費用〕（もし同様に追加的な運転資金が必要ならば、それも（C）に加えます。しかし、後入先出法で棚卸資産の会計評価をしている場合、通常売り上げが変わらなければ追加的な運転資金は必要になりません）。

私たちの「株主利益」計算式では、一般会計原則が示すような、見せかけばかりが正確な数値は算出しません。なぜなら、（C）は推定値でしかありえず、しかもその推定は時としてとても難しいからです。このような問題にもかかわらず、私たちは、株式投資家や企業買収を行う経営者にとって、企業評価に適しているのは、一般会計原則上の利益ではなく「株主利益」ではないかと考えています。

このような方法で算出すると、企業Oと企業Nの「株主利益」は同額になり、よって双方の企業価値も、みなさんの常識感覚のとおり、同額となります。なぜなら（A）と（B）の合計額は、OとNで同額であり、（C）は必然的に同じになるからです。

株主であり経営者であるマンガーと私が信じるものは、スコット・フェッツァー社の「株主利益」として正確な数値なのでしょうか。現状において、（C）は「古い」会社の（B）八三〇万ドルにかなり近く、「新しい」会社の（B）一九九〇万ドルよりははるかに少ないものである、と私たちは見積もっています。そのため「株主利益」は会計報告上では、N列よりもO

列によってはるかに正しく表されていると考えます。言い換えると、スコット・フェッツァー社の「株主利益」は一般会計原則の利益額よりもかなり大きいと、私たちは考えています。

明らかにこのような状況は、私たちにとっては好ましいものです。しかし、このような計算を行うと、結果は通常厳しいものとなります。単に販売量と競争力を維持するだけのために、長期にわたって（B）以上の金額を投資しなければならないことを多くの経営者は認めることになるでしょう。このような必要性があるとき、つまり（C）が（B）を超過しているとき、一般会計原則上の利益は「株主利益」を過大評価します。しばしばこのような過大評価はかなりの額に上ります。最近目立ったそうした例の一つは、石油産業です。もし多くの石油会社が毎年、単に（B）だけに投資していたならば、実質ベースでは減益になっていたに違いありません。

これらのことが、ウォール街のリポートでしばしば記載されるキャッシュフローのバカバカしさを示しています。キャッシュフローとは、（A）と（B）の合計から求められますが、（C）を控除していません。投資銀行家が作る販促用資料の大半も、この種の誤解を招きやすい説明を繰り返しています。つまり、ある企業が提供するのは商業的なピラミッドであり永遠の芸術なので、交換したり、改良したり、改装したりする必要はないというわけです。実際に、もし主要な投資銀行家がすべてのアメリカ企業を同時に売却するようにアレンジし、投資銀行家が用意した資料を信じるならば、政府が予測する国民設備投資額は九〇％も少なくなってしまうでしょう。

「キャッシュフロー」は、ある種の不動産業者や、当初は多額の投資を必要としてもその後は追加投資がほとんどいらないような企業を見るためには、簡便な方法としては便利かもしれません。例えば、唯一の会社資産が橋や、極めて耐用年数の長い天然ガス田といった企業です。しかし、製造業、小売業、鉱山会社、公益事業会社にとって「キャッシュフロー」は無意味です。それらの会社では常に（C）が大きな額になるからです。正確に言うと、このような企業でも、ある年に設備投資を繰り延べすることは可能でしょう。しかし、五年～一〇年で見ると、設備投資は必ずしなければなりません。さもなければ、事業が立ち行かなくなるからです。

そうであるならば、なぜ「キャッシュフロー」は今こんなに人気があるのでしょうか。その答えを皮肉を込めて述べたいと思います。キャッシュフローは、正当化できない企業や証券を正当化するために（つまり、販売することが難しいようなものを販売するために）多く用いられる数字だと思います。一般会計原則上の利益（A）ではジャンクボンドの債務返済に足りないとき、あるいはバカげた株価を正当化するときに、（A）＋（B）の合計額はセールスマンにとって非常に好都合です。しかしみなさんは、（C）を控除せずに（B）を（A）に加えてはいけません（歯医者が「歯のことを気にかけないと、歯はなくなってしまいますよ」と言うのは正しくても、それは（C）には当てはまりません）。（C）を無視して、（A）と（B）の合計額で企業の債務返済能力や株式価値や企業価値を判断できると考える企業や投資家は、将来の問題の種を抱えることになります。

＊　＊　＊　＊　＊　＊　＊　＊　＊　＊

これまで述べたことをまとめると、スコット・フェッツァー社もそのほかの当社の子会社も、（B）の無形資産の償却や取得価格調整を無視すると、（C）の金額にかなり近くなります（もちろん、二つの金額は同じにはなりません。例えば、シーズ社は企業としての基本的な競争力を維持するだけのために、毎年、減価償却費を五〇万から一〇〇万ドル上回る額の設備投資を行っています）。このような考えから、私たちはのれん償却と取引価格調整を別々に表示し、一般会計原則上の利益よりも会社ごとの「株主利益」に着目しています。

一般会計原則上の収益に疑問をはさむのは、不遜ではないかと思う方もいらっしゃるかもしれません。結局、会計士に報酬を払うのは、私たちの事業の真実の姿を表してもらうためではありません。会計士の仕事は記録することであり、評価することではないということです。企業評価は投資家や経営者の仕事です。

会計上の数値はもちろんビジネス界の共通言語であり、企業の価値評価やその変化を見ている人にとっては極めて有効なものです。会計上の数値がなければ、マンガーも私もとても困ります。会計上の数値は、いつでも私たちが当社や他社の事業を評価する上での出発点です。しかし経営者や投資家は、会計上の数値は単純にビジネス的な思考の手助けであって、それですべてが分かるわけではないことを覚えておかなければなりません。

F．オプション評価（二〇〇八年、二〇一〇年）

ブラック・ショールズの公式は金融業界のバイブルとしての地位に近づいてきました。私たちは財務諸表を作成するとき、この公式をプットオプションの評価に使っています。計算に当たって重要となる入力変数は、取引の満期と行使価格に加えて、ボラティリティや金利、配当などについてのアナリストの予想値です。

しかしこの公式を長い期間について当てはめると、バカげた結果が導かれることがあります。公平を期すために申し上げますが、ブラックとショールズがこの点を十分理解していたことはほぼ間違いありません。しかし彼らの熱心な信奉者のなかには、この公式が最初に世に出されたときに付け加えられていた注意事項をすべて無視している人もいるかもしれません。

ある理論を極端な事例にまで突き詰めて検証することは、多くの場合、有意義なものです。では、期間一〇〇年間、金額一〇億ドルのS&P五〇〇のプットオプションを行使価格九〇三ドル（二〇〇八年一二月三一日時点の水準です）で売却すると仮定してみましょう。私たちが長期契約を結ぶ際のインプライドボラティリティの仮定を用い、これに妥当な金利と配当の仮定を組み合わせると、ブラック・ショールズのモデルによる「適切な」プレミアムは二五〇万ドルとなります。

このプレミアムの妥当性を判断するためには、今から一世紀後のS&P五〇〇が現在の水準を下回っているのかどうかを評価しなくてはなりません。そのときのドルの価値が現在よりもはるかに低くなっていることは間違いありません（インフレが年率わずか二％だとしても、一ドルの価値はおよそ一四セントになってしまいます）。したがって、これは指数の価額を押し上げる要因となるでしょう。しかしさらに重要なことは、一〇〇年間の留保利益によって、指数に含まれる企業の大半は価値が著しく高まるということです。ダウ工業株三〇種平均は二〇世紀中におよそ一七五倍になりましたが、これは主に留保利益によるものでした。

すべてを考え合わせると、指数が一〇〇年間で下落する可能性は一％をはるかに下回る程度だと思われます。しかし、この数字を使って最も可能性が高い下落――万が一、起きるとしたら、ということですが――が五〇％であると想定してみましょう。この仮定に基づくなら、私たちのオプション契約が被る損失の期待値は、数字のうえでは五〇〇万ドル（一〇億ドル×一％×五〇％）となります。

しかし、私たちが理論上のプレミアムである二五〇万ドルを前払いで受け取っていれば、予想される損失を埋め合わせるには複利年率〇・七％で投資すれば済み、これを上回る収益はすべてが利益となります。一〇〇年間〇・七％の金利で借りてみたいとは思いませんか。

私が示した例を最悪の場合という観点から考えてみましょう。思い出してください。私の仮定が正しければ、九九％の確率で何も払わずに済みます。そして残り一％の可能性によって最悪の事態に陥った場合でも――すなわち、総額一〇億ドルの損失が発生すると仮定しても――、私たちの借り入れコストはわずか六・二％で済むということです。私の想定がおかしいのか、あるいは公式が不適切であるかのいずれかであることは明らかです。

私が示した極端な例でブラック・ショールズの公式によって示されたバカげたプレミアムは、算式にボラティリティが含まれていること、そして、ボラティリティは株式が過去数日間、数カ月間、あるいは数年間でどれだけ変化したかによって決定されるという事実から生じています。この基準は、この先一〇〇年間のアメリカ企業について、確率で加重した価値の幅を推定するにはまったく不適切なものです（よろしければ、躁うつ病の隣人から毎日農場の価格を聞いて、このたびたび変わる価格から計算されたインプライドボラティリティを使って、農場のこの先一世紀の間の価値の幅を推定すると想像してみてください）。

ボラティリティの過去の推移を用いることは、短期のオプション価格を評価するうえでは役に立つ――しかし絶対確実というには程遠い――考え方ですが、オプションの期間が延びるにつれ、その有効性は急速に失われていきます。これは私の意見ですが、ブラック・ショールズの公式によって算定された私たちの長期プットオプションの現在の評価においては、負債が過大に評価されています。ただし、その過大評価の度合いは契約が満期に近づくにつれて縮小していくでしょう。

そうだとしても、長期の株式プットオプションに関連する財務諸表上の負債を評価するときに、私たちはブラック・ショールズ・モデルを使い続けるでしょう。この公式は世間一般の通念となっており、これに代わるどのような公式を用いても大きな疑念が生じるだけでしょう。これは仕方がありません。ただ、分かりにくい金融商品について独自の評価をでっちあげているCEOたちが保守的すぎる間違いを犯すことはめったにありません。マンガーも私も、そのような楽天主義者の集まりに加わるつもりはありません。

マンガーも私も、ブラック・ショールズの定理を長期のオプションに当てはめると著しく不適切な値が出てしまうと考えています。仮説に基づく前述の例に加えて、私たちは口だけでなく実際に株式プットオプション契約を行いました。そうすることによって、取引先やその顧客が用いているブラック・ショールズの公式による計算に欠陥があることを暗に批判したわけです。

とはいうものの、私たちは財務諸表の作成においては引き続きブラック・ショールズの公式を使っていきます。この公式は、オプション評価について公認された基準であり、ほとんどすべてのビジネススクールでこれを教えていますが、これを使わなければ、手抜きの会計だと非難されることになります。それに、この公式を使わなければ監査人に克服できない問題を突きつけることにもなってしまいます。彼らの抱えている顧客のなかには私たちの取引相手もあり、私たちとの取引についてもブラック・ショールズの公式で算出された価値を使っているからです。私たちの価値評価と彼らの評価があまりにもかけ離れている場合、監査人がこの二つの正確性を証明することは不可能だと思います。

ブラック・ショールズの公式が監査人や規制当局にとって魅力的である理由の一つは、具体的な数値が出るからです。マンガーと私に、そのような数字を提供することはできません。私たちの取引にかかわる債務の実際の額は、ブラック・ショールズの公式で算出した値よりもはるかに低いと考えていますが、その数字を算出することはできません。これは、GEICOやBNSFやバークシャー・ハサウェイ自体の正確な価値を算出できないのと同じことです。ただ、具体的な数字を示すことができなくても、私たちが困ることはありません。絶対的に間違えるよりも、およそ正しいほうがよいと思っているからです。

ジョン・ケネス・ガルブレイス教授はかつて、経済学者は思考の点で最も経済的であるといたずらっぽく語っていました。経済学者は大学院で学んだ考えを一生使い続けるからです。大学のファイナンス学部も似たようなものです。彼らの多くが、一九七〇年代から一九八〇年代にかけて効率的市場仮説に固執し、それに反する強力な事実については軽蔑を込めて「アノマリー」と呼んでいました（私はこういう話が大好きです。地球水平協会では、恐らく船が地球を一周するのをうっとうしく思いつつ、取るに足らない「アノマリー」だとしているのでしょう）。

第7章

会計

Accounting

一般会計原則（GAAP）には欠陥もありますが、私自身がよりましな会計原則を作る作業をしたいとはとても思いません。そして、現在の会計原則の限界が必ずしも妨げになるというわけでもありません。CEO（最高経営責任者）は一般会計原則に基づく財務諸表を、株主や債権者に情報開示する義務の最終目的ではなく、出発点とすることもできるでしょうし、実際そうするべきです。もし上司である親会社のCEOに必要な情報に欠けた一般会計原則上の財務諸表しか報告しなければ、子会社の経営者は苦境に陥ることになります。それならばなぜCEOは、その上司である株主にとって役立つ情報を提供しないで済ませられるのでしょうか。

必要なのは金融関連の情報を読みこなせる株主に対して、次の三つの基本的な質問に答えを与えるデータ――一般会計原則上のものであれ、そうでないものであれ、またそれを超えたものであれ――を提供することです。

①この会社はおおまかにどれくらいの価値があるのか。
②この会社が将来の義務を果たせる可能性はどのくらい高いか。
③経営者は与えられた経営資源の下で、どのくらいうまくやっているか。

多くの場合、一般会計原則に従って作成した財務諸表だけで右の質問の一つ以上に答えるのは難しいか、不可能です。ビジネスの世界は、一つの会計原則ですべての企業の経済的実態を表すにははるかに複雑であり、とりわけバークシャーのように広範な事業を持つ会社にとってはそう言えます。

そして、この問題をさらに複雑にしているのが、多くの経営者が一般会計原則を守るべき基準ではなく、乗り越えなければならない障害のようにとらえていることです。しかも、多くの場合、会計士が意図的にその手助けをしています（顧客が「二＋二はいくつか」と聞くと、協力的な会計士は「いくつがいいですか」と答えます）。正直で善意の経営者ですら、業績をより適切に示すためとして、ときに一般会計原則を少し拡大解釈します。利益の平滑化や「ビッグバス」の四半期報告は、いつもは公正な経営者にとって「罪のないウソ」的な手法です。

また、投資家をだましたり欺いたりするために、一般会計原則を積極的に利用する経営者もいます。彼らは、投資家や債権者が一般会計原則に基づく財務数値を福音書のように受け入れることを知っています。そこで、このペテン師たちは会計原則を「創造的」に解釈し、理論的には一般会計原則にのっとって取引を記帳しながら、実際には世間に経済的な幻想を示しています。

洗練されていると思われている人たちを含め、投資家が報告上の「利益」の上昇が続く会社に法外な評価を与えているかぎり、経営者やその会社を売り込もうとする人たちの一部が真実と関係なく、一般会計原則を利用してそのような数字をひねり出そうとするのは間違いありません。マンガーと私は、これまで会計を使った膨大な規模の詐欺をたくさん見てきました。しかし、罰せられた人はわずかで、告発すらされていないケースが多くあります。拳銃で脅して少額のお金を奪うよりも、ペンで大金を盗むほうがはるかに安全だということです（一九八八年の手紙の導入部分）。

A．風刺（一九九〇年補遺）

USスチール社が徹底的な近代化案を発表（以下は、ベンジャミン・グレアムが一九三六年に書いた未公開の風刺文であり、一九五四年にグレアムからバフェットに渡されたものである）

USスチール社の会長であるマイロン・C・テイラーは市場で長らく期待されていた、世界最大の産業王国であるUSスチールを完全に近代化する計画を今日発表しました。計画は予想に反して、生産部門や販売部門においては何らの変革も盛り込まれていませんでした。その代わりに、会計方針を大幅に変更しようという案でした。いくつかの近代的な会計方針や金融的手法を採用し、さらにそれを改良することで、USスチールの企業収益力は大幅に改善されることになります。新しい会計方針の下では、業績が一定水準に満たなかった昨年（一九三五年）でさえ、EPS（一株当たり利益）が五〇ドル近くに増えます。この改革案は、プライス、ベ－コン、ガスリー&コルピッツによって行われた包括的な調査の結果に基づいており、次に挙げる六つのポイントを含んでいます。

①工場設備を簿価マイナス一〇億ドルまで減価償却する
②自社の普通株式の額面を一セントに減額する
③すべての賃金をストックオプションで支払う
④在庫を一ドルの評価額で繰り越す
⑤既存の優先株式を、利子のない、額面の五〇％で償還可能な割引債に置き換える
⑥一〇億ドルの偶発債務引当金を設ける

この特別な近代化計画は次のように公式発表されました。

ＵＳスチールの取締役会は、鉄鋼業界における業況変化に伴う問題点を集中的に研究した結果、当社の会計方針を大幅に変更する計画を承認したことを発表いたします。プライス、ベーコン、ガスリー＆コルピッツの指導と支援を受けた特別委員会が明らかにしたところによると、当社の会計方針はほかのアメリカ企業で採用しているような進んだ手法から遅れをとっています。仮にそのような手法を採っていれば、追加の資本投下をせず、また業界環境や販売状況の変更がなくとも、当社は劇的に収益力を高めることができたはずでした。したがって、当社ではそのような新しい会計方針を採用するだけでなく、さらにそれを完璧なものに発展させるこ

とを決めました。取締役会で決めた変更は、以下に述べる六点に要約できます。

1. 固定資産を簿価マイナス一〇億ドルに減価償却する

多くの代表的な企業は、工場の最終的評価額を一ドルとして減価償却費を計上し、収益を計算してきました。特別委員会は、もしこれらの会社の工場の価値が一ドルしかないのならば、USスチールの固定資産の価値も帳簿上の合計額よりもかなり小さいはずだと指摘しています。今では広く知られているように、多くの工場は現実的には資産と言うよりは負債であり、減価償却費だけでなく、税金や維持費やその他の費用がかかっています。そこで、取締役会は一九三五年から始まった減価償却の方針を拡大し、固定資産を一三億三八五二万二八五八・九六ドルからマイナス一〇億ドルに減額することを決定しました。

この会計方針変更による利点は明らかです。工場が老朽化するにつれて、減価償却引当金という負債勘定も減っていきます。したがって、これまでのように年間約四七〇〇万ドルの減価償却費を計上する代わりに、変更後は工場の簿価の五％に当たる年間約五〇〇〇万ドルが減価償却の繰り戻し勘定に計上されることになります。つまり、年間約九七〇〇万ドル以上の利益のかさ上げが可能になります。

2．普通株式額面の一セントへの減額　および
3．賃金をストックオプションで支払うこと

多くの企業では、役員の給与の大半をストックオプションで支払うことで会計上の人件費を大幅に削減することを可能としてきました。なぜなら、こうしたオプションは企業利益に対して何らの費用計上も伴わないからです。このような近代的な手法が持つ可能性は、適切な形では実現されてきませんでした。USスチールの取締役会では次のようなより先端的な手法を採用しました。

当社の全職員は報酬を自社株購入の権利という形で受け取ることとします。これは自社株一株を五〇ドルで買う権利で、現行の報酬五〇ドル当たり一権利として換算されます。同時に、当社の株式の額面を一セントに引き下げます。

この計画の驚くべき利点は以下のとおりです。

A．当社の人件費はゼロまで削減されます。これは一九三五年ベースで年間二億五〇〇〇万ドルの経費削減となります。

B．同時に全従業員向けの実質的な報酬は、数倍に増えることになります。新しい会計方法の下で実現されるであろう大きなEPSによって、株式市場ではストックオプションの行使

価格である一株当たり五〇ドルを大きく超えた株価が付くことは間違いありません。この結果、現金支払いによる現在の給与の代わりに与えられるストックオプションは、現金給与を大きく超える価値をすぐに持つことになると思われます。

C．当社は、このようなストックオプションの行使によって、追加的に多額の利益を計上できます。普通株式一株の額面は一セントとなっているため、オプション行使による新規株式発行のたびに一株当たり四九・九九ドルの利益が生じます。しかし保守的な会計の原則に従い、この利益は損益計算書上の利益にはならず、資本金勘定における資本剰余金に加算されます。

D．当社の現金勘定は著しく強化されることとなります。一九三五年ベースで年間二億五〇〇〇万ドルに上る人件費支払いに伴う資金支出の代わりに、オプション行使に伴う五〇〇〇万株の新規普通株式発行によって年間で二億五〇〇〇万ドルの資金収入が発生します。利益が増え、キャッシュフローが強化されるため、多くの配当金支払いが可能となり、その結果、ストックオプションは発行後直ちに行使され、それがさらに会社のキャッシュフローを増やし、より大きな配当金支払いを可能とするという好循環が永遠に可能となります。

4．在庫を一ドルの評価額で繰り越す

これまでは、在庫を市場時価に評価替えしなければならないため、不況期では多額の評価損が発生してきました。とりわけ金属業界や綿紡績業界などの多くの企業では、このような問題を、すべてないしは一部の在庫を非常に低い単価で評価し、計上することでうまく解決してきました。USスチールは、より進歩的な会計方針を採り入れることにしました。つまり、在庫勘定金額を一ドルで次期に繰り越すことにします。このために、毎期末に在庫の評価替えをし、それに伴う評価損は「偶発債務引当金」勘定に計上することにします。

この新しい会計方法はとても有益です。将来において在庫の償却費用が発生する可能性を事前に摘み取るだけではなく、当社の収益を著しく向上させる効果があります。毎会計年度の期首に、前期から繰り越された在庫額は一ドルだけであり、当該会計年度にそれが製品化され販売される際に大きな収益をもたらします。この方法によって当社の利益は毎年少なくとも一億五〇〇〇万ドル増えますが、これは偶然にも毎期、偶発債務引当金勘定に計上される額とほぼ同じです。

当社の特別委員会のなかには、会計方針の一貫性を保ち、同様のメリットを受けるために、売掛金や現金勘定も同じように毎年一ドルに評価替えすることを勧める少数意見もあります。この提案は現状では当社の監査法人には受け入れられていません。それは、売掛金や現金の償却の戻し入れ益は当該会計年度の利益ではなく、資本勘定の剰余金に計上すべきであるとの考え方があるからです。しかし、この会計監査方針はやや時代遅れであり、まもなく最近の傾向に合うように変更されることになるでしょう。その際には、この少数意見は改めて前向きに検討されることになります。

5．優先株式を五〇％の割引価格で償還できる割引債と交換すること

最近の不況期の間、多くの企業では自社の社債を、市場において大幅な割引価格で買い取って得た利益によって営業損失を相殺することができました。残念ながら、当社の信用度は常に非常に高かったため、これまでこのようなうまみのある収益源を利用することはできませんでした。しかし、今回の近代化計画はこれを可能とします。

優先株式を一株当たり、一〇回の各年分割償還付きで、額面の五〇％での償還が可能な額面三〇〇ドルの割引債と交換することが提案されています。そのために合計で一〇億八〇〇〇万ドルの社債を新たに発行し、その元本のうち一億〇八〇〇万ドルを毎年返済することが必要になります。しかし、支払い利息は毎期五四〇〇万ドルのみであり、毎年同額の利益計上が可能になります。

3の給与支払い方法のように、この会計方針の変更は当社と優先株式の株主の両者にとって有利です。株主は平均残存期間五年間で額面の一五〇％の確定金額を受け取ることになります。短期債の利回り水準は現在、実質的にはほとんど無視できる程度ですので、交換される債券に

クーポンがないことはほとんど問題になりません。当社は現状では、優先株式に対して年間で二五〇〇万ドルを配当金として支払っていますが、この措置によって年間五四〇〇万ドルの債券償還差益が得られることになり、年間で七九〇〇万ドルの追加利益が得られます。

6．偶発債務引当金一〇億ドルの計上

取締役会は、今回の会計方針の改善によって、将来のいかなる経済環境にも対処できる収益力が得られると確信しています。新たな会計方針の下では、どんなに厳しい業界環境にあっても、企業が損失のリスクにさらされることはありません。なぜなら、偶発債務引当金を積み立てることによって、そのような将来の損失はすべて事前に処理することができるからです。

特別委員会は、当社に対して一〇億ドルというかなり大きな偶発債務引当金を積み立てることを勧めています。前述したように、毎期に行われる在庫の一ドルへの評価替えはこの引当金によって相殺されます。この偶発債務引当金を使い切らないように、毎期、資本剰余金から適当な金額を振り替え、補填することを決めました。資本剰余金については、前述のストックオプションの行使によって少なくとも毎期、二億五〇〇〇万ドルは増加する見込みのため、すぐに偶発債務引当金の取り崩しを埋め合わせられると思います。

残念ながら、資本金、資本剰余金、偶発債務引当金やその他のバランスシート勘定の間にお

	A. 従来の損益計算書	B. 今回の提案が実行された場合の損益計算書
総売上高（企業間売上高を含む）	765,000,000	765,000,000
給与	251,000,000	-------
その他の営業費用・租税	461,000,000	311,000,000
減価償却	47,000,000	－50,000,000
支払利息	5,000,000	5,000,000
社債償還割引	-------	－54,000,000
優先株式支払配当金	25,000,000	-------
純利益	－24,000,000	553,000,000
平均発行済株数	8,703,252	11,203,252
１株当たり利益	－2.76	49.36

単位＝ドル

いて、多額の金額を付け替えることで収益を向上させるといったほかの大企業で行われているような方法は、当社ではこれまでできませんでした。実際、当社が行おうとしている経理方法は極めて単純であり、会計分野における最も先端的な手法に見られる超神秘的な要素はまったくありません。取締役会では、今回の近代化プランを練るに当たって、さらに収益力を向上させる可能性を多少あきらめても、それが明瞭かつ簡潔になることを重視してきました。

本提案が当社の企業利益に与える全体的な効果を示すために、一九三五年の簡略版の損益計算書を上に掲載します。形式に従い、この提案を資産・負債勘定に反映させた上で一九三五年一二月三一日

資産

固定資産	−1,000,000,000
現金	142,000,000
売掛金	56,000,000
棚卸資産	1
その他の資産	27,000,000
合計	−774,999,999

負債

普通株（1セント当たり記載価額*、額面価額は87,032.52）	−3,500,000,000
子会社社債・子会社株式	113,000,000
シンキング・ファンド条項付き社債	1,080,000,000
流動負債	69,000,000
偶発債務引当金	1,000,000,000
その他の引当金	74,000,000
期首剰余金	389,000,001
合計	−774,999,999

単位＝ドル

* 記載価額は額面価額とは異なると想定。会社が再設立されるバージニア州法による

時点の簡略版の貸借対照表も掲載します。

株主のみなさんには言うまでもないことですが、近代的な会計手法を使うと、貸借対照表も同様に違った姿になります。貸借対照表における変化の結果として得られる極めて大きな収益力を考えると、その他の資産、負債項目の詳細について過度に着目されることはないと思います。

結論として、今回の会計方針の変更、つま

り、工場勘定をマイナスで計上し、人件費をなくし、在庫を実質的にゼロに評価することで、USスチールは業界において非常に強い競争力を得ることができます。当社では、製品を極めて安い価格で販売することが可能になり、同時に相当の利益を計上することもできるようになります。当社が今回の近代化プランによって競合他社よりも安く販売し、当社が業界で一〇〇%のマーケットシェアを確保するための妨げになるのは、反トラスト法だけであるという認識を取締役会はしております。

今回のご報告をするにあたって取締役会では、競合会社が同様の会計方針の改良を行って当社の優位を相殺してしまうかもしれないことも当然考えました。しかし、USスチールは、このように会計分野で独自の新しいサービスを提供した開発者、パイオニアであるという名声によって、新旧の顧客のロイヤルティーを得ることができると確信しています。さらに将来、必要に応じて、より進歩的な会計方針を導入することで、この分野における優位性を保つことは可能であり、そのために当社の経理部の開発部門では現在でも新しい手法を研究中です。

B. 基準の設定（二〇〇二年）

数十年前、アーサー・アンダーセンの監査意見は会計士にとって究極の判断基準でした。なかでも同社内の精鋭部隊であるPSG（プロフェッショナル・スタンダード・グループ）は、顧客からどのような圧力を受けようとも、誠実な報告を行うことの重要性を強調してきました。PSGはこの原則に従い、一九九二年にストックオプションの発行費用を、実態に沿って費用として計上すべきだという意見を表明しました。しかし、これに顧客の要求――実態がどうであれ、会計上の利益を高めること――をよく理解しているアンダーセンの「やり手」のパートナーたちが反対し、多くの顧客のCEOたちもそれを強く支持しました。CEOたちには、この費用を計上することになれば、これまで渇望してきた巨額のストックオプションが切り捨てられてしまうことが分かっていたからです。

アンダーセンが立場をひるがえして間もなく、独立のFASB（会計基準審議会）はオプションの費用計上について七対〇で決定しました。予想されたとおり、主な監査法人や多くのCEOはワシントンに乗り込み、FASBを骨抜きにするべく上院に――会計の問題を決定する上でこれほどうってつけの機関があるでしょうか――圧力をかけました。抗議の声は巨額の政治献金によって増幅されました。こうした献金には企業の資金が使われることが多いのですが、このお金はまさに、欺かれようとしているオーナーのものなのです。このようなことは一般市民の感覚とはかけ離れています。

恥さらしなことに、上院は八八対九で費用計上を否決しました。数人の著名な上院議員は、FASBが立場を変えないのであれば廃止するとまで言及しました（なんと独立の保たれた機関なのでしょう）。これ以降、当時のSEC（証券取引委員会）委員長だった――そしてだいたいにおいて株主の保護に気を配ってきた――アーサー・レビット・ジュニアは、議会と企業の圧力に嫌々ながら屈服したことを、自らの委員長の行動として最も後悔していると述べています（この卑しむべき事態の詳細はレビットの素晴らしい著書である『ウォール街の大罪――投資家を欺く者は許せない！』［日本経済新聞社］に綴られています）。

アメリカの企業社会は上院を手の内に入れ、SECを打ち負かし、今や会計は彼らの意のままになりました。これで、決算報告についてはどんなことでもまかり通る新しい時代――それを大手の監査法人が公認し、時には後押しもする――が始まりました。勝手気ままな行為は間もなく急速に横行し、巨大なバブルを膨らませることとなりました。

FASBは上院によって圧力を受けてからは当初の主張を撤回し、「自主管理」の手法を取り入れました。費用計上が望ましいとしながらも、企業が望めばその費用を無視することも認めたのです。結果は残念なことになりました。S&P五〇〇社のうち、四九八社があまり望ましくない方法を取り、言うまでもなくそのことは高い「利益」の報告につながりました。役員報酬を切望するCEOはこの結果が気に入ったようです。FASBに敬意を表しましょう。彼らは素晴らしい仕組みを作ったのです。

C. 監査委員会（二〇〇二年）

監査委員会は監査することができません。経営者が稼いだと主張している利益が疑わしいものであるかどうかを判断することができるのは社外監査役だけです。こうした現実を無視して、監査委員会の構成や方針に重点を置いた改革にはほとんど効果はありません。今や監査委員会の重要な仕事は、監査役に自分たちの知っていることを吐露させることだけです。

この仕事をなすために、委員会は、監査役が経営者の気を損ねることを恐れるのではなく、監査委員に誤解を与えることを恐れるように仕向けなければなりません。ところが最近の監査役はそのように感じてはおらず、株主や取締役ではなくＣＥＯを顧客とみなしています。これは毎日仕事をしている関係であり、また、ルールブックにどのように書いてあろうとも、監査役に対して報酬を支払い、監査やそのほかの仕事のために彼らを雇い続けるかどうかを決めるのがＣＥＯやＣＦＯ（最高財務責任者）であると監査役が理解しているのであれば、自然なことです。

取締役会の監査委員会による監査人や報酬の監督を規定するサーベンス・オクスリー法（上場企業会計改革と投資家保護法）が二〇〇二年に成立したとはいえ、こうした現実が大きく変わることは見込まれません。この居心地の良い関係を打ち破るためには、監査委員会が監査役の逃げ場をふさぎ、彼らが知っていることや疑わしいと考えていることをはっきりと述べなければ多額の罰金を支払うことになると、理解させる必要があります。

監査委員会がその使命を遂行するには監査役に記録すべきことや株主に報告すべきことに関

する四つの質問を投げかけてみることだと私は考えます。その質問とは次のとおりです。

1. 監査役が会社の財務諸表の作成についてのみ責任を負う場合、多少なりとも経営者が選んだ方法とは違うやり方で作成を行ったことがあるでしょうか。それは大きな違いであるか些細な違いであるかにかかわりません。監査役が何か違ったやり方をとったのであれば、経営者の意見とそれに対する監査役の対応の両方について明らかにしなくてはなりません。そのうえで監査委員会が事実を評価します。

2. 監査役が投資家だったとしたら、彼は報告対象期間の会社の財務実績を理解するために不可欠な情報について、分かりやすい言葉で説明を受けたでしょうか。

3. 会社は、監査役自身がCEOであったなら従うものと同じ内部監査手続きに従っているでしょうか。そうでなければ、その違いはどのようなものであり、なぜそれを採用したのでしょうか。

4. 監査役は会計面や業務面のいずれかで、収益や費用をある会計期間から別の会計期間に移すことを狙ったか、そうした効果が生じる行為に気づいているでしょうか。

監査委員会がこれらの質問を投げかけるのであれば、その構成——大部分の改革が重視しているもの——はさほど重要ではなくなります。さらに、この手続きによって時間と費用が節約できます。監査役は追い込まれれば自分の義務を果たすでしょう。追い込まれることがなければ、結果は見てのとおりです。

この四つの質問の良いところは、予防薬として作用する点です。経営者の行為に黙って従うだけではなく、肯定的に支持することを監査委員会が求めてくるということを理解すれば、監査役はプロセスの早い段階、すなわちもっともらしい数字が会社の勘定に載る前に、誤った行為に抵抗するようになるでしょう。そして、被告席に立たされるという恐れが正しい行動を促すでしょう。

D.　調整後利益（二〇一六年、一九九二年、一九九八年、二〇〇四年、一九九八年）

私たちは、経営者に一般会計原則に影響を及ぼす通常とは異なる項目（良いことも悪いことも）に関する説明を望んでいます。私たちが過去の数字を見たいのは、そこから将来を予想するためです。しかし、経営者が常に実際の費用を無視して「一株当たり調整利益」ばかりを強調していると、私たちは不安になります。

悪い行いは伝染します。良い数字を報告することばかり考えているCEOは、部下がそれを「手助け」しようとする文化を育てます。このような目標は、例えば保険会社が損失引当金を低く見積もることにつながり、それによって多くの保険会社が破綻しています。

私たちは、アナリストが「数字を達成する」経営者を称賛しているのを聞くと身がすくみます。実際のビジネスは、予想ができないことがあまりにも多く、目標の数字を常に達成することはなかなかできません。想定外のことは必ず起こります。そうなったときに、ウォール街ばかり見ているCEOは、数字を作り上げたくなります。

現実から目をそらす経営者や会計士の最もひどい例は、ストックオプション報酬の世界で見られます。一九八五年のバークシャーの年次報告書で、私はストックオプション報酬の利用法や誤った使い方について述べました（第1章「H．経営者報酬の正しい決め方」を参照）。ストックオプションは、たとえ正しい方法で利用されていても、バカげた方法で会計処理されており、その論理性の欠如は偶然ではありません。何十年にもわたって実業界では、企業がストックオプションの発行費用を会社の損益計算に盛り込まなくても済むよう、会計原則を作る側と争ってきました。

経営者たちの典型的な主張は、ストックオプションの費用は見積もるのが難しいので、費用計上は無視してよいというものでした。また、ストックオプションの費用を企業の損益計算書に織り込むと、小規模のスタートアップにダメージを与えると論じる経営者もいました。ほかにも、アウト・オブ・ザ・マネー・オプション（行使価格が現在の株価以上のオプション）は発行時には価値がないのだと、まじめに主張する人までいました。

おかしなことに、機関投資家評議会までがオプションは「企業の金庫から支払うのではないから」費用とみなすべきではないという見解の下、この種の意見に同意してきました。このような理屈づけによって、アメリカ企業の会計上の利益は容易に改変される可能性が異常に高くなっています。このような主張が通るのならば、例えば保険料をオプションで支払うと保険費用は除外できることになってしまいます。もしみなさんが会社のＣＥＯで、このような「現金支出なければ費用計上なし」の原則に基づいた会計方針に賛成するならば、バークシャーにお電話ください。みなさんがとても断れないような提案をします。当社では、みなさんの会社の相当額の株式を購入できるオプションと引き換えに喜んで保険を販売します。

企業が価値のあるものを第三者に提供するときには、現金の授受がなくとも費用が発生しているということを株主は知っておくべきです。また、重要な費用が、単に正確に金額を見積もることができないというだけで、費用科目として認識できないというのはバカげており、皮肉にさえ聞こえます。現在の会計は、不正確さにあふれています。ボーイング７４７が何年間の使用に耐えるかなど経営者にも監査人にも分からないのですから、航空機の減価償却費がいくらであるべきかも分かりません。銀行の貸倒引当金にしても、どれだけ積み立てるべきかを正確に理解している人などいません。損害保険会社の予想支払保険金に至っては、その不正確さがよく知られています。

それでは金額の見積もりが正確にできないがために、これらの重要な費用項目は無視すべきなのでしょうか。答えは、もちろんノーです。そうした費用は、誠実かつ経験の豊富な人々が見積もって計上すべきです。要するに、ストックオプションを除いて、重要でありながら正確な見積もりが困難な費用項目に関して、企業利益の算出において会計の専門家が無視すべきであると考える項目など存在しません。

さらに言えば、ストックオプションの評価はそれほど難しくはありません。ただ、経営陣に付与されたオプションに課されたさまざまな制約が個々のオプションの価値に影響を与え、評価を難しくしています。とはいえ、そうした制約によってオプションの価値が失われるわけではありません。もし私がオプションを経営者に付与したいと考えて、制約条件付きのアウト・オブ・ザ・マネーのオプションをだれかに与えるとすれば、バークシャーはいずれオプションが行使されたときに、その経営者に支払うであろう多額の報酬を、オプションを付与する日に計上します。もし新規に付与されたオプションにはほとんど価値がないなどと言っている経営者に出会ったら、バークシャーに聞いてみるよう伝えてください。実際のところ、私たちはオプションの適正な価格を決定する能力に関して、社有ジェット機の減価償却費を見積もるよりもはるかに正確を期す自信があります。

会計の専門家やSECは、ストックオプションの会計上の取り扱いに関して、経営者たちに丸め込まれてきたことを恥じるべきです。さらに言えば、ストックオプションに関して経営者たちが行っているロビー活動は、不幸な副産物を生み出す可能性があります。私は、エリート実業家たちが自らの重要な問題について信じられないようなことを主張していると、社会的に重要な問題について発言しても信頼されないリスクがあると考えています。

私たちのゼネラル・リインシュアランス買収を契機として、会計手続きに関する甚だしい欠陥が浮き彫りになりました。優れた観察力を持つ株主のみなさんは、委任状を読んで六〇ページにおかしな項目があることに恐らく気づいたと思います。見積もりによる損益計算書において――これは合併によって二つの企業を合わせた一九九七年の利益にどのような影響が生じるのかを詳しく示したものですが――、役員報酬の費用が六三〇〇万ドル増えていることを示す項目があることです。

この項目は私たちが急いで加えたものなのですが、マンガーか私の性格が大きく変わってしまったということではありません（マンガーは今でも飛行機はエコノミー席に乗っていますし、ベンジャミン・フランクリンの言葉を引用しています）。また、ゼネラル・リインシュアランスの会計処理に不備があるということでもありません。一般会計原則に文字どおり従っています。見積もり損益計算書の調整は、ゼネラル・リインシュアランスで長年にわたって採用されてきたストックオプション制度を現金払いの制度に変更し、同社経営陣の業績に対するインセンティブ報酬と連動させたことによるものです。これまで経営者にとって意味があったのはゼネラル・リインシュアランスの株価でしたが、今は達成した業績に基づいて報酬が支払われています。

新しい制度と廃止されたストックオプション制度の経済的価値は同じです。つまり、一定の業績水準に対して従業員に支払う報酬は同じであるはずです。ただし、以前は新たなオプションの権利として与えられると見込んでいたものが、今は現金で支払われることになるだけです（過去に付与されたオプションについてはそのまま残ります）。

この二つの制度の価値は経済的に同等ですが、私たちが取り入れた現金払いの制度がもたらす会計上の結果は大きく異なります。こうした『不思議の国のアリス』のような結果が生じるのは、非常に多くの企業においてオプションの費用が巨額に上り、増加しているにもかかわらず、現在の会計原則においては、利益を算出する際にストックオプションの費用が無視されるためです。事実、会計原則では経営者に次の二つの方法から選択することを認めています。すなわち、従業員に対して一定の形式で給料を支払ってその費用を計上するか、あるいは別の形式で支払ってその費用を無視するか、というものです。その後、オプションの利用が急激に増えたことは驚くにあたりません。しかし、この偏った選択によってオーナーには大きな不利益が生じました。オプションは適切に構築されれば、優秀な経営者に報酬を支払い、動機づけを与える方法として適切で、しかも理想的なものとすらなるかもしれません。しかし多くの場合には、報酬の分配に際しあまり統一性がなく、動機づけとして不十分であり、株主にとっては極端に高くつくものとなっています。

オプションがどんなに優れた制度であったとしても、その会計処理は常軌を逸しています。毎年、ＧＥＩＣＯの宣伝に何億ドルか使う場合を考えてみます。広告宣伝費を現金で支払うのではなく、メディアに対して、バークシャーの期間一〇年のストックオプションで支払ったとしましょう。この場合、バークシャーに広告宣伝費は発生していないだとか、あるいはこの費用は帳簿上計上されるべきではないとだれが主張できるでしょうか。

恐らく、バークリー司教――だれもいないときに森のなかで倒れた木について思いをめぐらせた哲学者として覚えている人もいるでしょう――であれば、会計士の見知らぬ費用は存在しないと考えるかもしれません。しかしマンガーと私は、記録されていない費用について達観するのは心穏やかでありません。そこで、ストックオプションを発行している企業への投資を考える場合は、会計上の利益に適切な下方修正を行っています。この調整は、その企業がストックオプションと同額の同じ構造を持つオプションを公開市場で売ることによって、実現する額に相当する分を単純に差し引くというものです。買収について考える場合も同じように、ストックオプション制度を置き換える費用についての見積もりを含めています。その後、交渉が成立すれば、すぐさまその費用は公開しています。

オプションについて私と反対の意見を持っている読者のみなさんは、従業員に付与されたオプションの費用と公開市場で理論価格に基いて取引されているオプションの費用を、私が同一視していることについてすでに心の中で異議を唱えておられることでしょう。確かに、こうした主張の一つとして、従業員向けのストックオプションは没収される可能性がある点が挙げられます。これによって株主の損害は軽減されます。一方、公開市場で募集されたオプションについてはそのようなことはありません。また、従業員のストックオプションが執行されると、企業は税額控除を受けられるというのも事実です――公開市場で取引されるオプションはこのような恩恵をもたらすことはありません。しかし、これらの点を埋め合わせるものがあります――従業員に付与されたオプションについては、しばしば価格の改定が行われます。この改定によって、公募のオプションよりもはるかに高価なものに変わるのです。

従業員に付与された譲渡できないストックオプションは、自由に売ることのできる公募オプションほど価値はない、と論じられることがあります。しかし、この事実によって譲渡が不可能なオプションの費用が減るわけではありません。従業員に対して会社の車を支給し、特定の目的に限って利用させる場合、従業員にとって車の価値は下がることになりますが、少なくとも雇用者側の費用負担が縮小することにはなりません。

マンガーと私が最近行ってきたストックオプションに関する利益の修正によって、会計上の一株当たりの数字はしばしば五％低下することもありましたが、一〇％まで低下することはそれほど多くはありませんでした。時には下方修正が極めて大幅なものとなり、私たちのポートフォリオに関する意思決定に影響を及ぼし、売却を行うか、あるいはその下方修正がなければ購入に踏み切っていた株式を買わないことにする場合もありました。

数年前、私たちは三つの質問をしました。その答えはまだ得られていません。「もしストックオプションが役員報酬でないとしたら、それは一体、何なのでしょうか。もし役員報酬が費用でないなら一体何なのでしょうか。もし費用が企業の利益の算出上、無視して良いとするならば、どこでそれを計上したらよいのでしょうか」

ストックオプションの問題をなし崩しにしようという企てが続いたため、だれも――FASBも、投資家一般も、そして私も――どのようなやり方にせよオプションの利用を制限することについて話題にしようとしなかったという点は指摘しておく価値があるでしょう。確かに、バークシャーで私の後継者となる人物は主にストックオプションによって報酬を受け取っても良いかもしれません。ただし、①適切な行使価格、②利益の留保を反映した価格の段階的引き上げ、③ストックオプションによって購入した株式をただちに処分する行為の禁止――といっ

た点については論理的に構成されている必要があります。私たちは経営者に動機づけを行うための取り組みについては、それが現金賞与であろうとストックオプションであろうと後押しします。そして、企業が付与したストックオプションに本当に見合う価値を得られるのであれば、その費用を計上しなければならなくなることで利用が差し控えられる理由は見当たりません（二〇〇五年にストックオプションの費用計上が義務付けられた）。

ストックオプション会計において経営者が果たしてきた役割は、とても容認できるものではありませんでした。最近、頭を悩ますほど多くのCEOや会計士が、オプションに関するでっち上げを真実に置き換えようとするFASBの試みに対して激しく争い、事実上、だれもFASBを支持するような発言はしなくなりました。FASBに反対する勢力はこの争いに議会の協力までも取り付け、かさ上げされた数字は国益になるとまで主張しています。

しかし、それで終わりではありません。私がさらにひどいと思ったのは、リストラと合併に関する会計処理でした。多くの経営者が意図的に数字を改竄して投資家を欺いてきました。「スキャンダルというのは違法な行為のなかではなく、むしろ合法的な行為のなかで起こる」とマイケル・キンズレーが政府について言ったことは会計の世界にも当てはまります。

かつて会計の世界で善人と悪人を区別するのは比較的簡単でした。例えば、一九六〇年代後半には、あるペテン師が提唱した「大胆で創造的な会計」が大流行しました。ついでながら、ペテン師はこの手法のおかげで、しばらくの間ウォール街の人気者になりました。けっして期待を裏切らなかったからです。しかし、当時の投資家はだれがゲームに興じているのかよく分かっていました。そして、素晴らしいことに、称賛に値するアメリカ企業のほぼすべてが詐欺に遭わずに済みました。

最近、高潔さは失われつつあります。主要企業の多くは今でも誠実に対処していますが、ほかの面では素晴らしい資質を備えた経営者――自分の子供の配偶者や遺産管財人として指名したいと感じるような人物――であっても、ウォール街が求めているであろうことを満たすためには利益を操作しても問題ないと考えるようになった人が極めて多く、その数は増えつつあります。実際、こうした操作について問題ないどころか、義務であると考えているＣＥＯも少なくありません。

このような経営者は、そもそも自分の仕事は株価を可能なかぎり高く保つことだという非常によくある前提に立っています。これは、まさに私たちが断固として異を唱えていることです。彼らは株価を押し上げるために、業績を向上させる努力を重ね、それは立派なことです。しかし、事業で望んだ成果が得られないと、あまり褒められないような会計上の策略にすがり、望むような「利益」を作り出すか、将来、それが起こるようにお膳立てをすることになります。

経営者たちはこの行動を正当化するために、取引に使う通貨（つまり、株式）が十分に評価されていなければ、株主が損害を被ることになる、とよく言います。そして、自分たちが望むような利益の数字を確保するための会計操作はみんなやっていることだ、と言い張ります。こうして「ほかの人がみんなやっている」という姿勢がはびこるようになると、倫理的な不安は消えてしまいます。こうした行為を「グレシャムの派生法則」と呼ぶことにします。「悪い会計慣行は良い会計慣行を駆逐する」

現在最も重要な歪みは「リストラ費用」です。もちろんこれは正当な科目ですが、利益操作の道具として使われることがあまりにも多くなっています。このちょっとした会計のからくりは、数年にわたって適切に計上すべき相当額の費用を一つの四半期（もともと業績が悪いことが分かっている四半期）に放り込むことです。操作の目的は、過去に誤って報告した利益を正当化する場合もあれば、将来に誤った記載を行う下準備の場合もあります。いずれの場合も、これらの費用の額と計上の時期の決め手となるのは、ある四半期に利益が一株当たり五ドル減ったとしても、それによって将来の四半期利益が一貫して予想を一株当たり五セント上回ることが保証されるならば、ウォール街は気に掛けないだろうという皮肉な見方です。

すべてを一つの四半期に放り込むというこの行為はゴルフの「大胆で創造的な」スコアに通じるものがあります。ゴルファーというものは、シーズン最初のラウンドでは実際の成績は無視して、スコアカードにはダブルボギーやトリプルボギーやクアドラプルボギーなどのひどい数字を書き込んで、例えば一四〇などのスコアを提出します。こうして「積み立て」をしてからゴルフ教室に行き、自分のひどいスイングを「リストラ」（再編）してほしいとプロに頼みます。次に、新しいスイングでコースに出ると、うまくいったホールのスコアだけを記録し、まずいホールのスコアは以前の積み立てと調整します。五ラウンドを終えたとき、彼のスコアは九一、九四、八九、九四、九二ではなく、一四〇、八〇、八〇、八〇、八〇になります。ウォール街では一四〇というスコアは無視して（これは結局「継続性がない」スコアだとみなされます）、彼を必ず八〇で回る、そしてけっしてその期待を裏切ることのないヒーローとして扱うことになります。

一方、先にごまかしたい人には、この戦略のバリエーションがあります。協力的なキャディー（監査役）だけを連れて一人でプレーし、スコアの悪いホールは記録を後回しにして八〇のスコアを四回提出し、彼の運動神経と安定性が褒めたたえられたあとに五枚目の一四〇のスコアカードを提出する方法です。彼はこの「ビッグバス」によって過去のスコアの誤りを修正したあとで多少の弁解を口にするかもしれませんが、以前に提出したスコアで集めたお金を返すことはしないでしょう。そして、ぜひ付け加えたいのは、このキャディーが確実に得意客を得ることです。

残念ながら、現実の世界でこうしたスコアリング方法の一種を用いようとするＣＥＯは、自分たちが興じているゲームに病み付きになり――結局のところ、スコアカードをいじくりまわすほうが練習場で時間を費やすよりも楽です――、それを止めようとはけっして思いません。CEOたちの行動は、性の実験に関するヴォルテールの箴言を思い起こさせます――「一度目は哲学者だが、二度目は背教者である」。

買収の分野において、リストラは芸術の域にまで高められています。今や経営者は、頻繁に合併を行って、将来の利益がなだらかに増えていくことが可能となるような形で、資産や負債の価値を不誠実に再編成しています。事実、大手の監査法人は合併交渉に際して、ちょっとした（あるいは相当な）会計上のマジックの可能性を指摘することがあります。権威ある立場からこのようにそそのかされ、一流の人々が三流の戦術の使い手に身を落とすこともよく見られます。当然のことではありますが、将来の「利益」を増やすことにつながるような会計監査人から授けられた戦略をCEOがはねのけることは簡単ではありません。

損害保険業界の事例はその可能性を浮き彫りにするものです。損保会社が買収される際、買い手は同時に損失引当金を積み増すことがあり、これはしばしば多額に上ります。このような積み増しは、単に以前の引当金が不適切なものであったことを示しているだけなのかもしれません。ただし、保険数理士によるこうした「発覚」が、合併交渉の成立とこれほどまで頻繁に期を同じくするというのは異様ではあります。ともかく、こうしたやり方によって、後日引当金が取り崩され、「利益」が所得に流れ込む可能性がお膳立てされるわけです。

バークシャーはこうした慣行を一切避けてきました。みなさんをがっかりさせることになるとすれば、それは会計のやり方ではなく利益のほうになるでしょう。私たちはすべての買収において、損失引当金の額を当初とまったく同じにしています。結局、私たちが一貫して行動をともにしてきたのは、自らの事業について豊富な知識を持ち、誠実な財務報告を行ってきた保険会社の経営者です。直後に負債が著しく増えるような買収は、単純に考えれば、こうした美徳のうち少なくとも一つが欠けているのか——あるいは、買い手が将来、「利益」を注入するための下準備をしているか、のいずれかに違いありません。

アメリカ企業にありがちな見解がよく表れている実話をご紹介しましょう。二人の大手銀行のCEOがいました。一人は多くの買収を行っているCEOで、二人はつい最近まで友好的合併の交渉にかかわっていました（結局、この交渉は成立しませんでした）。このベテランの買い手が、見込まれる合併のメリットについて詳しく説明していると、もう一人のCEOが疑わしげにさえぎって、「しかしこれでは、一〇億ドルくらいの莫大な費用がかかるということじゃないですか」と尋ねました。「洗練された人」は必要最小限しか口にしません。「私たちはそれ以上に儲けるんですよ。だからこの交渉をしているんです」

ボルティモアのR・G・アソシエーツの試算では、一九九八年に発生した、または発表された特別費用——すなわちリストラ、作業中の調査・開発、合併関連項目および評価切り下げに関する費用——のうち少なくとも一三六九件について指摘し、その合計額は七二一億ドルに上りました。フォーチュン誌の有名なリストに掲載された五〇〇社の一九九七年の利益が合計で三二四〇億ドルだったことを考えれば、これはとてつもない額です。

現在、多くの経営者が利益の正確な報告を侮辱するかのような態度を取っていることは、事業を行ううえで恥ずべきことです。また、すでに書いたように、会計監査人もプラスになることはほとんどしていません。監査人は一般の投資家を顧客とみなすべきであるにもかかわらず、自分を選び報酬を支払ってくれる経営者におもねる傾向があります。「私はパンをくれる人の歌を歌う」ということわざもあります。

E. 年金の評価と退職者給付金（二〇〇七年、一九九二年）

ペテン師はたいてい、会計基準にもともと内在する経営者の言い分を許容する余地につけこんできます。例えば、企業が年金費用を計算する際に用いる投資収益の想定です。多くの企業が、けっして確実とは言えない「利益」を発表することを可能とするような想定を採用し続けていることは驚くべきことではありません。年金制度を導入しているS&P五〇〇社のうち三六三社が、二〇〇六年の想定を平均八%としていました。これが達成される可能性がどの程度あるのか考えてみましょう。

すべての年金基金が保有する債券と現金の割合は平均で約二八%であり、これらの資産の利益率はせいぜい五%だと予想されます。もちろん、高い利益率が達成されることもあるでしょうが、それに見合う（あるいは上回る）損失が生じるリスクもあります。

つまり、基金全体で想定している八％の利益率を達成するためには、残りの七二％の資産――主に株式で、直接またはヘッジファンドやプライベートエクイティへの投資を通じて保有されています――で、九・二％の利益率が必要となります。そして、この利益率はすべての手数料を差し引いたあとのものでなくてはならず、現在の手数料は従来よりもはるかに高くなっています。

これを期待することはどの程度現実的なのでしょうか。二〇世紀中にダウは六六ドルから一万一四九七ドルまで上がりました。この値上がりは非常に大きなものに見えますが、複利年率に直すと五・三％になります。また、二〇世紀中ダウを保有し続けたとすれば投資家はほとんどの期間で多額の配当を得ることができました。ただし、最後の数年間についてはおよそ二％程度にすぎません。なんと素晴らしい一世紀だったのでしょう。

さて、今世紀について考えてみましょう。投資家がこの五・三％に見合う市場価値の上昇を得るためだけでも、ダウ――最近、一万三〇〇〇ドルを下回りました――が二〇九九年一二月三一日に約二〇〇万ドル近くまで達している必要があります。今世紀に入って八年たちますが、これまでに記録されたダウの上昇幅は二〇〇〇ポイントに満たないものです。一〇〇年たって最後に五・三％に達するために市場が必要とする上昇幅は一九八万八〇〇〇ポイントにもなります。

面白いことに、評論家はダウが一万四〇〇〇ポイントとか一万五〇〇〇ポイントといった一〇〇〇ポイントの大台に達する見込みになると過呼吸に陥ります。彼らがこのような反応を続けるとすれば、今世紀中に年率換算で五・三％の利益率を達成することは今後九二年間に少なくとも一九八六回の発作を起こすということを意味するでしょう。何が起きても不思議はありませんが、これが最も起こりそうなことだと、だれが実際信じるでしょうか。

配当利回りは約二％で推移しています。株式が一九〇〇年代に平均で年率五・三％値上がりしていたとしても、年金資産の株式部分――費用として〇・五％を見ておいた場合――の利益率は七％程度でしょう。また、コンサルタントや高くつく資産運用者たち（いわゆる「助っ人」）がいることを考えると、〇・五％の費用というのは極めて控えめな見積もりかもしれません（第3章「G．インデックスファンドでコストを削減する」参照）。

当然のことながら、だれしも平均以上のリターンを期待します。そしてこうした助っ人は――いやはや――、顧客が間違いなくこう確信するよう仕向けます。しかし、グループ別に見てみると、助っ人の助けを借りるグループというのはそもそも平均を下回っているはずです。理由は単純です。①投資家は全体として見れば必然的に平均的な利益率を達成し、そこから発生した費用を差し引くことになる、②パッシブ投資家やインデックス投資家はあまり活発に取引を行わないことから、平均的な利益から極めて少ない費用を差し引いただけの利益が獲得できる、③このグループは平均的な利益率が獲得できることになり、したがって残りのグループはアクティブ投資家ということになる。しかし、このグループは取引費用、運用者への報酬、顧問報酬が高くなる。したがって、アクティブ投資家は、活発に取引を行わない投資家よりも利益のうちのはるかに高い割合を失うことになるということです。すなわち、パッシブ投資家のグループ――「何も知らない」グループ――が勝つことになります。

今世紀中に、株式投資で年率一〇％の利益（二％が配当で、残りの八％が値上がり益）を期待している人たちは、ダウ平均が二一〇〇年までに約二四〇〇万ドルに達すると言外に想定していることになります。あなたの投資顧問が、株式投資で二桁の利益が上がるというのならば、この計算結果を説明してあげてください。これは彼らを動揺させるためではありません。助っ人の多くは、「だから、時には朝食前に六つものあり得ないことを信じたこともありましたよ」と語る『不思議の国のアリス』のハートの女王の末裔に違いありません。あなたの頭の中を空想でいっぱいにし、自分の懐を手数料でいっぱいにする口達者の助っ人には、どうかご注意ください。

会社のなかには、アメリカだけでなく、ヨーロッパにも年金制度を持っているところがあります。こうした会社は、ほとんどすべてが会計上、アメリカの年金制度のほうが他国の制度よりも利益率が高いと想定しています。この相違は不可解です。それならば、なぜこれらの会社はアメリカの運用担当者に他国の年金資金も担当させて、同じ魔法をかけないのでしょうか。私は、これまでこの件に関する説明を目にしたことが一回もありません。しかし、利益率の想定を綿密に調べる責任がある会計士や年金数理人にとって、このことはまったく問題ではないようです。

一九九三年に施行された会計基準の変更によって、退職者健康保険の現在価値を債務として計上しなければならなくなりました。一般会計原則は、将来支払う年金債務については認識しなければならないとしていたものの、健康保険での負担は無視するという非理論的な規則になっていました。新しい会計方針は多くの企業で巨大なバランスシート上の債務を発生させ（結果として純資産を減らし）、年度収益を計算するときにかなり大きな費用を認識しなければなりません。

自分の会社も無制限の退職者健康保険を引き受けたらどうかという提案を抱えて取締役会に臨もうなどと考える経営者は、ここ数十年間において一人もいません。人の寿命が長くなったため、健康保険の負担が増大し、保険者にとってその企業の財政的な基盤を揺るがすほどになることは医学の専門家でなくても分かります。しかし多くの経営者が、不注意にも被保険者にまったく同様の約束を行う自己保険制度を採用して、その株主に対して避けられない結果を運命づけてしまっています。健康保険における無制限の約束とは、いくつかの主要なアメリカ企業が国際競争力を脅かされるほど巨大な、無制限の債務を抱えることにほかなりません。

このような経営者の向こう見ずな態度は、長い間、会計原則が退職者健康保険の費用計上を求めてこなかったからだと思います。その代わりに、会計原則は現金主義を認め、結果として膨大な累積債務を大幅に過小評価してきました。実際、これらの債務に対する経営者や会計士の態度は「去る者は日々に疎し」というものでした。ただ、皮肉なことに、同じ経営者のなかには、現金主義会計を認めていることについて、社会保障制度やそのほかの制度が将来莫大な債務を生み出したとして、議会を批判している人たちもいます。

会計上の問題を検討する経営者はアブラハム・リンカーンの好んだ謎掛けを忘れるべきでないと思います。「もしあなたが犬の尻尾を足と呼ぶとして、犬の足は何本ですか」。答えは「四本です。あなたが尻尾を足と呼んだからといって、尻尾が足になるわけではありません」。たとえ会計監査人が犬の尻尾が足であると証明しようとしても、経営者はリンカーンの正しい言葉をしっかりと肝に銘じておくべきです。

F．実現イベント（二〇一〇年）

さて、メディアの多くが何にもまして大々的に取り上げる数字である純利益に注目しましょう。この数字は大半の会社で重視されていますが、バークシャーではほとんどの場合、意味がありません。私たちの業績がどうであれ、マンガーと私は、ある期間の純利益を――実に合法的に――、ほぼ私たちが望むような数字にすることができるからです。

私たちにこのような柔軟性があるのは、投資の実現利益や損失は純利益に反映される一方、未実現利益（および多くの場合は未実現損失）は除かれるためです。例えば、バークシャーのある年の未実現利益が一〇〇億ドル増加し、同時に一〇億ドルの実現損失を抱えていたとしましょう。バークシャーの純利益――ここには損失のみが計上されています――は、営業利益を下回るものとして公表されるでしょう。その一方で前年度に実現利益を計上していたとすると、実際には事業が大きく上向いていたとしても、全体の純利益からはX％の減益になったと公表されることになります。

私たちが純利益を本当に重要だと考えるなら、規則的に実現利益を出すことはできます。これは巨額の未実現利益があって、そこから引き出すことができるというだけのことです。しかしご安心ください。マンガーも私も、間もなく発表される純利益に影響を与えるために、証券を売ることはけっしてありません。私たちは数字の「ゲーム」には強い嫌悪感を抱いています。このようなゲームは一九九〇年代のアメリカ企業全体に蔓延し、かつてほど頻繁であからさまではないにしても、今でも根強く残っています。

営業利益にはいくつか欠点もありますが、一般的には事業がどのような状況にあるかを示す合理的な指標です。しかし、純利益の数字は無視してください。ルール上、みなさんに純利益を公表しなくてはならないのですが、純利益を追いかけている記者がいれば、そちらのほうを問題視すべきでしょう。

　実現損益も未実現損益も私たちの簿価の計算にはすべて反映させています。基準の変更と営業利益の推移に注意を払うことです。そうすれば道を誤ることはないでしょう。

G．投資（二〇一七年）

　新しいGAAPルールの下では、株式投資の未実現利益や未実現損失を純利益に含めて報告することになっています。そして、この規定はバークシャーのGAAPに準拠した最終収益にかなり激しくて気まぐれな変動をもたらします。当社は、市場性のある株式一七〇〇億ドル相当を保有しており、その価値は四半期報告の期間中に簡単に一〇〇億ドル以上変動することもあります。報告する純利益にこれほどの揺らぎの幅を含めることになれば、本当に重要な私たちの営業利益の数字も意味がなくなってしまいます。つまり、分析目的ならば、バークシャーの「当期利益」は役に立たないということです。

　新しいルールは、実現利益や実現損失を純利益に含めることを余儀なくさせ、以前からあったコミュニケーションの問題を悪化させました。これまで四半期報告や年次報告を発表するたびに、このような実現益に惑わされないようみなさんに警告してきました。実現益も、未実現益と同様に、不規則に変動するからです。

ただ、変動の主な理由は証券の売却によって収益に影響を及ぼそうと思っているからではなく、それが最も賢い行動だと思える時期に売っているからです。その結果、時にはポートフォリオ全体のパフォーマンスが低いのに相当額の実現利益を計上することもあります（逆もあります）。

未実現益に関する新しいルールは、実現益に関する現行ルールがもたらした歪みをさらに悪化させています。そのため、私たちは報告する数字を理にかなったものにするための調整について、四半期ごとに説明していくつもりです。ただ、収益発表に関するテレビのコメントはたいていてい瞬時に反応が起こり、新聞の見出しはほとんどがＧＡＡＰ純利益の前年比の変化に注目しています。そのため、メディアの強調する数字がときどき読者や視聴者を不必要に怖がらせたり、煽ったりすることにもなりかねません。

私たちは、この問題を緩和するため、決算発表はこれまでどおり金曜日の市場が終了してから十分時間がたった土曜日の早朝に行うことにします。そうすることで、みなさんの分析時間をできるだけ長くし、投資のプロは月曜日に市場が開く前に情報に基づいたコメントを顧客に提供することができるからです。それでも、会計の知識がない株主にとっては、かなりの混乱が生じることになると思います。

第8章

税務

Taxation

もし保有株を年度末の時価ですべて売却するならば何十億ドルもの税金を支払うことになります。この繰延税債務は、年度末から一五日後に支払い予定の買掛金と似たようなものといってよいのでしょうか。それらが監査済みの純資産に与える影響はまったく同じにもかかわらず、明らかに二つは異なります。

一方で、繰延税の実際の支払いは株式の売却に伴って発生するものであり、多くの株式に関して当面売却の計画がないということから、繰延税債務は無意味な会計上のフィクションだとしてよいのでしょうか。これに対する答えもまた、ノーです。

経済的には繰延税債務とは米財務省から無利息で調達し、私たちが返済時点を決められる借入金のようなものです（もちろん議会が売却前の株式含み益に課税するようなことがないとしての話ですが）。この「借入金」は特殊なものです。それは、特定の値上がりした株式の所有に関してのみ利用でき、しかもその金額は、株式価格が動くことで日々変化し、また税率が変更されることで定期的に変化します。事実上、繰延税債務は、もし私たちが一つの資産を別の資産に換えることを選んだ場合に支払わなければならない多額の移転税に他なりません。

税制度のこのような仕組みのため、私たちが好むリップ・バン・ウィンクル風の眠り続けるような投資方法は、もし成功するならば、より熱狂的な投資方法に比べて数学的な利点があります。ただ強調しますが、長期投資を好むという私たちの戦略はこのような税金をめぐる数学から来るものではありません。実際、ある投資対象から別の投資対象へと頻繁に資金を動かしたほうが税引き後利益が増えることもあるかもしれません。はるか昔、マンガーと私は実際そのようなことをやったこともありました。

しかし、今では多少収益率が落ちたとしても、長期投資のほうを好みます。理由は単純です。素晴らしいビジネス関係は非常にまれで、非常に素晴らしいものなので、それまで築いた関係はすべて維持していきたいからです。これは容易な決定でした。私たちは、素晴らしいビジネス関係は、最大ではないとしても、好ましい金銭的な結果をもたらすと思っているからです。そうであれば、興味深くて尊敬できる人たちと過ごす時間を手放して、見ず知らずの恐らく平凡に近い資質しか持たない別の人たちと過ごすのは無意味だと考えています（一九八九年序文）。

A．法人税負担の分配について（一九八六年、一九九八年）

法人税を実質的に負担しているのは企業なのか、その顧客なのかについては、曖昧で偏った意見が過去に多く見られました。当然ながら、こうした論議が通常行き着く先は、減税への反対ではなく増税への反対です。法人税率引き上げに反対する人々が往々にして主張する意見とは、企業は実際には法人税を負担しておらず、経済的なパイプラインとしてすべての税金を消費者に転嫁しているのだというものです。彼らの考え方に基づけば、法人税を引き上げれば商品価格の引き上げにつながるだけで、企業はそれによって増税の負担を相殺することになります。ちなみに、この「パイプライン」理論を進めると、法人税が減税となっても企業利益は増加せず、消費者にとっては商品価格が引き下げられることになるのだという結論も正しいことになります。

対照的に、企業は法人税を支払うだけではなく、それを吸収しているのだと言う人たちもいます。この考えによれば、法人税が引き上げられても消費者にはまったく影響がないことになります。

本当のところはどうなのでしょうか。法人税が引き下げられたとき、バークシャーやワシントン・ポスト、キャピタル・シティーズは、その恩恵を自らのものとするのでしょうか。それとも商品価格を引き下げることで消費者に恩恵を与えるのでしょうか。これは投資家や経営者、そして当然ながら政策立案者にとっても、重要な問題です。

私たちの結論は、法人税が引き下げられることによる恩恵は、企業とその株主が独占的に享受するか、さもなくば、ほとんどすべての恩恵がその企業の顧客のものとなるというものです。どちらになるかを決定するのは、企業のフランチャイズがどれだけ強力か、またフランチャイズの収益性が規制されているかどうかという点にかかっているということです。

例えば電力会社などのように、税引後の利益がかなり厳密に規制された強固なフランチャイズの場合、法人税率が変わると、企業利益ではなく電力料金に反映されます。税率が切り下げられれば、通常即座に電力料金が引き下げられ、税率が引き上げられれば、ただちにではなくとも、電力料金は引き上げられることになります。

　同様の結果が起きるのは第二の分野、つまり価格競争が激しく、企業のフランチャイズが非常に弱い業界の場合です。こうした業界では、自由市場の原理が遅れがちで不規則ではあっても、全般として効率的な方法で税引き後利益が「調整」されます。電力業界においてユーティリティー企業委員会が電力会社を管理しているように、価格競争が激しい業界では市場が同様の役割を果たしています。したがってこうした業界では、税率の変更は企業利益ではなく商品価格に影響を及ぼすことになります。

　しかし規制を受けていない強固なフランチャイズを持つ企業では、状況が異なります。そこでは、法人税率引き下げの恩恵を受けるのは、企業であり、株主です。こうした企業が減税による恩恵を享受する状況はまるで、電力料金を引き下げるよう圧力を加える規制当局が存在しない電力会社のようなものです。

　当社が完全にまたは部分的に所有する企業の多くは、こうした強固なフランチャイズを有しています。結果として、法人税引き下げによるメリットの多くは、各企業の顧客ではなく私たちのものになります。このようなことを言うのは賢策ではないかもしれませんが、否定もできません。このことに納得できない方は、お住まいの地域で最も優秀な脳外科医か弁護士を思い浮かべてください。彼らの最高個人所得税率が五〇％から二八％に引き下げられたからといって、彼らが専門家（つまり地域でのそれぞれの分野における「フランチャイズ所有者」）としての報酬額を現実的に引き下げると考えられますか。

一方で、損害保険は極めて価格競争の激しい業界であるにもかかわらず、増税はバークシャーの損害保険会社の収益に影響を与えます。損害保険業界が前述したルールの例外になる理由は、必ずしもすべての大手保険会社が同じような納税環境にあるとは限らないからです。大きな差異が生じる理由はいろいろあります。例えば、選択式の最低課税標準によって、実質的に影響を受ける企業とそうでない企業がありますし、また大手の保険会社のなかには、巨大な繰越損失があるために少なくとも数年間にわたって多額の納税をしないで済む企業もあります。さらには大手保険会社のなかには、非保険事業の関連会社との連結利益ベースで課税されるところもあります。このようなさまざまな状況の違いから、損害保険事業における限界税率はまちまちとなっています。しかし、例えばアルミニウムや自動車、デパートなど、その他の価格競争が激しい業界のほとんどでは状況が異なり、大手企業は一般的に同様の納税環境に置かれています。

損害保険業界に共通した納税環境が存在しないということは、典型的な価格競争の激しい業界ほど、この業界に対する増税がその顧客に転嫁されることは恐らくないだろうということです。換言すれば、保険会社は追加の納税負担の大半を自ら負うことになります。

バークシャーの財務状況は時として誤解されることがあります。第一に、私たちはキャピタルゲインには特に魅力を感じていません。企業は課税所得に対して三五％の税金を支払いますが、これはその所得がキャピタルゲインによるものであっても通常の事業によるものであっても変わりはありません。すなわち、長期のキャピタルゲインに対してバークシャーが支払う税金は個人が支払う税金に比べて実に七五％も上回る、ということになります。

別の誤解をしている人たちもいます。私たちが課税所得から受け取る配当すべての七〇％を控除できると信じているのです。実際、大半の企業に七〇％の控除率が適用されており、バークシャーについても保険以外の子会社で株式を保有する場合には当てはまります。しかし、私たちの株式投資のほぼすべては保険会社で持っており、この場合の控除率は五九・五％です。つまり、私たちにとって配当の一ドルは経常利益の一ドルよりもかなり重要ではあっても、一般に考えられているほどではありません。

B．税制と投資哲学（一九九三年、二〇〇〇年、二〇〇三年、二〇一六年）

バークシャーは、連邦法人税の高額納税者です。納税額に関しては、マンガーも私も何の不満もありません。バークシャーが事業を展開しているのは市場経済のなかであり、私たちと同様かそれ以上の社会的な貢献をその生産活動によって行っている企業と比較しても、かなり寛大な報酬を得られていることも理解しています。税金はこうした不平等を部分的に和らげるものです。私たちはそれでもかなり優遇されていると思っています。

バークシャーとその株主は、もしもバークシャーがパートナーシップ、あるいはS法人（小規模事業会社）――ともに事業形態としてビジネス上用いられるものですが――であれば、ずっと少ない税金を支払えば済んだでしょう。それは諸々の理由からバークシャーではあり得ないことです。しかし私たちが株式会社の形態を取っていることによるハンディは、長期投資の戦略を取っていることで、ゼロには遠く及ばないとしても、部分的には軽減されています。たとえまったく課税されないとしても、マンガーと私はバイ・アンド・ホールド戦略を取り続けるでしょう。それが最も堅実な投資方法だと考えていますし、私たちの性分にも合っているからです。そして、バイ・アンド・ホールドを好むもう一つの理由は、利益が実現されたときに初めて課税が行われるからです。

私はお気に入りの連載漫画『リル・アブナー』を通じて、少年時代に税金の繰り延べによるメリットを知りました（もちろんその時点でそれを実地に試すことはできませんでしたが）。リル・アブナーは貧しいドッグパッチ地区で楽しげに間抜けなヘマをやらかし、読者に優越感を味わわせます。あるとき彼は、ニューヨークからやってきた魅惑的な女性に夢中になりますが、結婚を断念します。彼は一ドルしか持っていないのに、彼女のほうは百万長者にしか興味がなかったからです。落胆したアブナーは、ドッグパッチで賢者と慕われるモーゼ老人のところに相談に行きます。賢者いわく、「おまえのお金を二〇回二倍にすれば、もうあの女はお前のものじゃ」（一、二、四、八……一〇四万八五七六）。

私の記憶によれば、アブナーは酒場でスロットマシンに彼の一ドルを投入します。そしてジャックポットを当てて、床中がコインで埋め尽くされました。モーゼ老人の助言にくそマジメに従おうとするアブナーは床から二ドルだけをつかむと、それをどうやって倍にしようと考えながら酒場をあとにします。それ以降、私はアブナーの漫画を読むのはやめ、ベンジャミン・グレアムを読み始めました。

モーゼ老人を町のグルと敬うのは明らかに過大評価でした。彼はアブナーが盲目的に指示に従うことを予想できなかったばかりでなく、税金についても忘れていました。もしもアブナーがバークシャーに課された法人税と同様に三五％の税金を支払うとすると、仮に毎年投資額を倍にできたとしても、二〇年後に手元に残るのはたったの二万二三七〇ドルです。実際アブナーが彼女を得るために必要な一〇〇万ドルを手にするためには毎年資産を倍にして三五％の税金を支払うとすると、さらに七年半の歳月が必要です。

それではもしも、アブナーが一つの対象に一ドルを投資して同じく二七・五回、それぞれ倍になるまで持ち続けていたらどうなるでしょうか。その場合は、税引前で二億ドルになり、最後の年には七〇〇〇万ドルの税金を支払って、税引後一億三〇〇〇万ドルを手にすることになります。これなら彼女のほうから這ってでもドッグパッチにやってきたことでしょう。もちろん一億三〇〇〇万ドルを手にしたアブナーの目に「二七年半後の美女」がどう映ったかは別問題ですが。

この話から学びとれるのは、「税金を支払わなければならない投資家にとっては、一回の投資によって一定の収益率で内在的に価値が複利で増加していくほうが、同じ収益率で何回も投資を繰り返すよりもはるかに大きな投資成果を得ることができる」ということです。ただ、バークシャーの株主の多くは、ずっと前からこのことに気づいていると思います。

バークシャーが企業のごく一部ではなく一〇〇%を保有することを望むのは、はっきりとした財務面での理由があるからです。それは税金に関することです。税法によると、割合で考えた場合、事業の八〇%以上を保有するほうがそれ未満で保有するよりもはるかにバークシャーにとって収益性が高まります。私たちが一〇〇%保有する会社の税引き後利益が一〇〇万ドルの場合、全額が私たちの利益になります。この一〇〇万ドルがバークシャーに納められれば、配当に関する税金を支払う必要はありません。また、利益を留保して、この会社の買収時の価格よりも一〇〇万ドル高く売却した場合でも――バークシャーではありそうにないことですが――、キャピタルゲイン税を支払わずに済みます。なぜならば、売却の際の「税務費用」には、事業に対して支払った額と子会社が留保するすべての利益の両方が含まれるからです。
　この状況を市場性のある証券に投資している場合と比べてみましょう。税引き後で一〇〇〇万ドルの利益を上げている企業の一〇％を保有している場合、利益のうち私たちの分け前である一〇〇万ドルについては次の州税および連邦税が追加で課されます。①私たちに分配される場合には約一四万ドル（配当に対する税率はほとんどの場合一四％）、②一〇〇万ドルが留保され、キャピタルゲインの形で認識される場合には少なくとも三五万ドルです（キャピタルゲインに対する税率はほとんどの場合三五％ですが、四〇％近くになる場合もあります）。利益をすぐに実現せず三五万ドルの支払いを繰り延べることもできますが、最終的には税金を支払わなくてはなりません。株式への投資によって企業の一部を保有する場合、事実上、政府は二回、私たちの「パートナー」となるのですが、企業の少なくとも八〇％を保有しておけば一回で済むのです。

　二〇〇三年五月二〇日、ワシントン・ポスト紙は私の論説を掲載しました。これはブッシュ大統領の税制案を批判する内容でした。その一三日後、財務省で租税政策を担当するパメラ・オルソン財務次官が新しい税制について演説を行い、次のように語ったのです。「つまり、あ

る中西部の賢者は、ぜひとも注意していただきたいのですが、バイオリンを奏でるかのように税制をもてあそび、いまだに利益をすべて抱えこんでいる、ということです」。彼女は私のことを言っているのだなと思いました。

残念ながら私の「バイオリン演奏」ではカーネギーホールには立てませんし、高校の演奏会すら無理でしょう。バークシャーは、みなさんと私自身の分として二〇〇三年の利益について三三億ドルの税金を財務省に納める予定です。この合計額は、すべてのアメリカ企業が納める所得税合計額の二・五％に相当します（一方、バークシャーの企業価値はアメリカ企業全体の価値の約一％にすぎません）。

私たちが支払っている額からすれば、私たちはほぼ間違いなくわが国の高額納税者上位一〇社に入るでしょう。実際、わずか五四〇人の納税者がバークシャーが支払う額と同じだけを支払えば、ほかの個人や法人はアメリカ政府に何も払う必要がなくなります。そうです。二億九〇〇〇万人のアメリカ国民とそのほかの企業は、所得税、社会保障費、消費税、固定資産税を一セントたりとも連邦政府に支払わなくてよくなります（計算してみましょう。二〇〇三年の社会保障費などの連邦税の合計額は一兆七八二〇億ドルです。そして、五四〇人の「バークシャー」がそれぞれ三三億ドルを支払えば、同額の一兆七八二〇億ドルに達します）。

一七億五〇〇〇万ドルを納めた二〇〇二年の確定申告では、申告書は八九〇五ページに及びました。私たちは求められているとおりに、申告書を謹んで二部作成し、七フィートもの書類の山を積み上げました。バークシャーの本社では、一五・八人の部隊が疲れ切っているにもかかわらず、一瞬誇らしさで頬を赤らめました。バークシャーは紛れもなく、わが国の財務負担の割り当てを引き受けていると感じたからです。

財務省が今やアメリカの企業社会に不満を感じ、怒りを爆発させる傾向にあることは理解できます。しかし、彼らが目を向けるべきは議会や政府の是正であり、バークシャーではないでしょう。二〇〇三年度の法人所得税はすべての連邦税収の七・四％を占めていました。この割合は戦後のピークである三二％（一九五二年）から低下しています。一年の例外（一九八三年）を除き、昨年の割合は統計が開始された一九三四年以降で最低を記録しました。

そうではあっても、企業（およびその投資家、特に大口投資家）に対する税控除は政府の二〇〇二年と二〇〇三年の政策の大部分を占めていました。アメリカで階級闘争が行われているとすれば、私の階級は間違いなく勝ち組です。現在、多くの大企業――バイオリンを演奏する才能にたけ、みなさんの会長がぶざまに見えてしまうようなＣＥＯ（最高経営責任者）の経営する会社です――が支払っている連邦税は、規定された三五％とは程遠いものです。

バークシャーは一九八五年に一億三二〇〇万ドルの連邦所得税を納めました。すべての企業が支払った額の合計は六一〇億ドルです。一九九五年については、バークシャーは二億八六〇〇万ドル、すべての企業の合計は一五七〇億ドルです。そしてすでにお話ししたように、二〇〇三年について私たちは約三三億ドルを納める予定であり、すべての企業の合計は一三二〇億ドルです。私たちは将来も納める税金の額が増え続けてほしいと願っています――それはすなわち私たちが発展することだからです――。しかし、ほかのアメリカ企業も私たちに倣って納める額を増やしてほしいと思っています。これこそ、オルソン女史が取り組むべきことかもしれません。

配当と税金について、少し教育的なことを書いておきます。バークシャーは、ほかの多くの会社と同様に、一ドルのキャピタルゲインよりも一ドルの配当から得る利益のほうがはるかに多くなっています。このことに、キャピタルゲインのほうが税制上有利だと思っている株主のみなさんは驚くと思います。

少し計算してみましょう。会社がキャピタルゲインを実現すると、一ドル当たり三五セントの連邦所得税とたいていは州所得税が課されます。一方、アメリカの会社から受け取った配当金に対する税率は、課税区分によって変わってきますが、いずれにしても三五％を下回っています。

非保険会社の場合（例えば、バークシャー・ハサウェイ本体）、配当金一ドルに課される連邦所得税は実質的に一〇・五セントです。しかも、非保険会社が投資先企業を二〇％を超えて保有していれば、配当金にかかる税金は一ドル当たりわずか七セントです（配当金にかかる税率が低い理由は、配当を行う会社自体が分配する利益に対してすでに所得税を支払っているからです）。

バークシャーの保険子会社は、配当に対して非保険会社よりも若干高めの税率を課されていますが、それでもキャピタルゲインにかかる三五％よりはかなり低くなっています。損害保険会社は、受け取った配当金の多くについて一四％課税されています。ただ、投資先がアメリカを拠点とする会社に二〇％を超えて投資している場合の税率は、約一一％です。

C. アメリカ政府――サイレントパートナー（二〇二一年）

バークシャーは毎年、巨額の連邦所得税を支払っています。例えば、二〇二一年は三三億ドルを支払いました。ちなみに、アメリカ財務省の報告では、法人所得税の総額は四〇二〇億ドルでした。それに加えて、バークシャーは多額の州税と外国税も支払っています。バークシャーの株主が「税金は会社で支払っている」と主張すれば、それを否定することはできません。

バークシャーの歴史は、アメリカ政府とアメリカ企業の目に見えない、そしてあまり認識されていない金融パートナーの関係を鮮明に示しています。当社の歴史は、一九五五年初めにバークシャー・ファイン・スピニング社とハサウェイ・マニュファクチャリング社が合併に同意したときに始まりました。ニューイングランド地方の二つの由緒ある繊維会社は合併による大きな期待を表明して、株主の承認を求めました。

例えば、ハサウェイは株主に「両社の資源と経営陣が合わされば、繊維業界で最強かつ最も効率的な一社になる」と断言し、同社のアドバイザーだったリーマン・ブラザーズ（あのリーマン・ブラザーズです）もそれを支持しました。

合併が完了したときは、フォールリバー（バークシャーの本拠地）もニューベッドフォード（ハサウェイの本拠地）もきっと喜びに満ちていたことでしょう。しかし、音楽が止み、銀行家たちが引き上げると、株主たちはひどい目に遭いました。

合併から九年後、バークシャーの自己資産は五一四〇万ドルから二二一〇万ドルに落ち込んでいました。自社株買いや軽率な配当や工場の閉鎖などが理由でした。また、何千人もの社員の九年間の努力は、営業損失を生み出していました。ただ、バークシャーの苦難は珍しいことではありませんでした。このときすでにニューイングランドの繊維業界は後戻りできない死の行進を静かに始めていたからです。

合併から九年間のバークシャーの苦難によって、アメリカ財務省の収入も減りました。この間にバークシャーが支払った所得税は三三万七三五九ドルで、これは一日一〇〇ドルという情けない額でした。

しかし、一九九五年の初めに状況が変わりました。バークシャーは新しい経営方針を取り入れ、利用可能な現金と実質的にすべての利益を複数の好調な事業に投入し、その多くが年間を通して好調を維持したのです。収益の再投資と複利の力は魔法の効果を発揮し、株主は潤いました。

　ここで注目してほしいのは、軌道修正の恩恵を受けたのがバークシャーの株主だけではなかったということです。彼らの「サイレントパートナー」であるアメリカ財務省も、何百億ドルものお金を所得税として受け取ったからです。バークシャーは、かつては一日に一〇〇ドルしか支払っていなかった税金を、今では毎日約九〇〇万ドル支払っています。

　政府というパートナーに公平を期して言えば、バークシャーが大きく繁栄したのは、当社がアメリカで運営しているからだということを株主は大いに認識すべきです。一九六五年以降、私たちの国はバークシャーがなくても大いに発展してきました。しかし、このアメリカという故郷がなければ、バークシャーが今日のような発展を遂げることはなかったでしょう。アメリカ国旗を見たら、ぜひお礼を言ってください。

第9章

アメリカの歴史

American History

バークシャーの成功の大きな部分は、アメリカのフォローの風とでも呼ぶべきもののおかげです。アメリカの企業や個人で「自分一人の力で成し遂げた」などと言う人がいたら、それはあまりにも傲慢です。そのような主張をする人たちを、ノルマンディー米軍英霊墓地に眠る人たちは恥ずかしく思うでしょう。

明るい未来が期待できる国は世界中にたくさんあり、それは喜ばしいことです。もしすべての国が繁栄すれば、アメリカ人もより豊かで安全になります。そして、バークシャーは今後、かなりの金額を外国に投資したいと思っています。

ちなみに、私たちの次の七七年間の利益も、アメリカのフォローの風によってもたらされることはほぼ間違いないでしょう。このような力が私たちの背中を押してくれることは、素晴らしく幸運なことです（二〇一八年の手紙の導入部分）。

A．アメリカの奇跡（二〇一六年）

わが母国アメリカが達成したことを一言で表すとすれば、奇跡です。二四〇年前の建国から私の人生の三倍にも満たない期間で、アメリカ人は、創意工夫と市場制度と才能と意欲を備えた移民たちと法の支配を融合させて、先祖の夢をはるかに超えた豊かさを実現させました。

私たちの制度がうまく機能したことは、経済学者でなくても分かります。今日の七五〇〇万戸の個人住宅や豊かな農地、二億六〇〇〇万台の車、生産性が異常に高い工場、優れた医療センター、才能あふれる学生が集う大学など、ありとあらゆるものが一七七六年の不毛の土地や未発達な構造やわずかな生産量の時代から現在までに、アメリカ人が獲得してきた純利益を表しています。アメリカは、何もないところから九〇兆ドルもの富を築いたのです。

もちろん、アメリカの住宅や自動車やそのほかの多くの資産の所有者は、それを買うために多額の借金をしています。しかし、もし彼らが返済できなくなっても、その資産が消滅したりその有用性が失われたりするわけではありません。通常、所有権はアメリカの貸し手に移り、いずれアメリカの買い手に渡ります。つまり、アメリカの富は損なわれないということです。ガートルード・スタインの言葉を借りれば、「お金は常にある。ポケットが変わるだけ」です。

アメリカの豊かさを生み出したのは、何といっても私たちの市場制度、つまり資本と頭脳と労働力を導く経済的トラフィックです。そして、この制度は報酬を配分するための主な要素にもなっています。また、連邦税や州税や地方税を通じた政府による再配分も、報奨金のかなりの部分について配分先を決めています。

例えば、アメリカは、現役世代が高齢者や子供を助けることになっています。このような形の援助（「給付金制度」として捧げられることもあります）は通常、高齢者に適用されると考えられています。しかし、アメリカでは毎年四〇〇万人の赤ちゃんが誕生し、彼らには公共教育を受ける権利があることを忘れてはなりません。このような社会的責任にかかる費用は主に地方自治体が負担し、その額は一人当たり一五万ドルに上ります。この費用の総額は年間六〇〇〇億ドルにもなり、ＧＤＰ（国内総生産）の約三・五％を占めています。

ただ、私たちの富が分割されているとはいえ、莫大な金額のほぼすべてがアメリカ人のものです。もちろん、外国人が所有したり権利を持っていたりする分も若干はありますが、アメリカのバランスシートにおける重要性はほとんどありません。それに、アメリカ人も外国にほぼ同程度の資産を所有しています。

ちなみに、植民地時代のアメリカ人がその何百年も前から苦労してきた人たちよりも賢かったわけでも、勤勉だったわけでもないことは強調しておくべきだと思います。ただ、冒険好きな開拓者たちは人間の潜在力を解き放つ制度を作り出し、それを後継者たちがさらに強化してきました。

この経済の仕組みは、将来にわたって私たちの子孫にさらなる富を届けることになるでしょう。もちろん、富の構築は時には短期間、中断されることもありますが、けっして止まることはありません。私がこれまでも、これからも述べていくことをもう一度書いておきます。今日、アメリカで生まれる赤ん坊は、歴史上最も幸運な人たちです。

＊　＊　＊　＊　＊　＊　＊　＊　＊

アメリカの経済的な成果は、株主に莫大な利益をもたらしました。二〇世紀の間にダウ平均が六六ドルから一万一四九七ドルへと一万七三二〇％上昇しただけでなく、それに合わせて配当金も安定的に増えていきました。

アメリカ企業、そして結果的にアメリカ株のバスケットの価値が将来大きく上がることはほぼ間違いないでしょう。技術革新や生産性の向上、起業家精神、豊富な資本がそれを可能にするからです。そして、いつの時代にもいる反対論者は、暗い予測をすることで繁栄するのかもしれません。しかし、もし彼らが自分で広めたバカげた行動をとっても、天は彼らを助けるでしょう。

もちろん、多くの企業が停滞し、なかには破綻するところも出てきます。このような選別は市場力学の産物です。さらには、この先、時には市場が大幅に下落したりパニックが起こったりして、ほぼすべての株価が影響を受けることもあるでしょう。ただ、それがいつになるかは分かりません。ニューヨーク連銀のメグ・マコーネルがパニックの現実をうまく言い表していますす。「私たちは長い時間をかけてシステミックリスクを探し当てようとしていますが、実際にはリスクのほうが私達を探し当てます」

B．生産性の伸び（二〇一五年）

現在、アメリカの一人当たりのＧＤＰは約五万六〇〇〇ドルです。これは、私が生まれた一九三〇年と比べて実質的に六倍にも増えています。私の両親の時代には夢ですらなかったほどの伸びです。一九三〇年当時よりもアメリカ人が、本質的に賢くなったり勤勉になったりしたわけではありません。しかし、当時よりもはるかに効率的に働くことによって、はるかに多くを生産できるようになりました。この強力な傾向はこの先も間違いなく続き、アメリカの経済的な魔法はこれからも健在でしょう。

評論家のなかには、現在の年間実質ＧＤＰ成長率が二％しかないと嘆く人もいます。もちろん、もっと高ければそれに越したことはありません。しかし、この嘆かわしいとされる二％でも、簡単に計算するだけで驚くべき利益を生み出していることが分かります。

アメリカの人口は、毎年〇・八％ずつ増えています（出生率から死亡率を引いた〇・五％と正味移民数の〇・三％）。つまり、ＧＤＰの成長率が二％ならば、一人当たり一・二％増えるということです。これは大したことではないように聞こえるかもしれませんが、一世代を二五年だとすると、その間の一人当たりのＧＤＰ成長率は三四・四％にもなります（複利の効果で単純に二五年×一・二％した場合よりもずっと高くなります）。そして、三四・四％の成長率は次世代の一人当たり実質ＧＤＰを一万九〇〇〇ドルも増やします。もしこれを均等配分すれば、四人家族で年間七万六〇〇〇ドルです。今日の政治家が、子供たちの将来を悲観する必要はないということです。

実際、今日の子供たちの多くは良い生活を送っています。私が住むアッパーミドルクラスの地域では、私が生まれたころのジョン・D・ロックフェラー・シニアよりも高い生活水準を謳歌しています。彼の桁外れの資産をもってしても、さまざまな分野で（例えば、輸送、娯楽、通信、医療サービスなど）、私たちが今日、当然のように享受しているものを買うことはできなかったということです。もちろん、ロックフェラーが権力と名声を勝ち得ていたことは間違いありませんが、それでも私の近所の人たちほどの生活は送っていなかったのです。

ただ、次の世代が有するパイは今日よりもはるかに大きくなるものの、それをどう分けるかについては激しい議論が続きます。今がそうであるように、増産されたモノやサービスについてさまざまな人たち（現役世代と退職者、健康な人と衰弱した人、代々の資産家とホラシオ・アルジャーの小説に出てくるような成金、投資家と労働者、そして特に市場で価値がある才能を持った人と市場で稼ぐスキルはなくてもまともで勤勉な人）の間で葛藤が生じます。このような衝突は、この先も私たちの周りでずっと続いていくことでしょう。ちなみに、その戦場となるのは議会で、カネと票が武器になります。そして、ロビー活動はこれからも成長産業であり続けるでしょう。

しかし、良いこともあります。将来は、たとえ「負け組」でも、過去と比べてはるかに多くのモノやサービスを享受できることはほぼ間違いないからです。また、増えた分け前の質も劇的に向上します。人々が欲しいものを生産するだけでなく、彼らがまだ欲しいかどうか気づかないものまで届けてくれる市場制度に勝るものはありません。私の両親が若かったころは、テレビなど想像だにしていませんでしたし、私だって五〇歳代までパソコンが必要だとは思っていませんでした。しかし、どちらの製品もその恩恵が分かると、人々の生活に革命を起こしました。私は今では週に一〇時間もオンラインのブリッジに費やしています。そして、この手紙を書くうえで、「検索」機能は必須です。

この二四〇年間、アメリカの成長に賭けなかったのであればそれは大きな間違いですし、それは今でも変わりません。アメリカの商業と革新という金の卵を産むガチョウは、これからもより大きな卵をより多く産み続けるでしょう。アメリカの社会保障の公約は履行され、もしかしたらさらに寛大になるかもしれません。そして、アメリカの子供たちは、親の時代よりもはるかに良い生活を送ることになるでしょう。

＊　＊　＊　＊　＊　＊　＊　＊　＊

一七七六年の建国以来、アメリカの生活水準が驚くほど向上していった秘訣は、労働者一人の一時間当たり生産量が増加し続けていることにあります。残念ながら、「秘訣」という言葉が適切なのは、生産性と繁栄のつながりを把握していないアメリカ人があまりにも多いからです。このことを理解するために、まずはアメリカで最も劇的な例である農業を見ていきましょう。

一九〇〇年のアメリカの民間労働者は二八〇〇万人で、そのうちの一一〇〇万人、つまり四〇％もの人が農業に携わっていました。当時の主要な作物は、今と同様にトウモロコシで、約九〇〇〇万エーカーが栽培に充てられていました。一エーカー当たりの産出量は三〇ブッシェル、年間の総生産量は二七億ブッシェルでした。

その後、トラクターをはじめとする革新的な技術が次々と導入され、生産性のカギとなる植え付け、収穫、灌漑、肥料、種子の品種改良などに革命を起こしました。今日、トウモロコシの作付面積は八五〇〇万エーカーですが、一エーカー当たりの生産量は一五〇ブッシェル以上に増え、年間生産量は一三〇～一四〇億ブッシェルに上っています。もちろん、ほかの作物についても同じようなことが起こっています。

ただ、収穫量の増加はこの話の半分にすぎません。収穫量が大きく伸びた一方で、それにかかわる農業労働者（「人的投入」）の数は劇的に減っているのです。今日、農場で働く人は約三〇〇万人で、労働人口一億五八〇〇万人のうちのわずか二％にすぎません。そして、農法が改良したことで、今日では何千万人もの労働者がその時間と才能をほかの試みに使うことが可能になりました。つまり、今日のアメリカは、人的資源を再配分することで、そうでなければ生産されることがなかった農産物以外の大量のモノやサービスを享受できるようになっています。

過去一一五年の農業改革を振り返れば、その桁外れの恩恵が農業労働者だけでなく、社会全体に及んでいることは明らかです。このような生産性向上がなされなければ、アメリカは今とはまったく違うところになっていたでしょう（馬に投票権がなかったのは幸いでした）。しかし、この「大いなる善」も、単純作業をだれよりも効率的にこなす機械に仕事を奪われた労働者にとってはむなしく響くはずです。

次に、バークシャーの子会社に重要な結果をもたらした効率性に関する三つの話をしましょう。似たような変革は、アメリカの実業界のいたるところで見られます。

●第二次世界大戦後間もない一九四七年のアメリカの労働人口は四四〇〇万人で、このうちの約一三五万人は鉄道業界で働いていました。この年、一級鉄道が運んだ貨物は合計六五五〇億トンマイルでした。

二〇一四年になると、一級鉄道の輸送量は一八二％増加して一兆八五〇〇億トンマイルになりましたが、従業員数は一九四七年から八六％減ってわずか一八万七〇〇〇人になっていました（削減された人のなかには乗客関連の仕事をしていた人もいましたが、多くは貨物関連でした）。この生産性の圧倒的な改善によって、一トンマイルの貨物を輸送するインフレ調整後の価格は、一九四七年から五五％下がりました。これによって、荷送人は現在の価値で年間九〇〇億ドルも節約できるようになりました。

もう一つ、驚くべき統計を紹介しておきましょう。もし鉄道会社が今でも一九四七年当時と同じ人数を必要とするならば、現在の輸送量に対して三〇〇万人以上の労働者を雇わなければなりません（もちろん、そうなれば輸送費も相当上がり、それによって実際の輸送量は今日よりもはるかに少なくなるでしょう）。

●一〇〇年以上前に自動車が発明され、同じころに車や運転者のための保険業界ができました。この契約は、最初は火災保険などを扱う伝統的な保険代理店を通じて行われていました。この代理店中心の仕組みには高い手数料やそのほかの引き受け費用がかかり、その額は保険料の四〇％を占めていました。地元の有力代理店ともなると、複数の保険会社を取り扱っていたため、手数料の交渉を保険会社同士で競わせることも可能でした。カルテルのような価格設定が蔓延し、顧客以外の全員が潤っていました。
そこに、創造力のあるアメリカ人が参入しました。イリノイ州メルナ出身の農民、G・J・マハローです。彼は、一社のみの保険商品を専属的に扱う営業部隊を作り、それをステート・ファーム・ミューチュアルと名づけました。この会社は、手数料と経費を削減して価格を下げ、すぐに業界のトッププレーヤーになりました。それから数十年間、ステート・ファームの取扱量は、自動車保険も住宅保険も群を抜いていました。やはり直販モデルを採用しているオールステート保険も、長年、第二位の地位を守っていました。ちなみに、両社の引き受け費用は約二五％に抑えられていました。

一九三〇年代初めに、ユナイテッド・サービス・オート・アソシエーション（USAA）という相互会社に似た形式の新たな競合他社が、軍人向けに直販方式で自動車保険の引き受けを始めました。この販売革新は、軍人が勤務する基地が変わっても継続できる保険を必要としていたことから生まれました。ちなみに、定住者が継続的に契約更新することを望む地元の保険代理店はこのような契約には関心がありませんでした。

USAAの直販方式は、実際にはステート・ファームやオールステートよりもコストが低くなり、顧客にはさらに安く保険を提供することができました。そこで、USAAで働くレオ・グッドウィンとリリアン・グッドウィンは、直販の対象を軍人以外にも広げようと考え、一九三六年に資本金一〇万ドルでガバメント・エンプロイーズ・インシュランス・カンパニー（のちにGEICOに短縮）を発足させました。

●歴史的に、地方の電力会社の生き残りの決め手となってきたのは効率性ではありませんでした。実際、「ずさんな」運営でも財務的には問題がない会社もあります。これは、ユーティリティー事業会社がたいてい必需品の唯一の供給者で、投下資本に対して規定された利益をもたらす価格設定が認められているからです。この業界には、「ユーティリティー事業は社長の部屋を改装すると儲けが増える唯一の事業」だというジョークがあります。そして、それを実行しているCEO（最高経営責任者）もいます。

しかし、それも変わりつつあります。今日のアメリカ社会では、連邦政府の補助を受ける風力発電とソーラー発電に長期的な関心が向いています。そして、連邦政府はこれを導入するために、税控除を使って特定の地域で再生可能エネルギーの価格競争力を高めています。再生エネルギーに関するこのような税控除やそのほかの政府主導の援助は、いずれ既存の電力会社、特に高コストの会社をむしばんでいくでしょう。

このような生産性の向上（似たようなケースはアメリカ中で無数にあります）は、社会に素晴らしい恩恵をもたらしています。だからこそ全体として見れば、アメリカ国民はこれまでもこれからもさらに多くのモノやサービスの恩恵を受けることができるということです。

しかし、これにはマイナス面もあります。まず、近年の生産性の向上によって恩恵を受けたのは、主に富裕層でした。次に、生産性の向上は、社会的な混乱の原因になることもよくあります。革新や新たな効率化がそれまでの世界を覆すと、資本や労働の面で恐ろしい代償を支払うことになる可能性があるからです。

しかし、私たちが資本家（非公開企業の所有者でも一般株主の集まりでも）のために涙を流す必要はありません。彼らのことは彼らに任せておきましょう。投資家が、良い判断を下したことで大きな報酬を手にできるならば、間違った選択をしたときの損失を逃れることもできません。それに、広く分散して、あとはじっと待っていれば、間違いなく成功します。アメリカでは、うまくいっている投資からの利益が価値のない投資の損失を必ず大きく上回っているからです（二〇世紀中に、ダウ平均や同タイプのインデックスファンドの価値は六六ドルから一万一四九七ドルに上昇し、その構成企業が支払う配当金も増え続けました）。

ただ、長期に雇用されている労働者は、別の問題に直面します。革新と市場制度の相互作用によって効率性が高まると、多くの労働者が不要とみなされ、彼らの持つ技術は廃れていきます。そうなったときに、ほかに妥当な仕事が見つかる人もいるでしょうが、それができない人もいます。

このような混乱は、生産性向上を抑制したり法律化したりしても解決はできません。もし一一〇〇万人が永遠に農業で働くことを義務づけていたら、アメリカ人の生活水準は今よりもはるかに低かったはずです。

むしろ解決策は、働く意欲があっても、持てる才能の価値が市場において低いとみなされた人たちが妥当な生活を送ることができるように、さまざまなセーフティーネットを作ることです（個人的には、勤労所得控除の改革と拡大によって、働きたい人のために国が対処することを願っています）。ほとんどのアメリカ人がますますの繁栄を遂げる代償が、不運な人たちに極貧生活を強いることであってはなりません。

C．フォローの風（二〇一八年）

三月一一日で、私が初めてアメリカ企業に投資をしてからちょうど七七年になります。これは一九四二年のことで、一一歳の私は六歳から貯めてきた総額一一四・七五ドルをすべてつぎ込みました。私はこのとき、シティース・サービスの優先株を三株買い、資本家になった気分を味わいました。

ここで、私が初めて投資した時点から、七七年間を二回分さかのぼってみましょう。時は一七八八年、ジョージ・ワシントンが初代大統領に就任する一年前です。当時、この新しい国が七七年という人の一生分の時期を三回繰り返しただけでこれほどの発展を遂げることを想像できた人がいたでしょうか。

一九四二年から七七年を二回さかのぼったころのアメリカの人口は、約四〇〇万人（世界の人口の〇・五％）でしたが、そこから世界最強の国に発展しました。しかし、一九四二年の春には、危機に見舞われました。アメリカとその同盟国は、三カ月前に始まった戦争で大敗が続き、毎日、悪いニュースが入ってきました。

それでも、連日、不安な見出しが並ぶなか、その年の三月一一日の時点で、ほぼすべてのアメリカ人がこの戦争に勝つと思っていました。そして、このような楽観主義は戦争に限ったことではありませんでした。生来の悲観主義者はさておき、アメリカ人は自分たちの子孫が今よりもはるかに良い暮らしをするようになると信じていたのです。

もちろん、その道のりが平坦なものでないことを、国民は理解していました。そんなことはかつてなかったからです。アメリカは、初期に南北戦争という試練に見舞われ、男性の四％を失いました。リンカーン大統領は、「今私たちは大きな内戦を戦っている。自由の理念の下に生まれ、人の平等という信念を抱く国家が存続できるかどうかが試されている」と国民に問いかけました。一九三〇年代には世界大恐慌に見舞われ、多くの人が失業する苦しい時期を経験しました。

それでも、私が一九四二年に株を買ったとき、アメリカ人は戦後の成長を期待し、それには十分な根拠がありました。そして、実際に息をのむほどの成果を上げました。

数字で見ていきましょう。もし私の一一四・七五ドルを手数料がかからないS&P五〇〇インデックスファンドに投資し、配当をすべて再投資したら、二〇一九年一月三一日には六〇万六八一一ドル（税引き前）に増えていたはずです（この手紙を印刷に出す直前のデータで算出）。言い換えれば、一ドルが五二八八ドルになったということです。ちなみに、当時の非課税機関（年金基金や大学基金など）ならば、一〇〇万ドルの投資が約五三億ドルに増えていたことになります。

政府の財政赤字を見て定期的に破滅を説く人たちは（私も以前から定期的にそう言っています）は、過去七七年でこの国の債務がおよそ四〇〇倍になったことを覚えておくとよいでしょう。これは四万％です。この増加を予見し、増え続ける赤字と価値のない通貨の見通しにパニックに陥った人は、自分を「守る」ため、株を避けて一一四・七五ドルで金を三・二五オンス買うことにするかもしれません。

しかし、この守りが何をもたらしてくれたのでしょうか。この場合、資産は四二〇〇ドルになりましたが、これは管理もせずに単純にアメリカ企業に投資しただけの場合の一％にも満たない額です。魔法の金属も、アメリカの血気にはとうてい太刀打ちできなかったということです。

アメリカの信じがたいほどの繁栄は、党派を超えてもたらされました。一九四二年以来、共和党と民主党からそれぞれ七人の大統領が就任しました。彼らの政権下で、この国は幾度となく問題に見舞われてきました。長く続くウイルスのようなインフレ、二一％に達したプライムレート、物議をかもし莫大な費用もかかった数回の戦争、大統領の辞任、広範囲に及ぶ住宅価格の下落、身がすくむような金融パニック、そのほかにもたくさんの難題に見舞われました。これらはみんな恐ろしい見出しを飾りましたが、今となってはすべて過去のことです。

ロンドンにあるセント・ポール大聖堂を設計したクリストファー・レンは、この大聖堂に埋葬されています。彼の墓石の近くには、「私の記念碑を探しているのならば、周りを見よ」という言葉がラテン語で綴られています（**訳注**　大聖堂自体が彼の記念碑だということ）。アメリカ経済の軌跡に懐疑的な人は、レンの忠告を心にとめておいてください。

アメリカの起点である一七八八年当時、この国には少数の大望を抱く人たちと、その夢を実現するための初歩的な統治の枠組み以外、ほとんど何もありませんでした。しかし、今日の家計資産の総額は、ＦＲＢ（連邦準備制度理事会）の推定で一〇八兆ドルに上っています。これは想像もつかないような金額です。

第10章

最後に

Coda

バークシャーは、今や幅広い分野に広がるコングロマリットで、さらに広がり続けています。コングロマリットは、投資家の評判が非常に良くありません。そして、それはたいていは正当な評価です。ここでは、コングロマリットが不人気の理由と、これがバークシャーにとっては膨大かつ永続的な利益をもたらしている理由を説明していくことにします（二〇一五年の五〇周年記念のあいさつ文の導入部分）。

A．バフェットとバークシャーの企業文化（二〇一五年の五〇周年記念あいさつ文）

私がビジネスの世界に入ってから数回、コングロマリットが人気を博した時期がありました。なかでも最もバカげていたのが、一九六〇年代末でした。当時のコングロマリットのＣＥＯ（最高経営責任者）のすべきことは単純でした。彼らは、名声や宣伝、あるいは怪しげな会計によって――たいていは三つすべてを駆使して――、できたばかりのコングロマリットの株価を、例えば収益の二〇倍に押し上げると、できるだけ素早く株を発行して株価が収益の一〇倍程度の会社を買収します。そして、すぐに「プーリング法」を用いて買収を計上すると、本来の事業価値はまったく変化していなくても、自動的にＥＰＳ（一株当たり利益）が上がり、それによって経営者は経営の天才と称されました。彼らは投資家に対して、このような才能のおかげで買収企業のＰＥＲ（株価収益率）の維持や向上ができるのだと説明していました。そして最後に、このような買収を繰り返すことで、ＥＰＳを永続的に上げていくと約束していたのです。

ウォール街がこのようなまやかしをもてはやす傾向は、一九六〇年代に加熱していきました。この界隈の住人は、怪しげな操作でＥＰＳを上げている会社があると、平気で疑惑を先送りします。この離れ業的な操作が企業合併につながって、投資銀行に巨額の手数料をもたらすならばなおさらです。監査人も、コングロマリットの会計に進んで聖水をふりかけ、見栄えをさらに良くする提案をすることすらあります。あぶく銭は、多くの人の倫理感覚を押し流してしまいました。

この場合、拡大を続けるコングロマリットのＥＰＳの源泉はＰＥＲの差なので、ＣＥＯはＰＥＲが低い会社を探す必要に迫られます。しかし、そのような会社は当然二流の会社で、長期的な展望も期待できないという特徴があります。このような目的で安い会社を買っていけば、コングロマリットはますます価値のない会社の集まりになっていきます。しかし、それは投資家にとってどうでもよいことでした。彼らが求めていたのは、素早い買収とプーリング法によって利益を上げていくことだったからです。

その結果起こる合併の嵐をさらにあおっていたのが、それらを絶賛していたマスコミです。ＩＴＴ、リットン・インダストリース、ガルフ＆ウエスタン、ＬＴＶなどは大いにもてはやされ、ＣＥＯは有名人になりました（かつての有名コングロマリットも、今では見る影もありません。ヨギ・ベラの言葉を借りれば、「どんなナポレオンでも、ウォーターゲート事件に見舞われる」「どんな英雄でも失脚につながるピンチに見舞われる」といったところでしょうか）。当時、あらゆるタイプの会計のごまかしは（その多くはあきれるほど明らかでしたが）、見逃されたり見過ごされたりしていました。実際、会計の魔術師がコングロマリットを拡大する指揮を取っていることは、大きな強みだとみなされていました。そのような会社の株主は、実際の事業収益がどれほど悪くても、必ず良い「報告利益」が期待できたからです。

一九六〇年代末に、私は強欲なCEOが「大胆かつ創造的な会計」を自慢する会に行ったことがあります。このとき出席していたアナリストの多くがこのCEOの話を満足げにうなずきながら聞いていました。業績がどうであれ、予想を必ず達成する経営者を見つけたと思ったのでしょう。しかし、一二時の鐘が鳴ると魔法がとけてすべてはカボチャとネズミに戻ってしまいました。高すぎる株を発行し続けることで成立するビジネスモデルは、不幸の手紙と同様、富を再配分しているだけで、創造しているのではないからです。しかし、これらの現象はアメリカでは定期的に花開きます。これは発起人の夢であり、彼らはたいてい上手に偽装して登場します。ただ、結末はいつも同じで、お金がカモから詐欺師に流れます。ちなみに、株の場合は、不幸の手紙と違って、取られるお金が驚くほどの大金になることもあります。

それでは、マンガーと私はバークシャーがコングロマリットの構造であることのどこに魅力を感じているのでしょうか。話を単純にして見ていきましょう。コングロマリットの形態は、賢く使えば長期的な資本成長を最大にするための理想の構造です。資本主義の称賛すべき美徳の一つは、資本が効率的に配分されることです。市場は投資を有望な事業に振り向け、枯れる運命の事業は拒否するからだとも言われています。これは本当で、市場原理による超過資本の配分は、たいていそれ以外のどの方法よりもはるかに優れています。

しかし、資本の合理的な移動には、多くの障害があります。衰退している事業に資本を投じているCEOは、それまでとは関連のない事業に多額の資金を投じる道を選ぶことはほぼありません。そのためには、長年の仲間をクビにして、間違いを認めなければならないからです。さらに言えば、このようなCEOは、本人が新たな事業を率いたいと望んだとしても、株主が望むような経営者になる可能性は低いでしょう。

株主として、それまでとは別の会社や業界に資本を再配分しようとすると税金と摩擦コストが、投資家個人に大きくかかってきます。非課税の機関投資家でも、通常、資本を動かすときには仲介業者に多額の費用を払っています。高額な支払いを要求してくる連中はほかにもいます。投資銀行、会計士、コンサルタント、弁護士、資本再配分のプロ（例えば、LBO［対象企業の資産を担保とした借入金による買収］会社）などです。お金をシャッフルする連中は安くはありません。

一方、バークシャーのようなコングロマリットは、資本を合理的かつ最低コストで配分できる完璧な形態になっています。もちろん、この形だから成功するという保証はありません。私たちもたくさんの間違いを犯しましたし、この先もそうでしょう。とはいえ、私たちの構造的な強みはなかなかのものです。

バークシャーでは、追加投資をしても可能性が限られる会社から、別の業界の有望な会社に、税金やそれ以外の費用をあまり発生させることなく多額の資金を投じることができます。そのうえ、私たちには業界で長年培われてきたバイアスや、現状維持を固持する同僚の圧力もありません。これは重要なことです。もし重要な投資判断を馬が下してきたならば、自動車業界は存在しなかったでしょう。

私たちのもう一つの強みは、素晴らしい会社の一部——つまり普通株——を買うことができることです。ほとんどの経営者には、このような選択肢はありません。過去を振り返っても、この戦略的代替策は大きな助けになってきました。幅広い選択肢があることは、よりよい意思決定につながるからです。株式市場で毎日売られている会社は、会社のなかのほんの一部分であっても、買収先として私たちに提案されてくる会社よりもはるかに魅力的なものが数多くあります。それに、流動性のある有価証券で得た利益は、私たちの資金力だけではとうていかなわない大型買収を可能にしてくれました。

つまり、世界はバークシャーの思いのままです。私たちには、ほとんどの会社が現実的に持てるよりもはるかに幅広いチャンスが与えられているからです。もちろん、私たちは自分たちで経営見通しが評価できる会社に限定して投資をしています。これは重要なことです。世の中には、マンガーも私も、一〇年後の姿がまったく想像できない会社が数多くあります。それでも、この限界は、一つの業界での経験しかない経営者よりははるかにマシです。しかも、私たちは自分の業界での可能性に限った展開しかできない多くの会社よりも効果的に規模を拡大することができます。

バークシャーにはもう一つ、年月とともにより重要になってきた強みがあります。それは、私たちが素晴らしい会社の所有者や経営者にとって、望ましい売却先になっていることです。成功している会社を運営している一族が売却を検討するときは、さまざまな選択肢があります。このようなとき、たいていは何もしないことが最善策です。人生には、自分がよく理解できる事業で繁栄している会社を所有することよりも悪いことがいくつもあります。しかし、じっとしていることがウォール街で推奨されることはほとんどありません（理容師に髪を切ったほうがよいかどうか聞いてはならないのと同じことです）。

一族のなかに、売却したい人と事業の継続を望む人がいれば、株式公開は理にかなっています。しかし、所有者が完全に売却することを望む場合は、たいてい二つの選択肢があります。一つは統合して「相乗効果」を狙う競合他社への売却です。この買い手は、買収すると、それまで会社の発展に大きく貢献してきた人たちの多くを追い出します。しかし、思いやりのある所有者は（大勢います）、長年の仲間が昔のカントリーソングを口ずさみながら去っていく姿は見たくありません。「彼女（元妻）が金鉱を取って、俺にはつるはしの柄が残った……」

売り手にとって二つ目の選択肢は、ウォール街の買い手です。彼らは一時期、自らを「レバレッジド・バイアウト会社」と呼んでいました。しかし、一九九〇年代初めにこの言葉に悪いイメージが付きまとうと――RJRとそれを題材にした映画『野蛮な来訪者（Barbarians at the Gate)』を思い出してください――、彼らは慌てて名称を「プライベート・エクイティ会社」に変更しました。しかし、名前が変わっただけで、彼らが買えば資本が劇的に減り、負債が増大することに変わりはありません。実際、プライベート・エクイティ会社が売り手に提示する金額は、買収した会社が借り入れ可能な最大額も考慮して決められています。

そして、もし買収した会社が順調で、資本が増えると、買い手は再び借り入れによるレバレッジを模索し始めます。このとき、よく行われるのは、大きな配当を行って資本を急激に減らすことで、時にはマイナスになることもあります。実のところ、「資本」は多くのプライベート・エクイティ会社にとっては禁句で、彼らが好きなのは負債です。彼らは、金利がかなり低いと、たいてい最高の金額を支払うことができます。そして、しばらくするとこの会社を再び売るのですが、買い手はたいてい別のレバレッジ会社です。要するに、この会社は売買するための商品にすぎなくなるということです。

バークシャーは会社を売りたい所有者に、第三の選択肢として、社員と文化が維持される終の住み家を提供しています（たまに、経営者の変更が必要なことはあります）。バークシャーが買った会社は、財務体質と成長力が劇的に強化されます。また、銀行やウォール街のアナリストを相手にする必要は永遠になくなります。売り手のなかには、このようなことには関心がない人もいますが、関心がある人ならば、バークシャーの競合相手はほとんどいません。

バークシャーについて、いくつかの事業をスピンオフすべきだと提案する評論家もいますが、それはまったく意味がありません。バークシャーの子会社は別会社になるよりも、傘下にいるほうが価値が高いからです。理由の一つは、私たちが子会社間で資金を移動したり、新しい事業に即座に税負担なく資金を投じたりできるからです。そのうえ、別会社にすれば、一部もしくは全部が重複する費用も出てきます。最も分かりやすい例を挙げましょう。現在、バークシャーは取締役会にほとんど費用をかけていませんが、何十とある子会社が分社すれば、その費用だけでも急増します。もちろん、規制や管理にかかわる費用も高騰します。

最後に、子会社Bを所有していることで、子会社Aについて大きな租税効果が見込める場合もあります。例えば、現在、バークシャーの子会社にさまざまな控除が認められているのは、ほかの子会社に巨額の課税所得があるからです。そのおかげで、バークシャー・ハサウェイ・エナジーも、ほとんどのユーティリティー事業会社よりもはるかに有利に風力発電や太陽光発電の開発を進めることができています。

投資銀行は行動しなければ手数料を得られないため、上場会社の買い手には必ず市場価格の二〇～五〇％のプレミアムを上乗せするよう勧めます。銀行は買い手に、プレミアムは「支配権の価値」であり、買い手のCEOが経営権を得てからの素晴らしい展開には必要な費用だと主張します（買収を切望する経営者がそれに反論するはずもありません）。

しかし何年かたつと、投資銀行はすました顔で再び現れ、「株主の価値を開放」するために先に買収した会社をスピンオフするよう熱心に勧めてきます。もちろん、スピンオフは親会社の「支配権の価値」と称されるものを無償で手放すということです。銀行は、スピンオフすれば親会社の官僚主義的支配から解放され、子会社の経営者は起業家的意識が高まって繁栄するのだと説明します（以前語った有能なCEOによる素晴らしい展開などどこ吹く風です）。

もし親会社があとになってスピンオフした会社を買い戻したくなることがあるとすれば、恐らくそれはたっぷりプレミアムを支払って「支配権」という特権を買い戻すよう投資銀行に熱心に勧められてのことでしょう（銀行業界のこの種の発想の「柔軟性」によって、「取引が手数料を生むのではなく、手数料が取引を生むことが多すぎる」と言われています）。

もちろん、いずれ規制などによってバークシャーもスピンオフや売却を強いられる日が来るかもしれません。実際、一九七九年に銀行持ち株会社に関する新しい法律が施行されたときは、当時所有していたイリノイ州ロックフォードの銀行をスピンオフせざるを得ませんでした。

しかし、私たちにとって自らスピンオフを行う理由はありません。それをすれば、支配権の価値や、資本配分の柔軟性、場合によっては重要な節税のチャンスを失うことになるからです。バークシャーの子会社を運営している優れた経営者たちも、バークシャー傘下だからこそ得られる運営面と財務面のメリットを失えば、スピンオフ後も同じ経営効率を維持するのは難しいと思います。さらに言えば、親会社とスピンオフした会社の分離後の経費は、一緒だったときよりもある程度増える可能性が高いでしょう。

＊　＊　＊　＊　＊　＊　＊　＊　＊　＊

今日、バークシャーは次のような特性を持っています。

①たくさんの比類ない子会社を所有し、現在そのほとんどが素晴らしい経済展望を示している。
②幹部である優れた経営者たちがいて、その多くは自分が経営する子会社とバークシャーに心から尽くしている。
③利益の驚くべき多様性と最強の財務体質と流動性があり、それはどのような状況においても維持していくつもりである。
④自分の会社の売却を検討している多くの所有者や経営者が望む売却先の第一候補になっている。
⑤前述のとおり、ほとんどの大企業とはさまざまな意味で異なるバークシャーの企業文化は私たちが五〇年かけて培ってきたものであり、今や盤石である。

これらの強みが素晴らしい基盤となり、バークシャーを支えています。

次は、今後について目を向けていきましょう。もし、五〇年前に同じことをしていたら、予想のいくつかは大きく外れていたと思います。そう警告したうえで、もし今日、家族にバークシャーの将来について聞かれたら、私は次のように答えるでしょう。

●まず、何よりも大事なことですが、バークシャーの忍耐強い株主の資本が永遠に失われる可能性は、どの会社に投資した場合よりも低いと私は考えています。理由は、バークシャーの一株当たりの本質的事業価値が、今後もほぼ間違いなく上昇していくからです。

ただし、この明るい予想には、大事な注意点があります。もしバークシャーの株を非常に高い価格で買った場合は――例えば、ときどき付けることがある簿価の二倍近い価格のとき――、利益が出るまでに何年もかかるかもしれません。つまり、高値で買うと、堅実な投資が軽率な投機に変わってしまうかもしれないということです。バークシャー株もこの真実を免れることはできません。

しかし、私たちが自社株買いをする水準よりも多少高い価格で買えば、ある程度の期間で利益が出るはずです。バークシャーの取締役会は、彼らが本質的価値よりもかなり安いと考える価格でなければ、自社株買いを認めないからです（私たちは、それが自社株買いの必須条件だと思っていますが、多くの経営者はそのことを無視しています）。

ただ、買値がいくらであっても、一～二年で売却しようと思っている投資家に利益を保証することはできません。このような短期間ならば、投資結果に与える影響は、株式市場全体の動きのほうが、バークシャーの本質的価値の変化に伴う株価の動きよりもはるかに大きくなる可能性が高いからです。マーケットの動きを予想する信頼できる方法は分からないため、私はバークシャー株を最低でも五年は保有するつもりの人にのみ買うことを勧めています。短期的な利益を目指している人は、ほかを探すべきです。

警告はもう一つあります。バークシャー株を借金で買うべきではありません。一九六五年以降で株価がそのときの高値から約五〇％下落したことが三回ありました。いつか同じような下落が再びあるでしょうが、それがいつになるかはだれにも分かりません。バークシャーが投資家にとって、満足できる投資先になることはほぼ間違いありません。しかし、レバレッジを掛けた投機先としては、悲惨な選択肢にもなり得ます。

●私は、バークシャーが資金難に陥るような問題が起こる可能性は実質的にゼロだと考えています。当社は常に、一〇〇〇年に一回の大洪水に備えています。むしろ、もしそうなったときは、準備を怠ってきた人たちに救命胴衣を売るつもりです。二〇〇八〜二〇〇九年の金融危機において、バークシャーは「第一応答者」という重要な役割を担い、それ以降も、財務内容と潜在収益力は倍増しています。あなたが所有している会社は、アメリカ産業界におけるジブラルタル（難攻不落の砦）であり、今後もそうあり続けます。

金融の世界で持久力のある会社は、いかなる状況においても三つの強みを維持しています。それは、①大きくて信頼できる収入源があること、②大量の流動資産があること、③短期的に大きな資金需要がないこと――です。ちなみに、予想外の危機に見舞われるのは、たいてい③を無視した場合です。黒字会社のCEOの多くは、どれほど大きな債務でも、期限が来たら必ず返済できると思っています。しかし、二〇〇八～二〇〇九年に、多くの経営者がその考えがいかに危険かを学ぶことになりました。

バークシャーでは、この三つの必須条件について、常時、次のように対応しています。まず、当社には巨大な収益源があり、しかもそれが膨大な数の事業からもたらされています。当社の株主は現在、持続的な競争力を持ったたくさんの大企業を所有しており、当社は今後もこのような会社を買収していくつもりです。もし大災害によって、傘下の保険会社が過去のケースをはるかに上回る損失を計上したとしても、当社がその多様性によって収益率を維持できることは間違いありません。

次は、現金の状況です。現金は、健全な会社においては生産性の低い資産であり、ROE（自己資本利益率）などの指標の妨げになるため、最小限あればよいと考える人もいます。しかし、会社にとっての現金は人間にとっての酸素のようなもので、あれば考えることすらないのに、なければそれ以外のことは考えられなくなる、という存在です。

アメリカの産業界が、二〇〇八年にこのことを実証するケーススタディーを提供しています。二〇〇八年の九月、長年繁栄してきた多くの会社が突然、彼らの小切手が不渡りにならないかを心配せざるを得なくなりました。彼らの会社の酸素が一晩でなくなってしまったからです。しかし、バークシャーの「呼吸」が止まることはありませんでした。実際、九月末から一〇月初めにかけた三週間で、当社は一五六億ドルの新規資金をアメリカの産業界に供給しました。それができたのは、当社が常に最低でも二〇〇億ドル（たいていはそれをはるかに上回る額）の現金等価物を保有しているからです。これは具体的には、米国短期国債のことです。ちなみに、それ以外の現金の代替資産にも流動性があると言われているものはありますし、実際そのとおりなのですが、本当に必要に迫られたときはそのかぎりではありません。期日が来たら、現金が唯一の法定通貨です。「出かけるときは、忘れずに」

最後の点については、当社は急に多額の資金需要が生じるような事業や投資にはけっしてかかわらないことにしています。言い換えれば、私たちはバークシャーを短期的に大きな債務にさらしたり、デリバティブ（金融派生商品）やそれ以外の巨額な追証が発生したりするような取引をするつもりはないということです。

以前には、当社はいくつかのデリバティブ契約を締結したこともありました。これは価格が相当割安で、要求される担保額も最低水準だと考えたからです。そして、かなりの利益を上げました。しかし、最近のデリバティブは完全担保が要求されます。これによって、潜在利益がどれほどであっても、私たちのデリバティブへの関心はなくなりました。当社では、ユーティリティー事業会社の運営上必要となるいくつかの契約を除いて、もう何年もこのような取引は行っていません。

さらに言えば、当社の保険会社は、契約者が特約部分を現金化できるような商品は扱っていません。例えば、多くの生命保険商品は、極端なパニックが起こると償還が増える性質を持っています。このような契約は、当社がかかわる損害保険の世界には存在しません。もし当社の保険料収入が減れば、フロートも下がりますが、それが急激に起こることはないということです。

当社の保守的な経営方針については、極端だと感じる人もいるかもしれません。しかし、こうする必要があるのは、人々が時にパニック状態になることは完全に予想できても、それがいつになるかはまったく予想がつかないからです。もちろん、ほとんどの日は比較的平穏にすぎていきますが、どのようなときも明日のことは分かりません（一九四一年一二月六日も、二〇〇一年九月一〇日も特に不安は感じませんでした）。もし明日何が起こるか予想できないならば、何が起こっても大丈夫なように備えておくべきです。

六四歳のCEOが六五歳で引退しようと思っているならば、残りの任期に何かが起こるリスクはわずかだと計算するかもしれません。実際、その計算は九九％は「正しい」でしょう。しかし、この可能性は私たちにとって何の意味もありません。株主に委託された資金でロシアンルーレットをするつもりはありません。たとえ薬室が一〇〇ある銃に弾が一発しか入っていないとしてもです。私たちにとって、ただ欲しいものを手に入れるために、必要なものを失うリスクをとることは考えられません。

●バークシャーは保守的な経営を行っていますが、私は、当社が一株当たりの基礎的な収益力を毎年増やしていくことができると考えています。これは、毎年営業利益が増えるという意味ではまったくありません。アメリカ経済は良いときも悪いときもあり――たいていは良いのですが――、悪くなったときには当社の経常利益も下がります。しかし、当社は今後もボルトオン買収や新分野への参入によって、本質的な利益が上がっていきます。だからこそ、私はバークシャーが毎年、基礎的な収益力が増していくと考えています。

利益は、年によって素晴らしく多いときもあれば、かなり少ないときもあります。好機の到来は、マーケットと競合相手とチャンスによって決まります。しかし、当社はその間もずっと、たくさんの堅実な子会社とこれから買収する新しい子会社の力を借りて前進し続けます。しかも、ほとんどの年は、アメリカ経済が強いフォローの風となってくれます。当社の本拠地がアメリカにあることも、幸運なことです。

●悪い知らせもあります。バークシャーの長期利益は――金額ではなく比率で見た場合――、劇的に伸びることはありませんし、過去五〇年間には到底及びません。規模が大きくなりますぎたバークシャーの利益はアメリカ企業の平均は上回るでしょうが、それを大幅に上回ることはないでしょう。

当社の利益と資本資源は、いずれ――恐らく今から一〇～二〇年後――経営陣が当社のすべての利益を賢く再投資することはできない水準に達するでしょう。そのときが来たら、取締役会は超過利益を分配する最善の方法が配当か、自社株買いか、その両方かを決めなければなりません。もし株価が本質的価値を下回っていれば、大量の自社株買いが最善策であることはほぼ間違いないでしょう。取締役会が正しい判断を下すことについては安心していてください。

●バークシャーほど株主志向の会社はほかにはありません。当社は三〇年以上にわたり、毎年、「株式会社という形態をとっていても、バークシャーはパートナーシップであるという姿勢で経営に当たっています」という文から始まる株主に関する原則（「プロローグ」を参照）を明示してきました。この株主との約束は、絶対的なものです。そして、当社には、パートナーシップとしての約束を遂行する並外れて博識でビジネス志向の取締役がいます。

当社の企業文化を確実に継続させていくため、私の後任の非常勤会長候補に私の息子のハワードを提案しました。これを望む唯一の理由は、もし当社にそぐわないCEOが誕生して、会長が強制的に交代させる必要が生じたときに、それを実行しやすくするためです。ただ、このような問題がバークシャーで起こる可能性はほかの公開会社と同様、非常に低いので安心してください。とはいえ、私がこれまで一九社の上場会社の取締役を務めてきたなかで、二流のCEOを交代したくても、その人が会長を兼ねていると非常に難しいケースを見てきました（たいてい交代することにはなりますが、ほぼ確実に時間がかかります）。

もしハワードが選出されれば、彼は報酬は受け取らず、すべての取締役の出席が必要な場合のみ出社します。彼は取締役のなかにCEOについて懸念を持つ人がいたときに、ほかにも疑問を呈する取締役がいるかどうかを確認するための安全弁のような存在です。もし複数の取締役が同様の危惧を抱いているときは、ハワードが会長という立場を使って速やかかつ適切にこの問題に対処します。

●正しいCEOを選ぶことは、極めて重要であり、取締役会でも長い時間を割いています。バークシャーの経営者の最も重要な仕事は、資本配分と傘下の子会社を率いる優れた経営者を選び、つなぎとめることです。もちろん、子会社のCEOを退任させたときには後任も探す必要があります。これらの義務を果たすため、バークシャーのCEOは合理的で冷静で決断力があり、事業について幅広く理解し、人の行動を見抜くことができる人物でなければなりません。また、自分の限界を知っていることも重要です。

CEOは、性格も極めて重要です。バークシャーのCEOは、「すべて」を彼自身のためではなく、会社のために捧げなければなりません（ここでは便宜上、彼と書きましたが、CEOの選考に性別は関係ありません）。CEOは、必要額をはるかに超える利益を上げずにはいられないような人物であるべきです。しかし、エゴや強欲に負けて、自分よりも働きが劣るのに高額の報酬を得ている経営者と同じ報酬を要求するようなことがあってはなりません。CEOの行動は、傘下の経営者たちにも大きな影響を及ぼします。もし経営者たちに株主の利益こそ最も優先されるべきだという態度を明確に示せば、彼らの多くはこの考えを受け入れてくれるでしょう。

私の後継者には、もうひとつ特別な力が必要です。それが、会社を衰退させるABC（傲慢［Arrogance］、官僚主義［Bureaucracy］、自己満足［Complacency］の頭文字）を撃退することです。会社のガンともいえるこれらの悪が転移すれば、最強の会社でも行き詰まります。このことを実証する例はたくさんありますが、周りに迷惑をかけないように、過去の例を掘り起こして紹介します。

ゼネラル・モーターズやIBM、シアーズ・ローバック、USスチールなどの会社は、全盛期には巨大な業界のトップに君臨していました。当時、彼らの強さは難攻不落に見えたものです。しかし、先に書いたような破壊的な行動がこれらの会社を、CEOや取締役たちが少し前まで思いもしなかったほどの深みに突き落としました。彼らがかつて持っていた財務力や過去の収益力も、落ち込みを防ぐ助けにはなりませんでした。

バークシャーがこれまで以上の規模になったとき、会社を衰退させるこのような悪の力を撃退できるのは、慎重かつ強い決意を持ったCEOだけです。マンガーの言い分──「知りたいのは私がどこで死ぬかだ。そうすれば、そこにはけっして行かないから」──を忘れてはなりません。もしバークシャーの非経済的な価値が失われれば、経済的な価値の多くも一緒に崩壊するでしょう。「トップの姿勢」は、バークシャーの特別な文化を維持するためのカギとなるのです。

幸い、当社の将来のCEOたちがうまくいく仕組みはすでに整っています。当社では、並外れた権限の委譲がすでに行われており、これは官僚主義への理想的な対抗策になっています。また、経営面において、バークシャーは巨大企業というよりも、大会社の集合体です。本社には、委員会のたぐいは存在せず、子会社に予算申請を要求したこともありません（ただ、子会社の多くはこれを内部ツールとして利用しています）。また、当社には普通の会社に当然のようにある法務部や、人事、広報、IR、戦略、M&Aなどを担う部門もありません。

一方、当社には活発な監査機能があり、彼らの目は節穴ではありません。ただ、私たちは傘下の経営者が強い責任感を持ってそれぞれの会社を運営していることについて、絶大な信頼を置いています。結局、彼らは私たちが買収する前とまったく同じことをしているだけです。さらに言えば、まれに例外もありますが、信頼したほうが、繰り返し指示したり官僚主義的な報告を何度も求めたりするよりもはるかに良い結果につながっています。マンガーと私は、傘下の経営者に対して、立場が逆ならばこうしてほしいと思う関係を築くようにしています。

●当社の取締役は、将来のCEOを、彼らが年月をかけてよく知り得た内部の候補から出すべきだと考えています。また、彼らは新しいCEOは長くその職にとどまってくれるよう、比較的若い人を選ぶべきだとも考えています。当社のCEOは、一〇年をはるかに超えて務めてくれたほうがうまくいくでしょう（新しく来た犬に芸を仕込むのは大変です）。それに、お気づきだと思いますが、彼らは恐らく六五歳では引退しないでしょう。

バークシャーが行う企業買収と当社の条件に見合う大型投資については、どちらも取引相手がバークシャーのCEOをよく知り、安心して仕事ができることが重要です。このような信頼を築き、関係を強化していくには時間がかかります。しかし、そのメリットは計り知れません。取締役会も私も、私の後任のCEOにふさわしい人物がいると考えており、その人は私が死ぬか退任したその日から職務を遂行することができます。この人物は、いくつかの重要な件については、私よりも優れた手腕を発揮してくれるでしょう。

●バークシャーにとって、投資の重要性は今後も続くため、これは数人の専門家が対処していくことになります。投資については、バークシャー傘下の事業や買収計画とさまざまな意味で調整していく必要があるため、彼らはCEOの下で判断を下していきます。とはいえ、投資責任者は全体的にかなり自由に動くことができます。この分野も、少なくともこの先の何十年かについては良い状態を維持できると思っています。

このように、バークシャーはマンガーと私がいなくなっても、理想的な状態を維持していく体制が整っています。正しい人材――正しい取締役や経営者とその後継者候補――も確保できています。そのうえ、私たちの企業文化が、末端まで行き渡っています。また、当社のシステムには再生力があります。良い文化も悪い文化も、多くは自己選択によって継続していきます。私たちと似た価値観を持つ会社の所有者や経営者が、今後もバークシャーという比類ない終の住み家に魅力を感じてくれるのには、正当な理由があるのです。

B．マンガーが語る「バークシャーシステム」

（二〇一四年年次報告書のなかの五〇周年記念セクションに掲載されたマンガーの株主への手紙。スペースを節約して読みやすくするために、表や箇条書きをやめるなど若干の形式的な編集を加えてある）

バフェットが構築したバークシャーの経営システムと方針（「バークシャーシステム」）は、早い時期に確立されていました。バークシャーは、拡張していくコングロマリットで、意味のある予測ができない事業を避けながら、ほぼすべての事業を買収した子会社の、極端に大きな自治権を持つＣＥＯの下で行っています。本社は小さな事務所で、そこには会長とＣＦＯ（最高財務責任者）とアシスタントが何人かいるだけです。バークシャーの子会社のなかでも目立つ存在は損害保険会社で、これらは相当額の保険料収入が期待できると同時に、投資可能なかなりの「フロート」を生み出しています。バークシャーシステムには、全体を統括する人事制度やストックオプション、そのほかの奨励制度、定年制などもありません。それぞれの子会社が、異なる制度をすでに持っているからです。

バークシャーの会長の仕事は、そう多くはありません。

①ほぼすべての証券投資の管理。通常は当社の損害保険会社が所有している。
②重要な子会社のＣＥＯを選んで報酬を決め、後任者として推薦したい人物を聞く。
③子会社が競争力を高めたあと、残った資金を運用する。理想的な活用方法は新しい会社の買収。
④子会社のＣＥＯが連絡を取りたいときにすぐに対応できるようにしておく。ただし、ＣＥＯたちが本社に連絡する義務はほとんどない。
⑤年次報告書に掲載するために、株主に向けた論理的で役に立つ長い手紙を書く。この手紙は、もし彼が長期的な株主だったとしたら、読みたい内容になっている。あとは、毎年の株主総会で質疑応答のために十分な時間を空けておく。

⑥在任期間もそのあとも、顧客と株主とそのほかの構成員のためにうまく機能する企業文化の規範となる。
⑦静かに読んだり考えたりする時間を確保する。このことがいくつになっても学び続けるという決意をより強くしているのかもしれない。
⑧ほかの人の成果を積極的に称賛することに多くの時間を使う。

新しい会社は、たいていは増資をせず現金で買います。バークシャーでは、留保した一ドルがそれを上回る市場価値を株主に提供できるかぎり配当はしません。また、新しく会社を買うときは、会長が理解できる優れた会社を正当な価格で買うことを目指します。子会社には、優れたCEOがいて、その人が長期間、本社の手助けなしにうまく運営してくれることを望みます。バークシャーでは子会社のCEOを選ぶとき、その人物の信頼性や能力、活力、会社を愛し、自分の置かれた状況を楽しんでいることなどを確認します。

私たちが重視しているのは次のようなことです――子会社を売ることはほぼない、子会社のCEOを別の関連のない子会社に異動させない、子会社のCEOを年齢だけを理由に引退させない、負債を抑えてどのような状況においても実質的に完璧な信用を維持し、並外れたチャンスが訪れたときにすぐに現金と信用が使えるようにしておく、大きな会社を売却したい人にとって常に会社を託したい相手である。売却の提案があれば、すぐに対応します。もし買収に至らなかったときは、会長とあと一人か二人以外がその件を知ることは永遠にありません。もちろん、外部に漏れることもけっしてありません。

バークシャーシステムは、その構成要素も全体の規模も桁外れです。このような要素の半分でも備えている大企業は、私の知るかぎりありません。バークシャーはなぜ普通とはまったく違う性格を持つようになったのでしょうか。バフェットは、三四歳という若さでバークシャーの四五％の株を取得し、ほかの大株主にも完全に信頼されるようになりました。こうして、彼が望むシステムを導入できるようになりました。バフェットはそれを実行し、バークシャーシステムを作り上げました。すべての要素は、バフェットが彼の下で最高の業績を上げる助けになると考えて選択したことです。彼は、どの会社でも通用するシステムを目指しているわけではありません。実際、バークシャーは子会社にこのシステムを義務付けてはいません。なかには、別のシステムを使って繁栄している会社もあります。

バフェットはどのような目的でバークシャーシステムを策定したのでしょうか。私は年月をかけていくつかの重要なテーマを分析してきました。バフェットは、彼自身をはじめとしたこのシステムに携わる大事な人たちの合理性とスキルと献身が、常に最大限生かされる状態にあるようにしておくことを望んでいます。これはみんながウィン・ウィンの結果を得ることであり、例えて言えば、誠実に対応することで相手も忠誠心を持つようなことです。また、意思決定者には長期的な結果を最大にする判断を下し、長くその地位にとどまってその結果を見届けることを期待しています。本社が官僚主義的な組織になればほぼ避けられない弊害を、最小限に抑えてほしいとも思っています。そして、ベンジャミン・グレアム教授のように、自ら得た知恵を広めるという個人的な貢献をしたいとも思っています。

バフェットは、バークシャーシステムの構築途中で、それがもたらしたすべての恩恵を予測していたでしょうか。ノーです。システムを構築する過程で偶然分かった恩恵もいくつかあります。ただ、彼は役に立つ結果が出ると、それをもたらした構造を強化していきました。バークシャーは、なぜバフェットの下でこれほどうまくいっているのでしょうか。私が思い当たる要素は四つあります。まずは、①バフェットの建設的な特性、②バークシャーシステムの建設的な特性、③幸運、④一部の株主とそのほかのファン（このなかには一部のマスコミも含まれています）の異常に激しい伝染性のある献身的な愛――です。これらの要素すべてが助けになってきたのだと思います。なかでも大きなウエートを占めていたのは、建設的な特性と奇妙な献身愛とその相互作用です。

バフェットが、活動をいくつかに絞ってそれらに最大限の時間を割くと決め、それを五〇年間続けてきたことが、ロラパルーザ効果を生みました。バフェットは実質的に、有名バスケットボールコーチのジョン・ウッデンが行っていた勝つための方式を実践してきました。ウッデンは、試合を実質的に七人のトップ選手で戦うという作戦を始めてから、最高の勝率を上げるようになりました。こうすれば、相手チームは常にトッププレーヤーと戦うことになり、二番手は出てきません。また、トッププレーヤーのほうも試合時間が増えることで、普通よりも力がつきました。

しかし、バフェットの成果は、ウッデンをはるかに超えていました。バフェットの場合、七人ではなく一人に集中し、彼のスキルは五〇年間、年齢を重ねるごとに向上していきました。バスケットボール選手が年とともに衰えていくのとは逆です。そのうえ、重要な子会社の、長く勤めることが多いＣＥＯに大きな権力と権威を集中させ、ここでもウッデンのような効果を生み出しました。そうすることで、ＣＥＯたちのスキルと子会社の業績も向上していったからです。

このようにして、バークシャーシステムは多くの子会社とＣＥＯに望ましい自治権を与え、バークシャーが成功して有名になると、そのことがより多くの優れた会社と優れたＣＥＯを引き付けるようになりました。そして、優れた子会社やＣＥＯには本社が時間を割く必要があまりないため、いわゆる「好循環」が生まれました。

それでは、重要な子会社として必ず損害保険会社を持っておくことについてはどうでしょうか。これも素晴らしい効果がありました。バークシャーは不当なほど極端な野望を抱いていましたが、それを実現してしまいました。通常、損害保険会社は自己資本と同じくらいの規模で株式投資を行っており、バークシャーの保険子会社もそうしています。Ｓ＆Ｐ五〇〇の過去五〇年間の税引き前利益は年率約一〇％で、これも大きなフォローの風となってくれました。

バフェットが経営を担うようになった初期のころ、バークシャーの保険子会社で保有していた普通株は、彼の期待どおり指標を大きく上回るパフォーマンスを上げていました。しかし、バークシャーの保有株が多くなると、税金が指標を上回った分をほぼ相殺するようになりましたが（ずっとそうとは限りませんが）、ほかのさらに良い利益がもたらされました。アジット・ジェインが、ゼロから作り上げた巨大な再保険事業が、巨額の「フロート」と保険料収入を生み出しているからです。GEICOがバークシャーの完全子会社になると、同社のシェアは四倍になりました。それ以外のバークシャーの保険事業も、高い評価と引き受け規律、有望なニッチ分野の開拓とその事業の継続、優れた人材を採用し、とどまらせることなどによって大きく成長しました。

最後に、バークシャーの独特で信頼の厚い社風と規模の大きさがよく知られるようになると、保険子会社は、非公開企業のさまざまな証券の購入を打診されるようになりました。これはほかの保険会社にはないことです。これらの証券の多くは満期が確定しており、素晴らしい利益を生んでいます。バークシャーの保険子会社の優れた業績には、理由があります。通常、損害保険というのは、うまく経営してもそこそこの業績しか出ない事業です。しかし、それでは何もなりません。もしバフェットが今の知識を持ったままもう一度若いころに戻って小さい会社からやり直しても、現在のような驚くほどの成果を再現することはできないと思います。

バークシャーは、さまざまな分野に広がるコングロマリットですが、そのことによるデメリットはあるのでしょうか。ノーです。幅広い分野で事業を行っていることが、むしろチャンスを広げています。コングロマリットであることによる悪影響は、ほかのことと同様、バフェットの能力で阻止しています。それでは、なぜバークシャーは株ではなく現金で会社を買おうとするのでしょうか。それは、バークシャー株に匹敵する価値があるものはめったにないからです。保険会社以外の買収についても、ほかの会社では株主のためにならない場合が多いのに、なぜバークシャーの株主は素晴らしい恩恵を受けているのでしょうか。

それは、バークシャーが意図的に良いチャンスを供給する方法論的な強みを備えているからです。当社には、ノルマがあるような「買収部門」のたぐいはありません。また、間違いなく特定の取引に肩入れした「手助け」を申し出てくる連中の助言に頼ることもけっしてありません。その一方で、バフェットは自己欺瞞を寄せ付けず、自らの専門知識も過信していませんが、受動的な投資家としての長年の経験から、ビジネスにおいて何がうまくいって何がうまくいかないかをほとんどの企業幹部よりもよく知っています。そして最後に、彼はほかの会社よりもはるかに良いチャンスがあっても、人間離れした忍耐力を見せて、めったに買うことはありません。例えば、彼がバークシャーの経営権を握ってから最初の一〇年間は、一つの事業（繊維事業）がほぼ衰退して二つの新しい事業が加わったため、差し引き一つ増えただけでした。

それでは、バフェットの下でバークシャーが大きな間違いを犯したことはあるのでしょうか。高すぎる手数料を支払うという間違いは何回も犯していますが、本当に大きな間違いのほとんどは、買うべきものを買わなかったことです。このなかには、大成功が間違いなかったウォールマート株を買わなかったことも含まれています。不作為の間違いは非常に重要です。いくつかの成功が間違いなかった件について、当時にそのことを見極める能力があれば、バークシャーの純資産は少なくともあと五〇〇億ドルは増えていたでしょう。

もし近い将来、バフェットがバークシャーを去っても、この異常に素晴らしい業績を続けることはできるのでしょうか。答えはイエスです。バークシャーの子会社の大きな推進力は、かなり耐久性がある競争力に基づいています。さらに言えば、ユーティリティー事業や鉄道事業にかかわる子会社は今や、新たな固定資産に大きな資金を投資する非常に望ましいチャンスを提供する存在になっています。また、多くの子会社が賢いボルトオン買収を行っています。バークシャーシステムの大部分がこのまま存続すれば、現在の勢いとチャンスを合わせた大きな力によって、バークシャーが長く平均以上の会社であり続けることはほぼ間違いありません。

最後に、バークシャーの過去五〇年間の素晴らしい業績は、ほかの会社でも役に立つ教訓を含んでいるでしょうか。明らかに、イエスです。バフェットが経営を始めたとき、この小さな会社を、大きくて価値のある会社に変えるという大きな課題がありました。この会社では、官僚主義を排し、思慮深いリーダーが長い長い時間をかけてより優れた経営者に育ち、同じようなタイプの人材を呼び込むことに大いに頼ることで、これを達成したからです。

これに比べて、典型的な大企業のシステムは、本社に官僚主義がはびこり、ＣＥＯに就任するのは五九歳くらいです。そうなると、じっくり考えようとしてもすぐに定年になって退任せざるを得なくなるということの繰り返しです。官僚主義は、会社のガンのような最悪の特性です。私は、ほかの会社もこれを排し、バークシャーシステムのような制度を試してみるべきだと思っています。

C．これから先の道（二〇一九年）

三〇年前に、アメリカ中西部に住む友人のジョー・ローゼンフィールド（当時、彼は八〇歳代でした）が地元の新聞社から不快な手紙を受け取りました。そこには将来、彼の死亡記事に使うための経歴のデータが欲しいと無遠慮な言葉で書いてありました。ローゼンフィールドは返事を出しませんでした。どうなったでしょうか。一カ月後、彼は再び催促の手紙を受け取り、今回は「緊急」と書かれていました。

マンガーも私も、かなり前にこの緊急ゾーンに入っています。これは私たちにとって素晴らしいニュースではありません。しかし、バークシャーの株主が心配する必要はありません。この会社は、私たちが旅立つときに一〇〇％備えているからです。

私たちが楽観的な理由は五つあります。まず、バークシャーの資産は一〇〇％、または部分的に所有する非常に多岐にわたる事業に分散されており、それらを平均すると投入資本に対して魅力的なリターンを上げています。二つ目に、バークシャーの「支配」事業を一つの会社の傘下に置いていることで、重要かつ永続的な経済的利点が得られるようになっています。三つ目は、バークシャーの財務は外部の極端なショックに見舞われても間違いなく耐えることができるよう管理されていることです。

四つ目は、当社には能力が高くて献身的な幹部がいることで、彼らにとってバークシャーを運営することは高給や名誉以上のものがあります。最後の五つ目は、株主の後見人であるバークシャーの取締役が常に株主の幸福と巨大企業には珍しいバークシャーの文化を維持することに注力していくことです（この文化の価値は、ローレンス・カニンガムとステファニー・キューバが新たに執筆した『バフェット帝国の掟』［ダイヤモンド社］に詳しく書かれています）。

マンガーと私には、私たちが去ったあともバークシャーが確実に繁栄することを願う実利的な理由があります。マンガー家の投資のなかで、バークシャーへの投資額は突出しています。そして、私は資産の九九％をバークシャー株で保有しています。私はこれまで自分の持ち分を売ったことがありませんし、これからも売る予定はありません。

私が慈善事業への寄付と個人的に少数の株を贈与した以外にバークシャー株を手放したのは、一九八〇年に銀行の持ち株会社に関する法律が変わったのに伴って、バークシャーが一九六九年に買収したイリノイ銀行の株とバークシャー株の交換プログラムに一部のバークシャーの株主とともに参加したときのみです。

今日、私の遺言書には、執行人とそのあとを引き継いで私の遺産を管理する管財人に宛てて、バークシャー株をけっして売らないよう明確に指示してあります。私の遺言書は、執行人と管財人が極端に資産が集中している状況を維持する責任を開放するものでもあります。

遺言書にはさらに、執行人とときには管財人に、毎年私の保有するA株の一部をB株に転換してさまざまな基金に分配することも指示しています。これらの基金は受け取った株を即座に活用することが義務付けられています。その結果、私の死から一二～一五年で、私が保有するバークシャー株はすべて市場に移行すると予想しています。

もし遺言書にバークシャー株を予定された分配日まで保有するという指示がなければ、執行人や管財人にとって「無難」な方法は、一時的な管理者としてバークシャー株を売却し、予定された分配日と同じ満期の米長期国債に再投資することでしょう。この戦略を取れば、受託者は世間から批判されたり、もしかすると「プルーデント・パーソン・ルール」（受託者は思慮深く運用を行わなければならない）に従わなかったと、個人的に責められたりすることはないでしょう。

しかし、私自身はこの売却期間もバークシャー株が安全かつ高リターンの投資であり続けると思っています。もちろん、そうならない出来事が起こる可能性は低いですが、ゼロではありません。しかし、私は自分が指示したやり方のほうが、従来の方法よりもかなり大きな資源を社会に還元できると考えています。

私の「バークシャー株で寄付」という指示でカギとなるのは、バークシャーの取締役たちの将来の判断と忠誠を信頼していることです。彼らは定期的にウォール街が提示する多額の手数料という誘惑にさらされることになるでしょう。そして、多くの会社ではスーパーセールスマンが勝つかもしれません。しかし、バークシャーでそのようなことが起こるとは思っていません。

D. メトセラの境地（一九九四年、二〇〇五年、二〇〇六年、一九九六年株主マニュアルは毎年随時修正）

分厚すぎる札入れを持つことは……投資で優れた結果を得る上でのマイナスです。ところが、マンガーと私がバークシャーを始めたころと比べると現在の純資産は巨額になっています。世の中にはかつてないほどたくさんの優れた会社がありますが、バークシャーの資本に対して目立った貢献をしないような企業を買うのは得策ではありません。そう考えると、バークシャーの投資対象は極めて限られたものになってしまいます。

しかし、私たちはこれまでの方針を変えることなく、また基準を下げることのないようにしたいと思っています。大リーガーだったテッド・ウィリアムズの著書『大打者の栄光と生活』（ベースボール・マガジン社）のなかに、このことを説明する言葉があります。「良い打者になるための私が考える条件とは、ヒットになりそうな良い球を打つことだ。これが第一条件。私のストライクゾーンから外れている球も打たなければならないとしたら、三割四分四厘も打てるはずがない。せいぜい二割五分どまりかもしれない」。マンガーも私もこの考え方には賛成であり、「ストライクゾーン」に十分収まっているような機会を待ちます。

私たちは今後も政治的、あるいは経済的な予想などは気に止めません。それらは多くの投資家や企業家を迷わせ、その結果、高くつくものになるからです。ベトナム戦争の激化、賃金や価格の統制、二度のオイルショック、大統領の辞任、ソビエト連邦崩壊、一日でダウが五〇八ポイントも下落、米財務省短期証券の二・八％から一七・四％までの利率変動などを、三〇年前に予想し得た人などいないはずです。

しかし驚くべきことに、これらの歴史的大事件が起こったにもかかわらず、ベンジャミン・グレアムの理論は常に有効でした。また、素晴らしい企業を相応な価格で買うことへのお墨付きも与えてきました。もしも私たちが「未知のもの」への不安から、投資を縮小したり先延ばしにしたりしていたとしたら、どれほどの利益を逸失したことでしょう。実際に私たちが最高の買い物をしたタイミングの多くは、こうした出来事で人々の不安がピークに達したときでした。恐れは、流行に流される人には敵であっても、ファンダメンタルズに忠実な人にとっては友だちなのです。

今後の三〇年もまた新たな衝撃的出来事が起きるでしょう。でも、私たちはそうしたことを予測したり、それによって利益を得ようなどとは考えません。過去に投資してきた企業と同様に優れた企業を見分けることができれば、世の中が動揺していようとも、私たちの長期的な収益が影響を受けることはありません。

私たちはごく当たり前のようにみえる事業によって並外れた業績を実現する優れた経営陣の努力を通じて利益を達成しました。ケーシー・ステンゲルは野球チームの経営を「人のホームランで給料がもらえる仕事」と評しました。これはバークシャーにおける私の公式でもあります。

偽ダイヤを持つよりも世界最大のブルーダイヤであるホープダイヤモンドの一部を所有するほうがはるかに理想的であるように、「本物」と鑑定されているような今までに述べてきた企業に投資するのが理想的です。何より最高なのは、こうした保有銘柄がほんの数社にとどまらず、数を増しているということです。

株価は常に――時として激しく――変動し、経済にも浮き沈みがあります。しかし、私たちはバークシャーの投資先のような会社は、今後も十分なペースで価値が上がり続ける可能性が高いと考えています。


みなさんはオーナーですから、私が衰え始め、それでもCEOとしてとどまることを強く望

むのかどうか、そしてもしそれを強く望んだ場合、取締役会はこの問題をどのように扱うのかを心配するのは自然なことです。この問題は私だけに限ったことではありません。マンガーも私も、バークシャーの子会社でこのような問題にたびたび出くわしました。

人間の老化の速度は人によって大きく違いますが、遅かれ早かれ才能も活力も衰えていきます。八〇歳代まで有能であり続ける経営者もいますが、六〇歳代でひどく老いてしまう経営者もいます。能力が衰えれば、だいたいにおいて自己評価力も衰えます。そのようなときは、たいていだれかが笛を吹いて教えてあげる必要があります。私にそのようなときが訪れれば、取締役会はその義務を果たさなくてはなりません。財務的な観点からすれば、当社の取締役会にはそうすべき理由が大いにあります。私の知るかぎりで、わが国で取締役たちの財務的な関心が株主のそれとまったく一致している取締役会はほかにはないからです。それに近い会社もほとんどありません。しかし、だれかにその仕事を務めるだけの能力がないと告げることは、人としてはとても難しいことです。それが友人であるような場合は、なおさらです。

しかし私がそのメッセージを告げられる候補となった場合には、取締役会はそのように伝え、退出を頼んでくることでしょう。私が保有しているバークシャーの株式はすべて寄付されることになっています。私はこうした寄贈や遺贈によって社会に最大の利益がもたらされることを望んでいます。同僚が私に退出を命じること（優しく伝えてほしいと思っていますが）を避け、責任逃れをすることで、私の保有株による慈善行為の可能性が小さくなってしまうとしたら、それは憂うべき事態です。しかし、これについては心配しないでください。私たちには素晴らしい取締役たちがいます。彼らは常に株主にとって正しいことをしてくれるでしょう。

私が保有する大量のバークシャー株については、五つの慈善基金に寄付するよう手配しています。これによって、私が保有する株式すべてを最終的には慈善の目的で使うという生涯にわたる計画の一部が実行されることとなります。私は遺言のなかで、自分が死んだ時点でまだ持っているバークシャーの株式についてはすべてを売却し、遺産整理が完了してから一〇年以内に慈善のために使うよう明記しています。私の身辺はさほど複雑でもありませんし、遺産整理はせいぜい三年もあれば終わるでしょう。この一三年の期間を、予想される私の人生の残り時間に加えれば、この先二〇年間にわたって私のバークシャー株の売却代金は社会的な目的のために供されることとなるでしょう。

私がこのような予定を組んだのは、能力があり、活動的で意識も高いと私が認めている人たちに、比較的速やかにお金を使ってもらいたいと望んでいるからです。このような経営上の特質は、組織が長い年月を重ねるにつれて衰えていくことがあります。市場の力学を免れている組織ではなおさらです。現在、この五つの基金は素晴らしい人たちに管理されています。そうであるのなら、私が死んだあと、残されたお金をただちに送って賢く使ってもらうのが当然でしょう。

基金の永続性を望む人であれば、慈善活動が取り組む必要があるのは間違いなく将来の大規模で重要な社会問題だ、と言われるかもしれません。この考えに私は賛成です。しかしそのときになれば、現在のアメリカ国民を上回るほどの財産を持つ非常に豊かな個人や家族もたくさんいて、慈善団体はこうした問題についての寄付を頼むことができるでしょう。

そうすれば、資金提供者はそのとき重要な社会問題に集中的に対処している活力ある組織を直接選ぶことができるし、発想と効率性について市場の判断を仰ぐこともできます。大きな支援に値する組織もあるでしょうし、有効性を失ってもなお残っている組織もあるでしょう。たとえ現世の人たちが不完全な決め方をしても、地下六フィートに眠る死者が何十年も前に決めておいたものよりは合理的に資金を割り振ることができているはずです。言うまでもないことですが、遺言は書き直すことができます。しかし、私の考え方が大きく変わることはなさそうです。

陰気な話で締めくくりたくありませんので、みなさんに私がすこぶる良好な健康状態にある

こともお知らせしておきたいと思います。私はバークシャーの経営を非常に楽しんでおり、もし人生を謳歌することで長寿が促進されるとすれば、メトセラの記録さえも破れそうな勢いです（聖書によればメトセラは九六九歳まで生きたとされる。創世記第五章二七）。

用語集

しけモク投資（Cigar Butt Investing） 道端に落ちているあとひと吸い分だけ残ったしけモクを拾って吸うような投資手法。長期的な収益力は悲惨な会社でも、十分に安い価格で買うことによって短期的な利益を出すこと（第2章G参照）。

コアコンピタンス領域（Circle of Competence） 事業の経済性について判断することのできる能力の範囲。賢明な投資家は確固たる境界を設け、投資先を自身が理解できる会社にとどめている（第2章F参照）。

収益の配当・留保基準（Dividend Test） 留保収益一ドル当たり一ドル以上の市場価値が株主のために創造される場合に、収益を留保することが正当化される（第3章E参照）。

二通りの投資アプローチ（Double-Barreled Acquisition Style） 買収交渉のうえで企業全体を買うか、市場を通じて企業の株式の一部を買うかを選択する賢明な投資の方針（プロローグ参照）。

組織由来の旧習（**Institutional Imperative**） 変化への抵抗、最適とは言えない事業や企業買収への投資、経営陣の無節操な欲求や、同業他社を無分別に模倣することによって、不合理な経営判断へと導く、組織に蔓延する力学（第2章G参照）。

内在価値（**Intrinsic Value**） 算出するのは困難だが重要な企業価値の尺度であり、企業が残存期間を通じて生むすべてのキャッシュフローを割り引いた現在価値（第6章B参照）。

ルックスルー利益（**Look-through Earnings**） 一般会計原則（GAAP）の財務諸表に反映されない二〇％以下の株式を保有する投資先企業の持ち分に応じた（税控除後の）収益も考慮に入れた投資家の利益（第6章C参照）。

安全域（**Margin-of-Safety**） より確実に投資で成功するための、恐らく最も重要な原則。ベンジャミン・グレアムが生み出したこの原則は、得られる価値と比較して支払う価格が十分安いと信じるに足る確かな根拠がない場合には株に投資すべきではない、というものである（第2章E参照）。

ミスターマーケット（**Mr. Market**） ベンジャミン・グレアムが株式市場の本質を説明する

ために創造した寓話上の人物。むら気が強く感情の起伏が激しいため、価格と価値が乖離したところにつけ込むことで、卓越した賢明な投資が可能になる（第2章B参照）。

株主利益（Owner Earnings） キャッシュフローや一般会計原則（GAAP）上の利益よりも優れた業績の評価尺度。［(A) 会計上の利益］＋［(B) 減価償却費やそれ以外の非現金費用］－［(C) その企業が長期的な競争力と生産高を維持するために必要な投資費用］に等しくなる（第6章E参照）。

構成表

下の構成表は、本書に掲載した抜粋がどの年の報告書にあるかを示したものである。左右両端の列には報告書の年次を、表の上には本書の章とA～Hは「中見出し」を示している（章の最初に抜粋された部分は、表では該当する章のAに掲載）。プロローグは、一九

第4章					第5章						第6章						第7章							第8章			第9章			第10章				
D	E	F	G	H	A	B	C	D	E	F	A	B	C	D	E	F	A	B	C	D	E	F	G	A	B	C	A	B	C	A	B	C	D	年
													●																					79
													●																					80
					●																													81
					●			●					●																					82
														●																				83
						●																												84
												●																						85
															●									●										86
												●																						87
											●						●																	88
●							●																	●										89
●								●	●								●																	90
													●																					91
					●								●							●	●													92
																									●									93
●					●																												●	94
●								●																										95
●												●		●																			●	96
●					●																													97
																				●				●										98
									●					●																				99
										●	●														●									00
				●																														01
	●																	●	●															02
		●		●																					●									03
		●																		●														04
	●	●										●																					●	05
	●											●																					●	06
																					●													07
	●		●							●						●																		08
				●																														09
																●						●												10
			●																															11
																																		12
				●																														13
				●																										●	●			14
				●																								●						15
																				●					●		●							16
				●																			●											17
												●						●									●		●					18
																																●		19
																																		20
●																										●								21

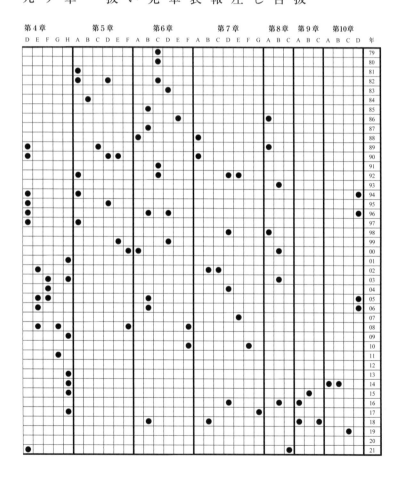

七九～一九九六年。この構成表は、旧版を注意深く読んだ読者にとって新たな掲載内容や再編部分について確認するうえで特に興味深いものかもしれない。

	第1章										第2章								第3章									
年	A	B	C	D	E	F	G	H	I	J	A	B	C	D	E	F	G	H	A	B	C	D	E	F	G	A	B	C
79																												
80																												
81							●																					
82																												
83																				●								
84																						●	●					
85					●			●				●			●													
86				●																								
87							●					●		●	●											●		
88				●									●	●					●									
89													●				●											●
90							●																				●	
91							●	●						●														
92							●								●					●								
93				●			●							●														
94								●																				
95																					●							
96																●					●							
97												●				●												
98				●																								
99																●						●						
00			●																									
01																												
02			●					●																			●	
03							●	●																				
04				●																								
05				●				●										●							●			
06					●																							
07																												
08																												
09						●			●																			
10						●			●	●								●										
11																						●				●		
12																							●					
13											●																	
14																							●					
15								●																				
16																						●			●			
17																		●							●			
18			●																			●						
19				●																				●				
20	●	●																										
21		●																										

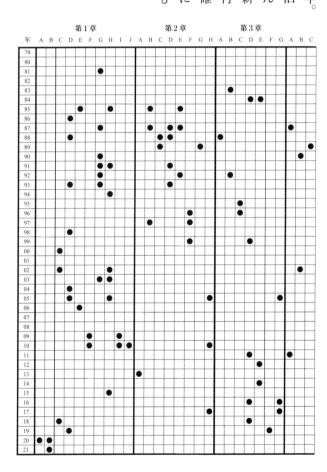

■著者紹介

ローレンス・A・カニンガム（Lawrence A. Cunningham）

ジョージワシントン大学ロースクールのヘンリー・セント・ジョージ・タッカー三世リサーチ教授。著書として、ハンク・グリーンバーグ氏との共著『ジ・AIGストーリー（The AIG Story）』『コントラクト・イン・ザ・リアルワールド（Contracts in the Real World：Stories of Popular Contracts and Why They Matter）』がある。コロンビア、コーネル、ハーバード、ミシガン、UCLA、バンダービルトなど、多くの主要大学の学報に研究論文を掲載。ボルチモア・サン、フィナンシャル・タイムズ、ニューヨーク・デイリー・ニュース、ニューヨーク・タイムズなどに論説を寄稿。アマゾンではビジネス・投資の部門で上位100人の著者として挙げられている。2018年には、コーポレートガバナンスに関する研究が評価され、全米取締役協会（NACD）から「ケネス・D・ウエスト・ライフタイム・アチーブメント賞（Kenneth D. West Lifetime Achievement Award）」を受賞した。

■監修者紹介

長岡半太郎（ながおか・はんたろう）

放送大学教養学部卒。放送大学大学院文化科学研究科（情報学）修了・修士（学術）。日米の銀行、CTA、ヘッジファンドなどを経て、現在は中堅運用会社勤務。全国通訳案内士、認定心理士、２級ファイナンシャル・プランニング技能士（FP）。『バフェットとマンガーによる株主総会実況中継』『ルール』など、多数。

■訳者紹介（第４版、第５版、第８版）

井田京子（いだ・きょうこ）

翻訳者。主な訳書に『トレーダーの心理学』『トレーディングエッジ入門』『プライスアクショントレード入門』『トレーダーのメンタルエッジ』『バリュー投資アイデアマニュアル』『FX　５分足スキャルピング』『完全なる投資家の頭の中』『株式投資で普通でない利益を得る』『Ｔ・ロウ・プライス』『行動科学と投資』『不動産王』（いずれもパンローリング）など、多数。

■訳者紹介（第１版）

増沢浩一（ますざわ・ひろかず）

明治大学商学部商学科卒。国内金融機関および外資系金融機関にて資金取引や各種デリバティブ取引に従事後、各種金融市場や不動産での運用・助言業務を行う。

■訳者紹介（第３版）

藤原康史（ふじわら・やすふみ）

早稲田大学政治経済学部政治学科卒。信金中央金庫入会、2009年にフリーランス翻訳者。日本証券アナリスト協会検定会員。

2023年６月４日　初版第１刷発行

ウィザードブックシリーズ㉞⑤

バフェットからの手紙【第８版】
――世界一の投資家が見たこれから伸びる会社、滅びる会社

著　者　ローレンス・A・カニンガム
監修者　長岡半太郎
訳　者　増沢浩一、藤原康史、井田京子
発行者　後藤康徳
発行所　パンローリング株式会社
〒160-0023　東京都新宿区西新宿7-9-18　6階
TEL 03-5386-7391　FAX 03-5386-7393
http://www.panrolling.com/
E-mail　info@panrolling.com
編　集　エフ・ジー・アイ（Factory of Gnomic Three Monkeys Investment）
装　丁　パンローリング装丁室
組　版　パンローリング制作室
印刷·製本　株式会社シナノ

ISBN978-4-7759-7314-1

ウィザードブックシリーズ233

完全なる投資家の頭の中

マンガーとバフェットの議事録

トレン・グリフィン【著】

定価 本体2,000円+税　ISBN:9784775972021

バフェットのビジネスパートナー、チャーリー・マンガーのすべて

本書は、マンガーへのインタビューや彼の講演、文章、投資家への手紙、そして、たくさんのファンドマネジャーやバリュー投資家やビジネス事例史家の話から抽出した要素を再構築して、マンガーの投資戦略に不可欠なステップを明かした初めての試みである。ベンジャミン・グレアムのバリュー投資システムから派生したマンガーの手法は非常に明快で、普通の投資家でもすぐに自分のポートフォリオに応用できる。しかし、本書はただの投資本ではない。これはあなたの人生を助けるメンタルモデルを育んでいくための教えでもあるのだ。

ウィザードブックシリーズ296

バフェットとマンガーによる株主総会実況中継

バークシャー・ハサウェイから
投資に必要な知恵のすべてを学んだ

ダニエル・ペコー, コーリー・レン【著】

定価 本体2,800円+税　ISBN:9784775972670

ようこそ、資本家のウッドストックへ、バークシャー・ハサウェイ大学へ、そして週末のMBAへ

本書は、32年に及ぶバークシャー・ハサウェイの年次総会でウォーレン・バフェットとチャーリー・マンガーが株主たちに言ったり、株主からの質問に答えた教訓や知恵や投資戦略について、ダニエル・ペコーとコーリー・レンの著者たちがまとめたものである。あなたが言い尽くされた古い投資の理論を探しているのなら、本屋にあふれる何百冊もの投資本を読んでほしい。しかし、投資に真剣に向き合い、本当に信頼に足る投資本をあなたが探しているのなら、本書以上にもう探す必要はない！